U0142500

著作權法論

2024最新版

蕭雄淋 —— 著

五南圖書出版公司 印行

第十版序

本書自2021年8月第九版修正後，於民國111年5月4日總統以華總一經字第11100037471號令修正公布著作權法第91、91-1、100、117條條文；刪除第98、98-1條條文，此係為因應台灣加入「跨太平洋夥伴全面進步協定」（Comprehensive and Progressive Agreement for Trans-Pacific Partnership, CPTPP）而修正，主要係針對「具商業規模之著作權盜版行為」，包含重製、散布及公開傳輸等，科以一定刑責，且排除告訴乃論規定。但由於此次修正條文，關係重大，在台灣還未加入CPTPP前，暫未施行，其施行日期，由行政院定之。本書將在相關內容中特別作說明。

其次，民國111年6月15日總統又以華總一經字第11100049761號令修正公布著作權法第46、47、48條條文，並增訂第46-1條條文。此次修正，係為教育目的的遠距教學、教科書的法定授權及圖書館數位化的合理使用而修正。蓋此三者，均二十餘年以上未修正，在數位化時代，科技一日千里，尤其疫情原因，遠距教學日益普遍，立法院乃就此四條文先作修正。

本書為因應以上著作權法之修正，對相對內容亦作調整，並增加若干內容。感謝讀者長期的支持。

蕭雄淋 律師

2024年8月
於北辰著作權事務所

第九版序

　　本書自2015年2月第八版修正後，總統府於民國105年11月30日以華總一義字第10500146961號令修正公布第98條條文。主要是因為民國104年12月30日及民國105年6月22日修正刑法有關沒收的規定，而著作權法第98條配合作修正。即除著作權法有特別規定外，適用刑法總則有關沒收之規定。

　　再者，民國108年5月1日總統以華總一經字第10800043331號令修正公布著作權法第87條、第93條條文。主要是因應近年來出現各式新興之數位侵權型態，提供民眾便捷管道至網站收視非法影音內容，例如：部分機上盒透過內建或預設的電腦程式專門提供使用者可連結至侵權網站，收視非法影音內容；或是於網路平臺上架可連結非法影音內容的APP應用程式，提供民眾透過平板電腦、手機等裝置下載後，進一步瀏覽非法影音內容，因而在這次修正中，增訂著作權法第87條第1項第8款規定，並規定第87條第1項第8款之行為人之意圖亦應有第2項規定之適用。同時修正著作權法第93條與此相關罰則之規定。

　　本書亦為因應上開著作權法修正，而對相關內容作調整，除此之外，本書乘此修正之便，亦對本書增加若干最高法院實務判決之見解，以因應需要。

　　著者在此特別感謝讀者長年的支持。

蕭雄淋 律師

2021年6月
於北辰著作權事務所

第八版序

　　本書自2010年8月第七版修正後，總統府於民國103年1月22日以華總一義字第10300009931號修正公布著作權法第53條、第65條、第80條之2、第87條及第87條之1條文等五條條文。修正原因主要是為因應2013年6月「世界智慧財產權組織」於摩洛哥馬拉喀什訂定了「關於有助於盲人、視覺機能障礙者或其他對印刷物閱讀有障礙者接觸已公開發行著作之馬拉喀什條約」之內容，而修正著作權法第53條，其他如第80條之2、第87條及第87條之1條文，係配合著作權法第53條之修正而修正。

　　此外，著作權法第65條第2項原規定，著作權法第44條至第63條規定，應審酌著作權法第65條第2項有關合理使用之四項判斷基準。然而新修正著作權法第65條第2項，僅限於著作權法第44條至第63條規定中有「合理範圍」規定者，方須受著作權法第65條第2項四項判斷基準的檢驗，亦即著作權法第53條規定，無須受到著作權法第65條第2項四項檢驗基準的檢驗。

　　本書亦為因應上開著作權法修正，而對相關內容作調整，除此之外，本書乘此修正之便，亦對有關著作權法的立法目的、原創性理論等內容加以修正，以因應需要。

　　著者在此特別感謝讀者長年的支持。

蕭　雄　淋　律師

2014年12月
於北辰著作權事務所

第七版序

　　本書自2009年10月增訂第六版以後，總統府於2010年2月10日以華總一義字第09900029991號公布修正著作權法第37條、第五章章名、第81條及第82條條文，同日以華總一義字第09900030001號修正公布著作權法第53條，並以華總一義字第09900030011號，將「著作權集體管理團體條例」名稱修正為「著作權集體管理團體條例」，並全盤修正（總統府公報第6906期）。

　　這次著作權法修正，主要內容有二，其一係為防止未加入集體管理機關之個別權利人，對二次公播、營業場所的公開傳達及廣告等在實際上無法事先預知使用作品之內容者，進行刑事濫訴，藉以取得不當權利金問題，乃規定此種情形，限於集體管理機關，方得行使刑事訴訟權；另一個係修正擴大有關學習障礙之弱勢者之合理使用規定。

　　為了因應今年著作權法及著作權集體管理團體條例之制定，本書乘再版之便，亦配合修正內容，以應讀者需要。

　　謹在此深深感謝讀者的長年支持。

蕭雄淋 律師

2010年7月
於北辰著作權事務所

第六版序

本書自2007年11月增訂第五版以後，立法院又於2009年4月21日三讀通過修正著作權法，並於2009年5月13日總統以華總一義字第09800116331號公布（總統府公報第6863期）。

此次修正內容為，修正著作權法第3條，增訂著作權法第六章之一章名，及增訂著作權法第90條之4至第90條之12，亦即訂定「網路服務提供者（ISP）民事免責事由」。

自從美國於1998年訂定之「數位千禧年著作權法」（Digital Millennium Copyright Act of 1998, DMCA）第512條規定，ISP避風港條款以來，美國即運用其經貿影響力，向世界各國推銷其立法。歐盟於2000年通過之「電子商務指令」（Directive of Electronic Commerce）第12條至第14條規定；日本於2001年通過之「特定電信服務提供者損害賠償責任限制及發信者資訊提供相關法律」；中國大陸於2006年通過之「信息網路傳播權保護條例」；南韓於2008年修正通過之「著作權法第6章」，皆其適例。我國於今年亦通過以美國數位千禧年著作權法第512條所架構之「通知／取下Notice & Take Down」機制之ISP法案。

為了因應2009年著作權法有關ISP法案的修正，本書乘再版之便，亦配合修正內容，以應學校及社會各界需要。

謹在此深深感謝讀者的長年支持。

蕭雄淋 律師

2009年9月
於北辰著作權事務所

第五版序

　　本書自2007年4月增訂第四版以後，立法院又於2007年6月14日三讀通過修正著作權法，並於2007年7月11日總統以華總一義字第09600088051號公布（總統府公報第6752期）。

　　此次修正內容為，增訂著作權法第97條之1，並修正第87條及第93條。主要修正目的，乃是針對網路業者，以未經合法授權之音樂、影音或其他檔案為誘因，在網路上提供電腦程式或技術（例如P2P），供網友交換該等違法侵害著作權之檔案，並向網友收取費用或坐收利益之行為，予以釐清其責任，明確規範禁止。

　　為了因應2007年著作權法的修正，本書乘再版之便，亦配合修正內容，以方便學校及社會各界之需要。

　　著者誠摯感謝讀者的長年的支持。

蕭 雄 淋　律師

2007年10月
於北辰著作權事務所

第四版序

　　本書自2005年11月增訂第三版以來，承讀者和學校的需要，在2006年3月又作第二刷。然而2006年5月30日，總統以華總一義字第09500075761號公布修正著作權法（總統府公報6691期）。

　　此次修正，純為因應刑法廢除有關常業犯的規定，而對著作權法中有關常業犯的規定配合作修正。計刪除第94條，修正第98條、第99條至第102條及第117條等，基本理論，並無變更。然而為使學校上課方便起見，此次再版，著者因應新著作權法，對本書配合修正。其中尚對公約的參加國作更新，亦對本書若干小錯誤作修正。

　　再次感謝學校教師、學生及社會人士對本書的支持。

蕭雄淋 律師

2007年3月

第三版序

　　本書自2003年10月再版以來，承讀者之愛護，再刷二次，許多學校以此為上課教材用，著者深為感謝。但民國93年9月1日，著作權法又作一次修正，雖修正幅度不大，僅修正第3、22、26、80之2、82、87、90之1、90之3、91至93、96之1等條文。其主要修正為修改刑事罰則規定及增訂防盜拷措施之保護。但不少學校及讀者電詢有無最新修正版。著者乃利用此次再版機會，再作一次修正。

　　本書主要係為學校上課及社會人士初步有系統了解著作權法之用，著作權法中深入的專題，或實務上適用之難題，本書礙於編幅，無法深入討論，有機會再另為文深入探討，謹此致歉。

　　本書之修正，承蒙事務所嚴裕欽律師、辛秋妙律師及高級研究員李庭熙先生詳校，在此特別感謝。

蕭 雄 淋 律師

2005年9月
於北辰著作權事務所

再版序

　　本書自民國90年3月初版迄今，已兩年有餘。其間著作權法歷經二次修正，一次是民國90年11月12日，修正七條條文，分別是第2條、第34條、第37條、第71條、第81條、第82條及第90條之1。另一次是民國92年7月9日，修正增訂的條文多達五十餘條，幾占全部著作權法條文之半。後者之修正，主要是為因應高科技發展的需要，參酌國際相關公約所作的修正。例如明列「暫時性重製」屬於「重製」之範圍；增訂公開傳輸權、散布權、錄音著作公開演出之報酬請求權、表演人之出租權等權利；增訂權利管理電子資訊保護規定等。此外也強化著作權或製版權爭議調解之效力；修正侵害著作權及製版權之民、刑事責任規定；增訂罰則的非告訴乃論範圍，並對若干侵害著作財產權類型予以除罪化。本書乃配合法律的修正而加以修改，以因應讀者之需要。

　　本書著者修正後，承事務所嚴裕欽律師就修正稿全部再詳看一遍，又指出不少修正意見，此外編輯稿也勞由事務所高級研究員李庭熙先生完成校稿，在此十分感謝。本書如仍有錯誤疏漏之處，均由著者負責，希各方賢達不吝指正。

蕭雄淋 律師

2003年9月

於北辰著作權事務所

序

　　自從民國74年著者於大學講授著作權法課程以來，一直想找一本有系統、章節分明、內容多寡適中，剛好適合大學法律系初學者使用的教科書。惟十餘年來，發現市面上的著作權法書籍多是論文或實務書。偶有一、二本或可當教科書，或嫌內容過多，或嫌無有系統的章節次序。民國75年著者出版《著作權法逐條釋義》一書，即屬後者。民國85年5月以後，著者陸續出版《新著作權法逐條釋義》（一）、（二）、（三）冊，不僅無有系統的章節次序，而且內容達一千餘頁，對初學者來說負荷過鉅，實不甚適合當法律系學生的教科書。適五南出版公司囑我寫一本《著作權法論》，著者乃以最新修訂的《新著作權法逐條釋義》（一）、（二）、（三）冊的內容為藍本，依教科書形式，有系統按章節次序敘述著作權法之內容，並增添若干必要資料，以成本書，純為大學著作權法課程之用。

　　本書之完成，皆係著者口述，由事務所助理李玉玲小姐用電腦將口述內容全文打出，再由著者修正而成。另事務所高級研究員李庭熙先生校正本書，十分感謝。此外也要感謝五南出版公司發行人楊榮川先生、副總經理李純聆小姐的出版和協助，本書得以順利問世。本書如有錯誤疏漏之處，均由著者負責。盼各方賢達不吝賜正，則幸甚焉。

蕭雄淋 律師

2001年2月
於北辰著作權事務所

作者簡介

一、現　任

1. 北辰著作權事務所主持律師。
2. 經濟部智慧財產局著作權法修正諮詢委員會委員。
3. 經濟部智慧財產局著作權法諮詢顧問。

二、經　歷

1. 以內政部顧問身分參與多次台美著作權談判。
2. 參與內政部著作權法修正工作。
3. 行政院新聞局錄影法及衛星傳播法起草委員。
4. 行政院文化建設委員會中書西譯諮詢委員。
5. 台灣省警察專科學校巡佐班「著作權法」講師。
6. 內政部、中國時報報系、聯合報系、自立報系、大成報等法律顧問。
7. 內政部「翻譯權強制授權」、「音樂著作強制授權」、「兩岸著作權法之比較研究」等三項專案研究之研究主持人。
8. 財團法人資訊工業策進會「多媒體法律問題研究」顧問。
9. 行政院大陸委員會「兩岸智慧財產權保護小組」諮詢顧問。
10. 台北律師公會及中國比較法學會理事。
11. 全國律師公會聯合會律師職前訓練所「著作權法」講座。
12. 台灣法學會智慧財產權法委員會主任委員。
13. 行政院文化建設委員會法規會委員。
14. 國立台北教育大學文教法律研究所兼任副教授。
15. 教育部法律諮詢委員。
16. 全國律師公會聯合會智慧財產權法委員會主任委員。

17. 教育部學產基金管理委員會委員。

18. 財團法人台灣省學產基金會董事。

19. 教育部國立編譯館、中央研究院歷史語言研究所法律顧問。

20. 國防部史政編譯室、國立故宮博物院等法律顧問。

21. 內政部著作權法修正諮詢委員會委員。

22. 內政部頒布「著作權法第47條之使用報酬率」專案研究之主持人。

23. 經濟部智慧財產局「著作權法第47條第4項使用報酬率之修正評估」專案研究之主持人。

24. 經濟部智慧財產局委託「國際著作權法合理使用立法趨勢之研究」專案研究之共同主持人。

25. 經濟部智慧財產局委託「著作權法職務著作之研究」專案研究之主持人。

26. 南華管理學院出版研究所兼任副教授。

27. 國立清華大學科技法律研究所兼任副教授。

28. 國立台北大學法律系博碩士班兼任副教授。

29. 財團法人台北書展基金會董事。

30. 財團法人台灣文化法學會理事。

31. 經濟部智慧財產局委託「出版（含電子書）著作權小百科」之獨立編纂人。

32. 經濟部智慧財產局委託「中國大陸著作權法令判決之研究」之研究主持人。

33. 經濟部智慧財產局著作權審議及調解委員會委員。

34. 應邀著作權法演講及座談七百餘場。

三、著　作

1. 著作權之侵害與救濟（民國68年9月初版，台北三民書局經銷）。

2. 著作權法之理論與實務（民國70年6月初版，同上）。

3. 著作權法研究（一）（民國75年9月初版，民國78年9月修正再版，同上）。

4. 著作權法逐條釋義（民國75年元月初版，同年9月修正再版，同上）。

5. 日本電腦程式暨半導體晶片法令彙編（翻譯）（民國76年9月初版，資訊工業策進會）。

6. 中美著作權談判專輯（民國77年元月初版，民國78年9月增訂再版，台北三民書局經銷）。

7. 錄影帶與著作權法（民國77年12月初版，同上）。

8. 著作權法修正條文相對草案（民國79年3月初版，內政部）。

9. 日本著作權相關法令中譯本（翻譯）（民國80年2月初版，同上）。

10. 著作權法漫談（一）（民國80年4月初版，台北三民書局經銷）。

11. 翻譯權強制授權之研究（民國80年6月初版，內政部）。

12. 音樂著作強制授權之研究（民國80年11月初版，同上）。

13. 有線電視與著作權（合譯）（民國81年1月初版，台北三民書局經銷）。

14. 兩岸著作權法之比較研究（民國81年12月初版，民國83年9月再版，同上）。

15. 著作權法漫談（二）（民國82年4月初版，同上）。

16. 天下文章一大抄（翻譯）（民國83年7月初版，台北三民書局經銷）。

17. 著作權裁判彙編（一）（民國83年7月初版，內政部）。

18. 著作權法漫談（三）（民國83年9月初版，華儒達出版社發行）。

19. 著作權法漫談精選（民國84年5月初版，月旦出版社發行）。

20. 兩岸交流著作權相關契約範例（民國84年8月，行政院大陸委員會）。

21. 著作權裁判彙編（二）上、下冊（民國85年10月初版，內政部）。

22. 著作權法時論集（一）（民國86年1月初版，五南圖書公司發行）。

23. 新著作權法逐條釋義（一）（民國85年5月初版，民國89年4月修正版二刷，五南圖書公司發行）。

24. 新著作權法逐條釋義（二）（民國85年5月初版，民國88年4月二版，五南圖書公司發行）。

25. 新著作權法逐條釋義（三）（民國85年12月初版，民國88年6月二版，五南圖書公司發行）。

26. 著作權法判解決議令函釋示實務問題彙編（民國88年4月初版，民國89年7月二版，五南圖書公司發行）。

27. 著作權法論（民國90年3月初版，民國99年8月七版，五南圖書公司發行）。

28. 著作權法第47條第4項使用報酬率之修正評估（民國97年12月，經濟部智慧財產局）。

29. 國際著作權法合理使用立法趨勢之研究（民國98年12月，經濟部智慧財產局）。

30. 著作權法職務著作之研究（民國99年8月，經濟部智慧財產局）。

31. 出版（含電子書）著作權小百科（民國100年12月，經濟部智慧財產局）。

32. 電子書授權契約就該這樣簽（民國102年4月，文化部補助，城邦出版）。

33. 著作權法實務問題研析（一）（民國102年7月，五南圖書公司）。

34. 中國大陸著作權法令暨判決之研究（民國102年12月，五南圖書公司）。

35. 職務著作之理論與實務（民國104年6月，五南圖書公司）。

36. 著作權法實務問題研析（二）（民國107年6月，五南圖書公司）。

37. 著作權登記之研究（民國102年7月，五南圖書公司）。

目◆錄

第一章　緒　說

第一節　著作權之意義

第一款　著作權之概念

　　著作人就其創作之著作，發生二種權利：其一為有關保護財產利益之權利，例如重製權、公開口述權、公開播送權、公開上映權、公開演出權、公開傳輸權、公開展示權、編輯權、改作權、散布權、出租權、輸入權等，總稱「著作財產權」。其二為有關保護著作人人格利益之權利，例如公開發表權、姓名表示權、禁止醜化權等，總稱「著作人格權」（moral right）。有關著作權與此二種權利之相互關係，學說有三[1]：

1.著作財產權說

　　認為著作權即著作財產權，著作人格權不包含在著作權之概念中，著作人格權係有別於著作權之另外一種權利[2]。

2.二元說

　　此說認為著作人格權包含於著作權之概念中，然著作人格權與著作財產權互相對立並存。著作權為包含著作人格權與著作財產權此二性質相容之複合權（droit double）[3]。

3.一元說

　　此說與第二說相同，認為著作人格權係包含在著作權之概念中。其不同者，為此說認為著作人格權與著作財產權具有相互密切之關係，無分離

1　參見半田正夫：著作權法概說（平成6年〔西元1994年〕第七版），第3-5頁。
2　參見榛村專一：著作權法概論（昭和8年〔西元1931年〕），第35頁以下。
3　參見末川博：著作權の本質。法學論叢，第六卷，第169頁以下；呂基弘：著作人格權之研究（民國70年），第12-13頁。

之可能性。故依此說，著作權係著作人格權與著作財產權渾然一體之單一權利[4]。

以上諸說，依民國74年舊著作權法第3條第1項第2款規定：「著作權指因著作完成而發生第4條所定之權利。」同法第4條第2項規定：「前項著作之著作權人，依著作性質，除得專有重製、公開口述、公開播送、公開上映、公開演奏、公開展示、編輯、翻譯、出租等權利外，並得專有改作之權。」故民國74年之著作權法係採第一說（著作財產權說）。然民國81年以後修正之歷次著作權法及現行著作權法（以下簡稱「本法」）均採第二說。依本法第3條第1項第3款規定：「著作權：指因著作完成所生之著作人格權及著作財產權。」第21條規定：「著作人格權專屬於著作人本身，不得讓與或繼承。」第36條第1項規定：「著作財產權得全部或部分讓與他人或與他人共有。」足見本法係採第二說（二元說）。至於第三說，係德國等著作權法以一元說為中心之國家所採之學說。第三說就著作權之本質採一元說，固有其理論完整性之優點，惟依一元說，著作人格權與著作財產權命運相同，著作人格權得加以繼承，且在著作權保護期間屆滿消滅，著作權消滅後著作人人格之利益不加以保護，在實務上有其缺點。

第二款　著作權與其他類似權利之關係

著作權係指因著作完成所生之著作人格權及著作財產權（本法§3I③），已如前述。著作權中之著作財產權雖具有財產權之性格，但與其他財產權仍有明顯之差異。茲分別說明著作權與其他類似權利之關係：

一、著作權與版權

「版權」一語，最先係由日本學者福澤諭吉自copyright一語翻譯過

4　參見半田正夫：著作權法の研究（昭和46年〔西元1969年〕），第73頁以下。

來[5]，copy翻譯為「版」，right翻譯為「權」，簡稱「版權」。例如日本明治20年（西元1887年）制定版權條例、照片版權條例，明治26年（西元1893年）版權條例以版權法代之。迄於明治32年（西元1899年），日本文部大臣水野練太郎博士方將版權改為著作權[6]。「版權」一語，我國法律僅在電影法第25條規定：「電影片申請檢查時，應填具申請書，連同左列證件及檢查費，送請中央主管機關核辦：一、本國或國產電影片之版權證明，或外國電影片之發行權之證明。」現行著作權法未見此一名稱。以前出版界習慣在書籍底頁印「版權所有，翻印必究」字樣，係受日本影響。蓋依日本明治20年（西元1887年）版權條例第5條規定，版權登記之文書圖畫，在保護期間中，應記載「版權所有」四字，無此記載者，版權登記失去效力，該著作不受版權之保護[7]。事實上依我國歷年來著作權法，未記載上述「版權所有」字樣，並未喪失任何權利。易言之，「版權所有」字樣，有無記載，其效果皆屬相同。如欲記載，當記載「有著作權，不准侵害」，較為正式。又中共2001年10月修正之著作權法第56條規定：「本法所稱的著作權即版權。」可見著作權與版權，僅翻譯用語不同，其實質內容一致。我國實務見解，亦然如此[8]。

二、著作權與出版權

出版權即出版權授與人，依出版契約，將屬於文學、科學、藝術或其他之著作為出版而交付於出版人，出版人得以印刷或其他方法重製及發行之權利。有學者認為出版權係著作權之權能之一[9]，事實上，出版包含著作之重製及散布。依著作權法第3條第1項第3款規定：「著作權：指因著

5　詳倉田喜弘：著作權史話，第9-12頁；阿部浩二：著作權とその周邊，第7-12頁。

6　佐野文一郎、鈴木敏夫：新著作權法問答，第39-40頁。

7　榛村專一：前揭書，第17頁。

8　參見台灣台北地方法院檢察署84年偵字第15652號不起訴處分書及台灣高等法院82年度上訴字第5956號判決。

9　鄭玉波：民法債編各論，下冊，第396頁；史尚寬：著作權法論，第39頁。

作完成所生之著作人格權及著作財產權。」而著作財產權，包含重製權、公開口述權、公開播送權、公開上映權、公開演出權、公開傳輸權、公開展示權、編輯權、改作權、散布權、出租權、輸入權等權利。故依本法規定，公開口述權、公開播送權、公開上映權、公開演出權、公開傳輸權、公開展示權、編輯權、改作權、出租權等權利，均非出版權之權利。出版權之權能較窄，著作權之權能較廣。

三、著作權與所有權

所有權係物權，著作權與物權不同（copyright distinct from property in object）[10]。所有權之權能，依民法第765條規定，在法令限制之範圍內，得自由使用、收益、處分其所有物，並排除他人之干涉。著作權為因著作完成所生之著作人格權及著作財產權。著作人格權包括公開發表權、姓名表示權、禁止醜化權。著作財產權包括重製權、公開口述權、公開播送權、公開上映權、公開演出權、公開傳輸權、公開展示權、改作權、編輯權、散布權、出租權、輸入權等。所有權與著作權之權能，顯有不同。即或內容有部分重疊，所有權之作用，亦必須受著作權之限制。例如書籍之買受人（有所有權），雖可閱讀該書，或將其燒燬、拋棄，但不得將該書當眾宣讀（口述），否則侵害該書著作權中之公開口述權；唱片之買受人固可在家庭將唱片播放欣賞，但不得在電台播放，否則侵害音樂及錄音著作之著作財產權人之公開播送權[11]。因此，著作權之權能越增加，所有權之作用將越限縮。

四、著作權與製版權

製版權，即無著作財產權或著作財產權消滅之文字著述或美術著作，

10　Benjamin Kaplan: Cases on copyright, Unfair Competition, and Other Topics Bearing on the Protection of Literary, Musical, and Artistic Works, pp. 1-23 (1974).

11　楊崇森：著作權法論叢，第270-271頁。

經製版人就文字著述整理印刷，或就美術著作原件以影印、印刷或類似方式首次發行，並依法登記者，製版人就其版面，專有以影印、印刷或類似方式重製之權利（§79Ⅰ）。著作權與製版權不同：

（一）製版權係以無著作財產權或著作財產權消滅之文字著述或美術著作為對象，而著作權係以著作之著作財產權保護期間尚未屆滿方有著作財產權，故製版權與著作權在權利上無法同時存在。

（二）製版權之權能係專有以影印、印刷或類似方式重製之權利，而著作財產權之權利尚包含公開口述、公開播送、公開上映、公開演出、公開傳輸、公開展示、編輯、改作、散布、出租、輸入等權利。

（三）製版權並無著作人格權之適用，而著作權包含著作人格權及著作財產權二者。

（四）製版權之保護期間僅有十年，而著作財產權之保護期間原則上為著作人終身加死亡後五十年。

（五）製版權採登記主義，非經依法向主管機關登記，無製版權（§79Ⅰ）；而著作權採非形式主義（創作主義），在著作人於著作完成時，享有著作權（§10本文）。

五、著作權與工業財產權

工業財產權（industrial property）主要為商標權與專利權。著作權與工業財產權，均屬無體財產權。然有下列不同：

（一）著作權以促進文化發展為目的；工業財產權以促進產業發達為目的。

（二）著作權自著作完成即直接發生；工業財產權原則上尚必須經過註冊審查之程序。

（三）著作權中著作財產權之保護期間極長，原則上為終身加死亡後五十年；工業財產權之發明專利為二十年，新型專利為十年，新式樣專利為十二年。商標專用權為十年，但得申請延展。

（四）著作權法承認著作人格權，工業財產權原則上則不重視人格權。

（五）著作權中之著作財產權，與商標專用權和專利之專有權利內容有異。

六、著作權與著作鄰接權

所謂「著作鄰接權」（英文Neighbouring Right，德文Angrenzende Recht，法文Droit Voisins），即表演人、錄音物之製作人、傳播機關所享有類似著作權之權利[12]，因其享有之權利與著作權相鄰接，故稱為「著作鄰接權」[13]。按將著作之內容，向一般公眾傳達，通常皆有利用著作之人居於其間，例如出版人、視聽著作之製作人、表演人、錄音物之製作人、傳播機關等是。上述利用著作之人，其中以表演人、錄音物之製作人及傳播機關三者之間，最具有相互依存之密接關係，對人類文化之發展普及，具有相當的貢獻。尤以新科技視聽媒體急遽進步，以上三者經濟利益之保護，更形迫切。然而傳統著作權法對此三者之保護，不僅理論上有欠缺，且此三者之相互利用及依存關係又無法兼顧，不得已乃在著作權之外，尋求與著作人同等利益之保護方式。亦即承認將著作之內容向公眾傳達之媒體——表演、錄音及廣播本身，具有一定之精神的價值，而對於表演人（performers）、錄音物之製作人（producers of phonograms）及傳播機關（Broadcasting Organizations）之行為賦予類似著作權之排他權利。因而，產生了「著作鄰接權」制度[14]。但此著作鄰接權，與民法物權編相鄰關係之權利（民法§747～800），並不相同，不可混淆。目前大陸法系國家之著作權法，大抵皆有著作鄰接權制度，我國因受限於台美著作權協定，無著作鄰接權制度，甚為可惜[15]。

---

12 日本著作權資料協會編：著作權事典，第242頁。

13 日本文化廳：著作權法ハンドブック（著作權資料協會，1980年），第67頁；阿部浩二：鄰接權（ヅュリスト，1965年9月1日），第30頁。

14 半田正夫、紋谷暢男：著作權のノウハウ（1990年），第216頁。

15 詳拙文：「著作權與著作鄰接權」一文，見收錄於拙著：著作權法漫談（一），第83頁以下。

七、著作權與營業秘密

所謂營業秘密，係指非一般涉及該類資訊之人所知，因其秘密性具有實際或潛在之經濟價值，且所有人已採取合理之保密措施之方法、技術、製程、配方、程式、設計，或其他可用於生產、銷售或經營之資訊[16]。按一種智慧財產，有時會形成著作權保護的客體，有時並非著作權保護的客體。著作權法第10條之1規定：「依本法取得之著作權，其保護僅及於該著作之表達，而不及於其所表達之思想、程序、製程、系統、操作方法、概念、原理、發現。」營業秘密法第2條所稱的製程、方法、技術，非著作權保護的客體。營業秘密如係屬著作權法保護之著作者，權利人可同時以營業秘密法及著作權法加以保護。如非屬著作權法保護之客體者，權利人僅得以營業秘密法保護，不得以本法保護。

第二節　我國著作權法之沿革及其立法演變

第一款　我國著作權法之沿革

著作權法乃印刷術的產物[17]。印刷術最早出現於我國，在唐武后長安4年至玄宗天寶10年之間（西元704至751年），我國已有木質雕版刻印漢譯「無垢淨光大陀羅尼經咒」，而被證實為世界最早印刷品，較諸歐洲最早印刷品「聖克利斯道夫像」（西元1423年），要早上七百年[18]。故全世界最早官方著作權告示亦出現於我國。後周顯德元年（西元954年），官方即對九經五代監本有「猶禁擅鐫」之禁令[19]。宋代亦有禁令，例如南京

16　參見營業秘密法第2條。

17　Copyright Law is the Child of the printing press. 見榛村專一：著作權法概論，第1頁。

18　鄭成思：版權法，第3頁及第8頁；朱明遠：「中國版權探源」一文，1986年5月25日香港文匯報，第二版。

19　見朱明遠：前揭文。

時期刻印《東都事略》一書，目錄後有長方牌記云：「眉山程舍人宅刊行，已申上司，不許覆板」[20]。惟有系統的著作權法直至清宣統2年（西元1910年），方始頒布。

民國建立，著作權律仍然沿用[21]。民國4年，北洋政府又頒布一部著作權法。民國17年，國民政府又頒布著作權法。民國17年國民政府頒布之著作權法，民國33、38、53、74、79、81、82、87、90、92、93、95、96、98、99、103年，均有修正，其中以民國74年及民國81年修正幅度最大，民國92年次之。尤其民國81年之著作權法係採世界各先進國家之立法例，幾乎可說重新制定。至於民國87年之著作權法，係為因應加入WTO所作之修正，詳如後述。

第二款　我國著作權法之立法演變

一、前清宣統2年之著作權律

前清宣統2年頒布之著作權律，係我國第一部之成文著作權法，其特點如下：

（一）採註冊主義

凡著作物歸民政部註冊給照（§2）；著作物經註冊給照者，受著作權法保護（§4）。著作之註冊機關雖為民政部，但為便民起見，凡人民在外省者，則呈送該管衙門，隨時申送民政部（§3）。

20　葉德輝：書林清話（台北世界書局，民國72年10月四版），第36頁。

21　民國元年9月26日第149號政府公報公告內務部通告：「為通告事：查著作物註冊給照關係人民私權，本部查前清著作權律尚無與民國牴觸之條，自應暫行援照辦理。為此刊登公報，凡有著作物擬呈請註冊及曾經呈報未據繳費領照者，應即遵照著作權律分別呈候核辦可也。」

（二）受保護之著作物之範圍狹小

受保護之著作物的範圍，限文藝、圖畫、帖本、照片、雕刻、模型等六種。

（三）規定著作權存續期限

著作權歸著作人終身享有之，並延續至著作人死後三十年（§5）。照片之著作權，得專有至十年，但專為文書附屬者，不在此限（§10）。

（四）規定著作權設定質權須登記

將著作權轉售抵押者，原主與接受之人，應連名到該管衙門呈報（§21）。

（五）規定編輯權

蒐集他人著作編成一種著作者，其編成部分之著作權，歸編者享有之，但出於剽竊割裂者，不在此限（§25）。

（六）規定不得為著作權標的之著作物

下列著作物不得有著作權：1.各種善會宣講之勸誡文；2.各種報紙記載政治及時事上之論說新聞；3.法令約章及文書案牘；4.公會之演說（§31）。

（七）侵害著作權刑罰輕微

凡假冒他人之著作，科以40元以上之罰金；知情代為出售者，罰與假冒同（§40）。

（八）規定告訴乃論及告訴期間

凡侵損著作權之案，須被害者之呈訴，始行准理（§44）；又凡犯本律之罪，其呈訴告發期間以二年為斷（§50）。

綜觀前清宣統2年頒布之著作權律，其規定與現行著作權法相較，當然顯形簡陋，惟與民國53年以前之歷次修正之著作權法相較，除受保護著作之範圍較為狹窄之外，其餘規定與民國74年以前之著作權法，並無遜色之處。尤其民國17年至民國53年之著作權法採行註冊主義，並行連帶審查，較前清宣統2年之著作權律更形倒退。

二、民國4年北洋政府之著作權法

民國4年，北洋政府參政院代行立法院於第二期常會議定，由大總統於同年11月7日公布著作權法，共五章四十五條。內容與前清著作權律大抵相同，僅條文文字較現代化而已，其略有不同者如下：

（一）受保護著作物之範圍擴大

受保護著作物之範圍擴大為：1.文書、講義、演述；2.樂譜、戲曲；3.圖畫、帖本；4.照片、雕刻、模型；5.其他有關學藝美術之著作物（§1）。

（二）將出版法與著作權法之性質分離

著作權法係保障著作人權利之法律；出版法係審查管理著作物之法律，二者性質各殊，不容混淆。本法雖採註冊主義，非經註冊，不得有著作權，但著作物之註冊，不審查內容如何，僅規定依出版法之規定不得出版之著作物，不得享有著作權（§24）。

（三）明文承認著作權之設定質權，非經註冊，不得對抗第三人

著作權轉讓及抵押，非經註冊，不得與第三者對抗（§26）。

三、民國17年國民政府頒布之著作權法

北伐統一後，國民政府定都南京，於民國17年5月14日公布著作權法，共五章四十條。其與民國4年北洋政府頒布著作權法主要不同如下：

（一）規定著作物註冊前須先經審查

著作物之註冊，由國民政府內政部掌管之。內政部對於依法令應受大學院審查之教科圖書，於未經大學院審查前，不予註冊（§2）。另內政部於著作物呈請註冊時發現其有下列情事之一者，得拒絕註冊：1.顯違黨義者；2.其他經法律規定禁止發行者（§22）。

（二）縮短翻譯著作權保護年限

翻譯著作權之保護年限在民國4年著作權法規定與一般著作權之保護相同，即著作人終身及死亡後三十年。民國17年之著作權法則僅二十年（§10）。

（三）刪除著作權設質之規定

僅規定著作權之移轉及承繼非經註冊，不得對抗第三人（§15）。

（四）規定揭載報紙雜誌之事項得註明不許轉載

揭載於報紙雜誌之事項，得註明不許轉載，未經註明不許轉載者，轉載人須註明其原載之報紙或雜誌（§21）。

（五）規定冒名著作物為侵害著作權

冒用他人姓名發行自己之著作物者，以侵害他人著作權論（§26）。

綜觀民國17年公布之著作權法，較民國4年北洋政府頒布之著作權法，顯有遜色。其與民國4年頒布之著作權法不同之處，均係退步或不當之規定。

四、民國33年著作權法之修正

民國33年4月27日，國民政府就民國17年頒布之著作權法加以修正。其修正主要之點如下：

（一）擴大著作物審查之範圍

將民國17年著作物審查限於教科書而擴大至所有「依法令應受審查之著作物」（§2）。

（二）受保護著作物之範圍重新擬定

本次修正保護著作物之範圍限於：1.文字之著譯；2.樂譜、劇本；3.發音片、照片及電影片（§1）。

（三）違反著作權法加重刑責

除罰金加重外，凡以侵害著作權為常業者，亦得處一年以下有期徒刑、拘役得併科5,000元以下罰金（§30Ⅱ）。

五、民國38年著作權法之修正

民國38年1月13日，著作權法作第二次之修正，此次修正幅度極小，僅有二點：

（一）增設美術之製作為受保護著作物範圍之一（§1）。

（二）降低罰金之上限，最多僅500元罰金（§30以下）。

六、民國53年著作權法之修正

民國53年7月10日，對著作權法又作第三次之修正，此次修正，重點有三：

（一）增加製版權之規定

無著作權或著作權年限已滿之著作物，經製版人整理排印出版繼續發行並依法註冊者，由製版人享有製版權十年；其出版物，非製版所有人，不得照像翻印（§22）。

（二）增設行政機關對違反著作權法者取締干涉之規定（§31、
　　　32、36、38）

（三）違反著作權法者，加重處罰

　　違反著作權法者，除提高罰金外，並因其情形不同，科處一年、二年
或三年以下之有期徒刑（§33以下）。

七、民國74年著作權法之修正

　　民國74年7月10日，政府對著作權法作第四次之修正，此次修正重點
如下：

（一）擴充著作權範圍及著作權內涵

　　將受保護之著作物的範圍加以擴充為：1.文字著述；2.語言著述；
3.文字著述之翻譯；4.語言著述之翻譯；5.編輯著作；6.美術著作；7.圖形
著作；8.音樂著作；9.電影著作；10.錄音著作；11.錄影著作；12.攝影著
作；13.演講、演奏、演藝、舞蹈著作；14.電腦程式著作；15.地圖著作；
16.科技或工程設計圖形著作；17.其他著作。並將著作人權利之內容分成
重製、公開口述、公開播送、公開上映、公開演奏、公開展示、編輯、翻
譯、出租、改作等十種權利（§4）。

（二）創作主義

　　明定著作人於著作完成時即享有著作權（§4I），採創作主義，
揚棄民國53年著作權法之註冊主義。惟對外國人著作，仍採註冊主義
（§17）。

（三）增列未經認許成立外國法人刑事訴訟能力之規定

　　明定著作權人為未經認許成立之外國法人，亦得為告訴或提出自訴。

但以依條約或其本國法令、慣例，中華民國人之著作得在該國享受同等權利者為限（§17Ⅲ）。

（四）適度延長著作權之期間

民國53年著作權法規定照片、發音片、電影片之著作權期間為十年，翻譯著作權為二十年（§9、10）。民國74年著作權法則規定編輯、電影、錄音、錄影、攝影、電腦程式著作，以及文字著述與語言著述之翻譯，其著作權期間為三十年（§12、13）。

（五）增列音樂著作之強制使用規定

良好之音樂著作，國家應促進其流傳，以提高文化水準，若著作人或著作權人因受客觀條件限制。不能聘請高水準藝人為之傳播，且又長期禁止他人錄製，乃國家文化之損失。為調和著作人或著作權人與社會公共利益之關係，民國74年著作權法乃增列規定，音樂著作其著作權人自行或供人錄製商用視聽著作，自該視聽著作發行滿二年後，任何人得以書面載明使用方法及報酬，請求使用其音樂著作，另行錄製視聽著作。著作權人未予同意或協議不成立時，得申請主管機關依規定報酬率裁決應給之報酬後，由請求人錄製之（§20、21）。

（六）詳訂公平利用範圍

規定下列情形，如註明著作出處，不視為侵害他人著作權：1.節選他人著作，以編輯教育部審定之教科書者；2.以節錄方式引用他人著作，供自己著作之參證註釋者；3.為學術研究複製他人著作專供自己使用者；4.電腦程式合法持有人為配合其所使用機器之需要而修改其程式或因備用存檔需要而複製其程式，如修改或複製之程式，係由該持有人自行使用者（§29）。另為盲人以點字重製著作，以及盲人福利機構將他人著作錄音供盲人使用（§30）；政府或私立學校辦理考試，得複製他人著作以供試題之用（§31）；供公眾使用之圖書館、博物館、歷史館、科學館、藝術館，於一定條件下，得就收藏之著作重製之（§32）。

（七）增列爭議調解規定

增列著作權爭議，得由當事人申請主管機關調解之（§50）。

（八）規定侵害著作權民事賠償之最低限額

規定不法侵害他人之著作權者，其損害賠償數額，不得低於各被侵害著作物定價之五百倍。無定價者，由法院依侵害情節酌定其賠償額（§33II）。

（九）適度提高侵害著作權之法定刑

民國53年舊法對擅自翻印他人業經註冊之著作物者，僅處二年以下有期徒刑，得併科2,000元以下罰金（§33）。民國74年舊法則規定擅自重製他人之著作者，處六月以上三年以下有期徒刑，得併科3萬元以下罰金（§38）。其他侵害他人著作權之情形，刑罰亦均酌量加重。

（十）增列兩罰之規定

規定法人之代表人、法人或自然人之代理人、受雇人或其他從業人員，因執行職務，觸犯違反著作權之罪者，除依各該條規定處罰其行為人外，對該法人或自然人亦科以各該條之罰金刑（§48）。

綜觀民國74年著作權法之修正，較民國53年以前之著作權法，已使我國著作權法在精神上接近世界各國之立法例。尤其將過去註冊主義改為創作主義，廢除著作審查制度，均係十分進步之立法。惟外國人之著作仍採註冊主義，係屬缺憾。又此次修正未對我國過去著作權法之整體架構重新翻修，亦有人大衣小之感覺。

八、民國79年著作權法之修正

民國79年1月24日，著作權法又作第五次修正，此次修正幅度不大，重點有三：

（一）修正公開上映權之定義

民國74年舊著作權法有關公開上映權之定義，是否能含括MTV中包廂之上映行為，實務上發生爭議，故此次修正乃修正公開上映之定義，俾使包廂內之上映行為成為著作權法上之公開上映行為（§3Ⅰ⑧、Ⅱ）。

（二）增加第一次銷售理論之規定

為因應錄影帶發行商在業界對錄影帶出租店的流片行為大肆取締，錄影帶之出租店乃聯合向立法院陳情，通過「第一次銷售理論」（first sale doctrine），規定：「已取得合法著作複製物之所有權者，得出借、出租或出售該複製物。」（§28Ⅲ）。

（三）增訂保護期間之過渡條款

由於民國74年著作權法修正延長若干著作之著作權保護期間，且對本國人之著作採創作主義，因此有關在民國74年修法前後之過渡問題，實務上發生爭議，為解決此一爭議，乃增加新舊法過渡條款規定（§50-1）。

九、民國81年著作權法之修正

民國81年6月10日，著作權法又作第六次之修正，此次修正幅度極大，可謂全面制定，將民國81年以前之著作權法全部翻新，共分八章，計一百十七條，其修正內容如下[22]：

（一）調整法條結構，增列章、節、款，釐清相互關係

民國79年舊法條文沿襲民初法制，其規定內容參差混淆，有著作種類與著作權能內涵合併規定（如§4）；著作權歸屬與保護期間混合（如§11～13）；保護期間起算點與權利客體之認定併列（如§15）；著作權

---

[22] 詳民國81年舊著作權法行政院草案說明，參見立法院秘書處：著作權法修正案（民國82年2月初版），第2-6頁。

限制散見於整部法規各章（如§18、19、28III、29～32）；著作人格權條文亦割裂分散（如§22、25～27）；數事合併一章規定，如第二章章名定為著作權之歸屬及限制，而包含強制授權（如§20）、著作權人團體（如§21），並兼及製版權之保護（如§24）。又如第三章章名為著作權之侵害，而其中第29條至第32條，係規範著作權限制事項，第33條以下乃侵害著作權之民事、行政救濟。為改正上述缺失，乃將民國79年舊法之五章修正增列為八章，並詳定「節」、「款」，俾求條款清晰，結構分明。

（二）釐清著作權法所稱主管機關之涵義，落實著作權之保護

按著作權屬私權性質，惟兼受行政主管機關之輔導、監督，及其他機關如目的事業主管機關之輔導及司法機關之救濟等，牽涉範圍極為廣泛，為避免產生因著作權法之規定，致認凡著作權法規定事項，概屬行政主管機關（即內政部）職掌之誤會，貽誤救濟時機或其他機關之協助或輔導，爰釐清本法稱主管機關時即指行政主管機關（內政部），與其他機關可資分際，俾落實著作權之保護（§2）。

（三）尊重國際條約、協定，採內、外國人平等互惠之保護原則

民國79年舊法對本國人著作之保護，採創作主義，對外國人著作之保護，採註冊主義，違反內、外國人權利地位平等之原則，施行以來時生爭議，對推動國際著作權之雙邊關係，造成甚大之阻力。故民國81年修法乃依內、外國人權利地位平等之原則，對外國人著作之保護，改採創作主義，以補正民國79年舊法之缺失。又尊重條約為憲法第141條所明定，民國81年增訂條約、協定優先適用之條文，除履行「台美著作權保護協定」外，並為開拓國際著作權互惠關係預留空間（§4）。

（四）增訂著作人條文，以明權源

著作權因著作人創作之行為而生，其他權利人取得著作權均屬繼受著作人之權利，著作人於著作權之歸屬居於根本地位。在實務上，著作行為之態樣繁多，民國79年舊法第3條第1項第3款對「著作人」之規定過於簡

略，致實務上有關著作人之認定，時生爭議，民國81年舊法特增訂著作人推定、法人著作人及出資著作人等條文，以資準據（§10～12）。

（五）明定著作權之內涵包括著作人格權及著作財產權

民國79年舊法第4條第2項規定著作權之權利內容，係著作財產權之性質，而第22條、第25條、第26條規定所保護之權利，係屬著作人格權之性質，並非第4條第2項所定著作財產權，惟民國79年舊法既乏「著作人格權」用詞，對其權利內容，又欠明確規定，立法顯有疏漏。民國81年舊法將著作權分為著作人格權與著作財產權二大類，並就其包涵之權利內容個別條列，詳予規定，以補民國79年舊法之不足（§15～29）。

（六）延展著作權保護期間，以符國際立法趨勢

我國著作權法制，溯自前清宣統2年萌芽之始，著作權保護期間之通則，一向採著作人終身及死後繼承三十年，歷次修正未嘗變更，民國74年修正，只將部分原採減縮期間十年、二十年者予以延展，以便保護期間趨於一致。揆諸國際著作權法制中，保護期間最長者為著作人終身及死亡後八十年（哥倫比亞、巴拿馬、幾內亞）；最短者為第一次發行後二十五年（迦納），而最為普遍且為多數國家法制接受者，為著作人終身及死後五十年，伯恩公約及民國81年當時之英國、美國、日本、南韓等著作權法，均採此一保護期間，為符國際法制一般趨勢，並履行「台美著作權保護協定」，乃將保護期間延展為著作人終身及死後五十年，為原則性之規定（§30、35）。

（七）充實著作合理使用之範圍，以促進國家文化之發展

國家制定著作權法固然以保障著作人著作權益為目的，惟為兼顧調和社會公共利益，促進國家文化之整體發展，於必要時，亦須對著作人之著作財產權予以限制。民國79年舊法有關權利限制之規定散處各章（如§18、19、28III、29～32），且其規定亦有欠周密，適用上頗多困難。民國81年舊法乃予以補充增訂，以調和著作人與利用人間之關係，平衡著作

人之私權與社會、國家公益（§44～66）。

（八）擴充強制授權項目，以應法制新趨勢之需要

著作之利用與文化發展有密切之關係，為提昇文化水準，對於特定著作，以法律規定在支付使用報酬之條件下，強制著作財產權人授權他人利用其著作，為現代各國著作權法之立法趨勢，亦為國際公約所明定。民國79年舊法僅就音樂著作定有強制授權之規定，項目過少，不足因應時代之需求，民國81年舊法乃增訂翻譯權強制授權之規定，以資適用（§67～73）。

（九）增訂著作權集體管理團體與著作權審議及調解委員會之規定，加強權利人、利用人、主管機關等相互間之協調與聯繫

著作權集體管理團體須代理著作權人收受使用報酬，並予分配，與著作權人關係密切，更攸關社會公益，地位極為重要，民國79年舊法第21條僅對音樂著作人團體有所規定，而其規定亦欠妥適。又設立公正產、官、學性質機構，作為主管機關重大政策諮詢之對象及處理著作權爭議，亦為各國立法趨勢，民國81年舊法乃增訂設立著作權審議及調解委員會等有關事項，以資適用（§81～83）。

（十）增訂著作權侵害行為態樣及其救濟之規定

民國9年舊法所定著作權侵害之態樣，有所疏漏，致適用上屢生疑義，民國81年舊法乃對於侵害行為之態樣及其救濟方法均一一詳為規定，以期周延（§84～90）。

（十一）增訂刑罰規定，並酌予提高自由刑及罰金數額，以有效遏止侵害

民國79年舊法罰則規定，頗多缺失，致法院適用時多有疑義。又違反著作權法之犯罪具有經濟犯罪之性質，因此提高罰金數額，可使侵害者無利可圖，而達到嚇阻犯罪之功效，民國81年舊法乃予增訂刑罰規定，提高

罰金數額；又著作權之侵害中，以意圖銷售或出租而大量盜印、盜錄之侵害，以及以侵害為常業者，惡性最為重大，民國81年舊法乃對此類犯行加重處罰，以有效遏阻侵害（§91～97）。

（十二）增訂新舊法過渡條文，以明新舊法之適用

按民國81年舊法對著作類別、著作人、著作權之內涵、著作財產權之保護期間、著作合理使用之範圍、強制授權之項目及外國人權利之保護等，較民國79年舊法規定之內容，均有所更張。為使民國81年舊法施行後，就舊法時期上述有關事項之法律適用，有明確依據，民國81年舊法乃充實附則章，本貫徹修正意旨、適當保護既得權益及侵害（罪刑）法定之原則，就該等事項，究應如何過渡，詳予規定（§106～114）。

綜觀此次著作權法之修正，大抵仿自日本及南韓之著作權法，間或參考伯恩公約、美國及德國之著作權法，使我國之著作權法與先進國家相較並無遜色。惟我國著作權法係採大陸法系制度，民國81年舊法並無鄰接權之規定，且對職務著作之規定又有嚴重缺失[23]，是其缺點。

民國81年6月10日著作權法修正後，同年7月6日又針對著作權法第53條規定加以修正，放寬盲人得以電腦或其他方式利用已公開發表之著作。

十、民國82年著作權法之修正

民國82年4月24日，著作權法又作了第七次之修正，此次修正主要係針對著作權法增加著作權人專有輸入權（§87④），並於第87條之1增加例外之規定。綜觀此次修正，完全係受美國貿易法三零一條款之壓力所致。其修正有嚴重瑕疵[24]。

23　詳拙文：「談新著作權法的法人著作」，律師通訊，第155期，民國81年8月出版。

24　可參見下列拙文：
　　一、台美著作權協定與平行輸入問題（民國82年4月12日自立晚報二十版）。
　　二、著作權法修正的若干問題（一）（民國82年4月26日自立晚報二十版）。

十一、民國87年著作權法之修正

民國87年1月21日著作權法又作了第八次修正，此次修正主要是為因應我國申請加入世界貿易組織，而世界貿易組織協定包含「與貿易有關之智慧財產權協定」（TRIPS），為達到該協定之標準，而修正著作權法。另為因應實務需要，亦將若干著作權法窒礙難行之處加以修正，其重點如下[25]：

（一）修正公開播送及公開演出之定義，以符合「與貿易有關之智慧財產權協定」規定

「與貿易有關之智慧財產權協定」第9條第1項規定，會員應遵守伯恩公約之規定，而民國81年著作權法公開播送及公開演出之定義尚未能涵蓋伯恩公約第11條之1第1項第2款及第3款之情形，本法乃參酌伯恩公約之規定修正公開播送及公開演出之定義（§3）。

（二）明確規定表演之保護，以符合與貿易有關之智慧財產權協定規定

與貿易有關之智慧財產權協定第14條第1項規定，會員應保護表演人之表演，惟民國81年舊法第5條第1項第3款「戲劇、舞蹈著作」，是否已

三、著作權法修正的若干問題（二）（民國82年5月17日自立晚報二十版）。

四、著作權法修正的若干問題（三）（民國82年6月7日自立晚報二十版）。

五、貿易報復問題的省思（民國82年4月17日聯合晚報二版）。

六、知識衰退，經濟就要衰退──評立法院審議著作權法及協定（民國82年4月22日工商時報二版）。

七、談立法院通過著作權法修正及協定保留條款（民國84年4月23日自立晚報三版）。

八、知識戒嚴下的對策（民國82年4月26日中國時報三十版）。

以上文章均收錄於拙著：著作權法漫談（三）中。

25 參見行政院民國85年3月22日台八十五內第07799號函，立法院議案關係文書（民國85年4月3日印發）。

涵蓋表演，並不明確，本法乃以獨立條文，予以明確規定，並針對其特殊性，對其著作財產權之範圍加以限定（§8、22、24、26、28、29）。

（三）增訂僱傭關係完成著作及出資聘人完成著作之著作財產權歸屬之規定，以杜爭議

民國81年舊法第11條及第12條規定，受雇人於僱傭關係完成著作及出資聘人完成著作，原則上以受雇人或受聘人為著作人，而受雇人或受聘人因此享有著作人格權及著作財產權。該等規定於施行後，造成雇主及出資人恐慌，影響投資研究發展之意願。此外，由於但書規定得約定以法人及出資人為著作人，雇主及出資人乃要求與受雇人及受聘人簽約，約定以雇主及出資人為著作人，常引發雙方關係緊張，各界迭有修正該二條文之意見，為調和雙方利益，此次乃修正該二條文（§11、12）。

（四）修正著作同一性保持權規定，以利著作之利用流通

民國81年舊法第17條規定著作人有保持著作之內容、形式及名目同一性之權利。同條雖定有但書，於特定情形，限制此一權利，但仍嫌嚴苛，有礙著作之利用流通。而伯恩公約有關著作人格權之規定，係禁止他人以損害著作人名譽之方式利用著作，而非指於利用著作時（如被授權改作）完全不能修改著作之內容、形式及名目。為利著作之利用流通，乃參酌國際公約規定，修正同一性保持權之規定（§17）。

（五）擴大公開展示權涵蓋之客體，以符實際

民國81年舊法第27條規定，公開展示權之客體為未發行之美術著作或攝影著作之原件，而原件係指著作首次附著之物，就攝影著作而言，原件係指底片，惟公開展示底片（無論正片或負片）對著作財產權人並無甚實益，此次修正乃參酌各國著作權法規定，將公開展示權之客體擴及未發行之美術著作或攝影著作之重製物（§27）。

（六）刪除著作財產權之最低讓與價格及使用報酬規定，以符實際

民國81年舊法第36條第3項規定，各類著作財產權之讓與價格與使用報酬，不得低於主管機關公告之標準。惟讓與價格與使用報酬本應訴諸市場機能決定，政府機關無由介入，且各類著作財產權之交易態樣繁複，最低標準之訂定亦有實際困難，本法乃將該規定刪除（§36）。

（七）廢止翻譯權強制授權規定，以符合與貿易有關之智慧財產權協定規定

與貿易有關之智慧財產權協定第9條第1項規定，會員應遵守伯恩公約的規定，而翻譯權強制授權係伯恩公約賦予開發中國家之優惠。以我國目前經濟發展之程度，世界貿易組織會員勢必無法接受我國以開發中國家身分加入，我國既無法以開發中國家身分申請加入該組織，自無法再援用伯恩公約此一賦予開發中國家之優惠規定，本法乃將翻譯權強制授權規定廢止。

（八）修正音樂著作錄製強制授權規定，以利音樂著作之流通

民國81年舊法第69條規定之音樂著作錄製強制授權規定較其他國家嚴格，致施行以來，無人申請。為使音樂著作廣為散布，美化人生，本法乃參酌其他國家規定，修正放寬法定要件，俾利公眾利用（§67～69）。

（九）廢止著作權登記制度，以落實創作保護原則

按著作權法自民國74年7月10日修正改採創作保護原則後，著作權註冊僅屬自願性質，其後民國81年舊法更進而將註冊制度修正為登記制度，取消核發註冊執照，改發登記簿謄本。自法律觀點而言，登記並非著作權之取得要件，因此登記制度無甚實益。惟從實務而言，由於法律賦予登記之效力與民眾期待之效力差距甚大，致自願登記制度常在實務上扭曲創作保護之原意，亦常造成主管機關之困擾。綜觀世界主要國家著作權法制，於採創作保護原則後，除少數國家（如美國）外，皆不再有註冊或登記制

度，遇有著作權侵害時，則由權利人舉證證明享有權利及被侵害之事實，向司法機關請求救濟。我國既已於民國74年7月10日著作權法修正施行後改採創作保護原則，即應順應世界潮流，真正回歸創作保護，本法乃除保留製版權登記外，將著作權登記制度廢止。

（十）修正新舊法過渡條文，以明新舊法之適用

為使未來新法施行後，就施行前已完成之著作是否適用新法，有明確依據，乃修正附則章，使過渡規定，更為周延。此外，未來世界貿易組織協定在我國管轄區域內生效日起，依與貿易有關之智慧財產權協定第70條規定，對於該生效日前源自其他世界貿易組織會員之著作，須遵照伯恩公約第18條規定給予回溯保護。本法乃在：1.內、外國人公平待遇；及2.國際互惠二大原則下，研擬符合伯恩公約第18條規定之回溯保護條文，一方面履行國際公約義務，一方面維護國人及產業界最大利益（§96～103及105）。

十二、民國90年著作權法之修正

民國90年11月12日，為配合行政程序法及加入WTO，著作權法又作了第九次修正。其重點如下：

（一）修正主管機關之歸屬

在過去本法之主管機關，均隸屬內政部，然而為使智慧財產權事權統一起見，民國87年11月4日公布「經濟部智慧財產局組織條例」，將著作權業務納入經濟部。為配合該條例規定，此次修正，乃規定本法之主管機關為經濟部（§2）。

（二）修正電腦程式之保護期間

依世界貿易組織之「與貿易有關之智慧財產權協定」第10條第1項規定，電腦程式著作應以語文著作保護之。而在民國90年以前之舊法，電腦

程式之保護，僅為從公開發表後五十年，而非終身加五十年。此次修正，乃將電腦程式著作從第34條移除，改適用第30條之終身加五十年之規定。

（三）確定有關著作財產權之專屬被授權人之地位

在過去舊法對著作財產權有無專屬授權之概念？專屬授權之地位如何？在登記制度取消後，授權之公示方法如何，均有爭議，此次修正乃明確規定專屬授權之地位（§37 I～V）。

（四）增訂有關電腦伴唱機使用音樂的特別規定

業者於電腦伴唱機內錄製上千首歌曲之行為，通常均向著作權集體管理團體或個別之著作財產權人取得授權。惟利用人後續利用該電腦伴唱機，取得公開演出音樂著作之授權，除向仲介團體洽取授權外，針對少數未加入仲介團體而又濫用權利之「權利人」，利用刑事訴訟以刑逼民，使對方和解，索取高額賠償金，作為主要營業收入。於是伴唱業者，乃遊說立法院，增訂：音樂著作經授權重製於電腦伴唱機者，利用人利用該電腦伴唱機公開演出該著作，除該音樂係屬於著作權集體管理團體管理之音樂著作外，不適用第七章關於罰則的規定（§37VI）。

（五）刪除由著作權審議及調解委員會審議著作權集體管理團體之費率之規定

由於實務上由著作權審議調解委員會審議著作權集體管理團體之使用費率，往往引起權利人團體之不滿，且事實上該費率亦甚難訂定。此次修正乃予刪除（§82）。

十三、民國92年著作權法之修正

民國92年7月9日，著作權法又作了第十次修正。此次修正，主要是為因應數位化網際網路科技的需要，參照世界智慧財產權組織（WIPO）於1996年12月底通過「世界智慧財產權組織著作權條約」及「世界智慧財產

權組織表演及錄音物條約」有所修正，其重點如下：

（一）明列「暫時性重製」屬於「重製」之範圍，並增訂「重製權」之排除規定

為使電腦RAM的暫時性重製，為著作權法之重製，於本法第3條第1項第5款規定，重製為「指以印刷、複印、錄音、錄影、攝影、筆錄或其他方法直接、間接、永久或暫時之重複製作」，並於第22條明定：「於專為網路中繼性傳輸，或使用合法著作，屬技術操作過程中必要之過渡性、附帶性而不具獨立經濟意義之暫時性重製」，除電腦程式外，排除適用。

（二）增訂公開傳輸權、散布權、錄音著作公開演出之報酬請求權、表演人之出租權等權利，並修正公開播送之定義

網路傳輸具有異時存取和互動式的特點，著作權法的公開播送權並不及於網路上之傳輸。為因應網路及非屬傳統廣播電視媒介之傳輸科技之發展，參酌「世界智慧財產權組織著作權條約」第8條及「世界智慧財產權組織表演及錄音物條約」第10條及第14條規定，增訂公開傳輸權（§26-1），並修正關於「公開播送」之定義，以釐清其與公開傳輸行為之區別。又舊著作權法並未明定完整的散布權，世界許多國家之著作權法已訂定散布權，使著作人就其著作應享有以買賣或其他移轉著作原件或其重製物所有權之方式加以散布之權利，此次修正，乃依「世界智慧財產權組織著作權條約」第6條、「世界智慧財產權組織表演及錄音物條約」第8條及第12條規定，增訂散布權（§28-1），並增訂散布權耗盡原則（§59-1）；另依「世界智慧財產權組織表演及錄音物條約」第15條規定，賦予錄音著作享有公開演出報酬請求權，依同條約第9條規定，增訂表演人對其固著於錄音著作之表演享有出租權（§26III、29II）。

（三）增訂權利管理電子資訊保護規定

於數位化環境下，著作權人就其著作原件或其重製物，或於著作向公眾傳達時，常附記有相關權利管理電子資訊，如予以刪除或竄改，或明知其已被刪除或竄改，仍予以散布等，對權利人將造成嚴重損害，此次修正乃參酌「世界智慧財產權組織著作權條約」及「世界智慧財產權組織表演及錄音物條約」相關規定，增訂權利管理電子資訊保護規定（§3Ⅰ⑰、80-1、90-3、96-1）。

（四）釐清專屬授權之疑義

民國90年11月12日修正公布之著作權法第37條第2項關於著作財產權之授權規定「前項授權經公證人作成公證書者，不因著作財產權人嗣後將其著作財產權讓與或再為授權而受影響」，引起有違伯恩公約第5條第2項所定「著作權之享有與行使不得要求履行一定形式要件」之疑義，此次修正乃予刪除。又依民國90年修正之著作權法規定，專屬授權之被授權人在被授權範圍內，得以著作財產權人之地位行使權利，惟其得否以自己名義為訴訟上之行為，並未明確規定，此次修正明定專屬授權之被授權人得以自己名義為訴訟上之行為，以臻明確（§37）。

（五）修正合理使用規定

本次修正賦予著作人「公開傳輸權」，惟為兼顧調和社會公共利益，促進國家文化之整體發展，該項權利於必要時，亦須予以限制，乃修正部分合理使用相關條文。又為使一般大眾對於合理使用之範疇明確認知，以免動輒構成侵害著作財產權，乃修正著作權人團體與利用人團體得就著作之合理使用範圍達成協議，作為是否合理使用之判斷參考，於協議過程中，並得諮詢著作權專責機關之意見（§49、50、65）。

（六）增訂製版權之讓與或信託登記規定

信託法第4條第1項規定：「以應登記或註冊之財產權為信託者，非經

信託登記，不得對抗第三人。」舊法第79條對於製版權之取得固採登記主義，但關於製版權之讓與或信託，則無登記之規定，此次修正乃配合增訂製版權之讓與或信託登記規定（§79）。

（七）強化著作權或製版權爭議調解之效力

鑒於著作權爭議案件具高度專業性，著作權專責機關之著作權審議及調解委員會委員均為專業人員所組成，其所為調解可減輕爭議雙方民刑事訴訟程序之勞費，並疏減司法機關案件負荷，然舊法之調解因僅具民法上和解之效果，無法獲得重視，此次修正乃強化著作權或製版權爭議調解之功能，使調解經法院核定後，當事人就該事件不得再行起訴、告訴或自訴，並使其與法院之民事確定判決有同一之效力（§82-1～82-4）。

（八）修正侵害著作權及製版權之民、刑責規定

世界貿易組織協定附錄「與貿易有關之智慧財產權協定」第41條至第43條規定，會員應提供有效防止及遏止侵害智慧財產權之行為及更進一步之侵害，為使著作權人對侵害之民事損害獲得足夠賠償，在民事救濟上爰提高法院依侵害情節酌定賠償額之上限，一般侵害為新臺幣（以下同）100萬元，其屬故意且情節重大者，得增至500萬元（§88III）。

（九）增訂罰則的非告訴乃論範圍，並對若干侵害著作財產權類基型予以除罪化

為遏止盜版，此次修正，罰則之罰金，均有加重。尤其是光碟之盜版及販賣盜版者，均採非告訴乃論（§100）。然而對若干侵害則予以除罪化，以減少一般人動輒得咎之現象。如侵害著作人格權、製版權者，不予處罰。對非營利之侵害著作財產權，如在一定份數或金額以下，亦不予處罰（§91II、91-1II、92II、93II）。

（十）增訂司法警察機關逕為沒入規定

為有效遏阻著作權侵害之繼續與擴大，明定供犯罪所用或因犯罪所得

之物，得予沒收。又以盜版光碟方式侵害重製權與散布權者，其犯行尤為嚴重，乃明定其得沒收之物不以屬於犯人者為限。此外，實務上常見司法警察機關於取締著作權侵害犯罪行為時，行為人逃逸而無從確認，致所查獲供犯罪所用或因犯罪所得之物，無從隨同犯罪案件移送，僅得以無主物處理，經公告一段期間無人認領後始歸入國庫，其程序曠日費時，徒增社會成本，此次修正，乃增訂得由司法警察機關逕為沒入，除沒入款項繳交國庫外，其餘部分則銷燬（§98、98-1）。

（十一）增訂回溯保護過渡期間應支付使用報酬

我國加入世界貿易組織後，依「與貿易有關之智慧財產權協定」第70條第4項規定，回溯保護過渡時期之適用，應至少使權利人得獲得合理之補償金，此次修正乃增訂本法修正後至民國92年12月31日前，已依法利用或改作著作者，應支付一般經自由磋商所應支付合理之使用報酬，以期符合TRIPS之規定。又應支付使用報酬而未支付者，僅為債權債務關係，尚不至於發生著作權侵權民、刑事責任問題。又為顧及出租業者之既得權益及圖書館對文化之貢獻，特別對出租及出借之情形除外，無須另外付費。另為避免對於市面流通之著作重製物究是否屬於依法重製之客體，是否受散布權之規範，造成認定上之困難而發生爭議，乃明訂於本法生效一年後，不得再行銷售或出租（§106-2、106-3）。

十四、民國93年著作權法之修正

民國93年9月1日，著作權法又作了第十一次修正。此次修正，主要是受美國的壓力，增加防盜拷措施及修正罰則。分述如下：

（一）增訂防盜拷措施規定

所謂防盜拷措施，即是指著作權人所採取有效禁止或限制他人擅自進入或利用著作之設備、器材、零件、技術或其他科技方法（§3 I ⑱）。依世界智慧財產權組織著作權條約（WCT）第11條及世界智慧財產權組

織表演及錄音物條約（WPPT）第18條規定，條約要求締約國對於防盜拷措施必須給予適當之法律保護及有效之法律救濟。我國雖非該等條約之締約國，但為因應世界各國立法趨勢，此次修正乃參考歐盟2001年著作權指令第6條、美國著作權法第1201條、日本著作權法第2條第1項第20款及韓國線上數位內容產業發展法第18條及電腦程式保護法第30條規定，增訂防盜拷措施的規定。即原則上「著作權人所採取禁止或限制他人擅自進入著作之防盜拷措施，未經合法授權不得予以破解、破壞或以其他方法規避之。」「破解、破壞或規避防盜拷措施之設備、器材、零件、技術或資訊，未經合法授權不得製造、輸入、提供公眾使用或為公眾提供服務。」（§80-2①、②）。

（二）刪除使用報酬爭議調解不成立強制仲裁之規定

舊法第82條規定，著作權集體管理團體與利用人間，對使用報酬爭議之調解，調解不成立時，應依法仲裁。此項規定有違反憲法第16條人民有訴訟之權利之虞。且在實務上無法拘束根本拒絕調解之人，易生糾紛。此次修正，乃刪除強制仲裁之規定。

（三）恢復擬制侵害著作人格權之規定

民國90年舊著作權法第87條第1項規定，「以侵害著作人名譽之方法利用其著作者」，視為侵害著作權。此項規定於民國92年修法時在立法院被刪除。然此規定於民國81年修法時即已增列，在實務運作上並無不妥，此次修正乃予恢復。

（四）增列海關對有侵害嫌疑之物品暫不放行之規定

依「與貿易有關之智慧財產權之協定」第58條規定，主管機關對於有證據顯示屬侵害智慧財產權之貨品，得依職權主動採取措施予以查扣，暫不放行。此次修正，本法乃明定海關於執行職務時，發現進出口貨物外觀顯有侵害著作權之嫌者，得採取暫不放行措施（§90-1）。

（五）加重罰則之刑度

民國92年本法修正時，對非意圖營利，著作財產權侵害份數未超過五份，且侵害總額市價未超過新臺幣3萬元者，以及侵害著作人格權者，予以除罪化（§91～93），僅負民事責任。此次本法修正將除罪化的規定刪除，不問是否意圖營利，亦不問侵害之份數及市價，均予以處罰。又此次修正，亦對侵害著作人格權及製造破壞防盜拷措施設備者，予以處罰。

十五、民國95年著作權法之修正

民國95年5月30日，著作權法又作了第十二次修正。

此次修正，純為因應刑法廢除所有有關常業犯的規定，因而對著作權法中有關常業犯的規定配合修正。計刪除著作權法第94條有關常業犯特別處罰的規定，並為了因應刪除第94條規定而導致條次的變更，因而修正了著作權法第98條、第99條至第102條、第117條等。對於著作權法的基本理論，並無變更。

十六、民國96年著作權法之修正

民國96年7月11日，著作權法又作了第十三次修正。

此次修正，除增訂著作權法第97條之1條文外；並修正第87條及第93條條文。主要修正目的，係針對網路業者，以未經合法授權之音樂、影音或其他檔案為誘因，在網路上提供電腦程式或技術（例如P2P），供網友交換該等違法侵害著作權之檔案，並向網友收取費用或坐收利益之行為，予以釐清其責任，明確規範禁止。違反者，將視為侵害著作權之行為；行為人除需負擔民事損害賠償外，並有二年以下有期徒刑之刑事責任。

十七、民國98年著作權法之修正

民國98年5月13日，著作權法又作了第十四次修正。

　　此次修正內容為，修正著作權法第3條，增訂著作權法第六章之一章名，及增訂著作權法第90條之4至第90條之12，亦即訂定「網路服務提供者（ISP）民事免責事由」。此次修正，係仿美國於1998年訂定之「數位千禧年著作權法」（Digital Millennium Copyright Act of 1998, DMCA）第512條規定，對網路服務提供者（ISP）訂定「避風港條款」，即在一定條件下，ISP只要履行「通知／取下Notice & Take Down」機制，即可免除民事責任。

十八、民國99年著作權法之修正

　　民國99年2月10日，著作權法又作了第十五次修正，此次修正內容有二：其一係為防止未加入集體管理機關之個別權利人，對二次公播、營業場所的公開傳達及廣告等在實際上無法事先預知使用作品之內容者，進行刑事濫訴，藉以取得不當權利金問題，乃規定此種情形，限於集體管理機關，方得行使刑事訴訟權。即修正著作權法第37條、第五章章名、第81條及第82條條文；其二是修正著作權法第53條規定，擴大有關學習障礙之弱勢者之合理使用規定。

十九、民國103年著作權法之修正

　　民國103年1月22日著作權法作了第十六次修正。

　　此次修正，原著作權法第53條規定僅能由非營利機構或團體為視障、學習障礙及聽覺障礙者的使用重製出版品，修法後的重製權利擴大為「中央及地方機關、非營利機構或團體、依法設立之各級學校以及特定身心障礙者個人或其代理人」得以進行重製。可以重製之個人或單位之間亦可互相分享重製物。

　　為了配合著作權法第53條之修正，也同時修正了與第53條相關的著作權法第65、80條之2、87條第87條之1等規定。即修正第65條第2項，排除第65條四項檢驗標準對第53條之檢驗。新增第80條之2第3項第9款（防盜拷措施之除外條款），讓依據第53條目的而進行重製的行為在防盜拷限制規定中排除。另外，在第87條之1，排除了為第53條合理使用目的跨國輸

入重製物的法律限制。

二十、民國105年著作權法之修正

民國105年11月30日著作權法又作了第十七次修正。主要是因為民國104年12月30日及民國105年6月22日修正刑法有關沒收的規定，而著作權法第第98條配合作修正。即除著作權法有特別規定外，適用刑法總則有關沒收之規定。

二十一、民國108年著作權法之修正

民國108年5月1日著作權法又作了第十八次修正。主要是因應近年來出現各式新興之數位侵權型態，提供民眾便捷管道至網站收視非法影音內容，例如：部分機上盒透過內建或預設的電腦程式，專門提供使用者可連結至侵權網站，收視非法影音內容；或是於網路平臺上架可連結非法影音內容的APP應用程式，提供民眾透過平板電腦、手機等裝置下載後，進一步瀏覽非法影音內容，因而在這次修正中，增訂著作權法第87條第1項第8款規定，並規定第87條第1項第8款之行為人之意圖亦應有第2項規定之適用。同時修正著作權法第93條與此相關罰則之規定。

二十二、民國111年著作權法之第一次修正

民國111年5月4日，著作權法作第十九次修正。此次修正著作權法第91條、第91條之1、第100條、第117條；刪除第98條、第98條之1。此係為因應台灣欲加入「跨太平洋夥伴全面進步協定」（Comprehensive and Progressive Agreement for Trans-Pacific Partnership, CPTPP），為符合CPTPP而修正。主要係針對刪除第91條及第92條有關光碟加重其刑的特別規定。並於第100條針對「具商業規模之著作權盜版行為」（即「有償提供著作全部原樣利用，致著作財產權人受有新臺幣一百萬元以上之損害者」），包含數位格式之重製、散布及公開傳輸等，科以一定刑責，且

排除告訴乃論規定。但由於此次修正條文，關係重大，在台灣還未加入CPTPP前，暫未施行，其施行日期，由行政院定之。本書將在相關內容中特別作說明。

二十三、民國111年著作權法之第二次修正（即現行法）

民國111年6月15日，著作權法作第二十次修正。修正著作權法第46條、第47條、第48條，並增訂第46條之1。此次修正，係為教育目的的遠距教學、教科書的法定授權及圖書館數位化的合理使用而修正。另增訂國家圖書館為促進國家文化發展之目的，亦得以數位方式重製下列著作：（一）為避免原館藏滅失、損傷或污損，替代原館藏提供館內閱覽之館藏著作。但市場已有數位形式提供者，不適用之；（二）中央或地方機關或行政法人於網路上向公眾提供之資料。蓋教育目的的法定授權、教科書的法定授權及圖書館的合理使用三者，均二十餘年以上未修正，在數位化時代，科技一日千里，尤其疫情原因，遠距教學日益普遍，立法院乃就此四條文先作修正。

第三節 著作權之國際保護

第一款 概 說

著作權之保護具有屬地性，係由被要求保護之國家之法律賦予其權利，故A國國民之著作在B國是否受保護，純粹依B國法令之規定。除非A國與B國間有著作權之雙邊協定或A國參加之國際公約，有特別規定。由於著作權係一種無形之權利，該權利具有全世界同時各別利用之可能性，與物權須對物加以占有而使用，並不相同，故著作權有國際普及保護的必要。而普及保護著作權最迫切者，乃係締結國際著作權公約，由國際著作權公約制定共同的著作權規則，由各國著作權法普遍遵守，且由國際著作

權公約之締結而使國與國之間為相互著作權之保護，以促進全人類文化之發展。

目前國際著作權公約較有名者有九：

一、伯恩公約〔Berne Convention for the Protection of Literary and Artistic Works（Paris Act of July 2, 1971, as amended on September 28, 1979）〕。

二、世界著作權公約〔Universal Copyright Convention（As Revised at Paris on 24 July 1971）〕。

三、羅馬公約（著作鄰接權公約）〔International Convention for the Protection of Performers, Producers of Phonograms and Broadcasting Organizations （Done at Rome on October 26, 1961）〕。

四、保護錄音物製作人防止未經授權重製其錄音物公約〔Convention for the Protection of Producers of Phonograms Against Unauthorized Duplication of Their Phonograms（of October 29, 1971）〕。

五、關於播送由人造衛星散布載有節目訊號之公約〔Convention Relating to the Distribution of Programme-Carrying Signals Transmitted by Satellite（Done at Brussels on May 21, 1974）〕。

六、避免對著作權使用費雙重課稅之多邊公約〔Multilateral Convention for the Avoidance of Double Taxation of Copyright Royalties（Done at Madrid on December13, 1979）〕。

七、與貿易有關之智慧財產權協定〔Agreement on Trade-Related Aspects of Intellectual Property Rights（1994）〕（簡稱「TRIPS」）。

八、世界智慧財產組織著作權條約〔WIPO Copyright Treaty （WCT）（1996）〕。

九、世界智慧財產組織表演及錄音物條約〔WIPO Performances and Phonograms Treaty（WPPT）（1996）〕等。

上述之公約或條約，我國除「與貿易有關之智慧財產權協定」之外，其餘均尚未加入。我國自民國91年1月1日加入世界貿易組織（WTO），

依該組織「與貿易有關之智慧財產權協定」之規定，要求各會員體必須保護其他所有會員體國民著作，則依本法第4條第2款規定，我國於民國91年1月1日起，與WTO現有全體會員體建立著作權互惠保護關係，WTO所有會員體國民之著作在我國均可受保護。又依「與貿易有關之智慧財產權協定」第9條第1項規定，WTO所有會員體應遵守（1971年）伯恩公約第1條至第21條及附錄之規定。但會員依該協定所享有之權利及所負擔之義務不及於伯恩公約第6條之1之規定所賦予或衍生之權利[26]。茲於第2款至第5款介紹其中最重要的伯恩公約、世界著作權公約、羅馬公約及與貿易有關之智慧財產權協定。

第二款　伯恩公約

一、簡　介

1878年，文學與藝術國際同盟（Literaire et Aristique Internationale）在巴黎成立，該同盟計畫以國際性著作權公約代替各國間的條約，乃於1883年以後，陸續在瑞士首都伯恩（Berne）舉行會議，而終於在1886年9月9日簽定，1887年9月5日正式生效。伯恩公約之正式名稱為「關於文學及藝術的著作物保護之公約」（The Berne Convention for the Protection of Literary and Artistic Works），為國際間最早之著作權公約，而被譽為「著作權國際保護之大憲章」。伯恩公約自第一次簽定後，於1908年在柏林修正，1928年在羅馬修正，1948年在布魯塞爾修正，1967年在斯德哥爾摩修正，1971年及1979年在巴黎修正。迄2024年8月1日止，伯恩公約之會員國共176國。

---

26 伯恩公約第6條之1規定：「著作人不問其著作財產權是否存在，甚至在著作財產權轉讓後，仍得主張其為該著作之著作人，並反對他人對其著作加以歪曲、割裂或改竄，或就其著作為足以損害其聲譽之其他行為。」此即有關著作人格權之規定。

二、內　容

（一）受保護之人

伯恩公約受保護之人包含下列情形：

1.著作人為伯恩公約國家之國民之著作（不問發行與否）（§3Ⅰ）。

2.著作人雖非伯恩公約國家之國民，但其著作最初在伯恩公約國家發行，或最初在非伯恩公約國家及伯恩公約國家同時發行（§3Ⅰ）。著作自最初發行之日起三十日內已經在二個以上國家發行者，視為該著作在各該國同時發行。

3.著作人雖非伯恩公約國家之國民，但在伯恩公約國家有常居所（Habitual residence）者，視該著作人為伯恩公約國家之國民（§3Ⅱ）。

4.視聽著作之著作人在伯恩公約國家有主事務所或常居所者（§4①）。

5.建築著作位於伯恩公約國家，或其他藝術著作所依附之建築著作位於伯恩公約國家之著作人（§4②）。

（二）受保護之著作

1.著作之例示

伯恩公約上受保護之著作，即文學及藝術之著作，亦即不問以任何表現方法或形式，屬於文學、科學及藝術範圍之創作，例如書籍、小冊子及其他文字著作；演講、演說、說教及其他同性質之著作；演劇用或樂劇用之著作；舞蹈及啞劇著作；樂曲（不問有無附歌詞）；視聽著作（包括以類似視聽之方法加以表現之著作）；素描、繪畫、建築、雕刻、版畫及石版畫之著作；攝影著作（包含以類似攝影之方法加以表現之著作）；應用美術著作；圖解、地圖圖表、略圖及關於地理學、地形學、建築學或科學之三度空間之著作（§2Ⅰ）。

2.衍生著作

文學或藝術著作之翻譯、改編、編曲或其他改變，在無害於原著作著

作權之範圍內,與原著作受同樣之保護(§2Ⅲ)。

3.編輯著作

文學及藝術著作之編輯物(諸如在素材之選擇及編排上形成智能的創作物之百科全書及選輯),在無害於及構成該編輯部分之各著作著作人之權利之範圍內,以智能的創作物保護之(§2Ⅴ)。

4.應用美術著作

應用美術著作、新式樣及新型之法律適用範圍以及此著作、新式樣、新型保護之要件,依公約國各國之法令自行訂定。但在公約國之本國僅作為新式樣與新型加以保護者,在其他公約國僅享有該國對新式樣與新型特別保護之權利。但在該他國無此特別保護之規定者,該著作以藝術著作保護之(§2Ⅶ)。

(三)保護之原則

1.非形式主義

受伯恩公約保護著作之著作人,在該著作之源流國以外之伯恩公約會員國中享有該國法令現在所賦予及將來所可能賦予其國民之權利,以及本公約特別所賦予之權利,且此權利之享有及行使無須履行任何形式(§5Ⅰ、Ⅱ前段)。

2.獨立保護原則

公約國對受保護之人所為之保護,係獨立於著作之源流國之外,加以保護。除公約另有規定外,著作人權利保護之範圍及救濟方法,專依被要求保護之同盟國之法令規定(§5Ⅱ後段)。

3.內國國民待遇原則

著作在其源流國本國所受之保護,依其源流國法令之規定。如著作之著作人非源流國之國民,而其著作為受本公約保護之著作,則該著作人享有該國國民之著作人相同之權利(§5Ⅲ)。

4.著作人格權

著作人不問其經濟權利是否存在,甚至在經濟權利轉讓後,仍得主張其為該著作之著作人,並反對他人將其著作加以歪曲、割裂或改竄,或就

其著作為足以損害其聲譽之其他行為（§6-2 I）。

5.保護期間

(1)一般之保護期間

公約所賦予之保護期間為著作人之生存期間及其死亡後經過五十年（§7 I）。

(2)視聽著作之保護期間

視聽著作之保護期間，公約國得規定自得著作人之同意，將著作向公眾提供或經過五十年。如視聽著作未向公眾提供者，自視聽著作製作後經過五十年（§7II）。

(3)匿名或別名之著作

匿名或別名之著作，為自著作合法向公眾提供後經過五十年，但著作人之別名能毫無疑問地確定其本人之身分時，保護期間為著作人之生存期間及其死亡後經過五十年。匿名或別名之著作如在向公眾提供後經過五十年期間內，明示其著作人之本名者，保護期間亦依一般保護期間之原則，即著作人終身及其死亡後五十年。又匿名或別名之著作有相當之理由足以推定其著作人已死亡五十年者，不得要求公約國予以保護（§7II）。

(4)攝影著作及應用美術著作之保護

攝影著作及以美術著作加以保護之應用美術著作，其保護期間依公約國之法令定之，但其保護期間不得短於該著作自完成起算二十五年。

(5)共同著作之保護

共同著作計算著作人死亡之時，應自共同著作人中最後生存者之死亡之時開始計算。

6.著作人之權利

本公約著作人之權利包含翻譯權（§8）、重製權（§9）、上演權及演奏權等（§11）、廣播權（§11-2）、公開口述權（§11-3）、改編權、編輯權（§12）、錄音權（§13）、改作權（§14）、追及權（§14-3 I）。追及權之保護，僅在著作人之源流國及被要求保護之同盟國法令均承認其權利，始受保護（§14-3II）。

第三款　世界著作權公約

一、簡　介

聯合國在其通過之「世界人權宣言」（Universal Declaration of Human Rights）第27條規定：「任何人有權利自由地參與共同的文化生活，有權利享有藝術及分享科學的發展及其帶來的福祉。任何人有權利享有其為科學、文學或藝術作品的著作人帶來的人格上與物質上之利益所為之保護。」

因此，聯合國教育科學文化組織（UNESCO）乃於1947年開始舉行一連串之會議，1951年開始起草公約，1952年9月6日國際政府間會議在瑞士日內瓦召開，簽署通過世界著作權公約（Universal Copyright Convention）。1971年7月24日公約條文又在巴黎修正。世界著作權公約主要的參加國家有澳洲、加拿大、法國、西德、義大利、日本、蘇俄、英國、美國等。該公約迄2024年8月1日止，參加國有100國。

二、內　容

（一）受保護之著作

1.已發行之著作

任何締約國國民已發行之著作，以及在該國首次發行之著作，在其他締約國享有該他締約國本國國民首次在其領域內發行之著作所賦予相同之保護，以及本公約所賦予之特別保護（§2I）。

2.未發行之著作

任何締約國國民尚未發行之著作，在其他締約國享有該他締約國給予其國民未發行之著作相同之保護，以及本公約特別之保護（§2II）。

3.內國國民待遇原則

各締約國為達本公約之目的，得在其國內法規定，對於在該國領域內有住所之任何人，賦予其與本國國民相同之保護（§2III）。

（二）保護之條件

　　締約國依國內法之規定，要求送呈樣本、註冊、標示、公證人之證明、註冊費之支付，或在國內製造或發行等手續以作為著作權保護之條件者，對於因本公約應受保護之外國人之著作，而在本國領域外首次發行者，如係由原著作人或其他著作權人授權而發行之任何版本，自首次發行時即刊有「©」標記、著作權人姓名及首次發行之年者，應視為已符合國內法之要件。但該標示、著作權人之姓名及發行之年，為保留著作權之標示，應以適當之方法刊印於適當之地方（§3）。

（三）保護期間

　　世界著作權公約之保護期間，由被要求保護之締約國以法令定之，但不得短於著作人之終身及其死亡後二十五年。如締約國於世界著作權公約在該國生效之日前已經限定某種著作之保護期間，係從首次發行之日起算者，得保留例外規定，並將該規定適用於其他著作。有關此類著作之保護期間不得短於最初發行之日起二十五年（§4Ⅰ、Ⅱ①）。

（四）著作人之權利

　　世界著作權公約之公約國應確保著作人經濟利益之基本權利，包含以任何方式之授權複製、公開上演、公開演奏及播送之排他權利。上述權利可擴大適用於原著作形式及衍生著作之形式之保護（§4-2）。

（五）其他規定

　　世界著作權公約特別規定著作人受保護之權利包含翻譯權，惟此翻譯權在一定條件之下得聲請強制授權，尤其開發中國家對翻譯權另有優惠之規定（§5-2、5-3、5-4）。

第四款　羅馬公約

一、簡　介

　　傳統的著作權保護制度，原則上只限於文學及美術的著作，有關演奏、歌唱、表演之本身則不在保護之列。但實際上，演奏、歌唱及表演之本身，具有相當的獨創性，尤其在錄音、錄影及傳播技術十分發達的今天，更有加以保護之必要。然而，著作的表演、錄音及傳播與作為材料而使用的原著作物不同，因而產生著作鄰接權（Neighboring Right）制度。換言之，原著作之使用，屬於著作權保護之範圍，著作之表演、錄音及傳播本身之使用，屬於著作鄰接權保護之範圍。

　　著作鄰接權保護制度，始於1926年國際勞動局（International Labour Office）對表演家保護之研究，其後各國漸漸重視。1961年10月26日，有三十九個國家正式在羅馬締結表演人、發音片製作人及傳播機關保護之國際公約（International Convention for the Protection of Performers, Producers of Phonograms and Broadcasting Organization，又稱「鄰接權公約」），西德1965年修正著作權法，日本1970年修正著作權法，南韓1987年修正著作權法，均根據本公約制定著作鄰接權保護制度。我國在錄音、錄影及傳播技術已發達至相當程度，實須有著作鄰接權制度[27]。羅馬公約迄2024年8月1日止，參加國共97國。

二、內　容

（一）與著作權之關係

　　羅馬公約所賦予有關表演人、錄音物之製作人及廣播機構之保護，解釋上不影響及原來文學及藝術著作著作權之保護（§1）。

27　參見拙文：「著作權與著作鄰接權」，民國79年7月9日，自立晚報，十六版。

（二）內國國民待遇原則

締約國對表演人、錄音物之製作人、廣播機構之保護，係採內國國民待遇原則（§4～6）。本公約適用上之內國國民待遇，係依下列規定之被要求保護之締約國之國內法令所訂定者（§2）：

1.對於表演人為其國民，而在其本國領域內為表演或廣播最初固定者所為之保護。

2.對於錄音製作人為其國民，而其於本國領域內最初固定或最初發行者所為之保護。

3.對於在其本國有主事務所之廣播機構，而其為廣播之設備設於其本國者所為之保護。

4.其他規定。

除此之外，鄰接權公約另於第4條至第6條規定何種表演人、何種錄音物之著作人及何種傳播機構，將受保護。另於第7條規定表演人之權利；第8條規定錄音物製作人之權利；第13條規定傳播機構之權利。又鄰接權公約特別規定，有關表演人、錄音物之製作人及傳播機構之權利，其保護期間不得短於二十年。此外，個人之使用、為時事報導之片段使用、傳播機構利用自己之設備就自己之傳播所為簡短之錄音、專門為教育或科學研究之目的使用等，例外不加以保護（§15）。

第五款　與貿易有關之智慧財產權之協定

一、簡　介

1993年12月15日，關稅暨貿易總協定（GATT）歷時七年之久的烏拉圭回合談判完成，其成員國並在1994年4月15日正式簽署最終協議（Final Act），根據最終協議規定，GATT的成員國決定成立「世界貿易組織」（WTO），以取代GATT，成立世界貿易組織協定，並成為最終協議的最重要附件。而成立世界貿易組織協定並有一個附件──「與貿易有關

之智慧財產權協定」（Agreement On Trade-Related Aspects of Intellectual Property Rights, Including Trade in Counterfeit Goods，簡稱TRIPS）。因此，加入WTO須受TRIPS的拘束，亦即WTO之成員國其智慧財產權法律須符合TRIPS之規定。WTO之成員國迄2024年8月21日止，參加國共165國。

二、內　容

（一）國民待遇原則

TRIPS對成員國國民著作之保護採內國國民待遇原則，亦即各成員國在著作權之保護上對其他成員國國民所提供之待遇，不得低於其本國國民（§3）。

（二）最惠國待遇原則

某一成員國提供其他成員國國民之任何利益、優惠、特權或豁免，均應立即無條件適用於其他成員國之國民（§4）。

（三）遵守伯恩公約規定

所有成員國除伯恩公約第6條之2所規定之著作人格權或由該權利所衍生之權利外，所有成員國均應遵守伯恩公約1971年巴黎條款第1條至第21條及公約附屬書之規定（§9Ⅰ）。

（四）電腦程式及資料庫之保護

無論以原始碼或目的碼表現之電腦程式，均應作為伯恩公約1971年巴黎條款所定之文字著作予以保護。此外，數據或其他資料之彙編，無論採用機器可讀形式抑或其他形式，如其內容之選擇或編排具有創作性，即應予保護（§10）。

（五）出租權

原則上電腦程式著作及視聽著作，成員國應承認其出租權，而無第一次銷售原則之適用。但如視聽著作之第一次銷售原則並不導致對於著作之廣泛重製而損及著作人之重製專有權，則例外成員國得不承認著作人有出租權（§11）。

（六）保護期間

除攝影著作或應用美術著作外，如保護期間並非按自然人生存期間計算者，則保護期間不得少於自最初發行日起五十年。如著作自完成時起五十年內未發行，則保護期間不得少於著作自完成之年起計算五十年（§12）。

第四節　我國與外國之相互保護關係

第一款　概　說

著作權之保護係採屬地主義，A國國民之著作在B國是否受保護，完全依B國之法律規定，與A國無關。我國有關外國人著作之保護，須依著作權法第4條之規定。所謂外國人，即無中華民國國籍之人，憲法第3條規定：「具有中華民國國籍者，為中華民國國民。」故外國人即為無中華民國國籍之人。如為無中華民國國籍，不問有無外國國籍，均屬外國人。無國籍之人，亦屬外國人。反之，如有中華民國國籍，縱兼具外國國籍，而為雙重國籍者，亦非外國人，得當然以本國人之身分取得著作權之保護。有關國籍之取得、喪失、回復之規定，依國籍法規定。

第二款　外國人民在我國之保護

外國人民之著作在我國如何加以保護？本法第4條規定：「外國人之

著作合於下列情形之一者，得依本法享有著作權。但條約或協定另有約定，經立法院議決通過者，從其約定。一、於中華民國管轄區域內首次發行，或於中華民國管轄區域外首次發行後三十日內在中華民國管轄區域內發行者。但以該外國人之本國，對中華民國人之著作，在相同之情形下，亦予保護且經查證屬實者為限。二、依條約、協定或其本國法令、慣例，中華民國人之著作得在該國享有著作權者。」依此規定，外國人之著作在我國受保護之情形有下列三種，僅符合其中一項即可，無須全部符合，如果同時符合二項以上，由著作人選擇所想要主張保護的條款：

一、最初發行地原則

「於中華民國管轄區域內首次發行，或於中華民國管轄區域外首次發行後三十日內在中華民國管轄區域內發行者。但以該外國人之本國，對中華民國人之著作，在相同之情形下，亦予保護且經查證屬實者為限（§4 I）」：所謂「中華民國管轄區域內」，限於台灣地區（台、澎、金、馬），不包括中共控制之大陸地區及已獨立之外蒙在內。所謂「首次發行」，係指該著作於世界各國均尚未發行，而第一次在中華民國管轄區域內發行而言（內政部民國76年5月16日台(75)內著字第410443號函）[28]。所謂「發行」，係指權利人散布能滿足公眾合理需要之重製物（§3 I ⑫）。例如一位日本人在台北教日語，所創作日語教材未在日本發行，而第一次發行地在台北，該日語教材受保護[29]。所謂「於中華民國管轄區域

---

28 內政部法規委員會編：內政法令解釋彙編（著作權類）（民國78年12月），第30頁。

29 最高法院83年度台上字第5111號判決：「按著作權法並無販賣錄影帶須與全省各縣市錄影帶發行同業公會協調發行或簽約之規定，因此，只要事實上已對外公開販賣，即可認為已公開發行，故日本之公司向我國內政部取得著作權之錄影帶代理權人，經重製後，雖僅在台北縣市販賣而尚未普及台灣其他地區，仍應認為在我國業已發行。」最高法院83年度台上字第6776號及最高法院83年度台上字第6776號，均有意旨相同之判決。

外首次發行後三十日內在中華民國管轄區域內發行者」，係指在與我國無互惠關係之外國人，在台灣地區以外地區發行後三十日內在台灣地區發行者而言。如與我國無互惠關係國家之國民之著作，在外國或中國大陸地區首次發行後逾三十日，方在台灣地區發行，除條約或協定另有約定者外，本法不予保護[30]，又不屬任何國籍之法人之著作如不具本款規定要件或條

---

30 有關我國加入WTO以前日本人之著作之保護，參見內政部民國83年9月24日台(83)內著字第8320487號函：「按日本人之著作前經本部81年7月8日台(81)內著字第8111903號函釋，得依著作權法（以下簡稱本法）第4條第1款『於中華民國管轄區域內首次發行，或於中華民國管轄區域外首次發行後三十日內在中華民國管轄區域內發行者，』之規定，受我國著作權法保護。復查依民國81年6月10日本法修正施行前第17條第1項第1款亦明定外國人之著作於中華民國境內首次發行者，得依法申請著作權註冊，取得著作權之保護，是關於日本人之著作，若符合上述情事者，則其究係自何時始受保護？茲列舉各種情形，分述如次：（一）於中華民國管轄區域內首次發行：1.該著作於民國81年6月10日本法修正施行前，於中華民國管轄區域內首次發行，且已依修正施行前本法第17條第1項第1款規定申請著作權註冊者，自本部核准註冊之日起，受著作權法保護。2.該著作於民國81年6月10日本法修正施行前，於中華民國管轄區域內首次發行，而未依修正施行前本法第17條第1項第1款規定申請著作權註冊者，符合民國81年6月10日修正施行之本法第108條規定，該著作自民國81年6月10日本法修正施行時，受著作權法保護。3.該著作如係屬民國81年6月10日修正施行之本法著作（例如：建築物、建築模型、字型繪畫、美術工藝品、圖表、電腦螢幕上顯示之影像……等），且於民國81年6月10日本法修正施行前，於中華民國管轄區域外首次發行者後三十日內在中華民國管轄區域內發行者，依民國81年6月10日修正施行之本法第109條及第4條規定，該著作自民國81年6月10日本法修正施行時，受著作權法保護。4.該著作於民國81年6月10日本法修正施行後，始符合『於中華民國管轄區域外首次發行後三十日內在中華民國管轄區域內發行者』之情事，依著作權法第4條及法律不溯既往之法理，該著作自中華民國管轄區域內『發行』日起，受著作權法保護。」另依台美著作權協定規定，亦有若干日本人著作受保護。（二）於中華民國管轄區域外首次發行後三十日內在中華民國管轄區域內發行：1.該著作如係屬民國81年6月10日修正施行之本法增訂之著作（例如：建築物、建築模型、字型繪畫、美術工藝品、圖表、電腦螢幕上顯示之影像……等），且於民國81年6月10日本法修正施行前，於中華民國管轄區域外首次發行後三十日內在中華民國管轄區域內發行者，依民國81年6月10日修正施行之本法第109條及第4條規定，該著作自民國81年6月10日本法修正行時，受著作權法保護。2.該著作於民國81年6月10日本法修正施行後，

約或協定另有約定，本法亦不予保護[31]。至於本條第1款但書所謂：「但以該外國人之本國，對中華民國人之著作，在相同之情形下，亦予保護且經查證屬實者為限。」係指本條第1款本文對外國人著作之保護，須該外國人所屬國家之著作權法，亦有與本條第1款本文相當之規定，而保護中華民國管轄區域內之中華民國人，方有適用。在外國有類似本款保護之情形如下[32]：

（一）合於「首次發行」及「三十日內發行」規定之國家：模里西斯、瑞典、日本、挪威、巴西、奧地利、哥斯大黎加、芬蘭、馬拉威、厄瓜多爾、荷蘭、阿根廷、比利時、薩爾瓦多、玻利維亞、馬達加斯加、澳洲、馬來西亞、菲律賓、多明尼加、秘魯、德國、東加王國、丹麥、新加坡、波蘭。

（二）合於「首次發行」規定之國家：千里達、土耳其、約旦。

（三）合於「首次發行」及「十四日內發行」規定之國家：加拿大。

始符合『於中華民國管轄區域外首次發行後三十日內在中華民國管轄區域內發行者』之情事，依著作權法第4條及法律不溯既往之法理，該著作自中華民國管轄區域內『發行』日起，受著作權法保護。」另依台美著作權協定規定，亦有若干日本人著作受保護。日本因係WTO之成員國，故在民國91年1月1日以後，日本人之著作，得依本法但書規定，全面加以保護。

31 參見內政部民國81年11月30日台(81)內著字第8122021號函：「查著作權法第4條規定：『外國人之著作合於左列情形之一者，得依本法享有著作權。但條約或協定另有約定，經立法院議決通過者，從其約定。一、於中華民國管轄區域內首次發行，或於中華民國管轄區域外首次發行後三十日內在中華民國管轄區域內發行者。但以該外國人之本國，對中華民國人之著作，在相同之情形下，亦予保護且經查證屬實者為限。二、依條約、協定或其本國法令、慣例，中華民國人之著作得在該國享有著作權者。』即言之，著作之國別係以著作人之國別為準；而關稅合作理事會係屬政府間之國際組織，為一法人，該法人之著作並無國別可言，是以其著作無法依前揭著作權法第4條規定享有著作權。從而關稅合作理事會製訂之『國際商品統一分類制度註解』，經前『國際商品統一分類制度專案工作小組』編譯並將由　貴部關稅總局公開發行一節，尚無違反著作權法之規定。」

32 參見經濟部智慧局網站有關「我國加入世界貿易組織（WTO）前後外國人著作保護之參考說明」。

二、國籍原則

即「依條約、協定或其本國法令、慣例，中華民國人之著作得在該國享有著作權者（§4②）。」本款受保護之外國人有下列情形[33]：

（一）美國：始自民國35年11月4日簽訂，民國37年11月30日生效之「中華民國與美利堅合眾國間友好通商航海條約」；隨後再以民國82年7月16日簽署生效之「北美事務協調委員會與美國在台協會著作權保護協定」（以下簡稱台美著作權保護協定）作更進一步之保護[34]。

（二）紐西蘭：民國87年6月15日簽署，民國89年12月22日生效之「紐西蘭商工辦事處與駐紐西蘭台北經濟文化辦事處間關於著作權保護暨執行互惠辦法」，紐西蘭人之著作自民國89年12月22日起受本法之保護。

（三）英國：英國「1985年台灣著作權令」（The Copyright (Taiwan) Order 1985）自1985年12月17日生效，依據內政部民國75年1月29日台(75)內著字第368693號函釋，英國人之著作自民國74年12月30日起，亦受本法之保護[35]。

---

33 同註32。

34 中美友好通商航海條約第9條規定：「締約此方之國民、法人及團體，在締約彼方全部領土內，其文學及藝術作品權利之享有，依照依法組成之官廳現在或將來所施行關於登記及其他手續之有關法律規章（倘有此項法律規章時），應予以有效之保護；上項文學及藝術作品未經許可之翻印：銷售、散布或使用，應予禁止，並以民事訴訟，予以有效救濟。無論如何，締約此方之國民、法人及團體，在締約彼方全部領土內，依照依法組成之官廳現在或將來所施行關於登記及其他手續之有關法律規章（倘有此項法律規章時），在不低於現在或將來所給予締約彼方之國民、法人及團體之條件下，應享有關於版權、專利權、商標、商號及其他文學、藝術作品及工業品所有權之任何性質之一切權利及優例，並在不低於現在或將來所給予任何第三國之國民、法人及團體之條件下，應享有關專利權、商標、商號及其他工業品所有權之任何性質之一切權利及優例。」本條約迄今仍屬有效。

35 另內政部民國76年1月10日台(76)內著字第367404號函：「本部經於民國74年12月30日起，受理英國國民著作之著作權註冊申請，以平等互惠保護中英雙方國民之著作權。」

　　（四）瑞士：依據內政部民國83年7月23日台(83)內著字第8385960號函釋，經外交部查證，1992年修正，1993年7月1日施行之瑞士著作權及鄰接權法，廢止互惠主義及首次發行要件保護我國人民之著作，且對在該法施行日前已完成之我國人民著作亦依法保護，是瑞士人民之著作依我著作權法第4條第2款規定，自民國82年7月1日起亦受本法之保護[36]。

　　（五）西班牙在台僑民：依據內政部民國76年5月28日台(76)內著字第496864號函釋，自民國76年5月28日起，西班牙在台僑民之著作受本法之保護[37]。

　　（六）大韓民國在台僑民：依據內政部民國78年11月4日台(78)內著字第740269號函釋，自民國78年11月4日起，大韓民國在台僑民之著作受本法之保護。

　　上述國民，不問是否在我國發行，亦不問是否已發行或為WTO之成員國，本法均予保護。

三、條約或協定另有約定

　　本條但書規定：「但條約或協定另有約定，經立法院議決通過者，從其約定。」此但書規定，即前述「台美著作權保護協定」及加入WTO而適用之「與貿易有關之智慧財產權協定」，茲分述如下：

36　參見內政部民國83年7月23日台(83)內著字第8385960號函：「有關1992年瑞士著作權及鄰接權法自1993年7月1日起廢止互惠主義及首次要件保護我國人民之著作，且對在該法施行日（1993年7月1日）前已完成之我國人民著作亦依法保護乙節，業經　貴部查證屬實，是瑞士國人之著作依我國著作權法第4條第2款規定，自1993年7月1日起亦受我國著作權法之保護，請查照惠轉瑞士知照。」

37　內政部民國74年5月28日台(76)內著字第496864號函：「中西著作權關係，案經我駐西單位查復，謂我旅西僑民之著作，依該國法律登記後享有著作權之保護，為促進中西著作權關係，特於完成正式之中西著作權雙邊關係前，依著作權法第17條第1項第2款之規定，旅華西裔僑民得申請著作權註冊。至無英國國籍之香港居民，其著作權保護依其是否具有我國國籍之事實而定。」

（一）有關台美著作權保護協定

台美著作權保護協定於民國82年7月16日正式簽署生效[38]。依台美著作權保護協定，除美國之自然人和法人受保護外，有三種人亦受本法之保護：

1.在美國首次發行者

台美著作權保護協定第1條第3項規定：「『受保護人』係指：甲、依各該領域法律認定為公民或國民之個人或法人，及乙、於該領域內首次發行其著作之個人或法人。」依上述規定，凡在美國首次發行之著作，亦受協定之保護。此處所稱之「首次發行」，包含著作在他處首次發行後三十日內，在美國首次發行者（台美著作權保護協定§3Ⅲ）。

2.著作首次發行一年內，台美雙方有向權利人取得專有權利者

依台美著作權保護協定第1條第4項規定：「以下各款對象，倘符合本段乙款以下之規定者，於本協定雙方領域內，亦視為『受保護人』：甲、上述三項甲款所稱之人或法人。乙、上述第3項甲款所稱之人或法人，擁有大多數股份或其他專有利益或直接、間接控制無論位於何處之法人。第4項所規定之人或組織，在締約雙方領域內，於下開兩款條件下，經由有關各造簽訂任何書面協議取得文學或藝術著作之專有權利者，應被認為係『受保護人』：甲、該專有權利係該著作於任一方領域參加之多邊著作權公約會員國內首次發行後一年內經由有關各造簽署協議取得者。乙、該著作須已可在任一方領域內對公眾流通。本項所稱之間接控制，係指透過不論位於何處之分公司或子公司加以控制之意。」依此規定，凡在伯恩公約或世界著作權公約會員國境內首次發行之著作，於首次發行一年內由下列之人以書面協議取得專有權利，且該著作已在我國或美國對公眾流通者，即受保護：

(1)美國人或我國人。

---

[38] 民國82年9月3日內政部台(82)內著字第8223180號函。

　　(2)美國人或我國人擁有50%以上股份或其他專有利益之不論位於何處之法人。

　　(3)美國人或我國人直接控制之不論位於何處之法人。

　　(4)美國法人或我國法人之分公司或子公司所控制之不論位於何處之法人[39]。

　　上述協定第1條第4項所稱「流通」，不以取得專有權利之人在「協定」任何一方領域內有重製行為為必要。所謂「取得專有權利」不以取得著作權全部專有權利為限，僅取得著作權部分專有權利，亦屬之[40]。

3.在美國或台灣有常居所之人

　　台美著作權保護協定第1條第6項規定：「依本協定之宗旨，於本協定一方領域內有常居所之著作人及其他著作權人，應予視同該領域內之受保護人。」依此規定，在美國或台灣有常居所之著作人或其他著作權人，依本法亦受保護。而所謂「有常居所之著作人或其他著作權人」之「其他著作權人」，係指自於本協定一方領域內有常居所之著作人，受讓著作財產權或取得專有權利之人，至於該受讓人或取得專有權利之人，於本協定一方領域內有無常居所，在所不問。因此，如著作人在美國或台灣無常居

39　參見內政部民國83年7月19日台(83)內著字第8315054號函：「在伯恩或世界著作權公約會員國境內首次發行之著作，於首次發行一年內由下列之人以書面協議取得專有權利，且該著作已在我國或美國對公眾流通者（中美著作權法保護協定第1條第4項）：(1)美國人或我國人。(2)美國人或我國人擁有百分之五十以上股份或其他專有利益之不論位於何處之法人。(3)美國人或我國人直接控制之不論位於何處之法人。(4)美國法人或我國法人之分公司或子公司所控制之不論位於何處之法人。」

40　參見內政部民國82年12月30日台(84)內著字第8231062號函：「（一）本項所稱『流通』並不以取得專有權利之人在『協定』任何一方領域內有重製行為為必要。（二）又本項所稱『取得……專有權利』並不以取得著作權全部專有權利為限，其僅取得著作權部分專有權利者，亦屬之。」

所，而受讓人在美國或台灣有常居所，該受讓人並不受保護[41]。

---

41 參見下列二項函釋：

（一）內政部民國84年4月6日台(84)內著字第8405946號函：「一、有關『北美事務協調委員會與美國在台協會著作權保護協定』（以下簡稱中美著作權保護協定）第1條第6項『其他著作權人』之意義究竟為何，本部前於民國83年6月9日台(83)內著字第8311905號函曾初擬『該項所稱『其他著作權人』，依本部之見解，認應係指同項『於本協定一方領域內有常居所之著作人』受讓著作財產權或取得專有權利之人，至於該受讓人或取得專有權利之人於本協定一方領域內有無常居所，則在所不論』意見，徵詢 貴部意見，經 貴部復以：『『其他著作權人』之涵蓋似指著作人雖非本協定之受保護人，惟同一著作之其他著作權人在本協定任一方領域內有常居所者，該『其他著作權人』亦視為受本法保護之人』意見，亦為的論。本部為根本釐清此項疑義，乃以民國83年7月2日台(83)內著字第8313901號函請駐美經濟組代為向美方查詢。二、茲駐美經濟組民國84年3月24日經美(84)第0556號函轉來美方意見，該意見略以：『……所謂『其他著作權人』係指本協定（第1條第6項）『著作人』之任何受保護著作之任何權益繼受人』，並不以在本協定任一方領域有常居所為必要。三、前項向美方查詢所獲解釋，與本部初擬意見相同，本部擬贊同該意見，是否妥適，敬請 貴部惠示卓見，供為本部著作權業務之參考。」

（二）法務部民國84年4月27日(84)律決字第09391號函：「『北美事務協調委員會與美國在台協會著作權保護協定』（以下簡稱『本協定』）第3條規定，係以『受保護人』所創作之『文學及美術著作』為其保護客體。其中何謂『文學及美術著作』，見諸本協定第2條之規定，而何謂『受保護人』，則於第1條界定其範圍。因此，本協定第1條第6項所稱『於本協定一方領域內有常居所之著作人及其他著作權人』，係指該等人創作之著作受本協定之保護。至於嗣後取得該著作之人得享受本協定所生之權利，則係因該『著作』受本協定保護之故，與該受讓人是否屬於第1條第6項之『受保護人』無關。本部前民國83年6月17日法(83)律字第12659號函係就『其他著作權人』之涵義而為說明，並未認受保護著作之受讓人亦應具備本協定第1條第6項有關『常設居所』之要件；核與 貴部所認『受讓人於本協定一方領域內有無常居所在所不論』之結論似無出入。再本協定第1條第6項雖與1971年伯恩公約第3條第2項『habitual residence』（貴部出版『各國著作權法令彙編』第七頁譯為一恆久住所）』用語相同，惟參照伯恩公約第2條第1項及第2項所示，『常設居所』之規範目的在於保護無聯盟國國籍但在聯盟國設有居所之著作人，並

（二）有關與貿易有關之智慧財產權協定（TRIPS）

　　我國於民國91年1月1日加入世界貿易組織（WTO），而在加入世界貿易組織後，即須受「與貿易有關之智慧財產權協定」之拘束。依TRIPS第1條第3項規定：會員應將本協定規定之待遇給予其他會員之國民。所謂其他會員之國民，係指自然人或法人。且其保護的標準是採內國國民待遇和最惠國待遇原則，亦即原則上每一會員給予其他會員國民之待遇不得低於其給予本國國民之待遇（TRIPS§3Ⅰ）。又一會員給予任一其他國家國民之任何利益、優惠、特權或豁免權，應立即且無條件給予所有其他會員國民（TRIPS§4），因此，自民國91年1月1日起，我國就要保護下列著作：

1.世界貿易組織成員國的著作

　　自2016年7月29日迄今，世界貿易組織的成員均為164國，其名單如下[42]：

亞太地區（計32個）

阿富汗〔Afghanistan〕	孟加拉〔Bangladesh〕
澳大利亞〔Australia〕	斐濟〔Fiji〕
汶萊〔Brunei Darussalam〕	印度〔India〕
香港〔Hong Kong〕	日本〔Japan〕
印度尼西亞〔Indonesia〕	澳門〔Macau〕
南韓〔Korea, Rep. Of〕	馬爾地夫〔Maldives〕
馬來西亞〔Malaysia〕	紐西蘭〔New Zealand〕

　　　　非以著作之受讓人為規範客體。來函所附『美國在台協會』1995年3月24日函引伯恩公約第3條第2項而謂本協定第1條第6項之『其他著作權人』，係採『自本協定所保護著作物之著作人繼受利益之人』等見解，似與伯恩公約之規範原意無關，惟既屬本協定當事人對於協定用語解釋，如我國『北美事務協調委員會』於締結本協定之初亦持此意，則本協定第1條第6項之解釋，自應以此等締約當事人間真意為準。」

42　參見經濟部國貿局網站公布。

緬甸〔Myanmar〕

巴基斯坦〔Pakistan〕

菲律賓〔Philippines〕

斯里蘭卡〔Sri Lanka〕

台灣、澎湖、金門及馬祖個別關
稅領域〔The Separate Customs Territory
of Taiwan, Penghu, Kinmen and Matsu〕

索羅門群島〔Solomon Islands〕

尼泊爾〔Nepal〕

越南〔Vietnam〕

東加王國〔Tonga〕

巴布亞紐幾內亞〔Papua New
Guinea〕

新加坡〔Singapore〕

泰國〔Thailand〕

蒙古〔Mongolia〕

中華人民共和國〔P.R.C.〕

柬埔寨〔Cambodia〕

薩摩亞〔Samoa〕

萬那杜〔Vanuatu〕

寮人民民主共和國〔Lao people's
Democratic Republic〕

中亞‧西亞地區（計16個）

亞美尼亞〔Armenia〕

巴林〔Bahrain〕

以色列〔Israel〕

科威特〔Kuwait〕

摩爾多瓦〔Moldova〕

卡達〔Qatar〕

土耳其〔Turkey〕

亞美尼亞〔Armenia〕

塔吉克共和國〔Tajikistan〕

賽普勒斯〔Cyprus〕

約旦〔Jordan〕

吉爾吉斯〔The Kyrgyz Rep.〕

阿曼王國〔Oman, Sultanate of〕

阿拉伯聯合大公國
〔United Arab Emirates〕

沙烏地阿拉伯〔Saudi Arabia〕

葉門（Yemen）

非洲地區（計44個）

安哥拉〔Angola〕

波札那〔Botswana〕

蒲隆地〔Burundi〕

維德角〔Cape Verde〕

中非共和國〔Central African Rep.〕

剛果〔Congo〕

象牙海岸〔Cote d'lvoire〕

貝南〔Benin〕

布吉那法索〔Burkina Faso〕

喀麥隆〔Cameroon〕

查德〔Chad〕

吉布地〔Djibouti〕

剛果民主共和國〔Democratic
Rep.of the Congo〕

加彭〔Gabon〕 埃及〔Egypt〕

迦納〔Ghana〕 甘比亞〔Gambia〕

幾內亞比索〔Guinea Bissau〕 幾內亞〔Guinea〕

賴索托〔Lesotho〕 肯亞〔Kenya〕

賴比瑞亞〔Liberia〕 馬達加斯加〔Madagascar〕

馬拉威〔Malawi〕 馬利〔Mali〕

茅利塔尼亞〔Mauritania〕 模里西斯〔Mauritius〕

摩洛哥〔Morocco〕 莫三比克〔Mozambique〕

納米比亞〔Namibia〕 尼日〔Niger〕

奈及利亞〔Nigeria〕 盧安達〔Rwanda〕

塞內加爾〔Senegal〕 獅子山共和國〔Sierra Leone〕

賽席爾〔Seychelles〕 史瓦濟蘭〔Swaziland〕

南非共和國〔South Africa〕 多哥〔Togo〕

坦尚尼亞〔Tanzania〕 烏干達〔Uganda〕

突尼西亞〔Tunisia〕 辛巴威〔Zimbabwe〕

尚比亞〔Zambia〕

歐洲地區（計38個）

阿爾巴尼亞〔Albania〕 奧地利〔Austria〕

比利時〔Belgium〕 保加利亞〔Bulgaria〕

克羅埃西亞〔Croatia〕 捷克〔Czech Rep.〕

丹麥〔Denmark〕 愛沙尼亞〔Estonia〕

歐盟〔European Communities〕 芬蘭〔Finland〕

法國〔France〕 喬治亞〔Georgia〕

德國〔Germany〕 希臘〔Greece〕

匈牙利〔Hungary〕 冰島〔Iceland〕

愛爾蘭〔Ireland〕 義大利〔Italy〕

拉脫維亞〔Latvia〕 列支敦斯登〔Liechtenstein〕

立陶宛〔Lithuania〕 盧森堡〔Luxembourg〕

馬爾他〔Malta〕 荷蘭〔Netherlands〕

挪威〔Norway〕 波蘭〔Poland〕

葡萄牙〔Portugal〕 　　　　　羅馬尼亞〔Romania〕
斯洛伐克〔Slovak Rep.〕 　　　斯洛維尼亞〔Slovenia〕
西班牙〔Spain〕 　　　　　　　瑞典〔Sweden〕
瑞士〔Switzerland〕 　　　　　英國〔United Kingdom〕
馬其頓〔Former Yugoslav Republic 　烏克蘭〔Ukraine〕
of Macedonia〕 　　　　　　　蒙特內哥羅（Montenegro）
俄羅斯〔Russia Federation〕

北美地區（計3個）

美國〔United States of America〕 　加拿大〔Canada〕
墨西哥〔Mexico〕

中南美地區（計31個）

安地卡及巴布達〔Antigua and 　阿根廷〔Argentina〕
Barbuda〕 　　　　　　　　　巴貝多〔Barbados〕
貝里斯〔Belize〕 　　　　　　　玻利維亞〔Bolivia〕
巴西〔Brazil〕 　　　　　　　　智利〔Chile〕
哥倫比亞〔Colombia〕 　　　　哥斯大黎加〔Costa Rica〕
古巴〔Cuba〕 　　　　　　　　多米尼克〔Dominica〕
多明尼加〔Dominican Rep.〕 　　厄瓜多爾〔Ecuador〕
薩爾瓦多〔El Salvador〕 　　　　格瑞那達〔Grenada〕
瓜地馬拉〔Guatemala〕 　　　　蓋亞那〔Guyana〕
海地〔Haiti〕 　　　　　　　　宏都拉斯〔Honduras〕
牙買加〔Jamaica〕 　　　　　　尼加拉瓜〔Nicaragua〕
巴拿馬〔Panama〕 　　　　　　巴拉圭〔Paraguay〕
秘魯〔Peru〕 　　　　　　　　聖克里斯多福及尼維斯〔Saint
聖露西亞〔Saint Lucia〕 　　　　Kitts and Nevis〕
蘇利南〔Suriname〕 　　　　　　烏拉圭〔Uruguay〕
聖文森及格瑞那丁〔Saint Vincent 　千里達及拖巴哥〔Trinidad and
and the Grenadines〕 　　　　　Tobago〕
委內瑞拉〔Venezuela〕

2.依伯恩公約規定另保護之國家

依TRIPS第9條規定：會員應遵守（1971年）伯恩公約第1條至第21條及附錄之規定。而依伯恩公約第3條及第4條規定，受保護之人，還包含下列情形：

(1)著作人雖非WTO成員之國民，但其著作最初在WTO成員國家發行，或最初在非WTO成員國家及WTO成員國家同時發行（§3Ⅰ）。著作自最初發行之日起三十日內已經在二個以上國家發行者，視為該著作在各該國同時發行。

(2)著作人雖非WTO成員國家之國民，但在WTO成員國家有常居所（Habitual residence）者，視該著作人為WTO成員國家之國民（§3Ⅱ）。

(3)視聽著作之著作人在WTO成員國家有主事務所或常居所者（§4①）。

(4)建築著作位於WTO成員國家，或其他藝術著作所依附之建築著作位於WTO成員國家之著作人（§4②）。

第三款　兩岸三地著作權之相互保護

目前兩岸三地人民相互都受到著作權法保護，其保護之依據如何？分述如下：

一、大陸人民著作在台灣地區受保護

憲法第4條規定：「中華民國領土，依其固有之疆域，非經國民大會之決議，不得變更之。」依目前有效法律，「中華民國領土」不僅包含台灣地區，也包含中國大陸地區（參見台灣地區與大陸地區人民關係條例施行細則§3）。因此，大陸地區人民，亦為「中華民國國民」，因而受我國現行著作權法保護。依內政部民國77年8月2日台(77)內著字第620627號函謂：「按著作權法於民國74年7月10日經修正公布施行後，其第4條第1項明定，除本法另有規定外，著作人於著作完成時享有著作權，並依著作

性質，專有同條第2項之權利。淪陷區人民亦屬我國人民，其著作自應受前揭法律保護。至經香港第三者仲介取得授權是否仍受著作權法之保護乙節，應依具體個案認定之。」依民國74年舊著作權法第4條第1項規定：「左列著作，除本法另有規定外，其著作人於著作完成時享有著作權。」內政部認為大陸人民亦屬台灣當局之人民，其著作之保護，亦採創作主義，其創作完成時即享有著作權。

　　此外，依據台灣地區與大陸地區人民關係條例第78條規定：「大陸地區人民之著作權或其他權利在台灣地區受侵害者，其告訴或自訴之權利，以台灣地區人民得在大陸地區享有同等訴訟權利者為限。」依此規定，大陸地區人民著作得在台灣地區享有實體之著作權，僅在訴訟上不得直接提起刑事訴訟而已。惟由於1994年7月5日大陸第八屆「全國人民代表大會」常務委員會第八次會議通過並公布「關於懲治侵犯著作權的犯罪的決定」，台灣人民著作在大陸受侵害，原則上得提起刑事訴訟。故原則上台灣地區與大陸地區人民關係條例第78條有關限制大陸人民提出著作權刑事告訴或自訴的規定，已受限制。有關在民國90年12月31日以前，我國目前實務上對大陸人民著作在台灣被侵害之刑事保護，情形如下：

　　（一）大陸人民著作之著作財產權轉讓或專屬授權給美國或台灣之人民或法人，如其著作權在台灣地區受侵害，台灣或美國人民或法人均得本於被害人身分，依據我國著作權法及刑事訴訟法規定提出刑事告訴或自訴，此與「台灣地區與大陸地區人民關係條例」第78條及中共何時施行「關於懲治侵犯著作權的犯罪的決定」，並無關係。

　　（二）大陸雖在1994年7月5日公布「關於懲治侵犯著作權的犯罪的決定」，基於法律不溯及既往原則，在該決定公布以前大陸人民著作在台灣受侵害，大陸人民不得直接來台灣提起刑事訴訟。

　　（三）在1994年7月5日大陸公布「關於懲治侵犯著作權的犯罪的決定」後，大陸人民就其著作在台灣受非營利的侵害，仍不得提起刑事告訴或自訴。至於營利性的侵害，是否比照1995年1月16日最高人民法院就「關於懲治侵犯著作權的犯罪的決定」的解釋標準，來決定大陸人民是否在台灣受刑事保護，目前我國實務尚無案例。本書認為大陸人民著作在台

灣只要受營利性侵害，不管侵害營利多寡，大陸人民均得直接來台灣提刑事告訴或自訴[43]。

在民國91年1月1日起，台灣與大陸均係WTO成員，台灣保護大陸人民的著作，應依內國國民待遇原則和最惠國待遇原則，不受台灣地區與大陸地區人民關係條例第78條規定的拘束。

二、台灣地區人民著作在大陸受保護

目前大陸亦保護台灣地區人民之著作。有關大陸對台灣地區人民著作權保護之文件，最主要者為1987年12月26日國家版權局之「關於出版台灣同胞作品版權問題的暫行規定」，其規定如下：

依照「中華人民共和國民法通則」第94條關於「公民、法人享有著作權（版權），依法有署名、發表、出版、獲得報酬權利」的規定，為保護台灣同胞作品的版權，促進大陸與台灣之間的文化交流，對大陸出版台灣同胞作品的版權問題，特作如下暫行規定：

（一）台灣同胞對其創作的作品，依我國現行有關法律、規章，享有與大陸作者同樣的版權。

（二）凡大陸發表、轉載、重印、翻譯或改編出版台灣同胞的作品，均需取得作者或其他版權所有者授權，並簽訂版權轉讓或許可使用合同，出版者應將此類合同報國家版權局登記審核。

（三）經授權後的出版者出版台灣同胞作品，應按文化部1984年頒發的「書籍稿酬試行規定」，向作者或其他版權所有者支付報酬和贈送樣書；報酬均以人民幣支付。

（四）台灣同胞向大陸轉讓版權或授權許可使用作品，可以自行辦理，亦可委託親友或代理人辦理。可以直接同出版者聯繫，亦可同版權代理機構中華版權代理總公司聯繫。

---

43 詳見拙文：「大陸人民著作在台灣被侵害的刑事保護」，原載出版界第四十五期，收錄於拙著「著作權法時論集（一）」，第83-94頁。

　　（五）受台灣同胞委託，為其辦理向大陸轉讓版權或授權許可使用作品的代理人，必須持有經過公證的作品或其他版權所有者的委託書。

　　（六）自本規定生效後，大陸出版者或其他人如侵犯台灣同胞的版權，版權所有者可請求侵權者所在地的版權管理機關進行處理，亦可向當地人民法院提起訴訟。

　　（七）出版香港、澳門同胞的作品，原則上照上述規定辦理。

　　本暫行規定自1988年3月1日起生效。以前有關出版台灣、香港、澳門同胞作品版權問題的規定，凡與本暫行規定相牴觸的，均以本規定為準。

　　台灣地區人民著作在大陸受保護，須適用大陸著作權法，大陸1990年公布之著作權法[44]對侵害著作權者，本無刑事處罰規定。惟依1994年7月5日第八屆「全國人民代表大會」通過「關於懲治侵犯著作權的犯罪的決定」，又依1997年3月14日公布，同年10月1日施行之中共刑法第217條規定：「以營利為目的，有下列侵犯著作權情形之一，違法所得數額較大或者有其他嚴重情節的，處三年以下有期徒刑或者拘役，並處或者單處罰金；違法所得數額巨大或者有其他特別嚴重情節的，處三年以上七年以下有期徒刑，並處罰金：（一）未經著作權人許可，複製發行其文字作品、音樂、電影、電視、錄像作品、計算機軟件及其他作品的；（二）出版他人享有專有出版權的圖書的；（三）未經錄音錄像製作者許可，複製發行其製作的錄音錄像的；（四）製作、出售假冒他人署名的美術作品的。」第218條規定：「以營利為目的，銷售明知是本法第217條規定的侵權複製品，違法所得數額巨大的，處三年以下有期徒刑或者拘役，並處或者單處罰金。」故台灣地區人民之著作在大陸亦有刑事保護。在若干情形下，侵犯著作權或著作權有關的權益，有刑事處罰規定。

　　在民國91年1月1日起，大陸保護台灣人民之著作，亦應受TRIPS之拘束，即應依「內國國民待遇」與「最惠國待遇原則」來保護台灣人民之著作。

44　中共著作權法於2001年10月27日另由人代會修正。

三、香港地區人民著作在台灣受保護

本法第4條規定：「外國人之著作合於下列情形之一者，得依本法享有著作權。但條約或協定另有約定，經立法院議決通過者，從其約定。一、於中華民國管轄區域內首次發行，或於中華民國管轄區域外首次發行後三十日內在中華民國管轄區域內發行者。但以該外國人之本國，對中華民國人之著作，在相同的情形下，亦予保護且經查證屬實者為限。二、依條約、協定或其本國法令、慣例，中華民國人之著作得在該國享有著作權者。」依據內政部民國76年1月10日台(76)內著字第367404號函謂：「本部經於74年12月30日起，受理英國國民著作之著作權註冊申請，以平等互惠保護中英雙方國民之著作權。」香港人民如具有中華民國或英國國籍身分，當然受我國著作權法保護。此外，內政部台(80)內著字第8006675號函謂：「查香港政府已於79年6月29日公布Copyright Taiwan Order 1990法令，自79年8月1日起保護我國人著作權，本部於80年1月11日經外交部駐香港辦事處查復確定該法令之適用範圍後，旋即於80年2月12日開始依著作權法第17條第1項第2款互惠規定，受理香港法人著作權註冊。互惠保護之範圍為：（一）79年8月1日以後於香港地區首次發行之著作：此處所稱『首次發行』包括於香港以外國家或地區首次發行後三十日內於香港地區發行之情形。（二）未發行之香港法人著作，79年8月1日前未發行之香港法人著作亦得依著作權法取得保護。」「又香港與我國已具有著作權互惠關係，因此如香港法人受讓本國人或與我國著作權互惠關係之外國人之著作或出資聘請他人（不論其國籍）完成之著作，其著作權依著作權法第10條本文之規定，歸香港法人專有者，自得於互惠關係締結後，受著作權法有關規定之保護。」故我國自民國79年8月1日起保護香港人民（含法人）著作。又依據民國86年4月2日總統公布之「香港澳門關係條例」第36條規定：「香港或澳門居民或法人之著作合於下列情形之一者，在台灣地區得依著作權法享有著作權：一、於台灣地區首次發行，或於台灣地區外首次發行後三十日內在台灣地區發行者，但以香港或澳門對台灣地區人民或法人之著作在相同情形下亦予保護，且經查證屬實者為限。二、依條約、協

定、協議或香港、澳門之法令或慣例，台灣地區人民或法人之著作得在香港或澳門享有著作權者。」依據香港1997年6月27日所制定之著作權法第177條及第178條規定，香港保護我國人民之著作，故自1997年7月1日後，我國亦保護香港人民之著作。又因香港為WTO之成員體，前述香港居民或法人著作之保護範圍，自我國於民國91年1月1日加入世界貿易組織時起，在台灣地區得依著作權法享有著作權，原不保護之部分，納入保護。其於我國加入世界貿易組織前未受保護之香港著作，自我國加入世界貿易組織後，依著作權法第106條之1規定，應受回溯保護；另利用人合於同法第106條之2及第106條之3過渡條款規定者，得主張該等過渡條款之適用。上述過渡期間於本（92）年12月31日屆至[45]。

四、台灣地區人民著作在香港受保護

依據1990年香港頒布的1990年著作權（台灣）令第3條規定：「1.關於文學、戲劇、音樂或美術著作、錄音、電影或已發行版本，其首次發行於台灣地區者，亦視同此類著作及錄音、電影或已發行版本之首次發行於香港；2.關於在任何法定時點為中國之臣民，並在同一時點為台灣地區之居民或住民，在該時點亦視同香港之居民或住民，予以適用；及3.關於依台灣地區法律設立之法人團體，亦視同依香港法律設立之法人團體。」因此，香港保護台灣人民著作。又依1997年6月香港之著作權法第177條及第178條規定，香港保灣人民之著作。此外自民國91年1月1日起，香港對台灣亦以WTO之成員體加以保護。

第五節　著作權法之立法目的

本法第1條規定：「為保障著作人著作權益，調和社會公共利益，促

45　參見經濟部智慧局民國92年4月23日經智字第09204606350號函。

進國家文化發展，特制定本法。本法未規定者，適用其他法律之規定。」
本條係著作權法全部規定之指導原理，使著作權制度之本質明確化，同時
亦為著作權法之解釋適用的基本方針[46]。本條規定之立法意旨，可分為下

---

[46] 參見半田正夫：著作權概說，第十三版，第51頁，法學書院，2007年6月。有關著
作權法第1條亦為著作權法之解釋與適用的基本方針，我國實務請參閱下列見解：

（一）最高法院94年度台上字第7127號刑事判決：

在著作權法87年1月21日修正前，行為人若無當時著作權法第44條至第63條所
列舉之合理使用情形，事實審法院即無依該法第65條所列四項標準逐一判斷
之必要；然在著作權法為前述修正後，即使行為人未能符合該法所例示之合
理使用情形，行為人所為仍有可能符合修正後著作權法第65條第2項所列之判
斷標準，而成為同條項所稱之「其他合理使用之情形」，得據以免除行為人
侵害著作權責任。再著作權法第65條第2項第1款所謂「利用之目的及性質，
包括係為商業目的或非營利教育目的」，應以著作權法第1條所規定之立法
精神解析其使用目的，而非單純二分為商業及非營利（或教育目的），以符
合著作權之立法宗旨。申言之，如果使用者之使用目的及性質係有助於調和
社會公共利益或國家文化發展，則即使其使用目的非屬於教育目的，亦應予
以正面之評價；反之，若其使用目的及性質，對於社會公益或國家文化發展
毫無助益，即使使用者並未以之作為營利之手段，亦因該重製行為並未有利
於其他更重要之利益，以致於必須犧牲著作財產權人之利益去容許該重製行
為，而應給予負面之評價。原判決未審酌上訴人所辯上情，遽以上訴人以營
利為目的，即非合理使用，亦有理由不備之違法。

（二）經濟部智慧財產局民國98年05月08日經授智字第09820030590號函：

主旨：有關政府機關辦理採購，廠商履約成果涉及著作權約定時，本部意見
如說明，請查照參考並請轉所屬知照。

說明：

1.按著作權法（下稱本法）第10條規定：「著作人於著作完成時享有著作
權。但本法另有規定者，從其規定。」因此，著作權原則上屬於從事創作
之人（即著作人），而本法另有規定，依本法第11條受雇人職務上完成之
創作，以及第12條出資聘人完成之著作等情形，雙方得於契約中另行約定
著作人及相關著作權之歸屬。至於著作人於創作完成取得著作權後，亦可
依本法第36條規定讓與著作財產權予政府機關，或依同法第37條規定將著
作授權政府機關使用。

2.近來迭有文化創意產業廠商或個人（例如表演人）反應，渠等於參與機關
採購時（如於機關舉辦之特定活動中表演），該機關對該著作並無繼續利

列三點：(1)著作人權益之保障；(2)社會公共利益之調和；(3)國家文化發展之促進。茲分別說明如下：

（一）著作人權益之保障

在過去，知識與創作的流傳，最主要的憑藉是書籍，書籍早在西元前200年前，就在中國產生[47]，然而當時之著作因僅為個人嗜好愛玩的對象，並未廣泛成為交易的標的加以重製，而且著作人多受國王貴族的庇護[48]，所以尚少著作受侵害之情事發生，著作權觀念尚未發達。直至西元1450年左右，近代的印刷術發明以後，一方面著作的廉價大量複製成為可能，一方面由於文藝復興運動，一般民眾對知識的普遍渴求，使出版物的需要大增，乃漸次產生著作權保護觀念[49]。惟在十八世紀前葉之特許時

用之公務上需求或規劃（未來利用該表演之可能性甚低），卻一律要求投標廠商須將其著作財產權約定讓與該機關，除影響著作人權益（表演人憂慮嗣後在其他場合另行演出時，是否會受著作財產權讓與之影響而無法再演出？）、降低業者參與政府採購案之意願、不利於著作之流通利用外，亦將阻礙我國文化創意產業之發展。

3. 按本法第1條前段明文揭示：「為保障著作人著作權益，調和社會公共利益，促進國家文化發展，特制定本法。」由於著作必須流通利用才能產生經濟價值，本法保護著作權之最終意旨仍在於促進國家文化發展。此外，參諸行政院公共工程委員會編訂之「勞務採購契約範本」、「財物採購契約範本」等，並未要求各機關於採購契約中必須與廠商約定取得採購成果之著作權，因而建請各機關辦理採購時，應視採購之性質及公務個案需求，斟酌有無取得著作財產權之必要性；亦即在行政目的之範圍內，可考量採取與著作權人約定授權機關利用之方式，除可兼顧公務之需求外，亦可使民間業者有機會利用其創作之成果，俾充分發揮著作財產權之經濟效用，並避免機關因取得不必要之著作財產權而徒增採購成本，進而提昇國家整體之文化創意競爭力。

47 Philip Wittenberg: The Protection of Literary Property, p. 3 (1978).

48 參見山本桂一：著作權法，第19-20頁，有斐閣，1973年增補版。

49 榛村專一：著作權法概論，第1-2頁。據學者考證，我國在後周顯德元年（西元954年），「九經」（五代監本）官方即有禁止民間翻版之禁令，詳朱明遠：中國版權探源，1986年5月15日，香港文匯報，第二版。

代，出版商受國王之特許，關於其著作物有排他的支配權，著作人之地位，仍然受到忽視。直至十八世紀後葉，個人主義思想普及，過去以身分制度支配的封建法秩序，為以「契約自由」、「個人所有權絕對」、「過失責任原則」為指導原理之近代的法秩序所取代，其影響當然及於著作權法之領域。以肉體的勞動而獲取有體物之人，其物受所有權之保障。同樣的，以精神的勞動創作著作之著作人，國家亦應賦予所有權之保障。因此，乃產生「精神所有權理論」，而為今天著作權制度之基礎。

自斯而後，以保護著作人為目的之著作權法，近代諸國家相繼制定，至1886年，伯恩公約（The Berne Convention）第1條明文規定對著作人之權利，予以國際的保護。故本條自著作權制度之沿革上而言，係以著作人權益之保障為第一義。又本條規定「著作人著作權益」，自屬包含著作人之「著作人格權」（§15～17）及「著作財產權」（§22～29）雙重利益在內。

（二）社會公共利益之調和

關於著作權之保護，向來有相互對立的兩種主義：一為自由主義，一為保護主義。主張自由主義者，認為思想的創作，應由一般世人自由利用，而促成國家文化的進步。蓋任何思想，不得認為真正的創作，莫不直接或間接有賴於先人思想之啟發。因此，個人之創作，乃社會之產物，其利益亦應屬於社會。主張保護主義者，認為著作權為特殊之排他的絕對權，應與一般私權同受保護。蓋人之精神生活，為人格之一部，其思想之具體的表現，亦應為人格之一部分而受尊重，而且人之創作所成之物，純粹應屬於其人，其有財產之價值者，至少應與所有權同受保護，且因此益可使人努力於其創作，較之自由主義，更有促進文化發展效果[50]。上述兩種主義，世界各國著作權立法例，原則上採保護主義，而濟以自由主義。

故著作人著作權之享有，乃有一定之界限，以調和社會之公共利

50　勝本正晃：日本著作權法，第1-3頁；嚴松堂，1940年；史尚寬：著作權法論，第1頁，中央文物供應社，民國43年6月。

益[51]。此一定之界限，例如：

1.時間之限制

此項期間之長短，各國著作權法規定各有不同，伯恩公約保護著作人終身加死亡後50年，惟歐盟國家保護著作人終身加死亡後70年。我國著作權法著作財產權，原則上存續於著作人之生存期間及其死亡後50年（§30 I）。例外有三種情形，原則上存續至著作公開發表後50年：(1)別名或不具名之著作（§32本文）；(2)法人為著作人之著作（§33本文）；(3)攝影、視聽、錄音、電腦程式及表演著作（§34 I）。

2.標的之限制

下列情形，不得為著作權之標的：(1)憲法、法律、命令或公文；(2)中央或地方機關就前款著作作成之翻譯物或編輯物；(3)標語及通用之符號、名詞、公式、數表、表格、簿冊或時曆；(4)單純為傳達事實之新聞報導所作成之語文著作；(5)依法令舉行之各類考試試題及其備用試題（§9 I）。

3.事務之限制

即有一定正當之理由，可適度利用他人之著作。例如第44條至第65條之情形。

4.著作人之限制

世界各國著作權法對外國人著作之保護，均有一定條件之限制，例如日本著作權法第6條至第9條、美國著作權法第104條、德國著作權法第120條至第123條規定是。我國著作權法第4條規定：「外國人之著作合於下列情形之一者，得依本法享有著作權。但條約或協定另有約定，經立法院議決通過者，從其約定。一、於中華民國管轄區域內首次發行，或於中華民國管轄區域外首次發行後三十日內在中華民國管轄區域內發行者。但以該外國人之本國，對中華民國人之著作，在相同之情形下，亦予保護且經查

51　憲法第23條規定，為維持社會秩序或增進公共利益所必要，得以法律限制人民之權利。民法第148條第1項規定，權利之行使，不得違反公共利益，或以損害他人為主要目的。

證屬實者為限。二、依條約、協定或其本國法令、慣例，中華民國人之著作得在該國享有著作權者。」

5.強制授權之限制

他人基於必須利用著作之一定正當理由，可申請主管機關准許對著作財產權人支付或提存一定使用報酬後，就其著作加以翻譯或重製，例如伯恩公約（巴黎修正條款）附屬書第1條至第3條、世界著作權公約（巴黎修正條款）第5條至第5條之4、日本著作權法第67條至第69條及南韓著作權法第50條至第52條規定是。我國著作權法第69條及文化創意產業發展法第24條，亦有規定。

（三）國家文化發展之促進

著作權法既保護著作人之權益，著作人之經濟與人格之利益獲得保障，自能更安心專注從事創作活動，從而人類文明即更加速進步。如著作人辛苦創作之成果，他人不經著作人之同意，即得自由利用，必阻礙著作人創作的動力。茲有疑問者，著作權法之最終目的，既為促進國家文化發展，而著作有精緻與粗俗之別，著作權法對著作之保護，是否須審查學術或藝術價值之高低？依學者通說，著作之價值應委由一般公眾與歷史評判，法院或國家機關不得判定，蓋如由法院或國家判定價值以為保護與否之標準，則一般著作人必因迎合權力者的口味，使自由的創作活動受到抑制，反而無法達成促進國家文化發展之目的，殊與著作權保護之宗旨不合[52]。

最後，本條後段規定：「本法未規定者，適用其他法律之規定。」本法中不乏關於民事與刑事之規定，須適用民法及刑法之一般原則。在民事方面，例如本法第37條之「授權」，係一法律行為，須適用民法總則第四章法律行為（§71以下）之規定；又本法第39條之「質權」，係民法第

---

[52] 內田晉：問答式入門著作權法，第8頁，新日本法規出版，1979年；尾普中子、久々湊伸一、千野直邦、清水幸雄共著：著作權法，第24頁，學陽書房，1990年。

900條之「權利質權」，除本法另有規定外，須適用民法物權編權利質權之規定。在刑事方面，本法第七章（§91以下）之刑事責任，仍有刑法總則之適用[53]。故本法罰則上之刑事責任，除第101條之兩罰規定外，不處罰過失犯[54]。至於與著作權法有關之規定，亦有不規定於著作權法，而規定於其他法律者，例如文化創意產業發展法第23條、第24條是。

　　本條後段乃法條適用之當然原則，即使無此規定，亦作如斯解釋。

第六節　著作權之主管機關

一、著作權主管機關之歸屬

　　本法第2條規定：「本法主管機關為經濟部（I）。」「著作權業務，由經濟部指定專責機關辦理（II）。」本法於民國87年1月21日總統修正公布斯時之著作權主管機關為內政部，民國87年11月4日總統公布「經濟部智慧財產局組織條例」（民國91年7月17日修正），依該條例第2條規定：「經濟部智慧財產局（以下簡稱本局）掌理下列事項……四、製版權登記、撤銷、使用報酬率之訂定、強制授權之許可、著作權集體管理團體之設立許可、輔導與監督、出口視聽著作及代工雷射唱片著作權文件之核驗事項。……六、智慧財產權觀念之宣導、侵害智慧財產權案件之調解、鑑定及協助取締事項。七、智慧財產權與相關資料之蒐集、公報發行、公共閱覽、諮詢服務、資訊推廣、國際合作、資訊交流及聯繫事項。八、其他與智慧財產權有關之事項。」在該條例公布以前，著作權之主管機關屬於內政部；該條例公布後，於民國88年2月著作權之業務正

53　刑法第11條規定：「本法總則於其他法令有刑罰或保安處分之規定者，適用之。但其他法令，有特別規定者，不在此限。」

54　刑法第12條規定：「行為非出於故意或過失者，不罰。過失行為之處罰，以有特別規定者，為限。」

式移歸經濟部智慧財產局。民國90年11月12日修正公布之著作權法，乃規定本法之主管機關為經濟部。民國92年，修正本法因之。

二、著作權主管機關之主管事項

依本法著作權主管機關之主管事項，至少包括：

（一）訂定著作之例示內容（§5Ⅱ）[55]。

（二）廣播或電視為播送之目的，所為錄音錄影之錄製物，其保存處所之指定（§56Ⅱ）。

（三）著作權人團體與利用人團體就合理使用範圍協議意見之諮詢（§65Ⅳ）。

（四）許可音樂著作強制授權之申請（§69Ⅰ）。

（五）制定音樂著作強制授權申請許可及使用報酬辦法（§69Ⅱ）[56]。

（六）撤銷音樂著作強制授權之許可（§71）。

（七）辦理製版權之登記（§79Ⅰ）。

（八）訂定製版權登記、讓與登記、信託登記及其他應遵行事項之辦法（§79Ⅴ）。

（九）許可著作權集體管理團體之組成（§81Ⅰ）。

（十）設置著作權審議及調解委員會（§82Ⅰ）。

（十一）調解書之送法院審核（§80-1）。

（十二）訂定著作權審議及調解委員會組織規程及爭議調解辦法（§83）[57]。

55　民國81年6月10日內政部發布「著作權法第5條第1項各款著作內容例示。」

56　內政部於民國81年6月10日以台(86)內著字第8181214號令發布「音樂著作強制授權申請許可及使用報酬辦法」，該辦法於民國87年1月23日以台(87)內著字第8785263號令修正發布。

57　民國81年8月28日內政部以台(81)內著字第8183016號令發布「內政部著作權審議及調解委員會組織規程」，民國85年11月27日以台(85)內著字第8588560號令修正發

（十三）訂定本法第87條之1第1項第2款及第3款之一定數量（§87II）。

（十四）制定申請海關查扣著作物及製版物辦法（§90-2）。

（十五）對事業以公開傳輸之方法侵害著作權者之限期改正、命令停業或勒令歇業（§97-1）。

（十六）訂定行政機關處理著作權相關案件申請規費標準（§105）。

（十七）提供民眾閱覽本法修正施行前著作權或製版權之註冊簿或登記簿（§115-1）。

（十八）收受法院有關著作權訴訟之判決書（§115-2II）。

布。民國81年9月23日內政部以台(81)內著字第8183331號令發布「著作權爭議調解辦法」。

第二章　著作權之主體

第一節　著作人

第一款　著作人之意義

依本法規定，著作權係指因著作完成所生之著作人格權及著作財產權（§3 I ③），而著作人格權及著作財產權原則上最原始由著作人享有（§15～17、22～29），故欲確定著作權之主體，有必要先了解何為著作人。

著作人即創作著作之人（§3 I ②），依此定義，析述如下：

一、創作著作之「著作行為」為事實行為而非法律行為，故著作行為不適用民法總則有關法律行為之規定（民法§71～118）。因此未成年人、精神耗弱人，甚至禁治產人，只要有創作之事實，而其作品具有原創性，均屬著作人[1]。

二、著作人限於直接創作之人，提供觀念（Idea）、啟示（Hint）、主題（Theme）以及其他賦予創作動因之人，並非著作人[2]。又提供創作者創作機會之人，例如繪畫之訂購者，建築物之委託業主等，亦非著作人[3]，但符合本法第11條、第12條職務著作之著作人之要件者，亦有例外情形，以法人或出資者為著作人。

三、著作人限於基於自己之創意而為著作之人。故擔任著作人之手足，而為著作人之助手，單純在著作人指揮監督下提供勞務，與對著作之

---

[1] 米川猛郎：著作權のしるべ，第44頁。

[2] 中川善之助、阿部浩二：著作權，第95頁；半田正夫：著作權法概論（第七版），第59-60頁。

[3] 半田正夫、紋谷暢男編：著作權ノウハウ（新裝第四版），第61頁。

完成所付出之精神勞力有獨立分擔關係之共同著作人不同，不得視為著作人[4]。故助手之代為蒐集、整理資料，或小說家請人就自己之口述加以筆記，或著作人請人重新謄寫原稿，或電腦打字，其中蒐集整理資料、筆記、謄寫原稿、電腦打字之人，均非該著作之著作人。

四、本法對著作權之享有，係採創作主義（非形式主義），著作人於著作完成時享有著作權（本法§10）。故著作人以實際創作著作之人為準，於創作完成時發生著作權，有無著作權登記或須否經主管機關存送或審查，與著作權之取得無關。又實務上承認著作之代筆情形，例如甲創作A著作，甲同意以乙之名義掛名，此時乙雖依第13條第1項推定為著作人，然而實際上之著作人仍為甲，甲在法院仍得舉反證以推翻之。

五、著作人是否限於自然人？各國立法不同，德國、西班牙認為著作人以自然人為限，法人不得為著作人[5]。然而美國、日本、南韓及中共之著作權法，法人均得為著作人。依本法第11條及第12條規定，法人在一定條件下亦得為著作人，有著作能力。

第二款　著作人之推定

本法就著作之發生係採創作主義，而非採註冊或登記主義，著作人完成著作即享有著作權，已如前述。著作權受侵害時，著作人得提起訴訟。惟著作人提起民事訴訟時，須證明自己為權利人（民事訴訟法§277）；提起刑事訴訟時，須證明自己為被害人（刑事訴訟法§232、319）。再者，著作人亦須證明著作創作、發行在前，凡此對著作人課以相當困難之舉證責任，勢非保護著作人之道。尤其本法已無著作權任意登記制度，故本法參考世界各國著作權法立法例，規定如著作人之著作符合一定推定規定，在訴訟上即不必負舉證責任，反而訴訟之相對人——被告應負舉證責任，證明原告或告訴人、自訴人等並非著作人。因此，本法第13條規定：

4　榛村專一：著作權法概論，第85頁。
5　加戶守行：著作權法逐條講義，第22頁；西班牙著作權法第5條第1項。

「在著作之原件或其已發行之重製物上，或將著作公開發表時，以通常之方法表示著作人之本名或眾所周知之別名者，推定為該著作之著作人（§13Ⅰ）。」「前項規定，於著作發行日期、地點及著作財產權人之推定，準用之（§13Ⅱ）。」依本法第13條第1項為著作人之推定者，於民事訴訟上受當事人適格之推定，於刑事訴訟上具有告訴權人推定之效果[6]，此即「著作人之推定」（Presumption of Authorship）。

本法第13條之規定，析述其意義如下：

一、此「發行」之意義，係指「權利人散布能滿足公眾合理需要之重製物（§3Ⅰ⑭）」。而本條之「公開發表」係指「權利人以發行、播送、上映、口述、演出、展示或其他方法向公眾公開提示著作內容（§3Ⅰ⑮）」。

二、此所謂「以通常之方法」表示著作人之本名或眾所周知之別名，係指依社會一般慣例上所表示之方法。例如繪畫、書法之落款；書籍之書背、封面或版權頁上所寫之著作人；唱片之封套標籤（label jacket）；電影之片頭、廣告看板；演奏會之節目表；廣播之字幕（television opaque projector）或預告等[7]。

三、所謂「著作人之本名」，在自然人係指姓名條例第1條之本名[8]。所謂「眾所周知之別名」，包含筆名、藝名或其他別名。是否「眾所周知」，係以國內為標準，而非以國際為標準，委由法院認定之。

四、依世界著作權公約及美國著作權法規定，著作發行時往往有©標記，故一般西書多有Copyright © 1998 by A的標示，此為本條之著作權標示之一種。如不以外文標示，而逕於書籍版權頁以中文記載著作財產權人為甲，亦屬本條之著作權標示。

6　日本著作權法令研究會編：著作權關係法令實務提要，第336-337頁。

7　日本著作權法令研究會編：前揭書，第336-337頁；加戶守行：著作權法逐條講義，第111-112頁。

8　姓名條例第1條規定：「中華民國國民之本名，以一個為限。並以戶籍登記之姓名為本名。」

　　五、本條之「推定」，係指法律之暫時認定，得由當事人舉反證推翻之。例如甲為A書之著作人，甲將A書之著作財產權全部轉讓給乙，並訂立著作財產權轉讓契約，此時A書版權頁雖記載：Copyright © 2003 by 甲，但乙仍得以契約推翻此記載所產生推定之效力。

第三款　職務著作之著作人

一、因僱傭關係完成之職務著作

　　本法第11條規定：「受雇人於職務上完成之著作，以該受雇人為著作人。但契約約定以雇用人為著作人者，從其約定（Ⅰ）。」「依前項規定，以受聘人為著作人者，其著作財產權歸雇用人享有。但契約約定其著作財產權歸受雇人享有者，從其約定（Ⅱ）。」「前二項所稱受雇人，包括公務員（Ⅲ）。」此即因僱傭關係完成著作之著作人。依此規定，析述其意義如下：

　　（一）本條第1項條文稱「受雇人」及「雇用人」，則本條應僅適用於僱傭契約。所謂僱傭契約，即當事人約定，一方於一定或不定之期限內，為他方服勞務，他方給付報酬之契約（民法§482）。僱傭契約中，提供勞務之人即受雇人，給付報酬之人即雇用人。受雇人以自然人為限，不包含法人在內。蓋法人不能服勞務，而服勞務又必須親自為之（民法§484Ⅰ）[9]。

　　（二）本條所稱「於職務上完成之著作」，須以工作性質作實質判斷，與工作時間及地點無必然之關係，例如報社社會版之記者，在報社上班時間內，所寫投稿副刊之文章，非屬職務之範圍；反之，社會版記者，在外採訪後，於家中所寫採訪稿傳真報社，此採訪稿雖於家中完成，但仍然屬職務之範圍。

---

[9]　鄭玉波：民法債編各論，上冊，第333頁。

　　（三）受雇人於職務上完成之著作，如未有約定，以受雇人為著作人，受雇人擁有著作人格權。但著作財產權，除非另有約定，歸雇用人享有。

　　（四）本條第3項規定，本條之受雇人，包括公務員在內。此公務員範圍廣狹不一，可分為下列四種[10]：

1.刑法之公務員

　　刑法第10條第2項規定：「稱公務員者，謂下列人員：一、依法令服務於國家、地方自治團體所屬機關而具有法定職務權限，以及其他依法令從事於公共事務，而具有法定職務權限者。二、受國家、地方自治團體所屬機關依法委託，從事與委託機關權限有關之公共事務者。」此為最廣義之公務員，凡在各級政府機關以及其附屬組織中之服務人員，無論從事何種工作（公權力、私經濟或其他性質），只要非基於國民義務者，均屬之。

2.公務員服務法上之公務員

　　依公務員服務法第2條第1項規定：「本法適用於受有俸給之文武職公務員及公營事業機構純勞工以外之人員。」故公務員服務法上之公務員，其適用之範圍，包含政府機關、公營事業人員，不論文職武職，均包含在內。

3.公教人員保險法上之公務員

　　依公教人員保險法第2條規定：「本保險之保險對象包括下列人員：（一）法定機關編制內之有給專任人員。……。」故依公教人員保險法上之公務員，包括政府機關及公營事業機構編制內職員，及中央民意代表在內。

4.公務人員任用法之公務員

　　依公務人員任用法施行細則第2條規定：「本法所稱公務人員，指各機關組織法規中，除政務人員及民選人員外，定有職稱及官等職等之人

10　吳庚：行政法之理論與實用，第169-170頁。

員。前項所稱各機關,指下列之機關、學校及機構:一、中央政府及其所屬各機關;二、地方政府及其所屬各機關;三、各級民意機關;四、各級公立學校;五、公營事業機構;六、交通事業機構;七、其他依法組織之機關。」公務人員任用法之公務員。係各類法規中,對公務人員之概念所作之最狹義之規定者。

上述四種公務員之範圍各不相同,依本法立法目的,本法第11條所稱「公務員」應指最廣義之公務員,亦即刑法及國家賠償法上之公務員,俾本法運作,不致扞格。

二、因其他出資關係所完成之著作

本法第12條規定:「出資聘請他人完成之著作,除前條情形外,以該受聘人為著作人。但契約約定以出資人為著作人者,從其約定(Ⅰ)。」「依前項規定,以受聘人為著作人者,其著作財產權依契約約定歸受聘人或出資人享有。未約定著作財產權之歸屬者,其著作財產權歸受聘人享有(Ⅱ)。」「依前項規定著作財產權歸受聘人享有者,出資人得利用該著作(Ⅲ)。」此即因其他出資關係而完成之職務著作。依此規定,析述其意義如下:

(一)本條主要係適用在委任及承攬關係,故本條之「出資人」主要係指委任關係之委任人及承攬關係之定作人。本條之「受聘人」主要係指委任關係之受任人及承攬關係之承攬人。

(二)依本條第1項規定,在委任關係及承攬關係,除非另有約定,否則以受聘人為著作人,受聘人擁有著作人格權。但如約定出資人為著作人,亦無不可。如約定以出資人為著作人者,則出資人擁有著作人格權。此種出資聘人完成著作,約定出資人為著作人者,出資人擁有著作人格權係自始擁有,而非著作人格權係由受聘人轉讓與出資人。

(三)在出資聘人完成著作之情形下,除非出資人與受聘人另有約定,否則著作財產權歸受聘人享有,出資人僅得利用該著作。反之,如受聘人與出資人約定著作財產權歸出資人擁有,則著作財產權歸出資人享

有。此時，出資人享有著作財產權，但除非另有約定，否則受聘人不得利用該著作。蓋本條第3項僅規定，在著作財產權歸受聘人享有者，出資人得利用該著作，並未規定著作財產權約定歸出資人享有者，受聘人得利用該著作。故如著作財產權約定由出資人享有者，原則上受聘人與第三人相同，不得利用該著作。

（四）本條第3項所稱：「出資人得利用該著作」，其利用之範圍如何，並不明確。解釋上應依出資人出資之目的及其他情形綜合判斷之，亦即依德國之「目的讓與理論」，決定出資人得利用該著作之範圍。例如，出版社A委請攝影家甲拍攝照片，該照片利用於出版社之書籍上，如甲與A並未有任何的約定，則出資人A出版社僅得將該照片利用於書籍之出版及與書籍之出版相關之之廣告宣傳上，A出版社不得將該照片另外授權唱片公司或者電影公司利用。但A出版社為促銷該書籍而在廣告上利用該照片，應屬本條第3項之合法範圍。

（五）民法第518條第1項規定：「版數未約定者，出版人僅得出一版。」上例A出版社委請甲拍攝照片利用於某書，並未約定該書出版版數，A出版社依本條第3項規定，自得利用該照片。惟是否利用該照片須另支付版稅給甲，或A出版社僅得依民法第518條第1項規定出版一版為限，不無疑問。本書認為，依本條第3項出資聘人完成著作，出資人得利用該著作，並非出版之版稅關係，而係一次之出資關係，無民法第518條第1項之適用。如出資人與受聘人並無其他約定，出資人得永久利用該著作，不受版數之拘束，亦無須另外付費。但出資人不得將該照片作出版書籍以外的其他用途。又如果出資人在委聘受聘人完成該照片之時，並未特定指明某用途，則出資人在其營業範圍內，自得反覆利用該著作。蓋既然未指明利用於特定書籍，此時出資人在營業範圍內之利用該照片於任何書籍，均係出資聘人完成著作之目的也。

（六）本法第111條規定：「有下列情形之一者，第十一條及第十二條之規定，不適用之：一、依中華民國八十一年六月十日修正施行前本法第十條及第十一條規定取得著作權者。二、依中華民國八十七年一月二十一日修正施行前本法第十一條及第十二條規定取得著作權者。」民國

81年6月10日修正施行前之本法，出資聘人完成著作，除非另有規定，否則出資人享有著作權，與民國87年本法修正後之著作權法有異。而民國81年舊著作權法第11條規定：「法人之受雇人，在法人之企劃下，完成其職務上之著作，以該受雇人為著作人。但契約約定以法人或其代表人為著作人者，從其約定。」第12條規定：「受聘人在出資人之企劃下完成之著作，除前條情形外，以該受聘人為著作人。但契約約定以出資人或其代表人為著作人者，從其約定。」此規定與民國87年本法修正之規定亦不同。現行本法有關職務著作之規定，乃沿自民國87年之修正本法。為使因職務著作之權利歸屬不因法律變動而影響既得權利起見，故依中華民國81年6月10日修正施行前本法第10條及第11條規定取得著作權者，不適用本法第11條及第12條規定，而適用當時的著作權法規定。而民國81年6月12日至87年1月22日之職務著作，均適用民國81年舊著作權法規定。然而本法第12條第3項規定：「依前項規定著作財產權歸受聘人享有者，出資人得利用該著作。」第12條第3項規定在民國81年舊著作權法並無規定，依民國81年舊著作權法規定，出資聘人完成著作，受聘人與出資人如無任何約定，以受聘人為著作財產權人，此時出資人對該著作得否加以利用？易言之，民國81年舊著作權法並無本條第3項之規定，本條第3項規定究係法理上之當然解釋，抑或立法之創設？本書認為本條第3項規定係法理上之當然解釋，與第10條之1相同，並非立法之創設。故民國81年舊著作權法第11條或第12條雖無類似本條第3項之規定，惟在法理上解釋，如出資人與受聘人（含受雇人）未約定著作財產權之歸屬，出資人仍得利用該著作，與本法第12條解釋相同。

第二節　著作財產權人

第一款　原　則

著作財產權人即著作財產權歸屬之主體，依本法第3條第1項第3款規

定：「著作權：指因著作完成所生之著作人格權及著作財產權。」著作人格權或著作財產權均因著作之創作事實而發生，因此，著作人係第一次之著作財產權人。本法第10條規定：「著作人於著作完成時享有著作權。但本法另有規定者，從其規定。」依本法著作權之成立要件，係採創作主義（非形式主義），著作人於著作完成時即係著作財產權人，除非例外本法另有規定，或因其他情形而取得著作財產權。本法規定例外著作人非屬於著作財產權人者，即本法第11條第2項或第12條第2項規定之情形（參見本法§29-1），詳如後述。

第二款　例　外

依本法第10條規定：「著作人於著作完成時享有著作權。」此著作權包含著作人格權及著作財產權（§3Ⅰ③），故著作人係最原始之著作財產權人，然有例外時，著作人與著作財產權人分離，著作財產權由著作人以外之人享有，其情形分述如下：

一、繼受取得

著作財產權係一種財產權，得為轉讓或繼承。著作財產權轉讓或繼承者，著作財產權之受讓人及繼承人，雖非著作人，但即享有著作財產權，茲說明如下：

（一）著作財產權之移轉

本法第36條規定：「著作財產權得全部或部分讓與他人或與他人共有（Ⅰ）。」「著作財產權之受讓人，在其受讓範圍內，取得著作財產權（Ⅱ）。」著作財產權之全部轉讓，係指本法第22條至第29條及第87條第4款之權利全部轉讓，包含重製權（§22）、公開口述權（§23）、公開播送權（§24）、公開上映權（§25）、公開演出權（§26）、公開傳輸權（§26-1）、公開展示權（§27）、編輯權（§28）、改作權

（§28）、散布權（§28-1）、出租權（§29）及輸入權（§87④）。著作財產權之一部轉讓，係指上述著作財產權之支分權一部分轉讓他人，例如轉讓重製權或改作權等。著作財產權不論全部轉讓或一部轉讓，受讓人並非原始之著作人，此時著作財產權人與著作人即屬分離。

（二）繼　承

本法第1條後段規定：「本法未規定者，適用其他法律之規定。」著作財產權係一種財產權，得為繼承之標的。本法第21條規定：「著作人格權專屬於著作人本身，不得讓與或繼承。」反面解釋，著作財產權並非專屬著作人本身，得為讓與或繼承。民法第1148條規定：「繼承人自繼承開始時，除本法另有規定外，承受被繼承人財產上之一切權利、義務。但權利、義務專屬於被繼承人本身者，不在此限。」由此可見，繼承人得繼承被繼承人之著作財產權。蓋著作財產權並非專屬權利，繼承人繼承被繼承人之著作財產權後，繼承人雖非著作人，此時即為該著作之著作財產權人。

二、原始取得

著作財產權之原始取得，係指著作財產權並非依據他人既存之權利而取得，而係依據法律之規定而直接取得，茲分述如下：

（一）因職務著作而取得

本法第11條規定第1項規定：「受雇人於職務上完成之著作，以該受雇人為著作人。但契約約定以雇用人為著作人者，從其約定。」第2項規定：「依前項規定，以受雇人為著作人者，其著作財產權歸雇用人享有。但契約約定其著作財產權歸受雇人享有者，從其約定。」故依本法第11條規定，著作於著作完成時，如未有著作人之約定，以受雇人為著作人，但著作財產權卻歸雇用人享有，此時著作人（受雇人）並非著作財產權人，著作人雖享有著作人格權，著作財產權卻歸雇用人享有。又依本法第12條

第1項規定：「出資聘請他人完成之著作，除前條情形外，以該受聘人為著作人。但契約約定以出資人為著作人者，從其約定。」第12條第2項規定：「依前項規定，以受聘人為著作人者，其著作財產權依契約約定歸受聘人或出資人享有。未約定著作財產權之歸屬者，其著作財產權歸受聘人享有。」依上述本法第12條規定，出資聘人完成著作若未有著作人之約定，以受聘人為著作人。但如受聘人與出資人約定，雖以受聘人為著作人，但著作財產權歸出資人享有，依本法第12條，此時著作人係屬受聘人，而著作財產權人係屬出資者，而出資者之享有著作財產權，係基於法律之規定原始取得，而非受讓自著作人。蓋著作人依本法第11條及第12條規定，並非自始享有著作財產權。

（二）時效取得

私法上之時效有消滅時效與取得時效二種。著作財產權本身係屬絕對權與支配權，而非請求權，民法上之消滅時效僅適用於請求權，故著作財產權並無消滅時效之適用[11]。至於著作財產權有無取得時效之適用，即因他人之取得時效而使原著作人之著作財產權消滅，新著作財產權人因取得時效而取得著作財產權，頗有爭執[12]。惟在理論上，著作財產權得適用取得時效[13]。蓋民法768條規定：「以所有之意思，五年間和平公然占有他人之動產者，取得其所有權。」第769條規定：「以所有之意思，二十年間和平繼續占有他人未登記之不動產者，得請求登記為所有人。」第770條規定：「以所有之意思，十年間和平繼續占有他人未登記之不動產，而其占有之始為善意並無過失者，得請求登記為所有人。」第772條規定：「前四條之規定，於所有權以外財產權之取得，準用之。」民法第772條

11　參見米川猛郎：著作權へのしるべ，第115頁；半田正夫、紋谷暢男：著作權のノウハウ，第163-164頁。

12　參見加戶守行：著作權法逐條講義，第316-317頁。

13　參見半田正夫：著作權概說，第193頁；中川善之助、阿部浩二：著作權，第103-104頁。

之財產權，包含著作財產權在內[14]，著作財產權不以登記為生效要件，故準用動產之取得時效[15]。凡以著作財產權人之意思，五年間和平公然準占有他人之著作財產權，自得取得著作財產權，原著作財產權人之權利因此而消滅。

（三）先　占

民法第802條規定：「以所有之意思，占有無主之動產者，取得其所有權。」在著作權法上，著作財產權得否因先占而取得，由於著作財產權人對於著作財產權上之原件或重製物並未當然占有，故拋棄著作之原件或重製物並不當然拋棄著作財產權，因此，著作財產權並不因著作之原件或重製物之占有而有先占之情形。即使著作財產權拋棄亦僅使著作財產權消滅，而使該著作形成公共所有（Public domain）。著作財產權消滅形成公共所有後，該著作任何人均可自由利用，不可能回復由某一人擁有著作財產權，故著作財產權並無因先占而取得之情形，與民法物權編不同。

（四）即時取得

民法第801條規定：「動產之受讓人占有動產，而受關於占有規定之保護者，縱讓與人無移轉所有權之權利，受讓人仍取得其所有權。」此即動產之「即時取得」制度，又稱「善意受讓」制度。我國民國87年1月以前之舊法，著作財產權之轉讓係採登記對抗主義（民國81年舊法§75）。故斯時，著作財產權並無善意受讓制度。本法已廢除著作財產權之登記制度，是否有善意受讓制度？查民法動產所以有善意受讓制度，係因動產係以「交付」為公示要件，而動產係採「一物一權主義」，在性質上與著作財產權不同。例如，甲擁有一部電腦，甲將其電腦出租給乙，乙將該電腦賣給善意第三人丙，並將該電腦交付給丙，此時乙雖無出售及轉讓該電腦之權利，但丙即時取得該電腦之所有權，此乃物權之即時取得。然而如甲

14　參見謝在全：民法物權論，第186頁。

15　參見謝在全：前揭書，第187-188頁。

將A著作之著作財產權，授權出版社乙出版，乙將該A著作之著作財產權轉讓給丙出版社，此時丙雖為善意第三人，但丙並不當然取得該著作財產權，蓋此時乙之處分甲之著作權，係屬無權處分，依民法第118條規定，乙之無權處分應得甲之承認，方屬有效。

第三節　著作人與著作財產權人之關係

著作人原則上係第一次之著作財產權人，故著作人原則上最原始的擁有著作人格權及著作財產權，惟如著作人之著作財產權移轉或被繼承，此時著作人與著作財產權人即分屬不同之人，已如前述。由於著作人格權與著作財產權之歸屬主體相異之結果，產生如下之關係：

一、著作財產權人行使其著作財產權時，不得侵害著作人人格之利益

著作人之著作人格權歸屬於著作人本身，不得讓與或繼承（本法§21），而著作財產權卻得移轉，此時著作財產權之受讓人得擁有重製權、公開口述權、公開播送權、公開上映權、公開演出權、公開傳輸權、公開展示權、編輯權、改作權、散布權、出租權、輸入權，此種權利利用之結果，仍不得變匿著作人之姓名，或修改著作人之原著作，而足以影響著作人之名譽，如有此情形，著作財產權人係屬侵害著作人之著作人格權。

二、第三人不法侵害著作權，著作人及著作財產權人得分別主張權利

第三人不法行使著作財產權，而未侵害著作人格權者，僅係著作財產權之侵害，著作財產權人得請求損害賠償，著作人不得請求損害賠償。然

第三人適法行使著作財產權，而有侵害著作人人格之利益者，著作人得基於著作人格權被侵害之理由而請求損害賠償或慰撫金，著作財產權人不得請求。然如第三人不法利用著作，而同時侵害著作人人格之利益及著作財產權人之著作財產權者，此時著作人得基於著作人格權被侵害之理由而請求損害賠償或慰撫金；著作財產權人亦得基於著作財產權被侵害之理由而請求損害賠償，此時二者之請求權分別獨立，不受干涉。有關著作人或著作財產權人之刑事救濟，亦然如此。但著作權法於民國92年7月9日修正施行後，侵害著作人格權之行為，已無刑事責任。

第三章　著作權之客體

第一節　著作之意義

「著作」之意義如何？本法第3條第1項第1款對「著作」之定義為：「指屬於文學、科學、藝術或其他學術範圍之創作。」依此定義，受保護之著作須具備下列四要件：一、須具有原創性；二、須具有客觀化之一定形式；三、須屬於文學、科學、藝術或其他學術範圍之創作；四、須非不受保護之著作[1]。茲分述如下：

一、須具有原創性

在學說上，受著作權法保護的著作，須具有「原創性」（originality）。此要件已經普遍為實務承認，而形成通說。例如最高法院97年度台上字第1587號刑事判決謂：「經查著作權法所稱之著作，係指屬於文學、科學、藝術或其他學術範圍之創作，著作權法第3條第1項第1款定有明文。是必具有原創性之人類精神上創作，且達足以表現作者之個性或獨特性之程度者，始享有著作權，而受著作權法之保護。而所謂『獨立創作』乃指著作人為創作時，未接觸參考他人先前之著作；凡經由接觸並進而抄襲他人著作而完成之作品即非屬原創性之著作，並非著作權法上所定之著作。」依此判決意旨，所謂「原創性」，解釋上尚包含兩個內

1　參照城戶芳彥：著作權法研究，第29-35頁。

涵[23]：

1.獨立創作（原始性）（independent creation）：著作必須獨立創作，而非抄襲他人完成。獨立創作之原始性，方具有原創性。然而「原創性」的要求，無須達到專利所須「新穎性」（novelty）之「前所未有」的要求。最高法院100年度台上字第2718號刑事判決謂：「著作權法所謂之著作，係指屬於文學、科學、藝術或其他學術範圍之創作，著作權法第3條第1項第1款定有明文。故本於自己獨立之思維、智巧、技匠而具有原創性之創作，即享有著作權。但原創性非如專利法所要求之新穎性，倘非重製或改作他人之著作，縱有雷同或相似，因屬自己獨立之創作，具有原創性，同受著作權法之保障。」即表明此旨。

2.創作性（creativity）：原創性雖然不必須達到專利法前所未有的新穎性要求，但是仍必須具有相當程度的精神作用，足以表現著作人的個性及獨特性方可。如果著作的精神作用程度甚低，無從受到保護。例如最高法院97年度台上字第1921號刑事判決謂：「按著作權法之著作，指屬於文學、科學、藝術或其他學術範圍之創作，語文著作亦為著作權法所稱之著作，著作權法第3條第1項第1款、第5條第1項第1款分別定有明文。惟語文

2　日本有學者謂，著作須具有「創作性」，而「創作性」包含兩個概念：一為獨立性（originality），一為創造性（creativity）。參見半田正夫、松田政行：著作權法コンメンタール，第一冊，第24-42頁，2009年1月，勁草書房。然而此為分類之問題，依美國學者，亦將the quantum of originality、creativity，包含在originality中。參見：Melville B. Nimmer , Nimmer on Copyright, § 2.01[B], LexisNexis Matthew Bender. (2008).

3　經濟部智慧財產局95年12月21日智著字第09500121490號函：「按著作權法（下稱本法）所稱之『著作』係指屬於文學、科學、藝術或其他學術範圍之創作，除該標的屬本法第5條所例示之著作外，並需符合『原創性』及『創作性』二項要件。所謂『原創性』，係指為著作人自己之創作（非抄襲他人之創作）；所謂『創作性』，係指須符合一定之『創作高度』。至於所需之創作高度究竟為何，目前司法實務上，相關見解之闡述及判斷相當分歧，本局則認為著作權法應採最低創作性、最起碼創作（minimal requirement of creativity）之創意高度（或稱美學不歧視原則），尚需於個案中認定之。」

著作受著作權法之保護，必須其內容具有作者之創意表達或創作性格，即所謂具有原創性，始屬之。原判決以上訴人之錦通公司網站網頁載有如新公司享有語文著作權之產品目錄作為上訴人犯罪之依據。惟該產品目錄，係就相關產品之成分、用途、效果、使用步驟及方法加以說明。然如僅屬對該項商品之成分、用途、步驟及注意事項等作單純之描述，為同種類商品在使用或其用途上之共通特徵使然，而必須為同一或類似之描述，則其表達方法是否具有原創性而屬著作權法保護之範疇，即值研酌。」同院93年度台上字第5474號刑事判決謂：「告訴人僅在一般市面上流通之蕾絲花紋圖樣上加上『わすれない』日文字樣，顯然無法表現出告訴人獨有之個性及獨特性，即不具有原創性，非屬著作權法所稱之美術著作，自不受著作權法之保護。」上述兩個判決中之文字，均因不具著作『最低限度之創作性』（minimal requirement of creativity），而不受保護。」

二、須具有客觀化之一定形式

　　即必須將人之思想及感情依一定形式表現於外部。易言之，即須將精神之創作與著作人之頭腦分離，使外部一般人得以覺察其存在。著作人抽象的思想及感情本身，並非著作，必須將思想與感情具體的以文字、言語、形象、音響或其他媒介物客觀的加以表現，始受法律之保護。例如以文字將人之思想感情加以敘述；以色彩將風景、靜物加以描寫；以金屬、石膏作成肖像；以五線譜表現旋律等[4]。簡言之，著作權所保護者，乃作品之表現形式。所謂「表現形式」，即作品內構想（ideas）與事實（fact）所用之言語（language）、闡發（development）、處理（treatment）、安排（arrangement）及其順序（sequence），構想與事實本身，非著作權法保護之對象[5]。程序（procedure）、製程（process）、系統（system）、操作方法（method of operation）、概念（concept）、原

4　山本桂一：前揭書，第33頁。

5　楊崇森：著作權之保護，第1頁。

理（principle）、發現（invention）或發明（discovery）本身亦非著作權保護之對象6。

三、須屬於文學、科學、藝術或其他學術範圍之創作

文學、科學、藝術或學術，係屬知識的、文化的概括概念7。所謂「文學」，嚴格解釋，係以文字或言語加以表現之創作形式。然而，屬於文學範圍之著作，宜廣義解釋，包含小說、戲劇、小品文、隨筆、日記、詩歌、童話等，不以創作之價值為區分標準，小學生之作文，亦屬於文學之創作8。所謂科學，包含自然科學及社會科學在內，物理、化學、心理、政治、經濟、社會等均屬之。所謂藝術，包含造形藝術（Bildende Kunste）及音律藝術（Musische Kunste），繪畫、雕刻、工藝美術、建築、照片等屬於前者，音樂屬於後者。音樂著作，又包含作曲與演奏二過程，演奏又包含樂器（狹義之演奏）、聲樂（歌唱）二者9。至於其他學術之範圍，則廣義指不屬於文學、科學、藝術範圍而受著作權法保護之創作。有關著作之詳細分類，本法第5條第1項已有明文，請詳後述。

四、須非不受保護之著作

基於公益或其他理由，有若干著作不受著作權法保護，例如本法第9條規定：下列各款不得為著作權之標的（詳見本章第四節）：

（一）憲法、法律、命令或公文。上述所稱「公文」包括公務員於職務上草擬之文告、講稿、新聞稿及其他文書。

6　美國著作權法第102條(b)項。另本法第10條之1規定：「依本法取得之著作權，其保護僅及於該著作之表達，而不及於其所表達之思想、程序、製程、系統、操作方法、概念、原理、發現。」

7　加戶守行：著作權法逐條講義，第21頁。

8　齊藤博：概說著作權法，第57頁。

9　城戶芳彥：前揭書，第33頁。

（二）中央或地方機關就前款著作作成之翻譯物或編輯物。

（三）標語及通用之符號、名詞、公式、數表、表格、簿冊或時曆。

（四）單純為傳達事實之新聞報導所作成之語文著作。

（五）依法令舉行之各類考試試題及其備用試題。

第二節　受保護之著作

本法第5條規定：「本法所稱著作，例示如下：一、語文著作。二、音樂著作。三、戲劇、舞蹈著作。四、美術著作。五、攝影著作。六、圖形著作。七、視聽著作。八、錄音著作。九、建築著作。十、電腦程式著作。前項各款著作例示內容，由主管機關訂定之。」此為依本法受保護之著作，茲分別說明如下：

一、語文著作（§5Ｉ①）

所謂語文著作，即以語文體系表現之著作，包含語言著作及文字著作二者。依民國81年6月10日內政部發布「著作權法第5條第1項各款著作內容例示」第2項第1款規定：「語文著作：包括詩、詞、散文、小說、劇本、學術論述、演講及其他之語文著作」。分述如下：

（一）文字著作

即民國74年舊法上之「文字著述」，包含詩、詞、散文、小說、劇本、學術論述、隨筆、童話等。文字著作非必實際上以文字書寫，凡用暗號、符號、記號而得以文字轉換者，亦屬文字著作[10]。例如點字、速記符號、電信符號等均是[11]。歌詞在民國74年舊著作權法時期，屬於「文字著

10　加戶守行：著作權法逐條講義，第90-91頁。

11　中川善之助、阿部浩二：著作權，第44頁。

述」，本法則屬於「音樂著作」[12]。又書法雖形式上亦為文字，但其表達並非文字之組合，乃表達其藝術價值，故為「美術著作」，而非「語文著作」[13]。此外，外國立法例亦有認為「電腦程式著作」亦屬「文字著作」者[14]，惟日本及南韓著作權法，電腦程式係有別於「文字著作」之獨立著作[15]。本法電腦程式亦係有別於語文著作之獨立著作（§5Ⅰ⑩），故非屬於文字著作（語文著作之一種）。

（二）語言著作

即以口述產生之著作，相當於民國74年舊法之「語言著述」。伯恩公約第2條第1項著作例示中之演講（lectures）、演說（addresses）、說教（sermons）及其他同性質之著作，即屬語言著作[16]。例如大學教授之講課、政治家之演講、牧師之講道、和尚之說經、貴賓宴席之致詞（table speech）等均是。單純事實報告的談話、日常生活會話及對談，並非著作，不受著作權法保護[17]。語言著作，一般係著作人直接向特定人或不特定之對象為之，但以擴音器（麥克風）為之，亦無不可。本法未如英美法系國家，著作須固定於有形之媒體，方受保護[18]。依本法以口述產生之語言著作本身，即受保護。惟限於以自己之思想或感情創作的口述，如以他人之文字著作加以口述，例如朗讀他人之詩，無論朗讀如何高明，均非屬語言著作[19]。

---

12 參見「著作權法第5條第1項各款著作內容例示」第2項第2款。

13 參見「著作權法第5條第1項各款著作內容例示」第2項第4款。

14 例如德國著作權法第1項第1款及新加坡著作權法均明文規定電腦程式（Computer program）係文字著作（literary work）的一種。

15 日本著作權法第10條第1項第9款，南韓1987年著作權法第4條第1項第9款。

16 山本桂一：著作權法，第195頁。

17 中川善之助、阿部浩二：前揭書，第45頁；榛村專一：著作權法概論，第70頁。

18 例如美國著作權法第102條(a)項。

19 半田正夫：著作權法概說，第90頁；中川善之助、阿部浩二：前揭書，第45頁。

二、音樂著作（§5I②）

　　所謂音樂著作，係指以音或旋律加以表現之著作[20]。依「著作權法第5條第1項各款著作內容例示」第2項第2款規定：「音樂著作：包括曲譜、歌詞及其他之音樂著作。」故音樂著作，所謂以音或旋律加以表現，不限於以音階、節奏（rhythm）、和聲（harmony）為要素之樂曲，與樂曲同時利用之音所表現之歌詞，亦屬音樂著作。再者，音樂著作不以固定於樂譜為要件，即興之演奏，如具有原創性，亦屬音樂著作[21]。音樂著作，須以音或旋律加以表現為必要。例如交響曲、歌劇（opera）、小歌劇（operetta）、歌曲、風琴（organ)曲、小提琴曲、三重奏曲、四重奏曲、爵士音樂（jazz）、法國小調（chanson）、歌謠曲、進行曲等等。

　　本法之音樂著作，除歌詞外，主要分成樂曲與樂譜二種。分述如下：

（一）樂　曲

　　樂曲即將高低、強弱、長短等各種之音有機的加以組合之創作。亦即屬於視覺藝術（Optische Kunste）相對的音律藝術（Musische Kunste）。構成樂曲著作之本質為旋律（Melody）。最簡單之樂曲僅有旋律，普通之樂曲在旋律上附有種種之裝飾音、伴奏等。音樂上之節奏（Rhythm）及和聲（Harmony）為樂曲成立之必然屬性，此二者之變化，在法律上原則不當然成為全然個別之樂曲，此種情形往往以編曲由編曲人成立衍生著作之著作權[22]。

（二）樂　譜

　　樂譜，係以符號、數字或其他記號表現樂曲之著作。樂譜之作成，如係以自己之作曲記載於譜面，固無問題。如以他人之歌詞加以作曲而作成

20　半田正夫：前揭書，第92頁；加戶守行：前揭書，第91頁。

21　同註11。

22　城戶芳彥：前揭書，第71-72頁。

樂譜，係改作之一種，應得作詞者之同意。又以無樂譜之樂曲作成新的樂譜，此種情形應分別論之，如從來無樂譜而以普通方法作成樂譜，此時不在原曲著作權上產生新的著作權，猶如語言之著述加以筆錄，不產生獨立之文字著述。惟如以獨特之方法作成樂譜，則成立新的著作[23]。

三、戲劇、舞蹈著作（§5Ⅰ③）

戲劇、舞蹈著作，係依身體動作所表現之著作。依「著作權法第5條第1項各款著作內容例示」第2項第3款規定：「戲劇、舞蹈著作：包括舞蹈、默劇、歌劇、話劇及其他之戲劇、舞蹈著作。」上述戲劇舞蹈本身，不以固定於有形之媒體為必要，現場演出之戲劇舞蹈本身，即受著作權法保護。又上述舞蹈著作，須將思想或感情以動作加以表現，如係自娛性質或運動競技性質，非屬於舞蹈著作。例如社交舞蹈、花式滑冰或體操運動等，均非舞蹈著作[24]。

大陸法系國家著作權法，一般均有鄰接權制度，例如德國、日本、南韓、法國、中共、西班牙著作權法均是。我國因受台美著作權談判影響，著作權法中無著作鄰接權制度[25]。在有鄰接權制度之國家，均將「表演」列入鄰接權保護之範圍。我國既無鄰接權制度，表演是否列入本款「其他之戲劇舞蹈著作」之範圍，依民國81年舊法立法沿革及目的上觀之，似採肯定說為宜[26]。惟民國87年本法修正，增加第7條之1規定：「表演人對既

23　山本桂一：前揭書，第194頁。

24　齊藤博：概說著作權法，第60頁。

25　詳拙文：著作權與著作鄰接權，原載民國79年7月9日自立晚報十六版，蒐錄於拙著：著作權法漫談（一），第83-85頁。

26　參見立法院公報第八十一卷第四十一期（民國81年5月20日），第46頁。立法院陳定南委員於二讀時之發言：「主席、各位同仁。第5條第1項第3款經協調後之條文為：『戲劇、舞蹈、演藝著作。』本席建議將『演藝』二字刪除。因為『演藝』是表演藝術的簡稱。而表演藝術又以音樂、戲劇、舞蹈為主，既然『音樂』已於第2款規範，『戲劇、舞蹈』於第3款規範，似乎不必於例示之外再對『演藝』作概括規定，因此本席建議刪除之。」另外亦參考本條之行政院草案說明三之部分。

有著作之表演，以獨立之著作保護之。表演之保護，對原著作之著作權不生影響。」是則就既存著作所為之表演乃獨立之著作，而非屬戲劇舞蹈著作。

四、美術著作（§5Ⅰ④）

（一）美術著作之意義

　　所謂美術著作，即思想或感情以線條、色彩、形狀、明暗等平面的或立體的加以表現之著作。依「著作權法第5條第1項各款著作內容例示」第2項第4款規定：「美術著作：包括繪畫、版畫、漫畫、連環圖（卡通）、素描、法書（書法）、字型繪畫、雕塑、美術工藝品及其他之美術著作。」美術著作之態樣及保護，不遜於文字著述及音樂著作。如謂文學及音樂為時間之藝術，美術則為空間之藝術；如謂音樂為訴諸聽覺之藝術，美術則為視覺之藝術。視覺之藝術，往往有鮮明之藝術內容及表現形式，古代由於音樂固定之手段不發達，美術著作尤受重視。現代由於時間藝術固定之手段進步，大眾傳播工具發達，音樂著作受重視之程度，雖有凌駕美術之趨勢。惟因應用美術之興起，美術著作之重要性，仍不可忽視。

（二）美術著作之種類

　　美術著作大別可分為純美術（fine art）與應用美術（applied art）。前者如繪畫、雕塑、書法等純粹表現個性與美感，除此之外之目的用途者不屬之[27]。後者則如染織圖案、傢具等除具美感外，尚具有生活實用及產業利用之目的。純美術著作以著作權法加以保護，固無問題。應用美術著作，在我國如何加以保護？保護程度及範圍如何？是否與新式樣專利有

27　純粹美術與應用美術之區別，詳高田忠：意匠，第17頁以下；牛木理一：意匠法之研究，第261頁以下。

重疊的可能[28]？此一重疊問題如何加以解決？實務上尚未有十分明顯之界限。民國74年舊著作權法第3條第11款規定：「美術著作：指著作人以智巧、匠技、描繪或表現之繪畫、建築圖、雕塑、書法或其他具有美感之著作。但有標示作用，或涉及本體形貌以外意義，或係表達物體結構、實用物品形狀、文字字體、色彩及布局、構想、觀念之設計不屬之。」此項美術著作定義之但書，意義頗不明確，在實務上易滋爭議。世界各國著作權法對美術著作多未定義，民國81年舊法乃將美術著作之定義刪除。依民國74年舊法美術著作，似僅保護純美術，而不包含應用美術在內。查南韓1987年著作權法及德國1965年著作權法均規定「應用美術著作」為美術著作之範圍，日本1970年著作權法僅規定「美術著作」包含「美術工藝品（§2II）」，而未直接規定應用美術為「美術著作」。按日本意匠法相當於我國「新式樣」專利，日本除著作權法及意匠法外，未另外訂立「工業設計法」，本法為免法制繼受發生雜亂，乃仿日本著作權法用語，於本款不明文規定「應用美術」，但僅規定「美術工藝品」，俾在美術著作與新式樣專利之實際分際，得取法日本。

（三）美術著作之具體實例

1.繪畫、書法之風格

筆跡、繪畫或書法的風格，並非著作權法保護之對象。故模仿他人的筆跡、繪畫或書法的風格，並未侵害著作權（日本大審院昭和12年〔西元1935年〕9月16日刑事判決）。

2.活字字體

我國舊著作權法不保護「文字字體」（typeface）。以印刷技術製作的文字字體，欠缺思想、感情之原創性，與純粹鑑賞用的書法有異，在本法亦不屬於「著作」，惟「字型繪畫」受本法保護[29]。

28　在日本應用美術著作與意匠，亦有重疊之可能，詳內田晉：前揭書，第65-69頁。
29　日本東京地方裁判所昭和54年（西元1979年）3月9日判決，日本著作權法令研究會編：著作權關係法令實務提要，第269頁。民國74年舊著作權法第3條第11款規

3.漫畫或小說中的角色人物

　　漫畫或小說中的角色人物（character），如米老鼠、加菲貓等，在舊法時期屬於圖形著作，在本法則屬美術著作。依民國74年舊著作權法第3條第23款規定：「重製權：指不變更著作型態而再現其內容之權。如為圖形著作，就平面或立體轉變成立體或平面者，視同重製。」故在舊法時期自角色人物製作成立體之商品，係屬重製行為。本法雖刪除民國74年舊著作權法第3條第1項第23款規定，惟自小說、漫畫中之主角人物作成商品之商品化權利，世界各國實務上大抵均承認應以著作權法保護[30]，本法「重製」之定義既仿襲日本著作權法，此種角色化權利，自宜分別情形認為係屬重製或改作[31]。

4.商標圖案

　　商標圖案如為較簡單的圖案，如奧林匹克之標幟，並非著作[32]。但如商標圖案具有原創性，亦可能成為美術著作，而為著作權法保護對象[33]。

5.美術工藝品

　　本法採日本立法例，僅保護「美術工藝品」，而不保護美術工藝品以外之應用美術。所謂美術工藝品，係指如壺、壁掛等以製作一種為目的之手工藝品，如以機械大量製造生產之工業上實用物品，原則上並非以鑑賞

　　定：「美術著作：指著作人以智巧、匠技、描繪或表現之繪畫、建築圖、雕塑、書法或其他具有美感之著作。但有標示作用，或涉及本體形貌以外意義，或係表達物體結構、實用物品形狀、文字字體、色彩及布局、構想、觀念之設計不屬之。」民國81年內政部公告「著作權法第5條第1項各款著作內容例示」第2條第4款規定：「美術著作：包括繪畫、版畫、漫畫、連環圖（卡通）、素描、法書（書法）、字型繪畫、雕塑、美術工藝品及其他之美術著作。」

30　日本東京地方裁判所昭和51年（西元1976年）5月26日判決（判時八一五號第27頁）；日本東京地方裁判所昭和52年（西元1977年）11月14日判決（判時八六九號第38頁）。

31　加戶守行：前揭書，第93頁；半田正夫：前揭書，第94頁。另參見最高法院84年度台上字第5566號、4293號、3176號判決。

32　日本東京地方裁判所昭和39年（西元1962年）9月25日決定。

33　日本著作權法令研究會編：前揭書，第274頁。

為目的之美術著作，而應屬於新式樣之專利或其他法律之領域[34]。惟近來日本實務判決漸有改變，不認為美術工藝品以製作一種為限，凡鑑賞色彩強烈而大量生產之工藝品，亦視為美術著作[35]。

五、攝影著作（§5 I ⑤）

所謂攝影著作，即將思想或感情以一定的固定影像加以表現之著作。依著作權法第5條第1項各款著作內容例示第2項第5款規定：「攝影著作：包括照片、幻燈片及其他以攝影之製作方法所創作之著作。」

攝影著作與其他著作稍有不同，攝影著作有極大程度係依賴機械之作用及技術之操作。惟因其製作時，需決定主題，對被攝影之對象、構圖、角度、光量、速度等有選擇及調整，有時尚須對底片進行修改，在攝影、顯影及沖洗中有原創性，因而以著作加以保護[36]。故欠缺原創性之攝影照片，不得成為攝影著作，例如將繪畫或書法等平面的藝術作品忠實地攝影所成之照片，與用影印機影印出來之重製物無異，並無原創性，不得成為著作權法保護之對象[37]。又身分證、駕照、護照、考試等用之半身照，此種以實用為目的所作成之照片，除非明顯地符合思想或感情創作表現之著

---

34 加戶守行：前揭書，第45頁；中川善之助、阿部浩二：前揭書，第49頁。

35 長崎地方裁判所佐世保支部昭和48年（西元1971年）2月7日決定。參見池原季雄、齊藤博、半田正夫編：著作權判例百選，第68-69頁。

36 半田正夫：著作權法概說，第101頁。

37 半田正夫、紋谷暢男：前揭書，第94頁。另台灣高等法院台中分院83年度上易字第1482號判決謂：「告訴人所提獎牌攝影著作權均就靜態之獎牌實體拍攝而成，雖經內政部核發攝影著作權執照，惟修正後著作權法係採創作主義，主管機關內政部就申請人所提著作僅採形式審查，是否具有原創性，法院自得予以實質審查，而攝影著作有極大程度係依賴機械之作用及技術操作，在製作時需決定主題並對被攝影之對象，構圖、角度、光量、速度進行選擇及調整，有時尚須進行底片修改、組合，此時在攝影顯像及沖洗有其原創性，因而加以保護，本件告訴人僅係將得獎獎牌忠實加以拍攝，用作供產品包裝盒之得獎說明，自難謂有何原創性，此部分自不受修正後著作權法之保護。」

作要件，否則因不具著作之性格，而不屬於攝影著作[38]。同理，在飛機或人造衛星上以事先設置的自動攝影機所拍攝的航空照片或人造衛星照片，亦因其不具備著作人的原創表現，不視為本法第3條第1項第1款之著作，而非屬攝影著作[39]。

六、圖形著作（§5I⑥）

所謂圖形著作，即思想或感情以圖的形狀或模樣加以表現之著作。「著作權法第5條第1項各款著作內容例示」第2項第6款規定：「圖形著作：包括地圖、圖表、科技或工程設計圖及其他之圖形著作。」本法之圖形著作包含：

1.地圖著作

地圖著作，係指表示地理事項之平面圖或立體圖及其圖集。地圖著作所表現者為自然的、人文的現象。自然的現象，例如山脈、海洋、河川、湖泊、平原、森林、海深度、島嶼、半島、海岸線、海峽等；人文的現象，例如國境、國名、都市、公路、鐵路、鐵路預定線、鐵塔、學校、大學、古蹟等。此種自然或人文現象係地圖著作之素材，任何人均得自由利用，不得主張排他之權利。地圖著作所保護者，乃各種素材之選擇及記號之表現方法。蓋地圖之著作人其學識、見識、經驗、個性各異，一流地圖之著作人作成之地圖，無相當學識經驗之人無法作成，故地圖著作有與一般著作相同保護之必要[40]。

2.科技或工程設計圖形著作

科技或工程設計圖形著作，係指器械結構或分解圖、電路圖或其他科技或工程設計圖形及其圖集著作。但製造、操作、營造之手冊或說明書不屬之。科技或工程設計圖形平面到立體之利用，乃屬實施，非著作權之效

38　齊滕博：概說著作權法，第67頁；內田晉：問答式入門著作權法，第75頁。

39　日本著作權法令研究會編：前揭書，第277頁。

40　日本著作權判例研究會編：最新著作權判例集（續），第一冊，第575頁以下。

力所及。

3.圖表及其他之圖形著作

此包含平面二次元之分析表、圖表、圖解、座標圖及立體三次元之天體模型、人體模型、地質模型、動植物模型等具有學術性質之著作[41]。

七、視聽著作（§5Ⅰ⑦）

所謂視聽著作，即將思想或感情以連續之影像加以表現之著作。相當於舊著作權法「電影著作」及「錄影著作」之結合。依「著作權法第5條第1項各款著作內容例示」第2項第7款規定：「視聽著作：包括電影、錄影、碟影、電腦螢幕上顯示之影像及其他藉機械或設備表現系列影像，不論有無附隨聲音而能附著於任何媒介物上之著作。」

視聽著作須以固定物固定為要件，此固定物不論為影帶（tape）、膠卷（film）、碟片（disk）、卡匣（cassette）或其他記憶體均可。故電視劇本如未形成影像事先固定，並非視聽著作。須事先以錄影帶或其他固定物固定再行播出，方屬視聽著作。又一幕一幕非連續之影像，如幻燈片，僅為攝影著作，而非視聽著作。視聽著作乃係由音樂、美術、語文及其他著作總合而成之著作。

八、錄音著作（§5Ⅰ⑧）

錄音著作，係指藉機械或設備表現系列聲音而能附著於任何媒介物上之著作。惟附著於視聽著作之聲音，係視聽著作之一部分，並非錄音著作（參見著作權法§5Ⅰ各款著作內容例示Ⅱ⑧）。故無論唱片、雷射唱片、錄音帶等均得為錄音著作。錄音物在英美法系大抵以著作權加以保護（例如美國），在大陸法系，大抵以著作鄰接權加以保護（例如德國、日本、法國、西班牙、中共等）。就法理上言之，以著作鄰接權加以保護較

41　中川善之助、阿部浩二：著作權，第51頁。

為適宜，惟就保護程度而言，以著作權法保護，其保護標準較高。

九、建築著作（§5Ⅰ⑨）

所謂建築著作，即思想或感情以在土地上的工作物加以表現之著作。依「著作權法第5條第1項各款著作內容例示」第2項第9款規定：「建築著作：包括建築設計圖、建築模型、建築物及其他之建築著作。」本法之建築著作，除建築設計圖、建築模型外，尚包含建築物本身。惟建築物本身欲成立建築著作，須該建築物本身具有原創性始可。例如宮殿、凱旋門、萬國博覽會的展覽館、寺院、教堂及其他具有美感的特殊建築物，一般住宅、工廠等以實用為目的之建築物，並非建築著作[42]。又裝配式住宅房屋（prefabric），並非著作權法保護對象，而係新式樣專利或其他法律保護之對象，故亦非建築著作。再者，本法之建築著作，除建築設計圖、建築模型、建築物本身外，尚包含「其他之建築著作」，例如橋、塔、庭園、墓碑、噴水池等。如具有藝術價值，亦視為建築著作。

十、電腦程式著作（§5Ⅰ⑩）

所謂電腦程式著作，即直接或間接使電腦產生一定結果為目的所組成指令組合之著作（著作權法第五條第一項各款著作內容例示Ⅱ⑩）。本法所保護之電腦程式著作，係指原始程式，而將目的碼視為其重製物。另依日本著作權法第10條第3項及南韓電腦程式保護法第4條第2項規定，電腦程式著作之保護，不及於為作成電腦程式著作之目的所用之語言、規則及解法[43]。本法亦解為當然之法理[44]。茲分述如下：

---

42 半田正夫：著作權法概說，第96頁。

43 中共1991年6月4日公布之「計算機軟件保護條例」第7條亦規定：「本條例對軟件的保護，不能擴大到開發軟件所用的思想、概念、發現、原理、算法、處理過程和運算方法。」

44 參見陳家駿、呂榮海：電腦軟體著作權，第78-83頁。

（一）程式語言

程式語言（Program Language），即為表現電腦程式所用之文字、記號及其體系。所謂程式語言，例如商業用之COBOL（Common Business Oriented Language）、初學者用之BASIC（Beginner's All Purpose Symbolic Instruction Code）及科技用之FORTRAN（Formula Translator）等是。

（二）程式規則

程式規則（Program Rule），即對於特定程式在電腦程式語言之用法上的特別約定[45]。

（三）程式解法

程式解法（Program Algorithm），即結合電腦程式指令之方法[46]。

第三節　特殊之著作

一、衍生著作

（一）衍生著作之意義

所謂「衍生著作」（Derivative Works）即就原著作加以改作所為之創作（§6 I）。所謂「改作」，指以翻譯、編曲、改寫、拍攝影片或其他方法就原著作另為創作（§3 I ⑪）。「衍生著作」，日本著作權法稱為「第二次著作」（§2 I ⑪），中共學者稱為「演繹著作」[47]。衍生著作

45　南韓電腦程式保護法英譯為：「a special promise on the usage of program language in specifical program.」

46　南韓電腦程式保護法英譯為：「a method of combining instruction and commands in a program.」

47　鄭成思：版權法，第197-198頁。

係以內面形式存有原著作之表現形式，而在外面形式上變更原著作之表現形式。故如乙著作僅汲取甲著作之理論與觀念，自原著作中「脫胎換骨」地形成另一種表現形式，由乙著作中無法推知甲著作之存在，則乙著作係全然獨立之個別著作，而非甲著作之衍生著作。反之，如自乙著作中，得推知甲著作之存在，乙著作中內面之表現形式與甲著作相同，則乙著作為甲著作之衍生著作[48]。

（二）改作之概念

衍生著作既然係就原著作加以改作所為之創作，然而何謂「改作」？所謂「改作」，即指以翻譯、編曲、改寫、拍攝影片或其他方法就原著作另為創作（§3Ⅰ⑪）。依此定義，析述如下：

1.翻　譯

所謂翻譯，係一種語文著作，轉變為他種語文著作。例如中文譯為日文，英文譯為德文是。但將文字著作譯為盲人用點字、對密碼加以解讀、速記符號轉化為一般文字，是否翻譯？頗有爭論，有採肯定說者[49]，有採否定說者[50]。似以否定說為妥。蓋翻譯一般得形成「衍生著作」（§6），而上述文字著作譯為盲人用點字、對密碼加以解讀、速記符號轉化為一般文字，均屬一對一，無任何創意，似應解為「以其他方法之重複製作」（§3Ⅰ⑤），而為「重製」之概念。本法第53條第1項規定：「已公開發表之著作，得為視覺障礙者、聽覺機能障礙者以點字、附加手語翻譯或文字重製之。」益可證明文字著作譯為盲人用點字，係屬重製，而非改作。

2.編　曲

所謂「編曲」，其類似之型態極多，茲討論如下[51]：

48　參見半田正夫：著作權法概說，第108頁；加戶守行：著作權法逐條講義，第35頁；呂基弘：著作權標的之研究，第3-20頁。

49　Addison-Wesley Publishing Co., v. Brown, 223 F. Supp. 1219 (E. D. N. Y. 1963).

50　加戶守行：著作權法逐條釋義，第34頁。

51　城戶芳彥：著作權法研究，第116頁以下；半田正夫：著作權法概說，第147頁。

　　(1)將既存之樂曲，改變為他種演奏形式之樂曲：例如鋼琴或小提琴之獨奏曲，改變為室內樂、交響樂或爵士、探戈、倫巴、華爾滋等舞曲，或將獨唱曲改變為合唱曲。易言之，即將既存之樂曲為適應多種類之樂器或聲音目的而加以改變。此即典型之改作型態。此時改變後之樂曲成立衍生著作。

　　(2)將既存之樂曲添加新的作曲部分：例如在既存樂曲之旋律上添加伴奏、助奏、間奏部分或為其他附加之行為。此時添加而成立之著作，通常不視為新著作。故在他人既存樂曲上添加新的作曲部分，如加以公開演出或重製，為侵害著作權之行為。惟如經既存樂曲之著作財產權人同意者，其添加部分之著作財產權，類推適用民法第812條第2項之規定，由既存著作之著作財產權人享有，但添加作曲部分之人有不當得利請求權（類推適用民法§816）。

　　(3)選擇樂曲之一部加以利用：選取歌劇一部加以演奏歌唱，或為配合演奏時間而省略樂曲之一部而加以利用，此非改作，不成立衍生著作。

　　(4)將既存樂曲之一部或全部加以某種改變：例如將一小節加以改變，將十六小節之樂曲改為三十二小節；二拍子、四拍子之樂曲改為三拍子、六拍子之樂曲；或將樂曲複雜化或單純化，此種情形視為改作，如改變具有高度創作性可成立衍生著作。

　　(5)樂曲音調之轉化：例如將A調轉為B調，將低音樂曲轉為高音樂曲，此轉變曲不視為新樂曲，並非衍生著作。

　　(6) 將多數既存樂曲組合成一樂曲：此種情形依外國著作權法視為編輯著作，產生新著作權[52]。依本法第7條及第28條規定，編輯並非改作之型態。

　　(7)西洋音樂與國樂的相互轉變：此種編曲一般可成立衍生著作。

　　(8)樂曲或歌劇等之歌詞部分加以翻譯或改變：此因音樂部分並無改變，無編曲改作之問題。

52　拙著：著作權法逐條釋義，第40-41頁。

3.改　寫

所謂「改寫」：即不改變著作內面之同一性而將文字之表現形式加以改變。包含下列概念：

(1)戲劇化：戲劇化即將小說改編為劇本是。未經授權而將小說改編成劇本，成立改作權之侵害[53]，此在各國著作權立法例上，十分一致。本法之改作，顯然包含此種形式。

(2)小說化：此即非小說改編為小說。美國1976年修正著作權法，House Reporter特別提及小說化為改作權之形式之一[54]。惟事實本身之故事化，並無侵害改作權，蓋衍生著作必須基於一個或一個以上之既存著作，而事實本身並無著作權，並不視為著作也。因此，改變非小說著作為小說而成立改作，必須該小說著作包含既存非小說著作，而非僅事實本身源自該非小說著作[55]。小說化在本法屬於改作之範圍。

(3)非戲劇化：戲劇著作改變為非戲劇著作，例如劇本改為小說、詩歌是，此在澳大利亞、英國著作權法皆明文承認，日本學說亦予承認[56]。在本法解釋上亦應屬於以改寫方法之改作。

(4)增刪潤飾：著作之增刪潤飾依美國及土耳其著作權法，認為係改作之方法。日本1899年舊著作權法第19條規定：「對原著作物加以標點、批評、註解、附表、圖畫或為其他之修正增減或改作，仍不能產生新的著作權。但應視為新著作物者，不在此限。」學者認為此係「變形」之改作[57]。著作之增刪潤飾，例如附索引、目次、增添判例、例題，並不產生新的著作權[58]。但如批評、註解等修正增減具有高度之獨創性，則可成立

53　See Metro-Goldwyn-Mayer, Inc. v. Showcase Atlanta Cooperative Prods., Inc., 479 F. Supp. 351 (N. D. Ga. 1979).

54　House Reporter, p. 62.

55　Melville B. Nimmer: Nimmer on Copyright, pp. 8-119 (1992).

56　勝本正晃：日本著作法，第116頁。

57　半田正夫：前揭書，第147頁。

58　勝本正晃：前揭書，第113頁。

新的著作權[59]。增刪潤飾是否具有高度之創作性，應依具體個案認定之。例如就《論語》、《孟子》、《聖經》等加以註解，如果有相當創作性，依具體情形，或認為改作，或認為單純之創作，而成立新的著作權。在他人有著作權之著作上增刪潤飾，如未達成立新著作之程度，則原著作之添加部分，類推適用民法第812條添附規定，由原著作之著作人取得添加部分之著作權，但添加人就添加部分喪失著作權之損失，對原著作之著作權人得請求不當得利（類推適用民法§815、816）[60]。

4.拍攝影片

「拍攝影片」即「電影化」。電影化，即將文藝作品、漫畫等作成電影著作。一般文字著述之電影化，通常以先為劇本為前提。電影化在本法上屬於典型之改作之形式。

5.其他方法另外創作

所謂「以其他方法就原著作另為創作」，係以上述翻譯、編曲、改寫、拍攝影片以外之方法就原著作另為創作。例如：

(1)圖片化

澳大利亞、英國著作權法皆明文規定，故事以圖片加以表達，係一種改作。例如金庸之《天龍八部》小說改成漫畫是。此種情形依本法亦屬改作。

(2)美術之異種複製

美術之異種複製，即以與原著作不同之技術加以複製。例如將雕刻物、美術工藝品、建築物、模型、照片等作成繪畫；將繪畫以雕刻、工藝美術等加以利用是。我國民國17年公布之著作權法第19條規定：「就他人之著作闡發新理或以與原著作物不同之技術製成美術品者，視為著作人享有著作權。」此即承認美術之異種複製享有新的著作權。美術之異種複製，係複製之媒體不同。複製之媒體不同構成著作權之侵害，似無疑義。

---

59 東京地方裁判所昭和12年（西元1935年）7月5日判決，評論第二十六卷諸法第724頁。

60 城戶芳彥：前揭書，第112-113頁。

此種美術之異種複製，日本學者通說認係改作而非重製[61]。本法「改作」及「重製」之定義，既與日本著作權法相當。就美術之異種複製，本書亦認係改作。至於以照片就美術著作加以拍攝，依本條第1項第5款規定，乃「以攝影方法的重複製作」，係一種重製之行為。

（三）衍生著作之效果

依本法第6條第2項規定，衍生著作之保護，對原著作之著作權不生影響。例如甲為英文原著作之著作財產權人，乙為中文之翻譯者，乙就甲之英文著作翻成中文著作，乙之中文著作為衍生著作，乙之中文著作依本法第6條第1項之規定，以獨立之著作保護之，然而甲之原著作不因乙之衍生著作而失去保護。乙之衍生著作之授權第三人使用，須得甲之同意，亦即如丙欲取得中文著作之出版權，丙須得甲、乙雙方同意。如丁欲就乙之中文衍生著作加以公開播送，丁亦須得甲、乙雙方同意始可。

二、編輯著作

（一）編輯著作之意義

所謂編輯著作，即就資料之選擇及編排具有創作性而形成之著作（§7Ⅰ前段）。編輯著作以獨立之著作保護之（§7Ⅰ後段），故編輯著作發生新的著作權，與衍生著作之法理相同（參見§6）。典型的編輯型態，例如將報導記事、雜文、小說、論述加以編輯之報紙、雜誌。又如論文集、歌集、詩集、名言集、言行錄、小說集、法規集、演說集、書信集、劇本集、嘉言錄等[62]。

61　齊藤博：概說著作權法，第134-135頁；半田正夫、紋谷暢男：著作權のノウハウ，第118頁；半田正夫：著作權法概說，第148頁。
62　山本桂一：著作權法，第231頁。

（二）編輯著作之編輯行為

編輯係將數個分別獨立之他人著作的全部或一部，以獨特之方法，或在一定的計畫下加以輯錄，故編輯者其編輯在選擇及編排上必須具有創意，此時編輯人視為著作人保護之。依本條第2項規定：「編輯著作之保護，對其所收編著作之著作權不生影響。」故被收編之著作對編輯著作有編輯權（§28），因此編輯行為必須合法。例如：

1.編輯行為得各被收編著作之著作財產權人之同意或授權（§37 I）。

2.編輯行為雖未得原著作財產權人之同意，但為法律所許可者。例如以中央或地方機關或公法人名義公開發表之著作，在合理範圍內得加以編輯形成編輯著作（§50）。又如任何人得將不特定人之政治或宗教上之公開演說編輯成名人演說集是（§62）。

3.編輯之內容為不得為著作權標的者，例如：(1)憲法、法律、命令或公文；(2)中央或地方機關就上述著作作成之翻譯物或編輯物；(3)標語及通用之符號、名詞、公式、數表、表格、簿冊或時曆；(4)單純為傳達事實之新聞報導所作成之語文著作；(5)依法令舉行之各類考試試題及其備用試題（§9 I）。

4.編輯之內容為著作財產權已消滅之著作（§43）。

（三）編輯著作與所收編著作之關係

編輯著作，其編輯物之全部，由編輯人取得著作權（§7 I），但構成編輯物之各部分著作，其著作權仍屬於原作者所有（§7 II）。易言之，編輯物之著作權有二重：編輯物全部，編輯人有編輯著作權，編輯物

之各部分原著作人仍有著作權，不受影響[63]。因此而產生下列結果[64]：

1.構成編輯物各部分之著作人，其著作為編輯者所採用，其著作權仍由各部分著作之原作者自己保留，原作者仍得自由處分。但各部分之著作人與編輯者間契約別有規定者，不在此限。

2.構成編輯著作之各部著作，其著作財產權之轉讓，對編輯著作之著作權，並無影響。又如雜誌、報紙等編輯著作，各文章之投稿人，其投稿行為並不推定當然移轉著作財產權於編輯者。縱投稿人領得稿費亦同。稿費一般仍應推定為刊載一次之費用，對原著作人之其他權利不生影響（§41）。

3.不法重製構成該編輯著作之各部著作，係侵害各部著作之著作財產權，而不侵害編輯著作之著作財產權。反之，不法重製編輯著作，不僅侵害編輯著作之著作財產權，亦係侵害構成編輯著作之各部著作之著作財產權（§7 II）。

4.以著作財產權未消滅之著作加以編輯，其編輯著作本身之著作權保護期間與構成編輯著作之各部分著作之著作權保護期間，彼此各自獨立進行，不受影響。

（四）資料庫之保護

所謂資料庫，即有系統地組織，俾能利用電腦檢索之論文、數值、圖形或其他資料之集合物[65]。資料庫中之資料，可分為文獻資料及事實資料

63　參見內政部民國82年6月28日台(82)內著字第8214820號函謂：「按著作權法第7條第1項『就資料之選擇及編排具有創作性者為編輯著作，以獨立之著作保護之』。所謂『以獨立之著作保護』，係指『編輯著作』乃獨立於原著作之著作，其著作權受著作權法保護，而非附屬於原著作或所收編之著作；且依同法第7條第2項『編輯著作之保護，對其所收編著作之著作權不生影響』之規定，『編輯著作』一旦成為受著作權法保護的著作時，對原著作或收編著作的著作權亦不生影響。」

64　榛村專一：著作權法概論，第109-111頁。

65　參見日本著作權法第2條第1項第10之3款。

二種。文獻資料大抵就文獻之標題、書名（Title）、主旨、主題等項目加以分類，以利進一步研究。事實資料大抵針對利用者欲知悉之事實，以文字、數值、圖表等型態將資料加以儲存。較常見資料庫內所累積之資料內容，例如股票指數行情及分析、法院判例判決及決議、公司財務分析、電話簿、名片簿及客戶資料等。資料庫之作成，大致上須經下列程序：1.資料之收集及選定；2.系統之設定；3.資料之分析及加工；4.資料之儲存[66]，故資料庫符合本條「就資料之選擇及編排具有創作性」之編輯著作性格，應受編輯著作之保護，其保護之形式與一般編輯著作相同[67]。

三、表演著作

（一）表演之意義

　　所謂表演，係指對既有著作以演技、舞蹈、歌唱、彈奏樂器或其他方法加以詮釋所成之著作（§7-1Ⅰ）。由於不同之表演人對著作有不同之詮釋，亦具有創意，故本法乃加以保護。表演之保護在歐陸國家大抵以「著作鄰接權」保護之。亞洲之日本、南韓及中共亦然。惟我國鑑於台美著作權保護協定無著作鄰接權制度，故表演以著作權保護之。

（二）表演之效果

　　1.本法第7條之1第1項規定：「表演人對既有著作或民俗創作之表演，以獨立之著作保護之。」例如表演人甲就他人之樂曲加以演唱，此演唱雖係就樂曲加以演出，但此演出之表演以獨立之著作保護之。既存音樂之保護期間為終身加死亡後五十年，表演著作之保護期間為自公開發表後五十年（§30、34），故表演著作與既存著作二者保護期間各別計算。

　　2.本法第7條之1第2項規定：「表演之保護，對原著作之著作權不生影響。」係指表演之保護不影響既有著作之著作權，例如甲就乙之音樂著

66　參見半田正夫：著作權法概說，第110-113頁。

67　有關資料庫之保護，另可參考陳家駿：電腦智慧財產權法，第70-76頁。

作加以演唱，乙為音樂著作之著作權人，甲為表演著作之著作權人，乙之音樂著作如欲授權第三人，無須得甲之同意；惟甲之表演著作欲授權第三人利用，須得甲乙雙重同意。此種情形與第6條衍生著作及第7條編輯著作之法理相同。

四、共同著作

（一）共同著作之意義

本法第8條規定：「二人以上共同完成之著作，其各人之創作，不能分離利用者，為共同著作。」依此定義，共同著作之要件有三[68]：

1.須二人以上共同創作

有二人以上參與創作為必要。此共同參與之人，不限於自然人，法人亦可[69]。又此共同創作之人，須對著作之作成，有所參與，如在一人的構想、指揮監督下以他人為輔助人而完成著作，僅構想指揮之人為著作人，輔助之人並非著作人[70]。

2.須創作之際有共同關係

共同著作之作成，是否當事人間有意思連絡為必要？由於共同意思之存在從外部識別時有困難，故主觀之要素較不受重視，只要在客觀上當事人間無意思相反之情形為已足。例如甲之學術著作於其死亡後乙加以訂正補充，使其學術價值增高，則關於其改作物，甲乙為共同著作人。但關於原著作，由於甲作成之際，乙無共同參與，甲為單獨著作人。

68　中川善之助、阿部浩二：改訂著作權，第97頁。

69　加戶守行：著作權法逐條講義，第36頁。

70　日本著作權法第15條規定：「基於法人或其他使用人（以下稱「法人等」）之指示，而從事該法人等之業務之人，在職務上作成之著作物（電腦程式之著作物除外），如以法人等之名義公表，除作成時之契約、勤務規則或其他別有規定外，其著作人為法人等（Ⅰ）。」「基於法人等之指示，而由從事該法人等之業務之人，在職務上作成之電腦程式的著作物，除作成時之契約、勤務規則或其他別有規定外，其著作人為法人等（Ⅱ）。」

3.須著作為單一之型態，個人之貢獻不能分離個別的加以利用

　　共同著作須各人的貢獻，不能個別分離的利用，如有分離個別利用之可能性，則為結合著作。例如甲乙丙三人共同寫關於歐洲政黨之書，甲寫英國之部分，乙寫西班牙之部分，丙寫法國之部分，三人關係明確，各人分擔部分有分離利用之可能性，則甲乙丙三人所寫該書並非共同著作，而係結合著作。反之，如該書於執筆前，為使內容、規格統一，各人所寫之部分彼此檢討、交換意見，提出修正，使整體內容、思想、體裁、風格，十分統一，則此著作物係共同著作，而非結合著作[71]。

（二）共同著作與其他類似概念之區別

1.共同著作與結合著作

　　美國著作權法將二人以上創作之相互依存視為共同著作，因此A寫歌詞，B寫歌曲，二人得成立共同著作。故美國著作權法原則上對共同著作與結合著作，未加區分。日本著作權法及本法對共同著作物與結合著作物加以區分。本法採日本立法例。說明如下：

　　(1)結合著作之意義：結合著作者，即在外觀上呈一個著作之型態，但其內容，係由各個獨立之著作結合而成，有分離各別利用之可能性者。例如小說與插畫為結合著作[72]。

　　(2)共同著作與結合著作之區別標準：共同著作與結合著作之區別標準，有分離可能性說及個別利用之可能性說二種。分離可能性說以數人作成外形上單一之著作的構成部分得否形式的、物理的分離為標準，得加以分離者為結合著作，不得加以分離者為共同著作。個別利用之可能性說，以被分離之著作是否有個別利用之可能為準，有個別利用可能者為結合著作，不能個別利用者，其屬於共同著作，並無問題。如有分離可能，但不能個別的利用，依分離可能性說，係屬結合著作，依個別利用可能性

71　內田晉：問答式入門著作權法，第101頁。

72　半田正夫、紋谷暢男：著作權のノウハウ，第129頁；中川善之助、阿部浩二：前揭書，第108-109頁；加戶守行：前揭書，第31頁。

說，係屬共同著作[73]。以上二說，日本舊著作權法係採分離可能性說[74]，日本新著作權法則採個別利用之可能性說[75]。本法亦採個別利用之可能性說[76]。

(3)共同著作與結合著作效果之差異：共同著作與結合著作，在授權、轉讓及保護期間上，效果有所不同，分述如下[77]：

①甲與乙作成外形上為一個著作之共同著作，則：

A.利用甲分擔部分之人，應得甲乙共同之同意。

B.甲未得乙之同意，不得將自己應有部分自由轉讓。

C.甲死亡後，已經過五十年時，乙死亡後尚未滿五十年，未得乙之繼承人同意，不得利用甲之分擔部分。

②甲與乙作成外形上為一個著作之結合著作，則：

A.利用甲作成部分之人，僅得甲同意即可，無須得乙之同意。

B.甲自己作成之部分，即使未得乙之同意，亦得自由轉讓第三人。

C.甲死亡後，已經過五十年時，乙死亡後尚未滿五十年，甲作成之部分得自由利用，乙作成之部分，尚應得乙之繼承人同意方得自由利用。

2.共同著作、衍生著作與編輯著作

編輯著作與衍生著作，僅擁有自己創作部分之權利，原著作著作人之權利不受影響[78]。共同著作之著作人的權利及於共同著作之全體。編輯著

---

73 座談會紀錄係語文著作（著作權法§5 I ①），出席者各個發言有分離之可能性，但座談會甲之發言係針對乙之發言，丙之發言係針對丁之發言，彼此之發言，無獨自之價值，不能單獨利用。因此，座談會紀錄依分離可能性說係結合著作，依個別利用可能性說係共同著作。

74 日本舊著作權法（明治32年〔西元1900年〕）第13條。

75 即日本現行著作權法（昭和45年〔西元1968年〕）第2條第1項第12款。

76 拙著：著作權法修正條文相對草案，第27頁；法務部公報第七十四期，第118頁。

77 半田正夫：改訂著作權法概說，第64頁。

78 參照日本著作權法第11條規定：「本法對第二次著作物之保護，其原著作物之著作人的權利，不受影響。」第12條：「編輯物於其素材之選擇及編排具有創作性者，以著作物保護之。前項之規定，對於該編輯物之部分著作物之著作人的權

作及衍生著作與共同著作之區別何在？此區別在每一創作部分之著作人於其創作之時之意思[79]。如其創作之時為基於將其創作部分合併為無個別利用可能性之意思，則其自己之創作與他人之創作合併為共同著作[80]。如其意思發生於著作完成之後，則其自己之創作與他人之創作產生衍生著作或編輯著作。因此，電影著作為包含各不同著作人創作而成之共同著作[81]。故電影劇本（screenplay）當其改作為電影形式，其為共同著作之一部分，但電影所根據之小說或舞台劇本，並非電影之共同著作之一部分，其僅為以電影為衍生著作之既存著作而已。蓋電影劇本之創作有合併為電影著作之意思，而小說之創作係為成立獨立著作之意思而創作。當然，一個人寫小說，可能希望被改編為電影，而一個人寫劇本亦可能有出版為書之意思，改編為電影僅為附帶之目的。因此，區別共同著作與衍生或編輯著作，為最初之意思，而非全部之意思。小說家最初之意思為出版書籍目的而寫小說，劇本作家最初係為電影目的而撰寫劇本，則是否共同著作，即已確定。當然，此最初意思、第二意思，甚或第三意思，有時難以確定。因此，確定為共同著作、編輯著作或衍生著作，實際上有時仍有困難[82]。

第四節　不受本法保護之標的

本法第9條規定：「下列各款不得為著作權之標的：一、憲法、法

　利，不受影響。」

79　美國1976年House Report, p. 120。

80　依日本立法例，有時合併為結合著作。

81　日本著作權法第16條規定：「電影著作物之著作人者，即除被改編或複製為電影著作物之小說、劇本、音樂或其他著作物之著作人外，為擔任製作、監督、演出、錄影、美術等之有助於電影著作物在全體上形成之人。但有前條規定（即職務上作成著作物之著作人）之適用者，不在此限。」舊法時期我國內政部註冊實務上，均將電影著作視為集體著作。

82　Melville B. Nimmer. op. cit., pp. 6-13.

律、命令或公文。二、中央或地方機關就前款著作作成之翻譯物或編輯物。三、標語及通用之符號、名詞、公式、數表、表格、簿冊或時曆。四、單純為傳達事實之新聞報導所作成之語文著作。五、依法令舉行之各類考試試題及其備用試題（Ⅰ）。」「前項第一款所稱公文，包括公務員於職務上草擬之文告、講稿、新聞稿及其他文書（Ⅱ）。」依此規定，下列五者不受本法之保護：

一、憲法、法律、命令或公文（§9Ⅰ①）

　　著作權法制定之目的，除為保障著作人權益外，尚應調和社會公益（§1）。憲法係國民大會為「鞏固國權、保障民權、奠定社會安寧、增進人民福利」所制定[83]。法律係立法院通過，總統公布者（憲法§170）。命令則為各機關依職權或基於法律授權而下達或發布者（中央法規標準法§7）。又公文為公務員職務上所為公的意思表示。憲法、法令、公文，其目的在廣為一般民眾所周知，性質上不宜主張著作權，故本條列為不得為著作權標的之項目之一。本條所謂「憲法」，即民國36年1月1日國民政府公布，同年12月25日施行之憲法，解釋上並包含民國80年迄今總統公布之「中華民國憲法增修條文」在內。法律不問定名為法、律、條例、通則。命令不問定名為規程、規則、細則、辦法、綱要、標準或準則，均屬之[84]。法律或命令解釋上應從廣義，除國家之法令外，尚包含條約、協定，各種地方自治團體之法規、公立學校規則以及公營事業機關內部之各種規則在內[85]。至於公文，係指公文程式條例所作成之公

83　見憲法前言。

84　中央法規標準法第2條、第3條參照。

85　參照山本桂一：著作權法，第48頁。

文。其類別為：令、呈、咨、函、公告[86]、其他公文等[87]。尚包括法院判決書、行政機關之行政處分[88]、訴願決定書、國家、地方自治團體、法院等機關所為之通知書等[89]。本條第2項規定，前項第1款所稱公文，包括公務員於職務上草擬之文告、講稿、新聞稿及其他文書。因此，公務員於職務上草擬之文告、講稿、新聞稿及其他文書，不得為著作權之標的。惟如國家或公共團體發行之文書，具有高度之學術意義，並無廣為一般民眾周知之性質，則仍應受著作權法之保護。例如各機關編印之各種研究發展報告，司法院第一廳編輯之「民事法律專題研究」是[90]。又本條之憲法、法律、命令或公文，解釋上包含本國及外國之憲法、法律、命令或公文及其草案在內[91]。已廢止或修正之憲法、法令、公文書，亦屬本款不得為著作權標的之範圍。惟個人作成的法律草案，並非本款之法令或公文書[92]。

---

86 內政部民國81年10月23日台(13)內著字第8118139號函：「按公文不得為著作權之標的為著作權法第9條第1款所明定，本案『台灣省都市計畫參考圖總彙（台中市／台中縣）』所示之都市計畫圖均為政府依都市計畫法第21條、第23條發布實施之公告，屬公文程式條例所定之公文，自不得為著作權之標的。」

87 公文程式條例第2條規定：「公文程式之類別如左：一、令：公布法律、任免、獎懲官員，總統、軍事機關、部隊發布命令時用之。二、呈：對總統有所呈請或報告時用之。三、咨：總統與國民大會、立法院、監察院公文往復時用之。四、函：各機關間公文往復，或人民與機關間之申請與答復時用之。五、公告：對公眾有所宣布時用之。六、其他公文。前項各款之公文，除第五款外，必要時得以電報或代電行之。」

88 司法院大法官會議51年釋字第97號解釋謂：「行政官署對於人民所為之行政處分，製作以處分為內容之通知。此項通知，原為公文程式條例所稱處理公務文書之一種。除法律別有規定者外，自應受同條例，關於公文程式規定之適用及限制，必須其文書本身具備法定程式，始得謂為合法之通知。」

89 內政部編：認識著作權（民國81年8月），第5-6頁。

90 參照秦瑞玠：著作權律釋義，第35頁；日本東京地方裁判所昭和52年（西元1977年）3月20日判決。

91 內政部編：前揭書，第5頁。

92 加戶守行：著作權法逐條講義，第108-109頁。

二、中央或地方機關就前款著作作成之翻譯物或編輯物（§9I②）

　　中央或地方機關就憲法、法律、命令或公文所作成之翻譯物或編輯物，亦具有公共之性質，目的在廣為民眾所周知，故不得為著作權之標的。例如內政部所編：「內政法令解釋彙編」；行政院大陸委員會編印：「大陸地區文教法規彙編」、「大陸工作法規彙編」是。惟本款之「中央或地方機關」，不分本國機關或外國機關均可。本國之中央或地方機關，係指行政、立法、司法、考試、監察等五院、中央各部會、省（市）政府、縣市政府等。非由中央或地方機關作成，而係由個人獨立作成之憲法、法律、命令或公文之翻譯物，本質上仍不失為翻譯著作，仍得為著作權之標的。

三、標語及通用之符號、名詞、公式、數表、表格、簿冊或時曆（§9I③）

　　標語（Slogan），例如「安全第一」、「行人請勿穿越快車道」、「讓心回家」[93]等，係意圖廣為一般人周知，不得主張著作權。又通用之符號、名詞、公式、數表、表格、簿冊、時曆等，均因缺乏著作必須具備最低的創造力要件（a minimal requirement of creativity），不視為著作[94]，不受著作權法之保護。所謂「表格」，例如簽收單、試車完成收單[95]。所

93　台灣台北地方法院檢察署82年偵字第11968號不起訴處分書謂：「告訴人另指稱：被告等抄襲其『讓心回家』之廣告訴求主題云云。但查：『讓心回家』因無任何著作物之內涵與表達方式，僅屬一種標語，不得作著作權之標的，已如前述，因被告等縱有抄襲，亦無侵害告訴人之著作權，告訴人此項告訴應屬無稽。」

94　Melville B. Nimmer: Nimmer on Copyright, §2.01at 2-14 (1981)；拙文：「論著作權客體之原創性」，軍法專刊，第三十一卷第三期，第15頁；拙著：著作權法研究，第76頁。

95　台灣高等檢察署83年度議字第1877號處分書謂：「次按標語及通用之符號、名詞、公式、數表、表格、簿冊或時曆，不得為著作權之標的，著作權法第9條第

謂「簿冊」，例如帳簿、簿冊、日記、支票簿、地址簿[96]。

四、單純為傳達事實之新聞報導所作成之語文著作（§9 I④）

伯恩公約第2條第8項規定：「本公約之保護，不適用於單純時事報導性質之新聞及雜報。」單純傳達事實之新聞報導，例如政府首長之異動、外國元首之死亡、高速公路之連環大車禍等報導[97]，係日常生活發生之事實的報導，應廣泛迅速為一般人所周知，與社會公共利益有關，不應加以獨占，且此報導，係單純事實之傳達，並無思想或感情創作之表現，不具備著作之要件，故不為著作權之保護對象[98]。惟在報紙或雜誌中，記者或編輯（journalist）之評論文章、社論等，則具有著作之性格，並非不得為著作權之標的，僅在有本法第61條之情形，得加以轉載而已[99]。至於報紙連載之小說、漫畫、詩詞、散文、隨筆、人生感想、遊記等，與一般之著作無殊，不僅係受保護之著作，亦宜解釋為不得依第61條規定加以轉載[100]。本款「單純為傳達事實之新聞報導所作成之語文著作」，依世界各國著作權法解釋慣例，限於枯燥無味（arid）、沒有個性（impersonal）之

3款定有明文。而本件聲請人所謂著作之簽收單、試車完成驗收單均屬表格之製作，依法非為著作權之標的，自亦不受著作權法保護。」

96 台灣台中地方法院82年度訴字第4533號判決謂：「經查標語及通用之符號、名詞、公式、數表、表格、簿冊或時曆，不得為著作權之標的，此為修正前著作權法第5條第2款及現行新修訂著作權法第9條第3款所明定。所謂名詞如『律師』、『法官』、『學生』等等，一般見諸字典、詞典、百科全書上之名詞均屬之，此等名詞本身雖不得為著作權之標的，但將之編輯成字典、詞典等如有原創性，則可受著作權保護。至於簿冊，如帳簿、簿冊、日記、支票簿、地址簿等，因不具備原創性，故不得為著作權標的。」

97 詳拙文：「時事問題論述轉載之研究」，法令月刊，第三十六卷第二期，第9頁。

98 同註6，加戶守行：前揭書，第98頁。

99 佐野文一郎、鈴木敏夫：改訂新著作權法問答，第244-245頁。

100 城戶芳彥：著作權法研究，第230頁。

新聞文字[101]，不包含具有新聞記者創作之個性與風格之新聞描述在內。又依文義解釋，本款亦不包含新聞照片、錄影畫面、漫畫等在內[102]。

五、依法令舉行之各類考試試題及其備用試題（§9I⑤）

本款之依「法令」，實務上解釋，係指依本國法律或命令而言，不包含外國法令在內。故如高普特考、大學聯考、各種專門職業及技術人員考試、汽機車駕照考試，甚至機關之雇員考試，均為依「法令」舉行之考試。至於托福考試或外國智力測驗等非依本國法令之考試，非屬於「依法令舉行之各類考試試題」[103]。依法令舉行之各類考試試題，雖不得為著作權之標的，但如就試題之選擇及編排具有創作性，仍得以編輯著作保護之（§7）。又上述所稱依法令舉行之各類考試試題均包含備用試題在內，自不待言。

---

[101] WIPO, Guide to the Berne Convention, pp. 22-23 (1978)；黑川德太郎譯：ベルヌ逐條解說，第26頁。

[102] 翁秀琪、蔡明誠主編：大眾傳播法手冊（國立政治大學新聞研究所印行，民國81年8月），第190-191頁。

[103] 內政部民國81年8月21日台(81)內著字第8112063號函謂：「本法第9條第5款所定『依法令舉行之各類考試試題』，所指之『法令』係指本國法令而言，不包含外國法令在內。是以大學聯考試題，依本款規定不得為著作權之標的。至於『托福考試』既非上述依本國法令所舉行之考試，其考試試題如合於本法第3條第1項第1款著作之規定者，即享有著作權。」

第四章　著作人之權利

第一節　著作人格權

第一款　概　說

　　依本法規定，著作權指因著作完成所生之著作人格權及著作財產權（§3Ⅰ③）。所謂著作人格權，即著作人就其著作所享有以人格的利益的保護為標的之權利。伯恩公約自1928年羅馬修正條款第6條之2即有「著作人格權」之規定。依伯恩公約1971年巴黎修正條款第6條之2第1項規定：「著作人不問其經濟權利是否存在，甚至在經濟權利轉讓後，仍得主張其為該著作物之著作人，並反對他人將其著作物加以歪曲、割裂或竄改，或就其著作物為足以損害其聲譽之其他行為。」目前大陸法系國家對著作人格權多有嚴密規定，例如1965年德國著作權法第12條至第14條、1970年日本著作權法第18條至第20條、1987年南韓著作權法第11條至第13條是。民國74年舊著作權法對著作人格權並未明確規定，僅於第22條、第25條、第26條有類似著作人格權規定，民國81年本法修正，乃於第15條至第17條規定著作人格權分公開發表權、姓名表示權及禁止醜化權（同一性保持權）等。

　　本法就著作權之本質係採二元說，即著作人就其著作享有「著作人格權」及「著作財產權」二者。著作財產權得自由轉讓（§36），並得依法繼承（民法§1148）。惟著作人格權具有專屬性及不可讓渡性，依本法第21條規定：「著作人格權專屬於著作人本身，不得讓與或繼承。」惟著作人格權雖不得轉讓，但著作人同意他人變更姓名或更改內容，揆諸社會現實，應非侵害著作人格權之行為，故著作人格權得約定不行使（參見內政

部民國81年10月2日台(81)內著字第8118200號函）[1]。

第二款　內　容

依本法規定，著作人格權包含下列三項內容，即公開發表權、姓名表示權、禁止醜化權。茲分述如下：

一、公開發表權

（一）公開發表權之意義

所謂公開發表權，係著作人就其著作享有是否公開發表及如何公開發表之權利。本法第15條第1項本文規定：「著作人就其著作享有公開發表之權利。」此所謂「公開發表」，即指權利人以發行、播送、上映、口述、演出、展示或其他方法向公眾公開提示著作內容（§3I⑬）。著作人其著作人格權中之「公開發表權」限於「尚未」發表之著作，如著作已經公開發表，則第三人之利用加以發表，至多僅係著作財產權侵害之問題，而非著作人格權之侵害。本法第20條規定：「未公開發表之著作原件及其著作財產權，除作為買賣之標的或經本人允諾者外，不得作為強制執行之標的。」此即屬保障公開發表權之特別規定。

（二）公務員職務著作之公開發表權

本法第11條規定：「受雇人於職務上完成之著作，以該受雇人為著作人。但契約約定以雇用人為著作人者，從其約定（Ⅰ）。」「依前項規定，以受雇人為著作人者，其著作財產權歸雇用人享有。但契約約定其著作財產權歸受雇人享有者，從其約定（Ⅱ）。」「前二項所稱受雇人，包括公務員（Ⅲ）。」第12條規定：「出資聘請他人完成之著作，除前條情形外，以該受聘人為著作人。但契約約定以出資人為著作人者，從其約定

1　參見內政部法令解釋彙編（十四）──著作權類，第59頁。

（I）。」「依前項規定，以受聘人為著作人者，其著作財產權依契約約定歸受聘人或出資人享有。未約定著作財產權之歸屬者，其著作財產權歸受聘人享有（II）。」「依前項規定著作財產權歸受聘人享有者，出資人得利用該著作（III）。」依本法第11條及第12條規定，公務員為受雇人時，如該受雇人與雇用人未有約定，以受雇人為著作人，其著作財產權歸雇用人享有。此時受雇人雖為著作人，但依第15條第1項但書規定，受雇人不得享有著作人格權中之公開發表權。同理，如公務員係本法第12條之受聘人，而受聘人與出資人約定著作財產權歸出資人者，此時受聘人雖為著作人，但依第15條第1項但書規定，該受聘人仍不得享有公開發表權。

（三）公開發表權之一般例外

依本法第15條第2項規定，有下列情形之一者，推定著作人同意公開發表其著作：

1.著作人將其尚未公開發表著作之著作財產權讓與他人或授權他人利用時，因著作財產權之行使或利用而公開發表者（§15 II ①）。

著作人將著作財產權轉讓，受讓人欲行使該著作財產權，必然會公開發表該著作，此時如著作人仍得主張著作人格權中之公開發表權，無異否定著作財產權轉讓之效果，故著作財產權轉讓，當然推定著作人同意公開發表其著作。著作人將其尚未公開發表著作授權他人利用之情形亦然。惟既然法條規定「推定」，當事人間得以特約排除，故當事人間另有約定，依其約定。例如甲教授寫一本有關揭發學校內幕之A著作，尚未公開發表，甲將A著作之著作財產權全部轉讓乙，甲、乙約定在甲教授退休後乙方得公開發表，乙為及早牟利，在甲尚未退休時即加以出版，此時乙侵害甲之公開發表權。又本款著作財產權讓與或授權之範圍，如非全部，而係一部分時，僅在該轉讓或授權利用部分，方推定著作人同意公開發表該著作，非轉讓或授權利用之部分的公開發表，仍屬侵害著作人之公開發表權。例如甲為著作人，甲將未公開發表之A著作重製權轉讓乙，乙將甲之著作公開演出，乙除侵害甲之公開演出權外，尚侵害甲之公開發表權。但如乙先將該著作重製出版發行後，再公開演出，此時因乙已將該書「公開

發表」，故此時乙僅侵害甲之「公開演出權」，不再侵害甲之公開發表權。

2.著作人將其尚未公開發表之美術著作或攝影著作之著作原件或其重製物讓與他人，受讓人以其著作原件或其重製物公開展示者（§15Ⅱ②）。

美術著作或攝影著作其原件最有價值，擁有原件所有權之人如不能公開展示，必影響收藏家購買原件之意願，阻礙美術著作與攝影著作原件所有權之行使。又著作人既將其尚未公開發表之美術著作或攝影著作加以重製，且將其重製物讓與他人，著作人顯然有將該著作之重製物公開發表之意思。本法第57條第1項規定：「美術著作或攝影著作原件或合法重製物之所有人或經其同意之人，得公開展示該著作原件或合法重製物。」為使原件或合法重製物所有人公開展示亦不侵害著作人格權起見，乃有本款規定。

3.依學位授予法撰寫之碩士、博士論文，著作人已取得學位者（§15Ⅱ③）。

依學位授予法第2條規定，學位分為學士、碩士、博士三級。學士非必撰寫論文，而碩士、博士學位須撰寫論文（學位授予法§2～4）。著作人既已提出博、碩士論文並通過口試取得學位，足見著作人對著作已有一定程度之評價，為使後來研究者能目睹其內容，以利國家學術發展，自不宜再主張公開發表權，故本款推定著作人同意公開發表其著作。惟此推定同意「公開發表其著作」，究竟意指第三人得加以重製、公開口述、改作、編輯等，抑或僅指得依本法第48條規定重製？自立法目的觀之，自宜限縮解釋指後者。或謂本法第48條第1款之重製，限於「已公開發表」之著作，推定同意公開發表其著作，不當然表示該著作為「已公開發表之著作」。惟本款之立法目的，係在使圖書館得充分利用博、碩士論文[2]，而無其他目的，如未作如此解釋，本款將無其他適用之可能[3]。

2　拙著：著作權法修正條文相對草案，第52頁。
3　本款規定外國似無其例，文字用語頗有瑕疵。

（四）聘僱著作之例外

1.本法第11條第1項規定：「受雇人於職務上完成之著作，以該受雇人為著作人。但契約約定以雇用人為著作人者，從其約定。」第2項規定：「依前項規定，以受雇人為著作人者，其著作財產權歸雇用人享有。但契約約定其著作財產權歸受雇人享有者，從其約定。」第12條第1項規定：「出資聘請他人完成之著作，除前條情形外，以該受聘人為著作人。但契約約定以出資人為著作人者，從其約定。」第12條第2項規定：「依前項規定，以受聘人為著作人者，其著作財產權依契約約定歸受聘人或出資人享有。未約定著作財產權之歸屬者，其著作財產權歸受聘人享有。」依本法第11條規定，受雇人於職務上完成之著作，如未另有約定，以該受雇人為著作人，但其著作財產權歸雇用人享有。此外，依本法第12條規定，出資聘人完成之著作如未有約定，以受聘人為著作人，但著作財產權如約定歸出資人享有者，則著作人之著作財產權歸出資人享有，此時著作人均非著作財產權人，然而著作財產權人（即雇用人或出資人）自得因其著作財產權之讓與、行使或利用而公開發表，否則雇用人或出資人擁有著作財產權將無意義。故本法第15條第3項規定：「依第11條第2項及第12條第2項規定，由雇用人或出資人自始取得尚未公開發表著作之著作財產權者，因其著作財產權之讓與、行使或利用而公開發表者，視為著作人同意公開發表其著作。」

2.依本法第12條第3項規定：「依前項規定著作財產權歸受聘人享有者，出資人得利用該著作。」故出資聘人完成著作，出資人與受聘人如未有著作人及著作財產權人之約定，以受聘人為著作人及著作財產權人，惟出資人得利用該著作。既然出資人得利用該著作，當然視為著作人同意公開發表其著作，出資人利用該著作並不侵害受聘人之公開發表權（參見§15IV）。

3.第15條第3項及第4項之規定與第15條第1項但書規定不同。第15條第1項但書規定，著作人為公務員者，公務員根本無公開發表權；第15條第3項、第4項規定係指著作人有公開發表權，僅在聘僱著作，而雇用人或

出資人非屬於著作人之情況下，視為著作人同意公開發表其著作而已。

二、姓名表示權

（一）姓名表示權之意義

所謂姓名表示權，即著作人於著作之原件或其重製物上，或於著作公開發表時，有表示其本名、別名或不具名之權利。著作人就其著作所生之衍生著作亦有相同之權利（§16Ⅰ）。

（二）公務員職務著作之姓名表示權

本法第16條第2項規定：「前條第一項但書規定，於前項準用之。」所謂「前條第1項但書」，即指第15條第1項但書：「但公務員，依第十一條及第十二條規定為著作人，而著作財產權歸該公務員隸屬之法人享有者，不適用之。」

依第16條第1項規定，著作人於著作之原件或其重製物上或於著作公開發表時，有表示其本名、別名或不具名之權利。著作人就其著作所生之衍生著作亦然。然而本法第11條第1項規定：「受雇人於職務上完成之著作，以該受雇人為著作人。但契約約定以雇用人為著作人者，從其約定。」第2項規定：「依前項規定，以受雇人為著作人者，其著作財產權歸雇用人享有。但契約約定其著作財產權歸受雇人享有者，從其約定。」第12條第1項：「出資聘請他人完成之著作，除前條情形外，以該受聘人為著作人。但契約約定以出資人為著作人者，從其約定。」第12條第2項：「依前項規定，以受聘人為著作人者，其著作財產權依契約約定歸受聘人或出資人享有。未約定著作財產權之歸屬者，其著作財產權歸受聘人享有。」公務員依本法第11條及第12條規定為著作人，而著作財產權歸該公務員隸屬之法人享有者，為使公務員隸屬之法人能有效行使該著作財產權起見，該公務員自不宜擁有姓名表示權，故第16條第2項規定：「前條第一項但書規定，於前項準用之。」所謂前條第1項但書規定，於本條第1項準用之，即公務員依第11條及第12條規定為著作人，而著作財產權歸該

公務員隸屬之法人享有者，不適用本條第1項姓名表示權之規定。

（三）出版慣例之例外

本法第16條第3項規定：「利用著作之人，得使用自己之封面設計，並加冠設計人或主編之姓名或名稱。但著作人有特別表示或違反社會使用慣例者，不在此限。」依一般出版慣例，封面設計係由出版社決定或另外找人設計。又出版社慣例出版套書或叢書，大多擇一有名望之人掛名主編。依第16條第3項規定，在書籍上同時有主編、封面設計人同時掛名，只要著作人姓名不變，著作人不得主張不與他人共同掛名。

（四）其他例外

本法第16條第4項規定：「依著作利用之目的及方法，於著作人之利益無損害之虞，且不違反社會使用慣例者，得省略著作人之姓名或名稱。」例如電影劇本之著作人，固得要求在電影片上被指名係劇本之著作人，但無權要求在該影片之宣傳廣告或放映告示板上被指名為劇本之著作人[4]。又如室內環境音樂（background music）之播放，亦係依著作利用之目的而得省略著作人之姓名[5]。

4　呂基弘：著作人格權之研究，第40頁。

5　加戶守行：著作權法逐條講義，第135頁；日本著作權法令研究會編：著作權關係法令實務提要，第382頁。

三、禁止醜化權

（一）禁止醜化權之意義

所謂禁止醜化權，又稱「同一性保持權」，即著作人享有禁止他人以歪曲、割裂、竄改或其他方法改變其著作之內容、形式或名目致損害其名譽之權利（§17）。

（二）禁止醜化權的內容

關於著作之改變，其情形有三：1.著作人名稱之改變；2.著作標題之改變；3.著作自身之改變。第一種改變屬於第16條姓名表示權之範圍，第二種及第三種改變則屬於第17條同一性保持權之範圍[6]。同一性保持權不僅禁止著作內面形式的改變，例如著作內容之增減、附加、縮短等，亦包括禁止著作外面形式的改變，例如其語句的表現方法、章節的區分方法等[7]。惟此改變，均須致損及著作人之名譽，方屬之。

又本法第87條規定：「有下列情形之一者，除本法另有規定外，視為侵害著作權或製版權：一、以侵害著作人名譽之方法利用其著作者。……。」例如購買他人之藝術品、裸體畫，作為脫衣舞劇場之看板使用是。

第三款　著作人死後人格利益之保護

依伯恩公約1971年巴黎修正條款第6條之2規定：著作人不問其著作權

6　本條文字係採自伯恩公約第6條之2第1項規定，該規定為：「著作人不問其經濟權利是否存在，甚至在經濟權利轉讓後，仍得主張其為該著作物之著作人，並反對他人將其著作物加以歪曲、割裂或竄改，或就其著作物為足以損害其聲譽之其他行為。」此規定學者又稱為「尊重權」（right of respect）。參見WIPO: Guide to the Berne Convention, p. 42 (1978)；黑川德太郎譯：ベルヌ條約逐條解說，第46頁。

7　榛村專一：著作權法概論，第54頁。

是否存在，甚至著作權轉讓後，仍得主張其為該著作之著作人，並反對他人將其著作加以歪曲、割裂或竄改，或就其著作為足以損害其聲譽之其他行為（§6-2Ⅰ）；依前項所賦予著作人之權利，於該著作人死亡後，應延續至其著作財產權屆滿之時，並且由要求被保護之國家立法授權個人或團體行使其權利（§6-2Ⅱ）。故著作人死亡後，著作人之人格利益，仍受保護。惟著作人死亡後，著作人人格利益之保護根據，學說立法多有不同，約有下列三說：

一、消滅說

強調著作人格權之專屬性，著作人死亡之同時，著作人格權亦消滅，著作人生前之人格利益不再保護。惟依此理論，著作人死亡後，第三人得將著作人之名稱加以改變，亦得將著作之內容加以改竄，使著作本身失去完整性，頗不合理。

二、繼承說

不強調著作人格權之專屬性，著作人死亡後其權利當然由繼承人繼承，故著作人死亡後著作人格權仍然存續。

三、公共利益說

強調著作人格權之專屬性，著作人死亡之同時，著作人格權消滅，但為保護著作人人格之利益，與著作人格權同一內容之權利，法律特別規定由一定之親屬行使救濟程序，對於侵害者，並以社會公益之侵害，加以處罰。

以上三說，德國及法國係採第二說[8]，日本著作權法採第三說。本法第18條規定：「著作人死亡或消滅者，關於其著作人格權之保護，視同生

8　呂基弘：著作人格權之研究，第60頁以下。

存或存續，任何人不得侵害。但依利用行為之性質及程度、社會之變動或其他情事可認為不違反該著作人之意思者，不構成侵害。」係採第三說。

依本法第86條規定：「著作人死亡後，除其遺囑另有指定外，下列之人，依順序對於違反第十八條或有違反之虞者，得依第八十四條及前條第二項規定，請求救濟：一、配偶。二、子女。三、父母。四、孫子女。五、兄弟姊妹。六、祖父母。」著作人死亡後著作人格權之保護，得依第86條規定請求民事救濟。即第86條得請求救濟之人，對於侵害其權利者，得請求排除之，有侵害之虞者，得請求防止之（§84），另得請求表示著作人之姓名或名稱、更正內容或為其他回復名譽之適當處分（§85Ⅱ）。

第二節　著作財產權

第一款　通　則

一、著作財產權之享有

著作人於著作完成時享有著作權，但本法另有規定者，從其規定（§10）。上述所謂「著作權」，包含著作人格權及著作財產權。故著作財產權除本法另有規定，於著作人完成著作時即享有，無須履行註冊、登記或著作權標示之手續，此即「非形式主義」，又稱「創作主義」。此所稱「本法另有規定」，係指本法第11條及第12條之規定。易言之，著作人格權固然由著作人於著作完成時享有。著作財產權除非聘僱著作，否則亦由著作人於著作完成時享有。故本法第22條至第29條均稱：「著作人專有……。」而在本法第29條之1規定：「依第十一條第二項或第十二條第二項規定取得著作財產權之雇用人或出資人，專有第二十二條至第二十九條規定之權利。」

本法第11條第1項規定：「受雇人於職務上完成之著作，以該受雇人為著作人。但契約約定以雇用人為著作人者，從其約定。」第11條第2項

規定：「依前項規定，以受雇人為著作人者，其著作財產權歸雇用人享有。但契約約定其著作財產權歸受雇人享有者，從其約定。」第12條第1項規定：「出資聘請他人完成之著作，除前條情形外，以該受聘人為著作人。但契約約定以出資人為著作人者，從其約定。」第12條第2項規定：「依前項規定，以受聘人為著作人者，其著作財產權依契約約定歸受聘人或出資人享有。未約定著作財產權之歸屬者，其著作財產權歸受聘人享有。」依本法第11條規定，著作人於著作完成時，著作財產權得由著作人以外之人擁有。例如受雇人於職務上完成之著作，如未有著作人之約定，以受雇人為著作人，但著作財產權歸雇用人享有，此時著作財產權即非於著作完成時，歸著作人享有。又如依本法第12條規定，出資聘人完成著作，若未有著作人之約定，以受聘人為著作人，但如受聘人與出資人約定，雖以受聘人為著作人，但著作財產權歸出資者享有，依本法第12條亦無不可。此時，著作人於著作完成時，其著作財產權並不歸著作人擁有，而歸出資人擁有是。

二、著作財產權之內容

所謂著作財產權，即著作人或依法取得著作上財產權利之人對於屬於文學、科學、藝術或其他學術範圍之創作，享有獨占的利用與處分之類似物權之特殊權利。依本法規定，著作財產權包含下列權利：（一）重製權（§22）；（二）公開口述權（§23）；（三）公開播送權（§24）；（四）公開上映權（§25）；（五）公開演出權（§26）；（六）公開傳輸權（§26-1）；（七）公開展示權（§27）；（八）改作權（§28）；（九）編輯權（§28）；（十）散布權（§28-1）；（十一）出租權（§29）；（十二）輸入權（§87④）。

第二款　重製權

一、重製之意義

所謂「重製」，即指以印刷、複印、錄音、錄影、攝影、筆錄或其他方法直接、間接、永久或暫時之重複製作。於劇本、音樂著作或其他類似著作演出或播送時予以錄音或錄影；或依建築設計圖或建築模型建造建築物者，亦屬之（§3 I ⑤）。依此定義，重製之意義，可分為二：

（一）一般重製之要件

即以印刷、複印、錄音、錄影、攝影、筆錄或其他方法直接、間接、永久或暫時之重複製作（§3 I ⑤前段）。依此定義，重製之要件有三：

1.有形之要件（The tangibility requirement）

重製係屬「有形之重複製作」，故重製須符合有形之要件。即他人須將權利人之著作以具體物質（material）形體化[9]。從而著作之表演（performance）或口述（oral rendition），並非重製[10]。在舊法重製的定義為「指以印刷、複印、錄音、錄影、攝影、筆錄或其他方法有形之重複製作」，民國92年7月9日公布施行之新法將「有形」二字刪除，理由為：「又於數位化網路環境下，重製並不以有形之重複製作為限」[11]。此乃對有形的意義有所誤解，在數位化網路環境，著作的重製，亦須在RAM或伺服器上以具體物質形體化，就如同電腦程式著作附於有形之磁片或錄音著作附於有形之錄音帶或CD上一樣。因此，以具體物質形體化之有形要件，仍是重製的基本要件。網路的超鏈結，因未在有形的伺服器上產生新的副本，在網路上雖可以看到該鏈結的畫面，但是在網站本身，因未另以具體物質形體化，所以並非重製。

9　See Walker v. University Books, Inc., 602 F. 2d 859 (9th Cir. 1979).

10　See Corcoran v. Montgomery Ward & Co., 121 F. 2d 572 (9th Cir. 1941).

11　參見本法修正原行政院草案說明第3條部分。

2.固定之要件（The fixation requirement）

在舊法之重製概念，重製係屬「重複製作」，故須將著作固定於具體物質上。此著作之固定，必須「足以恆久或穩定使人感知、重製或以其他方法傳播其內容而非短暫時間」[12]。因此，他人將權利人之著作以具體物質具體化，除非該具體化達相當時間，否則不侵害權利人之重製權。又成立侵害重製權，權利人著之具體化不僅必須有形，而且必須恆久。有形、恆久為兩個獨立之概念。故影像於電視或電影銀幕上映，雖係具體化於有形之物質上，但因缺乏恆久之要件，故均非屬於重製[13]。在新法上，無論永久或暫時的重複製作，均屬重製。目的是為使在電腦的RAM上留存之著作，亦視為重製。故在解釋上，「恆久與穩定」之固定要件，仍屬重製之要件。蓋恆久與穩定係一比較之概念。就銀幕之上映而言，在銀幕上重現不到一秒，未有留存性的重複製作效果。而在電腦的RAM上留存，如未關機，具有重複製作的留存性效果，僅在關機時消失其留存效果而已。在未關機前，仍有「恆久與穩定」的固定要件。因此在解釋上，一定時間的恆久和穩定，仍是重製的要件，否則重製與上映即無法區分。

3.可理解性之要件（The intelligibility requirement）

重製雖屬「有形之重複製作」，但製作須固定於「得直接或經由機器（machine）或器械（device）感知、重製或傳播[14]」。故唱片（sound recording）藉由器械可加以理解，因此唱片之再製，依本法係屬於重製。同樣的，在電腦硬碟上的電腦程式著作的拷貝，雖然肉眼看不到，但是得經由電腦的操作感知，因此重製須有得直接或經由機器或器械感知、重製或傳播的可理解之要件。單純將他人之著作記憶在人腦中，並非本法之重製。

---

[12]　17 U.S.C. Sec. 101 (definition of "fixed").

[13]　See 1976 House Report, p. 62.

[14]　17 U. S. C. Sec. 101 (definitions of "copies" and "phono-records").

（二）重製概念之擴張

依第3條第1項第5款後段規定：「於劇本、音樂著作或其他類似著作演出或播送時予以錄音或錄影；或依建築設計圖或建築模型建造建築物者，亦屬之。」此將前段之重製概念加以擴張。分述如下：

1.有關劇本、音樂著作或其他著作演出或播送時予以錄音或錄影

本來重製係著作之有形重複製作，著作之無形再現，例如演出、播送等，並非重製之概念。故劇本、音樂著作之重製，乃劇本之以印刷、複印等方法而有形的重複製作劇本；音樂之重製，乃就樂譜以印刷、複印等方法而有形重複製作樂譜，或就即興音樂加以錄音等。就劇本、音樂著作或其他類似著作加以演出或播送，本非「重製」概念之所及。惟錄音或錄影亦屬重製之方法，就劇本、音樂著作（樂譜）或其他類似著作之演出或播送而加以錄音或錄影，係屬著作之無形利用後再為有形重製，此對劇本、音樂著作（樂譜）之權利人，是否仍屬於重製，宜有所界定，本法乃對原重製之定義加以擴張，承認此種情形，亦屬於重製[15]。

2.依建築設計圖或建築模型建造建築物

依建築模型建造建築物，依第3條第1項第5款前段規定，即屬重製，本款「建築模型」，係屬贅語[16]。又建築設計圖之重製，依第3條第1項第5款前段定義，係以印刷、複印等方法將建築設計圖有形重複製作為建築設計圖，如由建築設計圖建造建築物，依第3條第1項第5款前段規定，則非屬於重製，而可能係著作之「實施」。惟著作人著作財產權之種類，並無「實施權」（§22～29）。然而由建築設計圖建造建築物如不予著作權之保護，又無法給予專利權之保護，對建築設計圖之保護，未免限制過窄。建築設計圖與建築物本身均屬建築著作之範圍[17]，與由機械圖作成實

---

15 半田正夫：著作權法概說，第138-139頁。

16 日本著作權法第2條第1項第15款「複製」定義，僅規定：「以建築圖面建造建築物」，亦屬複製，而未規定「建築模型」，惟1987年南韓著作權法第2條第14款規定，包含建築模型。

17 見「著作權法第5條第1項各款著作內容例示」第2條第9款。

際機械，其實際機械本身非屬著作，而機械又可能受專利法保護者不同。故由機械圖作成實際機械，得視為「實施」，而由建築設計圖建造建築物，本法承認係屬「重製」。

二、重製權之內容

本法第22條第1項規定：「著作人除本法另有規定外，專有重製其著作之權利。」第2項規定：「表演人專有以錄音、錄影或攝影重製其表演之權利。」本法第22條第1項所稱「除本法另有規定」係指第22條第2項至第4項之規定。著作人對於本法之任何著作均有重製權。易言之，無論本法第5條第1項之語文著作、音樂著作、戲劇舞蹈著作、美術著作、攝影著作、圖形著作、視聽著作、錄音著作、建築著作、電腦程式著作，或係上開著作之衍生著作（§6）、編輯著作（§7）、共同著作（§8），均享有完整之重製權。但表演之重製權僅限於機械性附著（fixation）之重製權，不若其他類別著作之重製權係完整之重製權。例如，就表演當場以筆加以繪畫，或就他人之表演加以模仿，均不構成表演重製權之侵害。

依本法第3條第1項第5款有關重製的定義，已將在RAM的暫時性重製包含在重製的意義中。故使用電腦或影音光碟機來觀賞影片、聆聽音樂、閱讀文章時，這些影片、音樂、文字影像都先重製儲存在電腦或影音光碟機內部的隨機取存記憶體（RAM）裡面，再展示在螢幕上。同樣的，網路上傳送的影片、音樂、文字等種種資訊，亦透過RAM，達成傳送的效果。因此在使用電腦或影音光碟機來觀賞影片、聆聽音樂、閱讀文章或在網路上傳送影片、音樂、文字等種種資訊，均可能造成重製權的侵害問題，尤其是網路的傳輸、瀏覽、存取、操作，更可能造成重製權的侵害，使網路的使用者，動輒得咎，影響資訊的流通，故本法第22條第3項規定：「前二項規定，於專為網路合法中繼性傳輸，或合法使用著作，屬技術操作過程中必要之過渡性、附帶性而不具獨立經濟意義之暫時性重製，不適用之。但電腦程式不在此限。」第4項規定：「前項網路合法中繼性傳輸之暫時性重製情形，包括網路瀏覽、快速存取或其他為達成傳輸

功能之電腦或機械本身技術上所不可避免之現象。」因此：例如將買來的光碟，放在電腦或影音光碟機裡面，看影片、圖片、文字或聽音樂；在網路上瀏覽影片、圖片、文字或聽音樂；買來的電腦裡面已經安裝好了電腦程式而使用該程式，如使用電腦裡面的Word、Excel程式；網路服務業者透過網際網路傳送資訊；校園、企業使用代理伺服器，因提供網路使用者瀏覽，而將資料存放在代理伺服器裡面；維修電腦程式等，原則上不會侵害著作權人的重製權[18]。但使用合法單機版，作為內部網路多機使用的行為，仍構成重製權的侵害[19]。

第三款　公開口述權

一、公開口述之意義

所謂「公開口述」，係以言詞或其他方法向公眾傳達著作內容（§3Ⅰ⑥），例如甲有一演講稿，乙未經甲之授權，將甲之演講稿在公開場所加以演講是。而此所謂「其他方法」，包含將著作口述後加以錄音，再向公眾傳達著作內容之行為。例如甲有一演講（語文著作），乙將甲之演講錄音而後對現場公眾公開播放該錄音帶，乙之對現場公眾播放錄音帶之行為，係侵害甲之公開口述權；但如乙將該錄音帶在電台播放，乙非侵害甲之公開口述權，而係侵害甲之公開播送權。又說書及單口相聲，乃公開演出之範圍，而非公開口述之範圍。

18　參見經濟部智慧財產局網站上智慧財產局對「暫時性重製」規定之相關說明。

19　參見經濟部智慧財產局網站：民國93年9月1日修正公布著作權法部分條文對照及說明第22條說明三部分。

二、公開口述權之內容

本法第23條規定：「著作人專有公開口述其語文著作之權利。」公開口述權之對象限於語文著作，不包含其他著作。故公開口述權係語文著作之著作人就其著作無形之利用型態。戲劇、舞蹈、音樂著作之無形利用型態係公開播送權（§24）及公開演出權（§26）之範圍，而非公開口述權之範圍。

第四款　公開播送權

一、公開播送之意義

公開播送，即指基於公眾直接收聽或收視為目的，以有線電、無線電或其他器材之廣播系統傳送訊息之方法，藉聲音或影像，向公眾傳達著作內容。由原播送人以外之人，以有線電、無線電或其他器材之廣播系統傳送訊息之方法，將原播送之聲音或影像向公眾傳達者，亦屬之（§3Ⅰ⑦）。依此規定，析述如下：

（一）公開播送，分為無線播送、有線播送或其他方法之播送。所謂無線播送，即以公眾直接受信為目的，而為無線通信之受信[20]。例如以AM廣播、FM廣播或無線電視廣播而為播送是。此播送之內容並無限制，即不限於著作內容之原始播送（如演講之直接現場轉播），以著作內容（如演講）製成之唱片、錄音帶、錄影帶、碟影片，而在電台或電視台播送，亦為播送權之效力所及。又將播送受信後再為無線播送或有線播送，亦屬於播送之範圍。故其他的電台將已播送之著作，以廣播網（network）加以播送，或同一電視台以錄影帶重播已播過之著作內容，均須經著作財產權人之同意，否則即屬侵害著作財產權人之公開播送

20　參見日本著作權法第2條第1項第8款。

權[21]。

（二）所謂「有線播送」，即以向公眾就同一內容送信同時受信為目的之有線送信[22]。所謂「有線送信」，即以公眾直接受信為目的，而為有線電氣通信之送信[23]。例如第四台提供節目或音樂供人欣賞，即屬「有線播送」，但同一場所內同時設有送信及受信之有線電氣設備而為送信之情形，例如旅館由旅館播放音樂至各房間，則非有線播送[24]，縱然旅館有多層，但均屬同一旅館，同一人經營者，亦同。但如各層為不同之公司或旅館，而以同一送信設備播放同一音樂至各層不同營業場所，則屬「有線播送」[25]。

（三）所謂「基於公眾接受訊息為目的」，係指以公眾接受著作內容為目的，而非單一或少數特定人之送信或受信。故不以公眾接受訊息為目的之對單一飛機或船舶之無線通信，並非播送[26]。

（四）所謂「由原播送人以外之人，以有線電、無線電或其他器材之廣播系統傳送訊息之方法，將原播送之聲音或影像向公眾傳達者」，例如甲將某視聽著作由衛星播送至乙處，乙以第四台播送至客戶丙處，則甲為第3條第1項第7款前段之公開播送，乙為第3條第1項第7款後段之「由原播送人以外之人，以有線電或無線電將原播送之聲音或影像，向公眾傳達」。

二、公開播送權之內容

本法第24條規定：「著作人除本法另有規定外，專有公開播送其著作之權利（Ⅰ）。」「表演人就其經重製或公開播送後之表演，再公開播

21　半田正夫：前揭書，第141頁。

22　參見日本著作權法第2條第1項第9之2款。

23　參見日本著作權法第2條第1項第17款。

24　同右，另見日本著作權法研究會編：著作權關係法令實務提要，第159頁。

25　加戶守行：前揭書，第41-42頁。

26　日本著作權法令研究會編：前揭書，第159頁。

送者，不適用前項規定（Ⅱ）。」本條第1項之「除本法另有規定外」，係指第24條第2項之規定。本法第5條之任何著作均有公開播送權。公開播送權與公開口述權限於語文著作、公開上映權限於視聽著作、公開演出權限於語文、音樂或戲劇舞蹈著作、公開展示權限於美術或攝影著作不同。然而表演之公開播送權以未經附著或未經公開播送之表演為限，不若其他類別之公開播送權範圍十分廣泛，並未加以限制。例如甲為A音樂著作之著作人，乙未經甲之同意，將甲之音樂在電台上播放，乙即侵害甲之公開播送權；再如，甲為音樂之著作財產權人，乙將甲之音樂重製為錄音帶，丙再將乙之錄音帶在電台上播放，則丙同時侵害到甲之音樂著作之著作權及乙之錄音著作之著作權；然而如甲有一表演，乙將甲之表演錄成視聽著作，丙將乙之視聽著作在電視上播放，則丙僅侵害乙視聽著作之著作財產權，並未侵害甲表演之公開播送權。

第五款　公開上映權

一、公開上映之意義

　　所謂「公開上映」，即指以單一或多數視聽機或其他傳送影像之方法，於同一時間向現場或現場以外一定場所之公眾傳達著作內容（§3Ⅰ⑧）。上述所稱之「現場或現場以外一定場所」，包含電影院、俱樂部、錄影帶或碟影片播映場所、旅館房間、供公眾使用之交通工具或其他供不特定人進出之場所（§3Ⅱ）。依此定義，析述如下：

　　（一）依第3條第2項規定，「現場或現場以外一定場所，包含電影院、俱樂部、錄影帶或碟影片播映場所、旅館房間、供公眾使用之交通工具或其他供不特定人進出之場所。」此處用「包含」二字，按民國81年行政院草案用「指」字，在二讀時改為「包含」，係電影院等場所，係屬例示，而非列舉，不在上述場所之範圍，而具有「公眾」之意義，亦可能屬

於公開上映27。例如在不特定人不能進出而擁有三百員工之工廠,雖不屬於第3條第2項之場所,但其所為之上映行為,仍屬於公開上映。

(二)依第3條第1項第4款、第8款及第2項之定義,包廂式之MTV所為之上映行為,縱在包廂中僅一人觀賞,仍屬公開上映。蓋MTV係第3條第2項之「錄影帶或碟影片播映場所」,而MTV包廂中之該人,係第3條第1項第4款之「指不特定人」而非「特定人」,不特定人不適用第3條第1項第4款但書之規定。同理,在戲院放映電影,在俱樂部、三溫暖、理髮廳、遊覽車上放映錄影帶或碟影片,均屬「公開上映」。

二、公開上映權之內容

本法第25條規定:「著作人專有公開上映其視聽著作之權利。」就著作之無形利用而言,視聽著作得公開播送及公開上映,不得公開演出及公開展示。語文著作得公開口述、播送及演出,不得公開上映及公開展示。音樂及戲劇、舞蹈著作,得公開播送及公開演出,不得公開口述、公開上映及公開展示。美術及攝影著作得公開播送及公開展示,而不得公開口述、公開上映及公開演出。

第六款 公開演出權

一、公開演出之意義

所謂「公開演出」,即指以演技、舞蹈、歌唱、彈奏樂器或其他方法,向現場之公眾傳達著作內容。以擴音器或其他器材將原播送之聲音或影像,向公眾傳達者,亦屬於公開演出(§3Ⅰ⑨)。上述公開演出,包含公開上演、公開演唱及公開演奏三個概念,定義中以含演技、舞蹈方法向現場公眾傳達著作內容,係屬公開上演,例如將劇本在劇場演出、將他

---

27 參見民國81年本法修正本條原行政院草案說明(四)部分。

人舞譜在舞台演出是，凡以演唱、演奏以外之表演，均屬於公開上演之範圍。上述以歌唱方法向現場公眾傳達著作內容，係屬公開演唱，例如將他人音樂著作對現場公眾歌唱是。又以彈奏樂器方法向現場公眾傳達著作內容，係屬公開演奏，例如以鋼琴、小提琴、風琴、吉他或樂器彈奏音樂。

二、公開演出權之內容

本法第26條第1項規定：「著作人除本法另有規定外，專有公開演出其語文、音樂或戲劇、舞蹈著作之權利。」本法公開演出之對象限於語文著作、音樂著作或戲劇舞蹈著作，其他著作不屬於公開演出之範圍。又本法第26條第2項規定：「表演人專有以擴音器或其他器材公開演出其表演之權利。」足見表演之公開演出權，限於以擴音器或其他器材公開演出，並不包含現場之模仿在內。故以演技、舞蹈、歌唱等方法公開模仿他人之表演者，並不生侵害表演公開演出權之問題。此外，第26條第2項但書規定：「將表演重製後或公開播送後再以擴音器或其他器材公開演出者，不在此限。」故表演經附著（即重製）或公開播送後，即喪失其公開演出權[28]。例如甲將乙之歌曲加以演唱，由丙做成錄音帶，丁未經授權將該錄音著作公開演出，此時丁僅侵害乙之音樂著作之著作權，而未侵害甲表演著作之著作權，亦未侵害丙錄音著作之著作權。蓋丙錄音著作之著作權，依本條第1項規定，並無公開演出權。而甲表演著作之著作權，依本條第2項但書規定，該表演已經重製，即喪失公開演出權。然本法第26條第3項規定：「錄音著作經公開演出者，著作人得請求公開演出之人支付使用報酬。」錄音著作雖無公開演出權，但有公開演出的報酬請求權，惟此著作人僅有報酬請求權，而無排他的公開演出權，如利用人未付報酬，僅係民事責任，而無本法第六章和第七章的侵害著作權之責任。

---

28 參閱拙文：「評新修正通過的著作權法（一）——公開上映的定義」，民國79年1月15日自立晚報十六版，收錄於拙著著作權法漫談（二），第3-5頁。

第七款　公開傳輸權

一、公開傳輸之意義

　　所謂「公開傳輸」，即指以有線電、無線電之網路或其他通訊方法，藉聲音或影像向公眾提供或傳達著作內容，包括使公眾得於其各自選定之時間或地點，以上述方法接收著作內容（§3 I ⑩）。公開傳輸與公開播送不同，前者以網路或其他通訊方法而傳達著作內容，後者以廣播系統傳送訊息之方法而傳達著作內容。此外，前者之接收者接收著作內容，不限特定時間和地點，後者則以公眾直接收視和收聽為目的，播送與接收之時間相同，無法隨時存取。易言之，公開播送由著作提供者單向提供著作，其時間由提供者決定，消費者被動、無選擇空間地感知著作內容，例如收視、收聽電視電台或廣播電台播出之電視節目或廣播節目，且收視、收聽後，著作內容即消逝。消費者既為被動，其如未及或稍遲收視或收聽某節目，除非節目提供者重播，否則消費者即無法感知該節目內容，或僅能感知部分之內容。公開傳輸為消費者透過網路，在其所自行選定之時間或地點，均可感知存放在網路上之著作內容，既不須要取得著作重製物之占有，亦不受著作提供者時間之限制，消費者與著作提供者處於互動式之關係[29]。設置網站是最典型的公開傳輸的型態。例如甲設置網站，未經著作權人乙的授權，將乙的著作內容放置於網站上，此時放置之行為因在伺服器上產生副本，甲已侵害乙的重製權，而此後將乙的著作置於可以被第三人隨時瀏覽存取的狀態，甲又侵害乙的公開傳輸權。

二、公開傳輸權之內容

　　本法第26條之1規定：「著作人除本法另有規定外，專有公開傳輸其著作之權利（Ⅰ）。」「表演人就其經重製於錄音著作之表演，專有公開

29　參見民國92年本法修正行政院草案說明第26條之1部分。

傳輸之權利（II）。」第26條之1第1項所稱之「本法另有規定」，係指第26條之1第2項之規定。易言之，本法第5條第1項各款之著作，無論為語文著作、音樂著作、戲劇舞蹈著作、美術著作、攝影著作、圖形著作、視聽著作、錄音著作、建築著作、電腦程式著作等著作之著作人，均對其著作有公開傳輸權，但表演人對其表演之公開傳輸權，僅限於經重製於錄音著作之表演，其他表演無公開傳輸權，例如現場之表演，或重製於攝影之表演，即無公開傳輸權之適用。

第八款　公開展示權

一、公開展示之意義

所謂「公開展示」，即指向公眾展示著作內容（§3 I ⑬）。易言之，即以陳列或其他類似方法，向現場之公眾傳達著作內容。公開展示無須有利用人口述、表演或以機械方法傳達著作內容之過程，僅單純將著作原件或重製物陳列即可。

二、公開展示權之內容

本法第27條規定：「著作人專有公開展示其未發行之美術著作或攝影著作之權利。」公開展示權之對象限於未發行之美術著作及攝影著作。故非美術著作或攝影著作，如語文著作、圖形著作、視聽著作等，非公開展示權效力之所及。已發行之美術著作或攝影著作，亦非公開展示權效力之所及。又公開展示權所適用之美術著作或攝影著作，包括原件及其重製物。所謂著作原件係指著作首次附著之物（§3 I ⑯）。

第九款　編輯權

一、編輯之意義

所謂「編輯」，係指就原著作加以整理、增刪、組合或編排而產生新著作之謂。本法第3條並未就「編輯」加以定義，惟依民國74年舊著作權法第3條第24款稱「編輯權」，係指著作人就其本人著作享有整理、增刪、組合或編排產生著作之權。編輯權與編輯著作不同，編輯權係著作財產權人專有之權利，編輯著作則係受保護之著作，亦屬著作權之客體之一。舉例言之，甲在各報撰寫文章，乙未經甲之同意，將甲之文章剪輯出版，乙係侵害甲之編輯權；如乙經甲之同意，將甲之文章蒐集出版，則甲有各文章之著作權，乙出版之書係編輯著作，乙就整本編輯之書有著作權，故丙將該整本書盜版，丙係侵害甲之編輯權，侵害乙之編輯著作之重製權。

二、編輯權之內容

本法第28條規定：「著作人專有將其著作……編輯成編輯著作之權利。但表演不適用之。」本條編輯之對象，除表演之外，原則上任何著作均有編輯權。本法第7條規定：「就資料之選擇及編排具有創作性者為編輯著作，以獨立之著作保護之（I）。」「編輯著作之保護，對其所收編著作之著作權不生影響（II）。」本法第7條係編輯著作之規定，惟形成編輯著作須得原著作之著作人同意，亦即編輯著作之原著作人擁有編輯權，未得原著作人之同意而加以編輯者，係侵害原著作之著作財產權人之編輯權。又原著作人之編輯權就編輯著作之第二次利用仍然存在，例如甲有原著作之著作權，乙經甲之同意就甲之原著作編輯成編輯著作，如乙欲將該編輯著作授權丙加以利用，丙須得甲、乙雙方同意始可，此乃係甲之原著作之編輯權行使之結果。

第十款　改作權

一、改作之意義

　　所謂「改作」，即指以翻譯、編曲、改寫、拍攝影片或其他方法就原著作另為創作（§3Ⅰ⑪）。有關「改作」之意義，於第三章第三節「衍生著作」之部分已有詳述，茲不贅述。

二、改作權之內容

　　本法第28條規定：「著作人專有將其著作改作成衍生著作……之權利。但表演不適用之。」改作權之對象，除表演之外，其他著作均有適用。又本法第6條規定：「就原著作改作之創作為衍生著作，以獨立之著作保護之（Ⅰ）。」「衍生著作之保護，對原著作之著作權不生影響（Ⅱ）。」就原著作改作成衍生著作，衍生著作之著作人須得原著作之著作人同意，否則衍生著作之著作人將侵害原著作之著作人之改作權。又原著作之著作人，其改作權及於第三人對衍生著作之利用。例如甲有英文著作（原著作）之著作權，乙得甲之同意，將甲之英文著作翻成中文著作（衍生著作），此時如丙翻印或抄襲乙之中文衍生著作，則丙同時侵害甲之改作權及乙之重製權。侵害甲之改作權係犯第92條之罪，侵害乙之重製權係犯第91條之罪，此為「想像競合犯」，依刑法第55條規定，從一重處斷。

第十一款　散布權

一、散布之意義

　　所謂「散布」，係指不問有償或無償，將著作之原件或重製物提供公眾交易或流通（§3Ⅰ⑫）。依此定義，析述如下：

（一）散布須「提供公眾交易或流通」。而所謂「公眾」，即指不特定人或特定之多數人。但家庭及其正常社交之多數人，不在此限（§3 I ④）。故僅對少數特定親友提供交易或流通，並非散布。如對不特定人提供交易，如已廣告提供郵局劃撥帳號供人購買書籍，縱僅一人劃撥購買，出賣人仍屬散布。又著作提供公司一百位員工閱覽，該著作雖未對外流通，但因已提供特定多數人流通，此種行為，亦屬散布。

（二）散布無論有償或無償均可，有無移轉所有權，亦在所不問。故買賣、互易、租賃、借貸、贈與等，均得成立散布。出版或發行行為，固然是散布，即使圖書館將其藏書出借在館中閱覽，縱不能帶回家，亦屬成立散布。然而單純的輸入行為，因其尚未提供公眾交易或流通，尚不成立散布。

二、散布權之內容

本法第28條之1規定：「著作人除本法另有規定外，專有以移轉所有權之方式，散布其著作之權利（Ⅰ）。」「表演人就其經重製於錄音著作之表演，專有以移轉所有權之方式散布之權利（Ⅱ）。」第28條之1第1項之「本法另有規定」，係指第28條之1第2項之規定。易言之，本法第5條第1項各款之著作，無論為語文著作、音樂著作、戲劇舞蹈著作、美術著作、攝影著作、圖形著作、視聽著作、錄音著作、建築著作、電腦程式著作等著作之著作人，均對其著作有散布權，但表演人對其表演之散布權，僅限於經重製於錄音著作之表演，其他表演無散布權。例如現場之表演，或重製於攝影之表演，即無散布之適用。又本法散布之意義較廣，包含出租、出借、出售、互易、贈與等。而本法之散布權，限於以移轉所有權之方式，如買賣、互易、贈與等，其他非移轉所有權方式的散布，如借貸、出租等，非散布權之效力所及。以出租方式之散布，在第29條另有出租權。以出借方式之散布，不屬於著作權效力所及，僅在以出借的方式散布侵害著作權之物，視為侵害著作權而已（§87⑥）。

第十二款　出租權

一、出租之意義

　　所謂「出租」，係指將物租予他方使用收益而收取租金之行為。本法對「出租」並無定義，民國74年舊著作權法第3條第26款規定：「出租權係指著作原件或其重製物為營利而出租之權。」出租須有對價關係，無對價關係僅為借貸，而非本條規範之對象。又一般碟影片或其他交換中心，名為「交換」實則店方藉交換而賺取差價，與出租無異。依民法第87條第2項規定：「虛偽意思表示，隱藏他項法律行為者，適用關於該項法律行為之規定。」故解釋上，此種交換行為亦視為出租。

二、出租權之內容

　　本法第29條規定：「著作人除本法另有規定外，專有出租其著作之權利（Ⅰ）。」「表演人就其經重製於錄音著作之表演，專有出租之權利（Ⅱ）。」第29條第1項之「本法另有規定」，係指第29條第2項之規定。易言之，本法第5條第1項各款之著作，無論為語文著作、音樂著作、戲劇舞蹈著作、美術著作、攝影著作、圖形著作、視聽著作、錄音著作、建築著作、電腦程式著作等著作之著作人，均對其著作有出租權，但表演人對其表演之出租權，僅限於經重製於錄音著作之表演，其他表演無出租權，例如現場之表演，或重製於攝影之表演，即無出租權之適用。又本法第60條第1項規定：「著作原件或其合法著作重製物之所有人，得出租該原件或重製物。但錄音及電腦程式著作，不適用之。」此即「第一次銷售原則」（First sale doctrine），此第一次銷售原則，使本法著作財產權人之出租權，受到極大之限制，有關第一次銷售原則之解釋，詳第五章第三節「著作財產權之自由利用」部分。

第十三款　輸入權

一、輸入之意義

所謂「輸入」，即自國外進口物品之謂。在實務上，自大陸地區將著作之重製物輸入台灣地區，亦屬此之輸入（法務部民國82年6月14日法律字第11828號函）。

二、輸入權之內容

本法第87條第1項規定：「有下列情形之一者，除本法另有規定外，視為侵害著作權或製版權：……四、未經著作財產權人同意而輸入著作原件或其重製物者。」此即「輸入權」。本法之輸入權，係民國82年4月24日增訂公布，在體例上雖規定於第87條第4款，而非規定於第22條至第29條之間，然依當時立法原意，係「間接賦予著作財產權人專屬輸入權」[30]。本法第59條之1規定：「在中華民國管轄區域內取得著作原件或其合法重製物所有權之人，得以移轉所有權之方式散布之。」此規定使第一次銷售理論，限於國內，不含全世界領域，亦在強調著作人之輸入權。又此輸入權與「平行輸入」不同。所謂「平行輸入」，係指國內有代理商者不得自國外零售商輸入物品。此之專屬輸入權乃係不管國內有無代理商，輸入國外物品均須得原著作之著作財產權人同意。故美國LD著作財產權人A將其產品在美國銷售，B為美國零售商，台灣C自B進口美國正版LD，不論A在台灣有無總代理，C均構成違反本法規定，侵害A之專屬輸入權。A均有權主張C侵害其輸入權，故第87條第4款規定不僅禁止平行輸入而已，更進一步承認A有輸入權。即在A於台灣未有總代理之情形下，A仍得禁止C輸入。

30　參見立法院公報第八十二卷第二十四期，第55頁。

第五章 著作財產權之限制

第一節 概 說

　　關於著作權之保護，向來有互相對立的兩種主義：一為自由主義，一為保護主義。上述兩種主義世界各國著作權法例原則上採保護主義，而濟以自由主義，故著作人之著作財產權乃有一定之界限，以調和社會公共利益（參見本書第一章第五節）。本書有關著作財產權限制，分為三種加以說明。至於外國人著作權之限制及不受保護之標的，前已述之，茲不復贅：

一、時間之限制

　　即著作財產權有一定之保護期間，蓋任何之創作均受惠於前人、文化及代代綿延，任何人之創作如無期間限制，對國家乃至於全體人類、文化發展，並無助益，故著作人之著作財產權宜有一定之保護期間，逾此一定之保護期間，即屬公共財產（Public Domain），原則上任何人均得自由利用（§42、43）。

二、事務之限制

　　著作權具有社會性，著作人創作著作，一方面固係自己勞心之結果，一方面亦受全人類文化遺產薰陶之結果，為了促進人類文化的普及發展，各國著作權法一方面對著作人在著作上個人之利用厚予保障，一方面亦承認著作在一定範圍內得供人在一定之情形下得自由利用，此一定之情形約有四種型態：（一）依著作利用之性質，不適宜為著作權所及；（二）基於公益上之理由，認為對著作權有必要加以限制；（三）基於與其他權利

調整之目的，認為對著作權有必要加以限制；（四）在無害於著作財產權人之利益，且屬於社會慣行者，亦得對於著作財產權加以限制。此一定之限制，即所謂「著作的公共限制」（事務的限制），此即本法第44條至第65條所規定者。

三、強制授權之限制

他人基於必須利用著作之一定正當理由，可申請主管機關准許對著作財產權人支付或提存一定使用報酬後，就其著作加以重製。本法第69條有關音樂著作之強制授權即屬此種情形。

至於有關不受保護之標的（標的之限制）及外國人著作之保護（著作人之限制），本書第一章第四節及第三章第四節已有說明，茲不復贅。

第二節　著作財產權之保護期間──時間的限制

第一款　保護期間之算定

一、起算主義

關於保護期間之算定，有以死亡時起算主義與公開發表時起算主義兩種：

（一）死亡時起算主義

著作財產權保護期間，以著作人死亡時為標準，以為保護期間計算之原則。本法第10條規定：「著作人於著作完成時享有著作權。」係採「非形式主義」。著作人於著作創作完成之同時，發生著作權。本法原則上以創作完成時起至著作人死亡時起算五十年為著作權保護期間（§30），然而共同著作保護至最後死亡之著作人死亡後五十年（§31）。

（二）公開發表時起算主義

若干著作不便以著作人死亡時計算保護期間者，例如著作人為法人時，並無所謂死亡時；又如別名或不具名之著作，而著作人之別名非眾所周知者，一般人難以確認該著作人何時死亡，此時亦不以著作人死亡時計算保護期間。再者，若干著作創作力較低，不宜以長時間加以保護，例如：攝影、視聽、錄音及表演著作，保護期間較短，亦不宜存續至著作人死亡後五十年。上述三種情形均以著作公開發表時起算著作權保護期間。

二、期間之末日

本法第35條第1項規定：「第三十條至第三十四條所定存續期間，以該期間屆滿當年之末日為期間之終止。」故依本法規定，著作財產權之保護期間，原則上以著作人死亡後或公開發表後五十年之當年之12月31日為期間之終止。又民法第122條規定：「於一定期日或期間內，應為意思表示或給付者，其期日或其期間之末日，為星期日、紀念日或其他休息日時，以其休息日之次日代之。」如該著作財產權之保護期間末日為星期日、紀念日或其他休息日時，是否以其休息日之次日代之？解釋上應採否定說。蓋本法之保護期間並非民法第122條「於一定期日或期間內，應為意思表示或給付者」，自然無民法第122條之適用。

三、繼續或逐次公開發表之著作

依本法第30條及第31條以著作人死亡時起算保護期間者，其保護期間計算至著作人死亡後五十年之當年末日為期間之終止，十分清楚，固無問題。然而，如果以公開發表日計算保護期間，且為繼續或逐次公開發表之著作，保護期間究竟如何計算不無問題，本法乃於第35條第2項規定：「繼續或逐次公開發表之著作，依公開發表日計算著作財產權存續期間時，如各次公開發表能獨立成一著作者，著作財產權存續期間自各別公開發表日起算。如各次公開發表不能獨立成一著作者，以能獨立成一著作時

之公開發表日起算。」所謂「繼續或逐次公開發表之著作」，例如報紙、雜誌等每日或定期刊行；電視新聞報導、連續劇等，每天均將出現。繼續或逐次公開發表之著作，有各次公開發表能獨立成一著作者，有各次公開發表不能獨立成一著作者。前者例如報紙上的單篇社論、學者之文章等刊登一天即屬完畢者，或如電視上單元之綜藝節目，雖節目名為周末派、五燈獎等連續製作，但節目內容及情節並不連續，此種情形每一篇文章或每一單元均自各別公開發表日起算。例如甲在A報用筆名連續畫「股票族」專欄漫畫，每天漫畫情節並無關聯，甲雖每天畫同一連續性專欄漫畫，但因漫畫每天均能獨立成一著作，依本法第32條規定，甲之每天漫畫，均自每天公開發表日起算，依第35條第1項之計算方法起算五十年。例如甲之漫畫自1995年1月開始連載，至2000年1月連載完畢，則因每天之漫畫均能獨立成一著作而情節互不相關，則甲1995年之漫畫，保護期間存續至2045年12月31日屆滿（§32本文）。1996年之漫畫，保護期間存續至2046年12月31日屆滿，1997年至2000年之漫畫，依此類推。惟如該漫畫係描繪某一愛情故事或武俠情節，每天之漫畫不能獨立成一著作，則甲之漫畫全部自2000年1月（能獨立成一著作之公開發表日）起算，至2050年12月31日保護期間屆滿。為避免繼續或逐次公開發表之著作，如各次公開發表不能獨立成一著作者，因以能獨立成一著作時之公開發表日起算保護期間，故如著作連載中斷多年，保護期間將一直無法起算，而處於不確定狀態，故第35條第3項規定：「前項情形，如繼續部分未於前次公開發表日後三年內公開發表者，其著作財產權存續期間自前次公開發表日起算。」依此規定，例如前例甲於1995年1月開始於報紙連載有連續情節之漫畫，如1997年1月因故中斷，至2003年1月再恢復連載，則自1995年1月迄1997年1月之部分，均自1997年1月起算，迄2047年12月31日保護期間屆滿。而2003年1月恢復連載部分，如連載至2005年1月，則該2003年1月至2005年1月之部分，保護期間均至2055年12月31日屆滿[1]。

---

[1]　本條第3項採自日本著作權法第56條第2項。日本著作權法第56條第1項規定：「第52條第1項、第53條第1項、第54條第1項及前條第1項公表之時，其以冊、號、回

第二款　保護期間之原則

　　伯恩公約規定一般著作之著作財產權保護期間為著作人之生存期間及其死亡後五十年，係以著作人直系子孫三代平均的生存期間為選定標準[2]。本法第30條第1項規定：「著作財產權，除本法另有規定外，存續於著作人之生存期間及其死亡後五十年。」係採伯恩公約之保護標準。目前南韓、日本、新加坡、中共，原則上著作財產權保護期間均為著作人生存期間及其死亡後五十年。又第30條所稱「本法另有規定」，係指本法第31條至第34條之規定。惟依本法第106條及民國81年舊法第106條至第108條規定，在民國81年舊法修正前完成之著作，如在民國81年著作權法修正生效前保護期間已屆滿者，不適用本法之規定。又依本法第30條第1項規定，著作財產權存續於著作人生存期間及其死亡後五十年，如果著作於著作人死亡後四十年至五十年間首次公開發表，則著作財產權之期間可能在公開發表後旋即消滅，亦不甚合理。本法為保護著作財產權人至少能享有十年之保護期間，故於本法第30條第2項規定：「著作於著作人死亡後四十年至五十年間首次公開發表者，著作財產權之期間，自公開發表時起存續十年。」例如著作人甲於西元2010年死亡，保護期間原則上至2060年12月31日止（§35Ⅰ），甲之繼承人乙於2059年6月始出版甲之著作，依第30條第1項僅實際享受一年六個月之保護，未免過於短促，依第30條第2項，乙之著作財產權得存續至2069年12月31日止。

　　公表其著作物者，依每冊、每號、每回公表之時決定之。其逐次公表一部分而完成之著作物者，依最後部分公表之時決定之。」第2項規定：「逐次公表一部分而完成之著作物，如繼續之部分，自最後公表之時起三年內不公表者，以其已經公表之最後部分視為前項之最後部分。」參見拙著：著作權法修正條文相對草案，第104-105頁。

2　WIPO: Guide to the Berne Convention. p. 46 (1978)；日本黑川德太郎譯：ベルス條約逐條解說，第51頁。

第三款　保護期間之特例

一、共同著作之保護期間

依本法第8條規定，「共同著作」係指二人以上共同完成之著作，其各人之創作，不能分離利用者。共同著作既無個別利用之可能性，故各著作人著作財產權應有部分之保護期間，以同時屆滿為宜，以免法律關係複雜。故本法第31條特別規定：「共同著作之著作財產權，存續至最後死亡之著作人死亡後五十年。」

二、別名或不具名著作之保護期間

著作財產權之保護期間，目的係在使第三人易於掌握該著作是否保護期間已經屆滿，故別名或不具名之著作，如該別名係非眾所周知之別名，第三人難以客觀把握著作人死亡之期間，故此時保護期間不宜以著作人死亡為計算標準，故本法第32條乃規定：「別名著作或不具名著作之著作財產權，存續至著作公開發表後五十年。但可證明其著作人死亡已逾五十年者，其著作財產權消滅（Ⅰ）。」「前項規定，於著作人之別名為眾所周知者，不適用之（Ⅱ）。」

三、法人著作之保護期間

依本法第11條及第12條規定，法人得為著作人。法人並無死亡問題，僅有解散、清算而消滅問題。法人不能以死亡為標準而計算保護期間。故本法第33條規定：「法人為著作人之著作，其著作財產權存續至其著作公開發表後五十年。但著作在創作完成時起算五十年內未公開發表者，其著作財產權存續至創作完成時起五十年。」

四、特殊著作之保護期間

表演、錄音等著作，在大陸法系國家一般均以鄰接權加以保護，其保護期間本來較短；又攝影著作及視聽著作，依伯恩公約規定，保護期間亦較其他著作保護期間為短。本法乃於第34條規定：「攝影、視聽、錄音及表演之著作財產權存續至著作公開發表後五十年。」惟上開著作在創作完成時起算五十年未公開發表者，其著作財產權存續至創作完成時起五十年（§34II準用§33但書）。

第三節　著作財產權之自由利用──事務的限制

第一款　在特定條件下著作之自由利用

一、立法或行政目的之重製

著作權法固以保護著作人著作權利為本旨，惟中央或地方機關為維繫其內部業務運作，期以促進公共利益，應准許於必要時得在合理範圍內重製他人之著作。故本法第44條規定：「中央或地方機關，因立法或行政目的所需，認有必要將他人著作列為內部參考資料時，在合理範圍內，得重製他人之著作。但依該著作之種類、用途及其重製物之數量、方法，有害於著作財產權人之利益者，不在此限。」茲說明如下：

（一）本條稱「中央或地方機關」，與本法第9條第1項第2款同，理論上不分本國機關或外國機關。然而本條既規定於著作財產權之限制專款中，依國際著作權理論之「內國國民待遇原則」，實際上以本國之中央或地方機關方有適用之機會，而本國之中央或地方機關係指總統、行政、立法、司法、考試、監察等五院、中央各部會、省（市）政府、縣（市）政府及鄉鎮等。本條之規定，既來自德國、日本及南韓著作權法，依其立法例觀之，本條解釋上應指中央或地方之立法機關、行政機關或司法機關而言。

（二）本條所謂中央或地方之「立法機關」，不限於立法院，依外國立法通例解釋，只要具備相當於外國國會或地方議會之職能（如法律案、預算案及國政調查等）之機關均屬之。憲法第25條規定：「國民大會依本憲法之規定，代表全國國民行使政權。」第27條第1項規定：「國民大會之職權如下：一、選舉總統、副總統。二、罷免總統、副總統。三、修改憲法。四、複決立法院所提之憲法修正案。」第90條規定：「監察院為國家最高監察機關，行使同意、彈劾、糾舉及審計權。」故立法院、國民大會、監察院，皆屬本條之中央立法機關[3]。此外，省市議會、縣議會、甚至鄉鎮代表議會，均屬本條之地方立法機關。

（三）本條所稱中央或地方「行政機關」，係有別於立法或司法之政府行政機關，凡為完成行政目的之中央或地方機關均屬之。故上至總統府、考試院、行政院及各部會，下至直轄市政府、縣（市）政府、鄉鎮公所等，均屬本條之中央或地方之行政機關。此外，公營事業機關如鐵路局，解釋上，亦屬本條之行政機關[4]。

（四）本條所稱中央或地方之「司法機關」，例如司法院及各級法院等均是。中央或地方之司法機關亦可能為立法或行政目的而重製他人著作，例如司法院為修正民事訴訟法而影印各報章雜誌有關民事訴訟法之修正論文，供修正委員參考。

（五）本條所稱「立法目的所需」，宜採廣義，包含國會及地方議會之職能，均屬立法目的所需。憲法第63條規定：「立法院有議決法律案、預算案、戒嚴案、大赦案、宣戰案、媾和案、條約案及國家其他重要事項

3　參考司法院大法官會議釋字第76號解釋謂：「我國憲法係依據　孫中山先生之遺教而制定，於國民大會外，並建立五院，與三權分立制度本難比擬。國民大會代表全國國民行使政權，立法院為國家最高立法機關，監察院為國家最高監察機關，均由人民直接間接選舉之代表或委員所組成。其所分別行使之職權，亦為民主國家國會重要之職權。雖其職權行使之方式，如每年定期集會、多數開議、多數決議等，不盡與各民主國家國會相同，但就憲法上之地位及職權之性質而言，應認國民大會、立法院、監察院共同相當於民主國家之國會。」

4　米川猛郎：著作權法へのしるべ，第94頁。

之權。」第90條規定：「監察院為國家最高監察機關，行使同意、彈劾、糾舉及審計權。」上述職權範圍，認為有必要將他人著作列為內部參考資料時，在合理範圍內，得重製他人之著作，不以審議法律案為限。例如監察委員為彈劾某官員，秘書處將報紙所有學者或記者評論該案之文章均影印一份，供與會審查及決定監察委員之參考[5]，不對外散發，此種影印（重製）行為不侵害各文章著作財產權人之著作財產權。

（六）本條所稱「行政目的所需」，係指行政機關為完成其職務在行政行為之決定及行使上所必要之情形。例如教育局長之機要秘書，每天就各報有關教育之評論文章剪報影印，供局長作決策之參考，此時秘書之影印行為，不侵害各文章之著作財產權人之著作財產權。

（七）本條所稱「列為內部參考資料」，即僅供行政機關公務員內部參考用，不對外贈送或販賣。茲有疑義者，行政機關將他人文章加以轉載至機關內部刊物，是否屬於本條允許範圍？一般解為如果此刊物有贈送圖書館（如國家圖書館）行為，則不屬於「列為內部參考資料」。如果未贈送圖書館但刊物印行數百份或數千份，屬於本條但書之「有害於著作財產權人之利益」。再者，如公務機關內部員工訓練，將講師之演講加以記錄，並在機關內部刊物上發表，是否屬於本條規定範圍？一般認為就講師之演講加以記錄，屬於本條範圍，但如在內部刊物上發表，則非本條範圍，須徵得講師授權。但如依演講之目的，對講師之報酬額或其他情形得判斷講師已有默示同意者，則不在此限[6]。

（八）本條重製之主體，限於中央或地方機關或其成員，一般私人不得引用本條。又本條重製之客體，為一般私人之著作，此著作不限於已經公開發表，未公開發表之著作，亦包含在內。

（九）本條但書規定：「但依該著作之種類、用途及其重製物之數

5　監察法第8條規定：「彈劾案經提案委員外之監察委員九人以上之審查及決定成立後，監察院應即向懲戒機關提出之。彈劾案向懲戒機關提出後，於同一案件如發現新事實或新證據經審查後，應送懲戒機關併案辦理。」

6　日本著作權法令研究會：著作權關係法令實務提要，第629頁。

量、方法，有害於著作財產權人之利益者，不在此限。」係指機關之重製，不得與著作財產權人之經濟利益相衝突，不得對著作市場之潛在銷路有不良影響。例如甲寫A書，某機關重製一百本該書作機關員工訓練教材，此時甲所寫的A書之潛在銷路自然受影響，此種行為依本項但書仍屬侵害甲之著作財產權。又依本條但書規定機關內部使用電腦軟體，應向著作財產權人購買，依本法第59條使用，不得逕依本條規定而向他人轉借重製[7]。

二、司法程序使用之重製

著作權法固以保護著作人權益為目的，惟司法程序中為求裁判之正確，對於司法程序使用之必要在合理範圍內，應容許利用人得重製他人著作，故本法第45條乃規定：「專為司法程序使用之必要，在合理範圍內，得重製他人之著作（Ⅰ）。」「前條但書規定，於前項情形準用之（Ⅱ）。」茲析述其意義如下：

（一）本條未就重製之主體加以限制，與第44條規定不同，故解釋上

7　民國81年本法修正時立法院二讀審議時，丁守中委員之發言謂：「由於著作權法的內容包羅萬象，並未特別針對電腦軟體的特性——其開發成本及複製成本的對比加以特別規範。條文中規定，因立法或行政目的所需，在合理的範圍內，得重製他人之著作。本席以為，此一規定很可能造成只許州官放火而不許百姓點燈的情形。例如：中共計算機保護條例第22條規定：國家機關執行公務需要，複製軟體以少量為限。即使中共規範以少量為限，都已遭致國際間批評其不尊重智慧財產權。我國則以合理範圍作為規範，但合理範圍之界定頗為困難。例如部會中購買一份文字編輯軟體，卻可以不知重複複製多少份，此舉已侵害了資訊軟體業界之權益，尤其剛才特別提到我國之天然資源有限，就是倚靠腦力開發之軟體程式增加附加價值。若不能對業界之利益予以合法保障，不將本條文比照各國保護智慧財產之方式來加以規定，而任由中央、地方機關不斷複製，將會嚴重侵害智慧財產權人之利益，本席提議將條文修正為：『……有害智慧財產權之利益者，或係電腦軟體者均不在此限。』……」參見立法院秘書處編：著作權法修正案，下冊，第590-591頁。本法於民國87年修正時雖刪除但書「或係電腦程式著作」八字，但解釋上亦應如斯解釋。

不限於法院、檢察署得重製他人著作，原告、告訴人、自訴人、被告、律師、司法警察等專為司法程序使用之必要，在合理範圍內，亦得重製他人著作[8]。

（二）本條重製之客體，為一般私人之著作。此著作不限於已公開發表，未公開發表之著作亦包括在內。惟此著作財產權之限制，解釋上不影響及著作人格權（§66）。因此，專為司法程序使用之必要而重製未公開發表之著作，其使用之當事人，應注意著作人之公開發表權侵害問題。不過訴訟當事人為主張證據而提出未公開發表著作之重製物，以供法院採用，法院在判決書中引用，該著作之內容在一定之限度內，即為公眾周知。此種情形是否構成公開發表權之侵害？一般認為，如認定此種情形為公開發表權之侵害，則本條專為司法程序目的得為著作之利用，即失去意義。故在此種情形，解釋上應不生著作人公開發表權侵害之問題[9]。

（三）本條專為司法程序目的，不僅包含民刑事案件的裁判，訴願、再訴願等行政機關所為之準司法程序，亦包含在內。例如證據書類、補充理由書狀等之重製他人著作等[10]。

（四）本條「專為司法程序使用之必要」，係指直接且特定為司法程序之使用，例如法官為寫判決得重製當事人之準備書狀及答辯狀；律師為寫辯護狀得重製學者著作作為證物以強化自己之主張；警察為蒐證得對牛肉場之表演加以錄影等。至於警察局為地區治安，將他人地圖製成膠卷以供投影指揮交通或維護公安，係屬第44條之範圍，而非本條範圍[11]。又甲教授寫《刑事訴訟法》一書，雖便利實務界人士司法程序之使用，但並非「專為司法程序使用」之必要，亦可能供學生課業學習用，故不得引本條規定重製他人著作。

（五）本條第2項規定：「前條但書規定，於前項情形準用之。」係

8　加戶守行：著作權法逐條講義，第234頁。

9　內田晉：問答式入門著作權法，第255-256頁。

10　同註4，第254頁。

11　日本著作權法令研究會：著作權關係法令實務提要，第629頁。

指「依該著作之種類、用途及其重製物之數量、方法，有害於著作財產權人之利益者，不在此限。」其解釋與第44條同，即指不得對著作之潛在市場有不良影響。本條情形利用他人著作多屬少量，甚少對著作財產權人著作之潛在市場有不良影響。至於民國81年舊法第44條但書規定：「但依該著作之種類、用途及其重製物之數量、方法，有害於著作財產權人之利益或係電腦程式著作者，不在此限。」本條第2項準用第44條但書規定，專為司法程序使用之必要，在合理範圍內，不得重製他人之電腦程式，係屬立法之錯誤[12]，外國立法例對電腦程式著作均無特別除外之理由，蓋被告若欲證明與告訴人（或原告）電腦程式不同，將告訴人（或原告）程式加以拷貝作成對照表加以分析或送請鑑定，此為訴訟所習見，宜解為合法。故民國81年舊法此處之「電腦程式著作」之除外規定，宜解為法官、律師使用電腦製作判決或繕寫答辯狀，電腦中所使用之程式（如DOS、WORD、WINDOWS），不得重製他人之電腦程式是。民國87年本法第44條但書刪除「或係電腦程式著作」等八字，更可確定應作如上之解釋。易言之，檢警單位為查察取締侵害案件，利用機器檢視某電腦程式著作重製物是否為侵害物者，此於檢視操作過程有必要對電腦程式加以重製，此重製行為依本條規定應屬合法。然而司法機關為機關資訊化之需要，仍須購買配置合法電腦程式著作重製物，否則仍將侵害原電腦程式著作之著作財產權人之著作權，而不得依本條規定加以豁免[13]。

　　（六）專為司法程序使用之必要，在合理範圍內，除得重製他人著作外，亦得翻譯他人著作（§63）。惟不問重製或翻譯，均應明示其出處。就著作人之姓名或名稱，除不具名著作或著作人不明者外，應以合理之方式為之（§64）。

12　參見拙文：談司法程序使用之重製，自立晚報，民國84年2月20日二十版；蒐錄於拙著：著作權法時論集（一），第3-6頁。

13　參見內政部著作權委員會：新舊著作權法條文對照及說明（民國87年2月），第30頁。

三、學校授課需要之利用

（一）學校授課需要之重製、公開演出、公開上映

　　依法設立之各級學校及其擔任教學之人，為學校授課之需要而重製、公開演出、公開上映他人著作之情形，所在多有。基於促進教育之理由，應予承認。例如學校教師為教新聞學，影印報紙一篇社論；歷史教師為教授歷史而唱一段令人熱血沸騰的進行曲，或放映一段歷史影片等，均為教學常情，故本法第46條乃規定：「依法設立之各級學校及其擔任教學之人，為學校授課目的之必要範圍內，得重製、公開演出或公開上映已公開發表之著作（Ｉ）。」「第四十四條但書規定，於前二項情形準用之（Ⅲ）。」茲析述其意義如下：

　　1.本條得為重製、公開演出、公開上映之主體，限於「依法設立之各級學校及其擔任教學之人」。本條未如日本著作權法第35條規定，包含「其他教育機關」，故解釋上本條之重製、公開演出、公開上映之主體，限於依法設立之各級學校，不問是大學、中學、小學、學校附設幼稚園及其他各種依法設立之各級學校，均包含在內，但不包含職訓中心、各機關的訓練所、研究中心在內。上述機關之使用，僅能適用著作權法第65條第2項之「其他合理使用」規定。至於營利補習班、企業內部設施之利用著作，更不在本條範圍，適用著作權法第65條第2項「其他合理使用」之機會亦較少[14]。

　　2.本條不問有無教師資格，亦不問專任教師或兼任教師。只要是實際擔任教學之人之重製、公開演出、公開上映行為，均屬之。然而，如果教育局將他人著作重製並散布於學校學生，則非本條之重製。本條限於教師本人，或作為教師手足之職員或學生，甚或教師委託之業者所為之重製、公開演出或公開上映行為，依「手足理論」，認為係本條所稱之重製、公

---

14 參見金井重彥、小倉秀夫：著作權法コメンタール，第664頁，レクシスネクシス─ジャパンン株式會社，平成25年5月。

開演出及公開上映行為[15]。

3.本條重製之目的，限於「為學校授課需要」，本條之「學校授課」，不限於課堂上之教師講授，實驗、實習、討論會、體育技能等凡為實現教育計畫，而對學生所為一貫授課過程之使用，均包含在內。但非授課需要之學校課外活動或自主性研討會之使用，則不包含在內[16]。另單純供學生學習參考用而重製文獻，亦不符本條之「為學校授課需要」。

4.本條之重製、公開演出或公開上映之利用目的，是指於授業過程中所必須之利用者。因而，如將供自己所任教（各）班級或自己所任教班級內學童使用之重製物，不僅散布予自己所任教班級或所任教學生，甚至為全校學生製作其印刷物時，則在自己學生以外之重製行為，即非本項規定之重製[17]。

5.本條重製、公開演出、公開上映之對象，限於已公開發表之著作，未公開發表之著作，不包含在內。又本條之「必要範圍」，應依具體個案，參酌本條第3項判斷之，無須經本法第65條第2項四款合理使用判斷基準之檢驗[18]。

15　參見加戶守行：着作權法逐條講義，第321頁，着作權情報センタ，令和3（2021）年12月，七訂新版；金井重彥、小倉秀夫：前揭書，第665頁。

16　參見加戶守行：前揭書，第321-322頁。

17　參見加戶守行：前揭書，第322頁。

18　參見經濟部智慧財產局113年3月28日電子郵件1130328號函：「一、依著作權法（下稱本法）第65條第2項規定：『著作之利用是否合於第四十四條至第六十三條所定之合理範圍或其他合理使用之情形，應審酌一切情狀，尤應注意下列事項，以為判斷之基準（下略）』，僅於本法第44條至第63條合理使用規定有『合理範圍』者，始須再依第65條第2項規定審酌是否成立合理使用，至於其他規定僅須符合各該條文所定之要件即屬合理使用（參照103年著作權法修法說明），先予說明。二、所詢本法第46條、第46條之1及第49條規定等，為授課、教育目的及時事報導等所為之合理使用規定，利用人如符合該等條文之要件，即可主張合理使用，無須再依本法第65條第2項規定之4項判斷基準予以審酌。至於前述各該條文所稱之『必要範圍』，尚須視具體個案而定，無法一概而論，如有爭議，仍須由司法機關調查證據認定之。」

　　6.本條第3項規定：「第四十四條但書規定，於前二項情形準用之。」第44條但書規定：「但依該著作之種類、用途及其重製物之數量、方法，有害於著作財產權人之利益者，不在此限。」所謂「依該著作之種類」，有害於著作財產權人之利益，例如為美術欣賞用而重製繪畫，為國文教材用而重製小說、童話，可能有害於著作財產權人之利益是[19]。又如樂譜、視聽教材之重製，其數量通常須較受限制，否則即有害於著作財產權人之利益[20]。所謂「依該著作之用途」，有害於著作財產權人之利益，例如教師在市面上購買一本習題測驗而影印分發給全班學生作測驗，即有害於著作財產權人之利益[21]。另教師在市面上購買一本輔助教材（workbook）而影印分發給班上全體學生參考，亦認為有害於著作財產權人之利益[22]。所謂「依重製物之數量、方法」，有害於著作財產權人之利益，例如有一百人以上學生，將他人著作加以印刷成大學講義，每人分發一份，此在解釋上亦有害於著作財產權人之利益。又為學校授課需要，依本條第3項原規定不得重製電腦程式著作，旨在防止校園電腦拷貝[23]。民國81年舊法有明文規定，民國87年本法修正時雖將第44條但書「或係電腦程式著作」等八字刪除，然解釋上，學校及其擔任教學之人為電腦教學軟硬體設備之需要，仍須購買配置合法電腦程式著作重製物，否則將違反著作權法規定。然而，學校教師為授課之必要，在教室黑板上寫出電腦程式著作內容加以分析解釋，此為本條應予容許之範圍，並不侵害著作財產權人之著作權。

　　7.依本條規定利用他人著作者，得散布及改作該著作（§63）。依本條規定重製他人著作，應明示其出處。該明示出處義務，就著作人之

19　加戶守行：前揭書，第324頁。

20　內田晉：問答式入門著作權法，第225頁。

21　日本文部省昭和47年（西元1970年）2月21日四十六地文著字第三號。

22　經濟部智慧財產局99年4月2日智著字第09900024710號函：「若學校無論是老師、學生，影印整本書籍或為大部分之影印，以及化整為零之影印等，實已超出合理使用範圍，自仍屬侵害重製權之行為。」

23　參見立法院秘書處印：著作權法修正案，第566頁。

姓名或名稱，除不具名著作或著作人不明者外，應以合理之方式為之（§64）。

（二）學校授課遠距教學必要之公開傳輸及公開播送

　　由於傳播科技的發達，學校教學不限於教學現場，往往在教學現場的「主場所」外，另外有遠距修課的學生，在另一個「副場所」以銀幕、電腦聽課，此時如果「主場所」使用到他人著作，「副場所」亦同時在電腦或銀幕上展現而使用到他人著作。因此本法第46條第2項乃規定：「前項情形，經採取合理技術措施防止未有學校學籍或未經選課之人接收者，得公開播送或公開傳輸已公開發表之著作。」析述如下：

　　1.本項係沿襲第1項而來，解釋上本項需有第1項之情形，乃有第2項之存在。如果係同時播送、同時接收，此乃公開播送之範圍。如果係接收者得在不同時間及地點接收，乃公開傳輸之範圍[24]。

　　2.本項限於「經採取合理技術措施防止未有學校學籍或未經選課之人接收」之情形，亦即限制僅限於在學學生使用，以保護著作權人之利益，蓋同樣係學校之使用，本條無須付費，而第46條之1及第47條均採「法定

24　經濟部智慧財產局98年12月14日智著字第09800110140號函：「……二、按著作權法（下稱本法）所稱『公開播送』係指基於公眾直接收聽或收視為目的，以有線電、無線電或其他器材之廣播系統傳送訊息之方法，藉聲音或影像，向公眾傳達著作內容。由原播送人以外之人，以有線電、無線電或其他器材之廣播系統傳送訊息之方法，將原播送之聲音或影像向公眾傳達者，亦屬之；『公開傳輸』則指以有線電、無線電之網路或其他通訊方法，藉聲音或影像，向公眾傳達著作內容，包括使公眾得於其各自選定之時間或地點，以上述方法接收著作內容。三、來函所詢貴公司提供之MOD服務，其中有關電視頻道服務，如貴公司係在受控制或處於適當管理下的網路系統內，基於公眾收聽或收視為目的，使用網際網路通訊協定（IP Protocol）技術之多媒體服務，並按照事先安排之播放次序及時間將著作內容向公眾傳達，使公眾僅得在該受管控的範圍內為單向、即時性的接收，此種著作利用行為，係屬本法所稱以廣播系統傳送訊息之『公開播送』行為。至於貴公司提供之隨選視訊服務（VOD）部分，因所提供者係互動式之多媒體服務，使公眾得於各自選定之時間或地點接收著作內容之行為，應屬公開傳輸行為。」

授權」制，利用人需向權利人付費。

（三）其他遠距教學必要之公開播送及公開傳輸

本法第46條第2項，係規定有「主場所」之學校教學，而於「副場所」註冊聽課需要利用他人著作而設，如果係非屬依法設立之各級學校之獨立教育機構，或類似空中大學，主場所本身僅係錄影設備，其教學本身即在作空中播送或公開傳輸，不符本法第46條第2項規定。為推廣遠距教學起見，本法第46條之1乃規定：「依法設立之各級學校或教育機構及其擔任教學之人，為教育目的之必要範圍內，得公開播送或公開傳輸已公開發表之著作。但有營利行為者，不適用之（Ⅰ）。」「前項情形，除符合前條第二項規定外，利用人應將利用情形通知著作財產權人並支付適當之使用報酬（Ⅱ）。」析述如下：

1.本條與第46條第2項範圍有重疊，如果符合第46條第2項者，逕行適用第46條第2項規定，利用他人著作，無須付費。如果不符合第46條第2項規定，則適用本條規定。

2.本條適用範圍，不限於學校，尚包含其他教育機構在內，且本條亦適用於本身即在作遠距教學之學校（如空中大學），以及其他無主場所教學在內之遠距教學在內。

3.本條除符合第46條第2項之情形者外，其他無論為公開播送或公開傳輸，均應付費，其標準依協商決定，採「法定授權制度」。協商不成立，僅有民事責任，而無刑事責任。

四、教科書之法定授權

（一）教科用書之重製、改作、編輯及公開傳輸

本法第47條第1項規定：「為編製依法規應經審定或編定之教科用書，編製者得重製、改作或編輯已公開發表之著作，並得公開傳輸該教科用書。」茲析述意義如下：

1.本項教科用書得重製、改作或編輯、公開傳輸他人已經公開發表之

著作,故本項重製、改作編輯、公開傳輸之標的,限於已「公開發表」之著作,未公開發表之著作未包含在內。已公開發表之著作不限於種類,例如小說、詩詞、繪畫、照片、樂譜等,均得加以重製、改作或編輯、公開傳輸。所謂「公開發表」,即指權利人以發行、播送、上映、口述、演出、展示或其他方法向公眾公開提示著作內容(§3Ⅰ⑮)。

2.本法第17條規定:「著作人享有禁止他人以歪曲、割裂、竄改或其他方法改變其著作之內容、形式或名目致損害其名譽之權利。」第66條規定:「第四十四條至第六十三條及第六十五條規定,對著作人之著作人格權不生影響。」故依本項雖得改作或編輯他人已公開發表之著作,然而改作或編輯他人著作仍不得改變至影響原作者之名譽,否則可能侵害原著作人之著作人格權。如有侵害著作人格權,原著作人仍得依本法第84條、第85條、第88條之1及第89條規定,主張權利。

3.依本項規定利用他人著作者,得散布該著作(§63Ⅲ)。依本項規定之重製、改作或編輯他人已公開發表之著作,得以翻譯方式為之,例如甲欲編製應經審定或編定之教科用書,而將國外某英文文章加以翻譯而使用於教科書中是(參照§63)。

4.依本項重製、改作編輯、公開傳輸他人已公開發表之著作,應明示其出處。該明示出處,就著作人之姓名或名稱,除不具名著作或著作人不明者外,應以合理之方式為之(§64)。

5.出版法第21條原規定:「出版品之為學校或社會教育各類教科圖書、發音片者,應經教育部審定後方得印行。」此規定已因出版法廢除而消失。茲有疑義者,如某出版社為編製依法令應經審定或編定之教科用書,而重製甲之著作,然而其未實際送審定即予發行,此時A出版社重製甲之著作,未事先徵求同意,是否得適用本條規定,而主張著作財產權之限制?解釋上在編製及印刷過程中,雖尚未經審定,因該教科用書係屬應經審定之教科用書,故雖未經審定,仍屬於本條之範圍,得適用本條規定。至於該教科用書未經審定,是否得以發行,此乃立法及教育政策問題,而非著作權法之問題。然而此僅限於依法令應經審定之教科用書方有本條之適用,參考用書或非屬於教科用書之課外讀物,均不適用本條規

定。

　　6.本條因採法定授權制度，重製、改作編輯、公開傳輸之數量，無須受著作權法第65條第2項四款合理使用條款的檢驗，然而解釋上仍以教科用書使用之必要為限。

（二）教學輔助用品之重製、改作或編輯（§47Ⅱ）

　　本法第47條第2項規定：「前項規定，除公開傳輸外，於該教科用書編製者編製附隨於該教科用書且專供教學之人教學用之輔助用品，準用之。」本項規定之輔助用品，須符合下列三要件：1.須附隨於該教科用書之輔助用品；2.須專供教學之人教學用之輔助用品；3.須與原教科用書之編製者相同之人所編者。易言之，如該輔助用品並非附隨於該教科用書者，或者該輔助用品之編製者與原教科用書之編製者為不同之人，或甚至該輔助用品並非供教師教學用，均不屬於本項之範圍。例如，學校課外活動、土風舞用之CD唱片重製他人著作，並非本項之範圍。此外，教科用書之利用，得重製、改作編輯或公開傳輸他人已公開發表之著作，然而教學輔助用品不得為公開傳輸。

　　本項之其餘要件參見前述教科用書之重製、改作、編輯及公開傳輸之分。

（三）使用報酬之支付（§47Ⅲ）

　　依本項之規定，利用人依前三項規定，利用他人著作，應將利用情形通知著作財產權人，並支付使用報酬，使用報酬率由主管機關定之。茲有疑義者，依本項規定，利用人應支付使用報酬，惟未支付而利用他人著作，究係民事之債務問題，抑係侵害著作財產權，應依本法第91條及第92條負擔刑事責任？依本條於立法院審查會訂定時之立法原意，應屬民事問題，而非侵害著作財產權之問題。

五、圖書館等之重製

（一）一般圖書館之重製

　　本法之立法目的係為保障著作人著作權益，調和社會公共利益，目的在促進國家文化發展。而促進國家文化發展，應廣設圖書館等，使人類之智慧能夠普及利用。然而人類智慧普及利用又可能有損著作人之權利，為相互調和起見，本法第48條第1項乃規定：「供公眾使用之圖書館、博物館、歷史館、科學館、藝術館、檔案館或其他典藏機構，於下列情形之一，得就其收藏之著作重製之：一、應閱覽人供個人研究之要求，重製已公開發表著作之一部分，或期刊或已公開發表之研討會論文集之單篇著作，每人以一份為限。但不得以數位重製物提供之。二、基於避免遺失、毀損或其儲存形式無通用技術可資讀取，且無法於市場以合理管道取得而有保存資料之必要者。三、就絕版或難以購得之著作，應同性質機構之要求者。四、數位館藏合法授權期間還原著作之需要者。」依此規定，析述其意義如下：

1.重製之主體

　　(1)本條規定重製之主體，限於供公眾使用之圖書館、博物館、歷史館、科學館、藝術館、檔案館或其他典藏機構。本條僅稱「供公眾使用」，解釋上不問公立圖書館、博物館、歷史館、科學館、藝術館、檔案館，或私立圖書館、博物館、歷史館、科學館、檔案館，均包含在內。又本條所謂「供公眾使用之圖書館」，解釋上包含大專院校之圖書館、資料中心、研究所之藏書，甚至包含私立學校或財團法人圖書館在內。即使各縣市文化中心、救國團圖書館、民眾服務社之資料室，亦可解為本條之圖書館。本條之「其他典藏機構」，舉凡音樂廳、戲劇院、紀念館、音樂設施、文物館等，均包含在內。惟本條有重製主體之限制，故如非本條之重製主體，即使為公益目的，亦不得就其收藏之著作加以重製。例如，非本條之主體，為展示及推廣美術教育，於錄影帶中翻拍圖書館畫冊內之美術

著作，即無本條之適用[25]。

(2)本條既規定重製之主體為圖書館等典藏機構，則實際上實施重製者，須為圖書館等內部之管理人員，並使用圖書館本身管理之重製設備進行重製。如在圖書館借書至附近影印店影印，或透過契約委託外面影印店在圖書館內從事影印，不符本條之重製主體要件。惟如在重製前圖書館經利用人請求由圖書館員檢視其欲重製之內容後，在圖書館內由圖書館所管理之機器自行影印或由圖書館以契約委託之人重製，甚或以自動投幣式影印機影印，依「手足理論」解釋上應屬於圖書館之重製，符合本條之重製主體要件。

2.應閱覽人要求之重製（§48 I ①）

依本條第1項第1款規定，應閱覽人供個人研究之要求，重製已公開發表著作之一部分，或期刊或已公開發表之研討會論文集之單篇著作，每人以一份為限，但不得以數位重製物提供之。茲分述如下：

(1)重製之目的：本款重製之目的，限於應閱覽人供個人研究之要求。茲所謂個人，不包含公司企業在內。又此所謂「研究」，解釋上無須高度之學術研究，易言之，請求重製者，無須為學者或專家，一般人亦可。但此重製之目的，既須供個人研究目的，則趣味、娛樂、鑑賞目的之重製，自屬受到限制。又合唱團之練習，亦非本條之「個人研究」之範圍。

(2)重製之方法：民國74年舊法時期重製之方法限於「影印」，民國81年舊法以後則不加以限制，故除影印外，重製錄音帶、錄影帶或翻拍照片亦可。然而為了避免著作權人損害，本法特別規定，不得以數位重製物提供之。易言之，圖書館如果將館藏書籍數位化，不得以USB、光碟或

25　內政部民國82年9月25日台(82)內著字第8224044號函謂：「所詢為展示及推廣美術教育，於畫冊中翻拍美術作品，有無著作權法（下稱本法）第48條、第49條或第52條之適用乙節，查本法第48條之行為人，限於供公眾使用之圖書館等文教機構，且須在該條第1款至第3款各款所限之情形下，始得重製。台端所屬單位為展示及推廣美術教育，於錄影帶中翻拍圖書館畫冊內之美術著作，顯非該第48條各款所訂之情形，自無該條之適用。」

e-mail方法，將圖書館數位內容提供給讀者。

　　(3)重製之客體：本款重製之客體，限於館內收藏之已公開發表的著作。如非館內收藏，固不能重製。如該著作尚未公開發表，例如名作家之遺稿或日記，則不得重製。所謂「公開發表」，即指權利人以發行、播送、上映、口述、演出、展示或其他方法向公眾提示著作內容（§3Ⅰ⑮）。

　　(4)重製之範圍：限於著作之一部分或揭載於期刊或已公開發表之研討會論文集之單篇著作，且每人限於一份。茲所謂著作之「一部分」，乃指各個著作之一半以下[26]，例如著作三百頁，影印一百五十頁以下是。但在攝影、美術著作，如其著作不可分，宜解為得影印全部[27]。惟美術集、照片集之著作，則仍受影印一部分之限制，不得影印全部。至於期刊上之文章，則得影印單篇文章，但不得影印整本雜誌，自不待言。

3.基於保存資料必要之重製（§48Ⅰ②）

　　供公眾使用之圖書館、博物館、歷史館、科學館、藝術館、檔案館或其他典藏機構，基於避免遺失、毀損或其儲存形式無通用技術可資讀取，且無法於市場以合理管道取得而有保存資料之必要者，得就其館內收藏之著作重製之。

　　民國81年舊法條文所規定「基於保存資料之必要」，得就館藏著作重製之，而所謂「基於保護資料之必要」，限於二種情形：(1)館藏著作已毀損或遺失、或客觀上有毀損、遺失之虞，且無法在市場上以合理管道取得相同或適當版本之重製物（例如：手稿、珍本或已絕版之著作）；(2)館藏版本之儲存形式（載體）已過時，利用人於利用時所需技術已無法獲得，且無法在市場上以合理管道取得相同或適當版本之重製物，須以其他形式加以重製者（如圖書館館藏之古老黑膠唱片及傳統VHS錄影帶），民國111年修法，乃就上述要件予以明文。此外，如權利人已以數位形式發行

26　佐野文一郎、鈴木敏夫：改訂新著作權法問答，第255頁；加戶守行：着作權法逐條講義，第292頁，令和3年7訂新版。

27　鈴木敏夫：實學‧著作權，上冊，第186頁。

或對公眾提供，但其所製作發行之數位格式不具容通性（閉鎖格式），而造成增加館藏保存數位版本之成本者，亦可適用。

4.應同性質機構要求之重製（§48 I ③）

供公眾使用之圖書館、博物館、歷史館、科學館、藝術館、檔案館或其他典藏機構，就絕版或難以購得之著作，應同性質機構之要求者，亦得就其收藏之著作重製之。

本款之重製，既限於已絕版或無法購得之著作，故著作價格太高，基於金錢上之理由無法購買，或外國圖書購買須相當長的時間，或書籍雖已不再發行，但仍在舊書攤販售，均不符合本款重製之要件。

5.還原著作需要之重製（§48 I ④）

供公眾使用之圖書館、博物館、歷史館、科學館、藝術館、檔案館或其他典藏機構，在購買館藏資料，亦可能係購買永久授權之數位館藏。為考量圖書館等典藏機構實務上可能採購永久授權之數位形式館藏，如因毀損、滅失或未來因應技術升級，現行數位形式館藏也必須重新還原才能繼續使用，民國111年本法修正，乃參考加拿大著作權法訂定本款規定，即在館藏係採買永久授權數位館藏，於毀損、滅失或未來因應技術升級，允許重製著作。

（二）國家圖書館之重製

依圖書館法第15條規定，為完整保存國家圖書文獻，國家圖書館為全國出版品之法定送存機關。茲為確保文化資產之保存以及可於將來繼續傳承及利用，民國111年本法參考日本及南韓著作權法，賦予國家圖書館得基於文化保存之目的，就經送存著作及機關或公法人於網路上提供資料予以重製之法源。本法乃於第48條第2項規定：「國家圖書館為促進國家文化發展之目的，得以數位方式重製下列著作：一、為避免原館藏滅失、損傷或污損，替代原館藏提供館內閱覽之館藏著作。但市場已有數位形式提供者，不適用之。二、中央或地方機關或行政法人於網路上向公眾提供之資料。」由於國家圖書館較其他圖書館有較大的重製特權，為了避免此項重製逾越文化保存目的使用，本法乃於第48條第4項規定：「國家圖書館

依第二項第一款規定重製之著作，除前項規定情形外，不得作其他目的之利用。」

（三）圖書館之公開傳輸

考量數位閱讀趨勢，上述圖書館數位重製之資料，應得於適當要件限制下，提供讀者於館內線上瀏覽。故本法第48條第3項規定：「依第一項第二款至第四款及前項第一款規定重製之著作，符合下列各款規定，或依前項第二款規定重製之著作，符合第二款規定者，得於館內公開傳輸提供閱覽：一、同一著作同一時間提供館內使用者閱覽之數量，未超過該機構現有該著作之館藏數量。二、提供館內閱覽之電腦或其他顯示設備，未提供使用者進行重製、傳輸。」依此規定，分述如下：

1.得於館內公開傳輸提供閱覽之標的

包含下列館藏重製之著作：

(1)基於避免遺失、毀損或其儲存形式無通用技術可資讀取，且無法於市場以合理管道取得而有保存資料之必要者。

(2)就絕版或難以購得之著作，應同性質機構之要求者。

(3)數位館藏合法授權期間還原著作之需要者。

(4)為避免原館藏滅失、損傷或污損，替代原館藏提供館內閱覽之館藏著作。但市場已有數位形式提供者，不適用之。

2.得公開傳輸提供閱覽之要件

(1)同一著作同一時間提供館內使用者閱覽之數量，未超過該機構現有該著作之館藏數量：例如館藏有三本紙本書，同一時間館內不得提供逾三台電腦作館內數位閱覽。

(2)提供館內閱覽之電腦或其他顯示設備，未提供使用者進行重製、傳輸：即館內電腦線上閱覽，不得有閱覽人重製及對外公開傳輸的設備，以免有損害著作財產權的利益。

（四）圖書館重製著作之翻譯及散布

供公眾使用之圖書館、博物館、歷史館、科學館、藝術館、檔案

館或其他典藏機構，依上述第48條第1項第1款重製之重製物，得為翻譯
（§63Ⅰ）。而依本條重製之著作，得為散布（§63Ⅲ）。

六、論文摘要之重製

　　本法第48條圖書館等之重製，其適用之對象大多在解決圖書館應閱覽
人供個人研究之要求或為保存資料等情形而設，然而各機關、教育機構或
圖書館，依法並不能就館藏之著作數位化並上載至網站。為解決各機關或
圖書館得就館藏之著作之論文摘要，得加以上載至網站，供一般人研究，
以使論文資訊更為便利起見，民國87年本法修正乃增加第48條之1規定：
「中央或地方機關、依法設立之教育機構或供公眾使用之圖書館，得重製
下列已公開發表之著作所附之摘要：一、依學位授予法撰寫之碩士、博士
論文，著作人已取得學位者。二、刊載於期刊中之學術論文。三、已公開
發表之研討會論文集或研究報告。」茲析述其意義如下：

　　　（一）本條重製之主體為中央或地方機關、依法設立之教育機構或供
公眾使用之圖書館。所謂「中央或地方機關」，與第44條之「中央或地方
機關」同其意義，包含總統府、五院、中央各部會、省市、縣市及鄉鎮公
所。所謂「依法設立之教育機構」，與本法第47條第3項「依法設立之教
育機構」同其意義。所謂教育機構，包含社會教育法第5條之社會教育機
關在內，但不包含私人辦理之補習班（補習及進修教育法§6）[28]。本條
所稱「供公眾使用之圖書館」，與第48條「供公眾使用之圖書館」同其意
義，解釋上包含各大專院校之圖書館、資料中心、研究所之圖書室在內，
即使各縣市文化中心、救國團圖書館、民眾服務社之資料室，亦可解為本
條之圖書館。

---

[28] 社會教育法第5條規定：「各級政府視其財力與社會需要，得設立或依權責核准設
　　立下列各社會教育機關：一、圖書館或圖書室。二、博物館或文物陳列室。三、
　　科學館。四、藝術館。五、音樂廳。六、戲劇院。七、紀念館。八、體育場所。
　　九、兒童及青少年育樂設施。十、動物園。十一、其他有關社會教育機構。」

　　（二）本條無重製目的之限制，只要中央或地方機關、依法設立之教育機構或供公眾使用之圖書館，不論係為何目的，均得重製本條所規定已公開發表之著作所附之摘要。

　　（三）本條重製之客體，限於下列已公開發表之著作所附之摘要：1.依學位授予法撰寫之碩士、博士論文，著作人已取得學位者；2.刊載於期刊中之學術論文；3.已公開發表之研討會論文集或研究報告。由此可見，本條重製之客體限於已公開發表之著作所附之摘要；未公開發表之著作所附之摘要，不包含在內。所謂公開發表，係指權利人以發行、播送、上映、口述、演出、展示或其他方法向公眾公開提示著作內容（§3 I ⑮）。又本條所得重製之著作限於摘要部分，而不包含摘要以外之內容部分，摘要以外內容部分之重製，應依第48條或其他規定加以重製[29]。

　　（四）本條重製之方法，不限於影印。凡本法第3條第1項第5款重製之意義中所謂「以印刷、複印、錄音、錄影、攝影、筆錄或其他方法直接、間接、永久或暫時之重複製作」，均包含在內。例如，將摘要製成光碟或CD-ROM，或將摘要在網路上網等，均包含在內。

　　（五）本條重製之範圍，不限於摘要之一部分，亦不限於一份。凡本條之著作所附之摘要，均得全部加以重製，即使重製販賣，亦非法之所禁[30]。

　　（六）依本條規定利用他人著作者，得散布該著作（§63III）。

29　依本條第1款規定，限於依學位授予法撰寫之碩士、博士論文，而不包含大專教師之升等論文在內，條文似屬闕漏。惟大專教師之升等論文，如未刊載於季刊中，或未在研討會加以發表，而如已為已公開發表之著作，仍得依本法第65條第1項規定，重製其所附之摘要。

30　因本條重製之主體限於中央或地方機關、依法設立之教育機構或供公眾使用之圖書館，故即使重製本條之著作所附之摘要加以販賣，亦屬數量有限，對於著作財產權人之利益並無損害之虞。

七、時事報導必要之利用

在報導時事時所接觸之層面極為廣泛，而於報導之過程中極可能利用他人著作，在此情形如果不設利用之免責規定，則時事報導極易動輒得咎，阻礙大眾知的權利，當非著作權法保護著作權之本意，故本法第49條規定：「以廣播、攝影、錄影、新聞紙、網路或其他方法為時事報導者，在報導之必要範圍內，得利用其報導過程中所接觸之著作。」茲析述如下：

（一）本條所稱「所接觸之著作」，依民國81年舊法行政院原草案說明，係指報導過程中，感官所得知覺存在之著作。例如新聞紙報導畫展時事，為使讀者了解展出內容，於是將展出現場之美術著作攝入照片，刊載於新聞紙上；廣播電台或電視報導歌唱比賽時事，為使聽眾或觀眾了解比賽情形，於是將比賽會場之音樂予以錄音，於廣播或電視中予以播送等，為確達報導之目的，對該等著作有允許利用之必要[31]。因此，如A新聞紙欲報導一火山爆發之事件，採用B新聞紙過去曾報導之一火山爆發照片在本事件中使用刊出，或甚至以B新聞紙在本事件中所攝之火山爆發照片刊登使用，並不符本條之要件。蓋B新聞紙在事件現場所攝之照片本身，對A新聞紙而言，並非事件報導過程中所接觸之著作[32]。

（二）日本著作權法第41條規定：「以攝影、錄影、廣播或其他方法報導時事事件者，在報導目的上認為正當之範圍內，得複製及利用構成該事件之著作物或該事件所見所聞過程之著作。」依本條之立法原意，「報導過程所接觸之著作」，包含「構成該事件之著作」（a work implicated in the event）或「該事件所見所聞之著作」（a work seen or heard in the course of the event）。例如報導某畫家藏在別墅之名畫被盜二十幅，另有十幅未被盜，電視將該十幅攝入播出；或報導某作家自殺死亡留有遺書，

31　參見民國81年舊法本條行政院原草案說明。

32　日本著作權法令研究會編：著作權關係法令實務提要，第626頁。

將遺書報導公布，均為本條典型事例[33]。惟本法第66條規定：「第四十四條至第六十三條及第六十五條規定，對著作人之著作人格權不生影響。」故上述二例雖均未侵害著作財產權，但須注意有無侵害著作人之著作人格權中的公開發表權（§15）。例如名畫被盜事件，如電視採訪時，畫家在現場，即足以推知畫家有允許報導公開發表之默示同意[34]；在作家自殺事件，如作家之遺書欲公布於世，在報導上自得公開發表是。惟如作家之遺書僅留其女友，無公開發表之意思，媒體加以公開發表，仍可能侵害作家生前之公開發表權（§18）。

（三）本條所稱「時事報導」，係指現在或最近所發生而為社會大眾關心之報導，其對象不問政治、社會、經濟、文化、體育等，均屬之。本法所稱「其他方法」，例如有線廣播、衛星廣播等。本法所稱「報導之必要範圍內」，須依報導之態樣、報導之時間等綜合客觀觀察以為決定，如在為欣賞目的，且時間逾越一般正常的報導範圍，例如報導在國父紀念館之舞蹈或奧運，同一節目電視畫面超出五分鐘，顯然即已逾越報導之必要範圍，而具有節目欣賞價值是[35]。

33　加戶守行：著作權法逐條講義，第231頁。

34　台灣台北地方法院檢察署82年偵字第5393、5394、5397、5398號不起訴處分書謂：「查美商花旗銀行台北分行主辦柴契爾夫人來台演講會，既廣邀新聞媒體報導以壯聲勢，且主動提供僅載有銀行名銜而無翻譯者姓名之中譯稿給新聞媒體，該銀行本身又自有許多中英文俱佳之人才，顯足令人相信中譯稿是該銀行內部人員所譯並授權新聞媒體自由使用，被告等人應無侵害他人著作權之犯罪故意，且所為符合著作權法第49條之規定，均堪認定。另由花旗銀行來函可知王麗莎翻譯稿交付花旗銀行之初即明瞭花旗銀行將提供任何來賓（含新聞媒體）使用而無異議，應認已默示授權新聞媒體重製及引用。」不起訴處分書全文見拙編：著作權裁判彙編（一），第430-437頁。

35　台灣高等法院85年度上訴字第4501號判決謂：「按著作權法第49條雖規定：『以廣播、攝影、錄影、新聞紙或其他方法為時事報導者，在報導之必要範圍內，得利用其報導過程中所接觸之著作。』乃為保障一般公眾知的權利，而允許未經著作權人授權或同意即利用其著作，惟此須限於『報導之必要範圍內』始足當之。參酌同法第52條之規定，應併受於『合理範圍內』方得引用之限制，且該必要合理範圍，復應依同法第65條審酌判斷。惟所謂時事報導，應包含單純

（四）依本條規定利用報導過程所接觸之著作，解釋上不限於重製及公開播送，尚包含以翻譯方式的利用，例如報導外國作家死亡，留有遺囑公諸於世，得將該遺囑翻譯刊登是（§63Ⅰ）。

（五）依本條規定利用他人著作者，得散布該著作（§63Ⅲ）。

（六）依本條利用他人著作者，應明示其出處。上述明示出處，就著作人之姓名或名稱，除不具名著作或著作人不明者外，應以合理方式為之（§64）。

八、機關或公法人名義之著作之利用

中央或地方機關或公法人名義公開發表之著作，性質上本為公益，任何人在合理範圍之內加以重製、公開播送或公開傳輸，實對公共利益有所助益，故本法第50條規定：「以中央或地方機關或公法人名義公開發表之著作，在合理範圍內，得重製、公開播送或公開傳輸。」茲析述如下：

（一）本條稱「中央或地方機關」，與本法第9條第1項第2款、第44條及第48條之1同，不分本國機關或外國機關均可[36]。本國之中央或地方

報導（report）及推論或判斷等要素，倘完全不加以揀選或整理，即未作守門（gatekeep）之工作而全部照錄，雖名為報導，實則為重製，殊不因其出於新聞紙或雜誌而有所異。本件被告三人自學術網路之電子布告欄上截錄他人之著作，並未加以篩選或處理，竟全盤移植至以增加販售雜誌附加價值而製之光碟片中，乃利用該等著作銷售圖利，純係商業營利目的，初無因報導之必要或合理範圍內利用之問題，亦無以所謂其他方法為時事報導之可言。縱依著作權法第64條之規定，明示其出處，亦無解於彼等侵害他人著作權之事實。」引自「資訊法務透析」民國86年7月，B-1頁以下。

36 民國81年10月1日內政部台(81)內著作字第8120063號函謂：「著作權法第50條規定：『以中央或地方機關或公法人名義公開發表之著作，得由新聞紙、雜誌轉載，或由廣播電台或電視電台公開播送。』本條文適用之要件有二：其一為所利用之著作必須是以中央或地方機關或公法人名義公開發表之著作，上述所稱中央或地方機關或公法人，並無區分係本國或外國之中央或地方機關或公法人，自不限於本國……。」參見內政法令解釋彙編——著作權類（民國84年9月），第87-88頁。

機關,係指總統府、行政、立法、司法、考試、監察等五院、中央各部會、省(市)政府、縣(市)政府等。本法稱「公法人」,係指依公法行為設立,得行使公權力之組織[37]。例如農田水利會(水利法§12Ⅱ)。本法稱「公開發表」,係指權利人以發行、播送、上映、口述、演出、展示或其他方法向公眾公開提示著作內容(§3Ⅰ⑮)。

(二)本條稱「中央或地方機關或公法人名義公開發表之著作」,例如國防白皮書、外交白皮書、各種統計資料、立法院公報上各立法委員、政府首長之發言是。公立大學或研究機關刊行具有學術、研究性格之刊物(如大學紀要、研究報告書等)非廣為一般人所周知目的而作成者,不屬之[38]。又政府內部之研究發展報告,如非以政府名義公開發表,亦不屬之。本條所稱中央或地方機關或公法人名義公開發表之著作,係指著作人為中央或地方機關或公法人名義,而且以其名義公開發表,不問該著作之著作財產權人是否為中央或地方機關或公法人。易言之,只要以中央或地方機關或公法人名義公開發表之著作,其著作人為中央或地方機關或公法人,縱然著作財產權人非中央或地方機關或公法人,在合理範圍內,任何人均得重製或公開播送[39]。

(三)本法第9條規定:「下列各款不得為著作權之標的:一、憲法、法律、命令或公文。二、中央或地方機關就前款著作作成之翻譯物或編輯物。」有屬於本法第9條第1項第1款、第2款之著作,逕認定不得為著

37　施啟揚:民法總則,第119頁。

38　內田晉:問答式入門著作權法,第213-214頁。

39　內政部民國84年6月12日台(84)內著會發字第8410905號函謂:「著作權法第50條規定:『以中央或地方機關或公法人名義公開發表之著作,得由新聞紙、雜誌轉載,或由廣播電台或電視電台公開播送。』查上開規定,係參考日本著作權法第32條及第40條之立法例所訂定,而日本著作權法第32條第2項規定,新聞紙、雜誌等刊物得轉載之著作,係以『國家或地方公共團體之機關,……在其著作名義下所公表』者為限,則參考上揭立法例及利用人利用著作得以遵循之情形,上述條文應係指不論著作財產權人是否為中央或地方機關或公法人,只要著作人為中央或地方機關或公法人,且以其名義公開發表,即得由新聞紙、雜誌轉載,或由廣播電台或電視電台公開播送。」

作權之標的，非本條規定範圍。

（四）本條所稱「在合理範圍內」，應斟酌本法第65條第2項之判斷標準。理論上，本條之合理範圍，應較第49條及第52條為寬，蓋因第50條中央或地方機關或公法人名義公開發表之著作，本身即具有一定之公共性，故其重製、公開播送或公開傳輸之範圍，宜較第49條及第52條寬廣較為合理。而依本法第65條第2項之判斷標準，非營利之重製、公開播送或公開傳輸較營利之重製或公開播送，得合理使用之數量較大，如一般出版社欲利用中央或地方機關或公法人名義公開發表之著作，如此著作不符合第9條第1項第1款及第2款之規定者，應解為「不得全文加以重製販賣」；如果非營利之贈送性質，應解為得「全文加以重製或公開播送」較為合理。

（五）依本條規定利用他人著作者，得翻譯該著作（§63Ⅰ）。例如某報欲轉載美國外交白皮書，得翻譯並加以轉載。依本條規定利用他人著作者，得散布該著作（§63Ⅲ）。又依本條重製或公開播送中央或地方機關或公法人名義發表之著作，應明示其出處，其明示出處之方法，就著作人之姓名或名稱，除不具名著作或著作人不明者外，應以合理之方式為之（§64）。

九、個人使用目的之重製

隨著科技經濟之進步，個人使用目的之重製十分普遍，個人使用目的之重製，藉簡便之機器操作手續，即能自行將他人之著作予以錄音、錄影、影印、拷貝或由網路下載資料，此種情形取締十分不易，如強予禁止，亦有傷法律之尊嚴，事實上有加以承認之必要，乃於第51條規定：「供個人或家庭為非營利之目的，在合理範圍內，得利用圖書館及非供公眾使用之機器重製已公開發表之著作。」茲析述其意義如下：

（一）本條稱「供個人或家庭為非營利之目的」，應強調個人之結合關係之少數人，例如親戚、朋友等，不得擴大解釋，否則著作複製大幅度增加，著作人利益將不當地受到損害。因此，公司企業內部的利用目的，

不視為個人使用目的之重製。日本著作權審議會第四小委員會議複寫複製問題，於昭和51年（西元1974年）9月發表之報告書中謂：企業或其他團體內之從業人員在業務上利用之目的而重製著作，不應容許。易言之，其個人如以組織之一員的立場為遂行組織之目的之過程所為之重製，不符日本著作權法第30條之要件[40]。本條亦應作如斯解釋。故公司企業內部組織上所為的著作大量的複製，即使作為內部資料參考用，並非個人的使用範圍。作為企業一員之個人重製著作，亦可認為係間接地達成企業業務之目的[41]。惟律師、醫師等自由職業為職業上獲取知識所必要之目的而重製法律、醫學之圖書及雜誌，應認為係個人的使用目的。

　　（二）以口頭陳述之講學、演說等，得加以保護，此為本法第5條第1項第1款之「語文著作」。依本條規定，供個人非營利使用目的得重製著作，不問重製之手段及方法如何。因此，在教室將教師之講課加以錄音以備回家複習，自為法之所許。惟此僅限自己及少數朋友間之學習使用，如在同年級之學生間流傳，已逾越本條之範圍[42]。又將該錄音帶加以發售或印成印刷品散布，則因依第63條第3項之反面解釋，依本條規定利

40　東京地裁昭和52年（西元1975年）7月22日判決亦同旨趣。另日本著作權法第30條
　　規定：「為著作權標的之著作（以下本款簡稱「著作」），以個人、家庭或其他
　　相類似之範圍內的使用目的，除以供公眾使用為目的而設置之複製機器（有複製
　　之機能，關於其裝置之全部或主要部分係自動化之機器）而複製者外，其使用之
　　人得加以複製。」

41　佐野文一郎、鈴木敏夫：改訂新著作權法問答，第230-231頁。

42　內政部民國81年7月24日台(81)內著字第8113476號函：「著作權法第51條規定：
　　『供個人或家庭為非營利之目的，在合理範圍內，得利用圖書館及非供公眾使用
　　之機器重製已公開發表之著作。』其要件如下：一、須供行為人個人或家庭使
　　用；二、為非營利之目的使用；三、須利用圖書館及非公眾使用之機器重製；
　　四、須在合理範圍內重製；五、所重製者為他人已公開發表之著作。是依本條得
　　主張合理使用之行為人並無限制，任何人如符合上列要件均有其適用，故本條未
　　如著作權法第44條、第46條及第47條等條文限制其適用之主體，至供其他人或其
　　他家庭使用之情形，顯非屬供行為人個人或家庭使用，自無本條之適用。」參見
　　內政法令解釋彙編（十四）——著作權類，第88頁。

用他人著作者，不得散布該著作，故如加以散布，便構成重製權的侵害（§91）[43]。

　　（三）本條稱「在合理範圍內」，應斟酌第65條第2項之標準[44]。雖然本條並未具體規定重製可能的份數及數量，在解釋上，自然以個人的使用情形所容許者為限。易言之，如使用全部為必要，得重製著作之全部，但如僅必要使用一部分而重製全部著作，則違反本條之規定。又著作如係個人使用，僅得重製一份，不得重製二份以上。如少數人之團體使用，亦受使用必要之原則的限制。再者，如為少數人之團體目的使用而重製後，在該團體外再加以散布或出租，則非本條所許，而構成重製權之侵害（§91）。就此點而言，個人的使用目的所容許重製物的數量，間接的受到限制。綜言之，個人的使用，如允許著作之重製物無數量上之限制，將有害著作人之利益。因此，個人的使用情形，解釋上應僅限於必要最小之重製。伯恩公約第9條第2項規定：「在特別情形之允許著作物的重製，依同盟國之法令定之。但其重製不得妨礙著作通常之利用及著作人正當之利益。」台美著作權協定第13條規定：「在不與著作之正常利用相衝突，且不損害著作人或著作權人之合法權益情形下，締約各該方領域得立法對本協定第6條至第11條規定之專有權利，予以有關限度之例外限制。」由此規定，本條似應作嚴格之解釋[45]。

　　（四）本條規定：「得利用圖書館及非供公眾使用之機器」，因此，本條嚴格限制重製之主體以個人自己或圖書館為必要。但研究者自己之助手將必要之著作加以重製，可解為自己重製。惟委託重製業者重製，則違反本條規定。縱委託者自行操作重製機器而重製，或在他人設置投幣式影

43　內田晉：問答式入門著作權法，第194-195頁。

44　本法第65條第2項規定：「著作之利用是否合於第四十四條至第六十三條規定或其他合理使用之情形，應審酌一切情狀，尤應注意下列事項，以為判斷之基準：一、利用之目的及性質，包括係為商業目的或非營利教育目的。二、著作之性質。三、所利用之質量及其在整個著作所占之比例。四、利用結果對著作潛在市場與現在價值之影響。」

45　內田晉：前揭書，第190-192頁。

印機自行影印，亦與本條規定相違。故本條限於在自己所有或借來而在自己占有下重製或在圖書館之情形方可[46]。

（五）本條所稱「重製」，即指以印刷、複印、錄音、錄影、攝影、筆錄或其他方法直接、間接、永久或暫時之重複製作。於劇本、音樂著作或其他類似著作演出或播送時予以錄音或錄影；或依建築設計圖或建築模型建造建築物者，亦屬之（§3Ⅰ⑤）。本條之重製，原則上限於重製，演出、播送、口述等之利用，不包含在內。此外演出、播送、口述、傳輸等之利用，依著作權法第23條至第27條規定限於「公開」。故樂譜在家庭內演奏，如未公開，應為合法[47]，惟非援引本條規定而合法，乃係非著作人權利所及。

（六）本條規定限於將著作以個人、家庭及少數朋友親戚間之範圍內所為之重製的情形。例如將講義、演講加以筆記；將音樂的播送在家庭加以錄音；小團體以練習演奏為目的而重製他人歌曲等[48]。本條對重製的手段及方法，並未規定。用影印機影印、錄音機錄音、錄影機錄影均可。又本條對得重製著作之種類及態樣，亦無特別限制。調查研究目的而重製固無問題，以娛樂為目的，而將音樂、美術、電影著作加以重製，如係個人或少數人之團體欣賞之目的，均無不可[49]。

46　參見民國81年舊法本條行政院原草案說明三部分及日本著作權法資料協會編：著作權事典，第134-135頁。

47　中川善之助、阿部浩二：著作權，第175頁。

48　日本文化廳：著作權ハンドブック（1991），第48頁。

49　台灣高等法院85年度上易字第2936號判決謂：「被告於自己重製之錄影帶上輸有姓名及電話乙節，據其稱乃為與家人其餘錄影帶區別及為防遺失云云，此與一般人買書後常在書之末頁簽寫姓名及購書日期以供區別及防遺失之作用相同，不能因此即謂其係以為營利之目的而重製該錄影帶。又著作權法第51條係規定：『供個人或家庭為非營利之目的，在合理範圍內，得利用圖書館及非供公眾使用之機器重製已公開發表之著作。』，並非規定：『供教育等合理利用為目的，……』。本案被告僅為自己觀賞之用而重製『阿甘正傳』錄影帶乙份（上、下二卷）而已，並無任何證據可資證明其有以營利為目的而重製該錄影帶，應屬著作權法第51條規定之合理使用範圍。」

（七）本條「重製」之對象，限於已公開發表之著作。所謂「公開發表」，即指權利人以發行、播送、上映、口述、演出、展示或其他方法向公眾公開提示著作內容（§3Ⅰ⑮）。故原則上私人未公開發表之信件或報告，不能依本條重製[50]。

（八）依本條重製他人著作，包含得改作該著作而後重製改作物（§63Ⅱ）。故供個人或家庭為非營利之目的，在合理範圍內，得改作他人已公開發表之著作。此項改作，得不明示出處，為第64條之例外。

十、引　用

為報導、評論、教學、研究或其他正當目的之必要，而進行自己之創作，往往有引用他人著作之必要，此種引用對於促進國家文化發展有所助益，故此引用有加以承認之必要，本法乃於第52條規定：「為報導、評論、教學、研究或其他正當目的之必要，在合理範圍內，得引用已公開發表之著作。」茲析述如下：

（一）本條「引用」，須「為報導、評論、教學、研究或其他正當目的」[51]，所謂「其他正當目的」，例如民國74年舊著作權法第29條第1項

50　1970年日本著作權法第30條規定為個人目的之重製，不限於已公開發表之著作，惟1987年南韓著作權法第27條有關個人使用之重製，限於已公開發表之著作。似以前者立法例為佳。

51　參考下列三例：

一、台灣高等法院83年度上訴字第2968號判決謂：「該詩作均為舊作，自訴人等並不否認曾提供前開詩作予被告王志健，均要求其評論介紹，被告王志健就前開各詩篇予以評論，應係屬合理範圍之評論，該當於著作權法第52條在正當目的之必要，在合理範圍內，引用已公開發表之著作之規定。」

二、台灣台北地方法院83年度自字第250號判決謂：「縱自訴人所拍攝之系爭照片有著作權，然查殷宗文當時因即將被任命出任國家安全局局長，此為一新聞事件，被告江偉碩為報導該事件，依著作權法第52條之規定，得引用已公開發表之著作，而系爭照片於被告江偉碩引用時自訴人前已同意張友驊公開發表於張友驊所著作之《李登輝霸權危機》一書（第22頁），此有該書在卷可參，系爭照片既已公開發表，故被告江偉碩為報導之必要，自得引用於張友

第2款之「供自己著作之參證註釋」是[52]。如將學術著作之一部引用在商業宣傳廣告中，不符合本文之引用目的[53]。又將他人美術著作用於書籍之封面，實有鑑賞目的，不符本條之正當目的範圍[54]。

　　（二）本條之「引用」，須有自己之創作，如僅羅列他人之創作，而無自己之創作，不符引用之要件。故翻譯他人名言，而輯成名言集，縱所翻譯名言皆註明出處（§63、64），仍非本條之引用。惟如引用他人之名

　　　驊所著之前開書籍中已公開發表之系爭照片；另系爭照片於張友驊所著之前開書籍發表時，並未載明拍攝者為何人，無法辨認何人為著作權人，依著作權法第64條第2項之規定，被告江偉碩於引用系爭照片時未明示其出處，即非法所不許。」該判決全文，見拙編：著作權裁判彙編（一），第6-7頁。

三、最高法院84年度台上字第419號判決謂：「依著作權法第52條規定主張合理使用，其要件為：須為報導、評論、教學、研究或其他正當目的之必要；須有『引用』之行為；引用須在『合理範圍』內。黃新春編著《數控工具機》一書，非為報導、評論或研究之目的，自無疑問。而所稱『為教學之目的』，應限於學校教師單純為直接供課堂上教學活動之用而言。黃新春編著《數控工具機》一書，供高進華經營之高科技書局印行銷售，係基於營利之目的，似與『為教學之目的』不合。」上述判決頗有見地，惟解釋上如係作為學校教科書用，縱在市面上有販售行為，仍得主張第52條之引用，此見解參見日本著作權法令研究會編：著作權關係法令實務提要，第544-545頁。

52　請參見內政部下列二函示：
　一、內政部民國82年9月25日台(82)內著字第8224044號函謂：「台端所屬之單位如係為報導、評論、教學、研究或其他正當目的之必要，在合理範圍內，引用圖書館畫冊內之美術著作，應有本法第52條之適用。惟查，所謂『引用』，一般係指節錄之情形，且係供自己著作之參證、註釋或評註等，且應依本法第64條規定，明示其出處。」
　二、內政部民國84年3月25日台(84)內著會發字第8405002號函謂：「查本部民國82年4月2日台(82)內著字第8206964號函說明二對著作權法第52條有關合理使用之規定，已有釋明。又該條文所稱『其他正當目的』，係指與報導、評論、教學、研究等相同或類似之正當目的，因此『著書』在性質上似合於『其他正當目的』之利用。」

53　中川善之助、阿部浩二：著作權，第178頁。
54　拙文：「談著作的引用」，原載民國82年9月29日自立晚報二十版，蒐錄於拙著：著作權法漫談（二），第215-217頁。

言加以解說，解說部分屬於自己之創作，且全文客觀判斷係以自己解說為主，而非以名言為主，則符合引用規定。故引用須以自己創作部分為主，被引用之他人著作僅為自己著作之附屬部分，故如以全部著作觀察，被引用之他人著作有獨立存在之意義，甚至與自己創作部分有對等關係，不得主張引用[55]。內政部有下列二函示可供參考：

1.內政部民國81年12月16日台(80)內著字第8124860號函謂：「按著作權法（以下簡稱本法）第52條固規定：『為報導、評論、教學、研究或其他正當目的之必要，在合理範圍內，得引用已公開發表之著作。』惟上揭條文所定之『引用』，係屬利用他人著作而完成自己著作之合理利用行為，是以被引用之他人著作內容僅係自己著作之附屬部分而已，從而如無自己著作之情形而重製他人已公開發表之著作，不符合本條所定『引用』之要件，所詢欲引用公開發表之全文著作，以內部參考資料印發（按：印刷、複印，依本法§3Ⅰ⑤規定，屬重製之行為），供國軍官兵研閱，是否會涉及違反著作權法乙節，請參考上述說明[56]。」

2.內政部民國82年1月16日台(82)內著字第8129310號函：「按著作權法第52條規定：『為報導、評論、教學、研究或其他正當目的之必要，在合理範圍內，得引用已公開發表之著作。』惟『引用』係指利用他人著作供自己創作之參證、註釋或評註等，是以被引用之他人著作內容僅係自己著作之附屬部分而已，從而如無自己著作之情形，即不符合本條所訂『引用』之要件，準此，台端利用他人『秘方』、『資料』、『藥方』及『醫學資訊』而完成自己之著作，如符合上揭第52條之規定，無庸徵得著作財產權人之同意，惟應依同法第64條規定註明其出處，暨第65條之合理範

---

[55] 日本東京地方法院昭和59年（西元1984年）8月31日判決（藤田畫伯事件）謂：「本件中之繪畫並無特意區別補充插圖與其他的補充插圖，因此與上述對補充插圖所作之敘述相同，無法認定其附屬於富山論文，富山論文與本案中之繪畫各自具有獨立之存在意義，甚至可稱兩者處於對等關係。故本件書籍登載繪畫之重製物，應不符合著作權法第32條第1項之引用規定。」日本東京高等法院昭和60年（西元1985年）10月17日判決，亦同旨趣。

[56] 參見內政法令解釋彙編（十四）──著作權類，民國84年9月，第89頁。

圍[57]。」

（三）本條之「引用」，須所引用他人創作之部分與自己創作部分，得加以區辨。如不能區辨何者為自己之創作，何者為別人之創作，亦即將他人之創作當作自己創作加以利用，此為抄襲之方法，而非引用[58]。

（四）著作權法不保護觀念（idea）、事實（fact）本身，僅保護著作之表現形式（expression）。因此對他人之著作有自己之見解，於是以自己之文筆、表現形式簡單介紹他人著作之見解，然後加以評論。此種以自己之表現形式介紹他人著作之行為，已非引用，而本身已係一種新的創作行為，無須再援用本條「引用」之規定來豁免。同理，引用他人著作之原理、方法、公式、數表、發現、發明之本身，因該原理、方法、公式、數表、發現、發明之本身，非著作權法保護之對象，故無須援引本條即得自由使用。惟由上述原理、方法、公式、數表、發現、發明所形成之論文、圖表、圖面等表現，則係屬於著作範圍，加以引用，仍須符合本條之要件方可。

（五）本條「引用」的對象，不限於語文著作，照片、圖形、美術、樂譜都得加以引用。例如寫張大千傳，引用張大千之繪畫；寫台灣民謠

---

57 參見內政法令解釋彙編（十四）——著作權類，民國84年9月，第89頁。

58 最高法院84年度台上字第419號判決謂：「又所謂『引用』，係援引他人著作用於自己著作之中。所引用他人創作之部分與自己創作之部分，必須可加以區辨，否則屬於『剽竊』、『抄襲』而非「引用」。再所謂『合理範圍』內，除與利用之『量』有關外，尚須審究利用之『質』。巫維標獨創之例題及圖形，似為其書之精華所在，具有『質』之絕對重要性，黃新春將該等例題、圖形全數抄襲，得否主張為合理利用，饒有研求之餘地。原審就此未加深入調查，勾稽明白，竟認黃新春之行為符合著作權法第52條及第65條『合理利用』之規定，不構成擅自重製，而維持第一審判決論知高進華無罪，適用法則尚有不當。」此係極有見解之判決，值得參考。另日本最高法院昭和55年（西元1980年）3月28日判決（モンタージユ寫真事件）謂：「著作權法（舊）第30條第1項第2款中允許在正當範圍內將已發行之他人著作自由節錄引用於自己之著作中。此所謂引用由於係指基於介紹、參照、評論及其他目的而摘錄他人之部分著作而符合引用規定。故在著作之表現形式上應得以清楚區分辨識引用之著作及被引用之著作，且雙方應屬前者為主，後者為從之關係。」

史，引用民謠作家之樂譜等，都屬於合法引用。惟必須注意引用的量必須限於「必要」、「最小」的程度，且自己之著作與被引用之著作須有關聯。所謂「必要」、「最小」，乃本條所稱之合理範圍。即斟酌下列事項，以為判斷之標準：一、利用之目的及性質，包括係為商業目的或非營利教育目的。二、著作之性質。三、所利用之質量及其在整個著作所占之比例。四、利用結果對著作潛在市場與現在價值之影響（§65Ⅱ）。

（六）「引用」非必一字不漏、原封不動照抄，加以省略部分文字或摘要、濃縮亦可，惟不能與被引用之著作意思有出入。如果與原來著作有實質內容之改變致影響著作人之名譽，可能侵害原來著作之著作人格權（禁止醜化權）（§66、17）。

（七）本條被引用之著作，限於已公開發表之著作，故未公開發表之著作，不得依本條加以引用。而所謂「公開發表」，係指權利人以發行、播送、上映、口述、演出、展示或其他方法向公眾公開提示著作內容（§3Ⅰ⑮）。所謂「公眾」，係指不特定人或特定之多數人，但家庭及其正常社交之多數人並非公眾（§3Ⅰ④）。

（八）依本條規定利用他人著作者，得翻譯該著作，並得散布該著作（§63Ⅰ、Ⅲ）。

（九）依本條規定利用他人著作，應明示其出處。該明示出處，就著作人之姓名或名稱，除不具名著作或著作人不明者外，應以合理之方式為之（§64）。

十一、視聽覺等障礙者之利用

一般人主要係藉由視覺及聽覺來感知著作並取得各種資訊，然因視力、聽力或其他身心障礙因素而無法閱讀印刷本書籍或感知一般常規著作之視覺障礙者、學習障礙者、聽覺障礙者等，往往成為社會之弱勢者。為使上述弱勢身心障礙者能有機會與健康者一樣接觸著作、參與文化生活，有必要將一般印刷品等常規著作轉製成障礙者可感知之點字、錄音等無障礙格式專供其使用。如因此能獲得心智之提昇，而能投入社會生產的行

列，此不僅係屬社會公義之必要，亦能促進國家文化發展目的。再者，上述身心障礙者，係屬社會之少數，其利用他人之著作，對著作財產權人利益影響不大。故本法第53條規定：「中央或地方政府機關、非營利機構或團體、依法立案之各級學校，為專供視覺障礙者、學習障礙者、聽覺障礙者或其他感知著作有困難之障礙者使用之目的，得以翻譯、點字、錄音、數位轉換、口述影像、附加手語或其他方式利用已公開發表之著作（Ⅰ）。」「前項所定障礙者或其代理人為供該障礙者個人非營利使用，準用前項規定（Ⅱ）。」「依前二項規定製作之著作重製物，得於前二項所定障礙者、中央或地方政府機關、非營利機構或團體、依法立案之各級學校間散布或公開傳輸（Ⅲ）。」茲析述如下：

（一）非營利機構或團體等之利用（§53Ⅰ）

1.本項利用之主體

本項利用之主體，為中央或地方政府機關、非營利機構或團體、依法立案之各級學校。按世界智慧財產權組織（WIPO）「關於為盲人、視力障礙者或其他印刷品閱讀障礙者獲得已出版作品提供便利的馬拉喀什條約」所規定得利用主體，係指以非營利方式向障礙者提供教育、指導培訓、適應性閱讀或資訊管道之實體，包括政府機構或非營利組織。故一般公共圖書館亦包括在內，但本項不包含公司或私人。

2.本項利用之客體

本項利用之客體，限於已公開發表之著作。未公開發表之著作，不包含在內。又被利用之客體只要是已公開發表之著作，種類並無限制，語言著作、文字著作、編輯著作、音樂著作均可。

3.本項利用之方法

(1)本項利用之方法，包括得「以翻譯、點字、錄音、數位轉換、口述影像、附加手語或其他方式利用」，但必須專供視覺障礙者、學習障礙者、聽覺障礙者或其他感知著作有困難之障礙者使用。例如為聽障者，通常得以附加手語方式協助聽障者改以視覺來接收訊息。又如為盲人視障者，傳統常以點字、錄音、口述影像等方式重製他人著作後提供視障者改

以點字摸讀或改以聲音聽讀方式接觸閱讀著作。現因電腦設備及軟體之應用，經數位轉換將印刷本製成可讀取之文字電子檔後，亦可供盲胞自行透過個人電腦轉成報讀（語音）或點字系統來閱讀。而翻譯本為現行法第63條第1項所明定得利用之方式。至於本項所謂之「其他方式」，在民國81修正時之修法理由，已說明係鑑於科技發展日新月異，未來嘉惠盲胞之新科技將會增多，故將後段文字增列「或以其他方式利用」，俾更能嘉惠盲胞，周全立法美意，並符合目前及未來實際情況發展。此次民國103年修正時仍保留之，並於修法理由強調：為專供受益人之使用而可進行之利用行為，參考WIPO馬拉喀什條約規定，利用方式並無限制，但應該要因應未來可能之科技發展而預留彈性，故亦容許『其他方式』之利用。由此可見，依據本條之立法理由，乃係為未來亦得以「專供視覺障礙者、學習障礙者、聽覺障礙者或其他感知著作有困難之障礙者使用」之其他新科技加以利用而作規定。

(2)本項係規定：以翻譯、點字、錄音、數位轉換、口述影像、附加手語或其他方式「利用」著作，所謂「利用」，不限於重製，該利用應涵蓋著作權法第22條至第29條所定之各種著作財產權之利用。因此，符合本項主體資格之政府機關、非營利機構或團體、學校等，如以錄音、數位轉換或其他方式將著作加以重製後，以專供特定視覺或聽覺障礙者個人使用之帳號密碼權限設定方式，利用網路為重製與公開傳輸，應亦符合本項規定。

(3)有關本項之受益人部分，依本項利用所轉製之著作須「專供視覺障礙者、學習障礙者、聽覺障礙者或其他感知著作有困難之障礙者使用」，一般人不得使用。民國99年本條修正時，已將本項之受益人由視覺、聽覺障礙者擴大至「學習障礙者」、「其他視、聽覺認知有障礙者」。此次民國103年修正時，仍秉持同樣精神，並於修法理由強調：「不問身心障礙種類，而側重於其因身體、生理、精神等身心障礙而無法或難以藉由既有視覺或聽覺感知一般常規著作之事實（例如：有閱讀障礙者，或者因高齡或外傷導致無法拿住或操控一般書本者）。」

（二）障礙者個人之利用（§53Ⅱ）

1.本項利用之主體

本項利用之主體，為第1項所定之視覺障礙者、學習障礙者、聽覺障礙者或其他感知著作有困難之障礙者本人或其代理人。本項為民國103年修法參酌WIPO「馬拉喀什條約」第4條第2項第2款所新增訂者，係為讓合法取得書籍等出版品之障礙者個人或其代理人亦得自行將印刷本等常規著作轉製成點字、錄音或電子檔等可供該障礙者利用之無障礙格式。因障礙者本人之行動往往較為不便，故本項利用主體包括其代理人，參照「馬拉喀什條約」規定，此應指其行為之代表人，包括主要看護人或照顧者。本項規定使障礙者個人無須等待第1項所定之非營利機構或團體為其轉製，即可以先製作該無障礙格式自行使用。

2.本項利用之客體

本項利用之客體，與第1項同，限於已公開發表之著作，未公開發表之著作，不包含在內。被利用之客體只要是已公開發表之著作，種類並無限制。但解釋上須為該障礙者藉由其既有視覺或聽覺無法或難以感知之著作，例如盲胞無法以視覺閱讀一般印刷本書籍，即得依本項將文字書籍製作成錄音或電子檔案透過設備以聲音播放來閱讀；但對於一般市售之音樂CD或有聲書，盲胞仍能藉由聽覺聆聽，即不得依本項加以利用。

3.本項利用之方法

本項利用之方法，與第1項同，包括得「以翻譯、點字、錄音、數位轉換、口述影像、附加手語或其他方式利用」，但必須專供該障礙者個人非營利使用。

（三）本條利用主體間之相互提供（§53Ⅲ）

依本條第1項及第2項規定所製作之著作重製物，例如已為盲胞轉製之錄音聲音檔或文字電子檔等無障礙格式，得於符合該二項所定之障礙者、中央或地方政府機關、非營利機構或團體、依法立案之各級學校等利用主體間以散布或公開傳輸方式提供。本項規定係民國103年修法時參考「馬拉喀什條約」所新增，可使各利用主體間不致於浪費資源重複製作，亦使

障礙者能盡快取得其可使用的無障礙格式重製物。但利用主體依本項相互提供，仍須基於非營利性，且所取得之該著作重製物必須「專供視覺障礙者、學習障礙者、聽覺障礙者或其他感知著作有困難之障礙者使用」。

（四）依本條規定利用他人著作者，得翻譯該著作，並得散布該著作（§63Ⅰ、Ⅲ）

此外，依本條規定利用他人著作，應明示其出處。該明示出處，就著作人之姓名或名稱，除不具名著作或著作人不明者外，應以合理之方式為之（§64）。

十二、考試目的之重製

中央或地方機關辦理之各種考試如高普特考、留學考等，及依法設立之各級學校或教育機構辦理之各種考試，其試題事先均屬秘密，以示公平。如上開考試試題有重製他人著作之情形，事先欲徵得著作財產權人之同意，不僅實際上有困難，且因洩露秘密，與考試之公平原則相違背。又試題、問題之利用與著作之通常利用，在市場上又不相衝突，且反而有刺激市場銷路之可能，故本法第54條乃規定：「中央或地方機關、依法設立之各級學校或教育機構辦理之各種考試，得重製已公開發表之著作，供為試題之用。但已公開發表之著作如為試題者，不適用之。」茲析述如下：

（一）本條「中央或地方機關辦理之各種考試」，包含範圍極廣，高普特考固屬最為典型，其他升等考試、留學考、資格鑑定考試、汽機車駕照考試，甚至雇員或其他臨時人員考試，均包括在內。公營事業機關，如郵政、電信、金融事業及經濟部所屬國營事業機關所舉辦之考試，解釋上亦包含在內。但一般私人公司、學校及依法設立之教育機構以外之法人團體所舉辦之考試，不包含在內[59]。又本條依法設立之各級學校或教育機構

---

[59] 依日本著作權法第36條規定：「已公開之著作，其考試或檢定之問題，於入學考試或其他學識技能之考試或檢定之目的上認為必要之限度內，得加以重製。」其

辦理之各種考試，例如高中聯考、五專聯考、大學聯考或其他學校獨立之入學考試。學校之期中考、期末考、模擬考等，亦包括在內。

（二）依本條辦理之各種考試，得重製已公開發表之著作，如已公開發表之著作係本法第9條第1項第5款之「依法令舉行之各類考試試題」，固因該試題不得為著作權之標的，而不必適用本條。惟如已公開發表之著作本身為試題，且非第9條第1項第5款「依法令舉行之各類考試試題者」，例如外國性向測驗、智力測驗之專門試題，則依本條但書規定，縱係中央或地方機關或依法設立之各級學校或教育機構辦理之各種考試，亦不得重製。又例如市面上販售之測驗卷、學校之期中考、期末考或段考，教師不得依第46條規定重製該測驗卷，已如前述[60]，亦不得依本條規定重製作為期中考、期末考及段考之試題之用[61]。

（三）依本條舉辦之考試如為依法令舉行之各類考試，重製已公開發表之著作所成之試題或其備用試題，係本法第9條第1項第5款之依法令舉行之各類考試試題，不得為著作權之標的，任何人均得自由利用。

（四）依本條重製他人著作，得以翻譯方式加以利用，例如某學校入學考試考閱讀測驗，得翻譯外國某文章作為閱讀測驗之文章而出題是（§63Ⅰ）。依本條規定利用他人著作者，得散布該著作（§63Ⅲ）。

（五）依本條利用他人著作，應明示其出處（§64Ⅰ）。其明示出處，就著作人之姓名或名稱，除不具名著作或著作人不明者外，應以合理之方式為之（§64Ⅱ）。

十三、非營利之公開使用

非營利之公開使用，例如勞軍義演或民眾之土風舞活動等利用他人著

重製之主體包含公司及其他學校以外法人團體之考試在內，詳內田晉：問答式入門著作權法，第227-228頁；阿部浩二：著作權とその周邊，第79頁以下。

60　參見本款三、學校授課需要之重製。

61　參見日本著作權法令研究會編：著作權關係法令實務提要，第593頁。

作，如仍須徵得原著作人之同意，不僅違背常情，且亦有害社會公益之推動，故本法第55條乃規定：「非以營利為目的，未對觀眾或聽眾直接或間接收取任何費用，且未對表演人支付報酬者，得於活動中公開口述、公開播送、公開上映或公開演出他人已公開發表之著作。」茲析述如下：

（一）本條稱「非以營利為目的」，係獨立於「未對觀眾或聽眾直接或間接收取任何費用」之要件，故以公司或商品宣傳為目的之免費演奏會、在工廠內為增進職員或工人工作效率為目的播放環境音樂，以及咖啡廳、百貨公司播放輕鬆音樂，皆非本條之「非以營利為目的」，而係以營利為目的[62]。

（二）本條稱「未對觀眾或聽眾直接或間接收取任何費用」。所謂「觀眾或聽眾」，係指參與聆賞之人；直接費用，係指入場費而言；間接費用，係指雖然非入場費，但以會員費、場地費、清潔費、飲食費、管理費、維護費或其他任何名目收取之費用[63]。故如該場演奏等雖無收費，但限於繳特定年費之會員方得入場者，乃屬間接收取費用。又有線廣播電視法第37條第1項規定：「系統經營者應同時轉播依法設立無線電視電台之節目及廣告，不得變更其形式、內容及頻道，並應列為基本頻道。但經中央主管機關許可者，得變更頻道。」第2項規定：「系統經營者為前項轉播，免付費用，不構成侵害著作權。」故有線電視系統經營者之轉播無線電視之節目及廣告，不管有無向客戶收費，均不構成侵害著作權，亦與本條無關。

（三）本條所稱「表演人」，係指參與本條所定公開口述等各種行為之人。本條稱「未對表演人支付報酬」，係指未對表演人支付口述、演出等酬勞，如支付車馬費或便當費，而實際上與租車代步或餐飲等費用相當，則不屬於報酬。惟如對演員支付車馬費、便當費，超出交通、餐食應支付之費用太多，則屬於本條之「支付報酬」。例如表演者住台北市，而演出地點亦在台北市，一場兩小時之演出，支付「車馬費」新臺幣數千元

62　日本著作權法研究會編：著作權關係法令實務提要，第617-2頁。
63　參見民國81年舊法本條行政院原草案說明。

甚至萬元，則非真正之「車馬費」，而屬於「酬勞」是。

　　（四）本條之「活動」，由文義解釋雖指慈善、教育、科學及其他類似性質之演出、展示、口述、上映等活動。惟如在同樂晚會中演唱他人歌曲[64]，在公共圖書館為盲人朗讀他人著作，亦屬本條之活動。

　　（五）本條利用他人著作之對象，限於「已公開發表之著作」，不包括未公開發表之著作。至於何謂「公開發表」，本法第3條第1項第15款已

64　參見下列座談會：

法律問題：

下列各行為，有無觸犯著作權法第92條之罪？

一、甲歌星擅自將某著作人著作之歌曲，灌製唱片發售。

二、乙歌星於歌廳中擅自演唱某著作人著作之歌曲。

三、丙戰士於同樂晚會中擅自演唱某著作人著作之歌曲。（上述歌曲假設其著作權均尚存在，且經著作人提出告訴）。

討論意見：

甲說：依據著作權法第3條第1項第9款規定意旨，只要是向現場或現場以外一定場所之公眾傳達著作內容，即使是歌唱，亦屬公開演出，甲、乙、丙三人，均應依同法第92條規定處罰。

乙說：甲歌星擅自將他人著作之歌曲灌製唱片發售者，固可認其有侵害他人之著作財產權之故意，惟乙、丙二人僅臨時高歌一曲，尚難繩以刑責，否則，未免失之過苛。

審查意見：

1.提出單位討論意見甲說第二行第四字起：「或現場以外一定場所」九字刪除。

2.提會討論。

決議：

一、同意審查意見　「或現場以外一定場所」九字刪除。

二、甲、乙二人採甲說，丙因有著作權法第55條規定，採乙說。

台高檢署：一、甲、乙二人採甲說。

研討意見：二、丙採乙說。

法務部檢察司研討意見：

題示甲、乙二歌星部分，同意原決議，以修正後甲說為當。丙戰士部分，參照著作權法第55條規定，應不為罪。

發文字號：法務部檢察司法(83)檢二字第2045號座談機關：台高法院台中分檢（民國83年11月份法律座談會）

有定義，茲不復贅。

（六）依本法利用他人著作，得翻譯該著作後利用之（§63Ⅰ），且須註明出處（§64Ⅰ）。上述明示出處，就著作人之姓名或名稱，除不具名著作或著作人不明者外，應以合理之方式為之（§64Ⅱ）。

十四、廣播電視播送之短暫錄音或錄影

廣播或電視經著作財產權人之授權或依本法規定得播送他人著作（例如§50、61）之情形時，固得播送他人之著作，但於異時播送之情形，如廣播電台或電視電台不能將該著作先予重製，則廣播或電視公開播送之授權或合理使用，無異落空，故於此種情形應允許得暫時錄製，因此本法第56條乃規定：「廣播或電視，為公開播送之目的，得以自己之設備錄音或錄影該著作。但以其公開播送業經著作財產權人之授權或合於本法規定者為限（Ⅰ）。」「前項錄製物除經著作權專責機關核准保存於指定之處所外，應於錄音或錄影後六個月內銷燬之（Ⅱ）。」茲析述如下：

（一）本條稱「以自己之設備錄音或錄影該著作」，係指以廣播企業本身之設備而錄音或錄影該著作。例如廣播企業A公司，B公司欲購買時段上節目（外製節目），欲利用作曲家甲之音樂，此時因B公司與A公司非同一人格，B公司並非廣播電台或電視台本身，故B公司利用甲之音樂重製後交A公司播送，縱B公司之重製主要目的在播送，然而B公司之重製行為，仍須得甲重製之授權，而非僅向音樂著作權團體給付公開播送之費用而已。

（二）本條但書稱「但以其播送業經著作財產權人之授權」，係指播送業經著作財產權人「公開播送」之授權而言，而非「錄音」、「錄影」等「重製」之授權。蓋如此處「授權」解釋為「重製」之授權，則依本法第37條規定即足，本條本文並無訂定之必要。蓋本條之立法意旨，乃係以公開播送為目的之重製，僅須「公開播送」之授權即足，無須另有

「重製」之授權[65]。本條第1項但書規定：「合於本法規定者」，係指本法中無須授權即可公開播送之規定，例如符合本法第47條第3項（教育目的之公開播送）、第49條（時事事件報導目的之利用）、第50條（公法人名義公開發表著作之利用）、第52條（引用）、第55條（非營利之公開再現）、第58條（公開美術著作之利用）、第61條（時事論述之轉播）、第62條（特殊著作之利用）等是。故依本條第1項規定，凡廣播或電視如係為公開播送目的，而非為發行錄影帶、錄音帶或其他目的，且已得到著作財產權人公開播送之授權，或依本法規定無須得授權者，就以自己之設備而錄音或錄影之行為，無須另得著作財產權人重製之授權。

（三）本條第2項規定：「前項錄製物除經著作權專責機關核准保存於指定之處所外，應於錄音或錄影後六個月內銷燬之。」此處所稱經著作權專責機關核准與指定之處所，例如著作權專責機關核准因公開播送而短暫錄音或錄影之節目，應保存於財團法人廣電基金會，則該錄音或錄影之節目無須於錄音或錄影後六個月內銷燬之。此外，依有線廣播電視法第44條第1項規定：「中央主管機關認為有必要時，得於節目播送後十五日內向系統經營者索取該節目及相關資料。」第50條第1項規定：「第四十條、第四十一條第二項、第三項、第四十二條第四項及第四十四條之規定，於廣

---

65 民國83年7月11日自立晚報第二十版拙文「廣播事業暫時性的錄音或錄影」一文中謂：「現行著作權法第56條立法文字與外國立法通例及立法原意完全走樣，如果光從字面上解釋，有訂等於沒有訂，因為第56條第1項但書『以其播送業經著作財產權人之授權或合於本法規定者為限。』如果將授權解釋為『重製』之授權，那麼依著作權法第37條授權就好了，何必依第56條第1項但書授權呢？所以從外國立法例及本條原意看，本條第1項但書『經著作財產權人之授權』應解釋為『經著作財產權人』『公開播送』之授權，而不是重製之授權，這樣才能解決實務上的困難。至於如何解決上開著作權法第56條第2項立法拙劣的困難，本來得廣播的授權，使用一次就要付一次的費用，這是天經地義的。但錄製物的保存期間一般都未約定，如果未約定而廣播企業永遠保有，現行著作權法也沒有處罰及民事責任的規定，只是面對著作權法第56條第2項像盲腸般的立法，提醒音樂著作權團體在訂契約時多約定一項錄製物的保存期限而已（一般立法例多為半年至一年）。」參見拙著：著作權法漫談（三），第121頁。

告準用之。」依上開規定而索取之視聽著作亦無須於錄影後六個月內銷燬之。除此之外，廣播或電視凡未經重製之授權而僅得公開播送之授權者，保存於廣播或電視本身之錄音著作或視聽著作，均應於錄音或錄影後六個月內銷燬之。

十五、無線電視節目之轉播

為加強收視效能而設置之社區共同天線以及有線電視系統，近年來由於國內已極為普及，為使其播送中得同時轉播依法設立無線電視台播送之節目，以方便社會大眾接收該等無線電視台播送之節目，本法第56條之1乃規定：「為加強收視效能，得以依法令設立之社區共同天線同時轉播依法設立無線電視台播送之著作，不得變更其形式或內容。」茲析述如下：

（一）有線廣播電視法（民國92年1月15日修正）第37條規定：「系統經營者應同時轉播依法設立無線電視電台之節目及廣告，不得變更其形式、內容及頻道，並應列為基本頻道。但經中央主管機關許可者，得變更頻道（Ⅰ）。」「系統經營者為前項轉播，免付費用，不構成侵害著作權（Ⅱ）。」「系統經營者不得播送未經中央主管機關許可之境外衛星廣播電視事業之節目或廣告（Ⅲ）。」此為本法的特別規定。本法第56條之1規定，為社區共同天線同時轉播無線電視台節目著作之規定，有線廣播電視法第37條係有線電視之系統經營者同時轉播依法設立無線電視台播送著作之規定。故社區共同天線或有線電視之系統經營者提供基本頻道，僅得轉播無線電視台的節目。如同時轉播有線電視台之節目，係屬侵害著作權。此外，有線廣播電視法第45條第1項規定：「系統經營者應同時轉播頻道供應者之廣告，除經事前書面協議外不得變更其形式與內容。」社區共同天線或有線電視之系統經營者雖提供基本頻道同時轉播依法設立無線電視台播送之著作，然而如將無線電視台播送之廣告加以抽出，另播放自己之廣告，仍不符本法或有線廣播電視法之規定，其轉播行為仍屬侵害無線電視台之公開播送權。蓋本條所稱「不得變更其形式或內容」，係指無線電視台播送之節目或廣告，完全原樣呈現，不得加以任何之變更；如有

任何絲毫之變更，均不符合本條或有線廣播電視法之規定，亦即其公開播送行為不得依本條或有線廣播電視法規定加以豁免。

（二）有線廣播電視法第37條所稱「系統經營者」，係「有線廣播電視系統經營者」之簡稱，即依法核准經營有線廣播電視者（有線廣播電視法§2③）；該條所稱「基本頻道」，係指訂戶定期繳交基本費用，始可視、聽之頻道（有線廣播電視法§2⑤）。

（三）實務上，常發生有線電視之系統經營者提供基本頻道，直接收視衛星傳播之節目，同時轉播從衛星收視之節目，進入家庭客戶。此種情形，該有線電視仍然侵害原著作著作財產權人之著作財產權[66]。

十六、美術或攝影著作之公開展示

本法第27條規定：「著作人專有公開展示其未發行之美術著作或攝影著作之權利。」本來美術著作或攝影著作原件或合法重製物所有權之轉讓，並非著作財產權之轉讓。藝術家或攝影家將美術著作或攝影著作之原作或合法重製物轉讓，僅轉讓原作或合法重製物之所有權，而非轉讓原作或合法重製物之著作財產權。原作或合法重製物之著作財產權仍屬於原藝術家或攝影家（原著作人）所有。依本法第27條規定，原作或合法重製物之受讓人僅得私下使用，不得公開展示。惟如原作或合法重製物不允許所有權之受讓人公開展示，似與受讓人擁有原作或合法重製物之本意相違背，且與藝術品流通的慣例不符。如此一來，必將導致原作或合法重製物商品流通受到阻礙，反而不利於著作人出售原作或合法重製物。抑有進者，原件之價格通常較複製品價格為高，藝術家和攝影家販賣原件，為其收入之主要來源。如原件所有人不能公開展示，導致藝術市場無人願意購買原作，反而不利於著作人。故在原件之所有權與著作財產權人之公開展示權之權衡結果，立法政策宜以原件之所有人為優先。此外，著作之合法重製物，係屬著作財產權人重製權行使產生之產品，故如合法重製物不得

---

66 參見有線廣播電視法第37條第3項。

公開展示,必使合法重製物難以在市面上流通行銷,有礙於著作財產權人最重要之著作財產權之重製權受到極大之限縮,反而不利於著作財產權人。故本法乃於第57條規定:「美術著作或攝影著作原件或合法重製物之所有人或經其同意之人,得公開展示該著作原件或合法重製物(I)。」「前項公開展示之人,為向參觀人解說著作,得於說明書內重製該著作(II)。」茲析述其意義如下:

(一)所有人之公開展示(§57 I)

1.本項「原件」之意義,係指著作首次附著之物(參見§3 I ⑭),茲不復贅。本條之「所有人」,即民法第765條以下之「所有人」。依民法第765條規定:「所有人,於法令限制之範圍內,得自由使用、收益、處分其所有物,並排除他人之干涉。」此「法令限制」,包含「著作權法」在內。美術著作或攝影著作之原件或合法重製物所有人,雖得自由使用、收益、處分其所有物,惟除非有著作權法第44條至第65條之著作財產權限制之規定,其使用不得「重製」、「改作」其著作。但依本條得「公開展示」其著作。

2.茲有爭議者,藝術家甲將其尚未公開發表之著作原件或合法重製物之所有權轉讓乙,乙固得公開展示。惟本法第66條規定:「第44條至第63條及第65條規定,對著作人之著作人格權不生影響。」乙之公開展示,有無侵害甲之著作人格權之公開發表權?依本法第15條第2項規定:「有下列情形之一者,推定著作人同意公開發表其著作:……二、著作人將其尚未公開發表之美術著作或攝影著作之著作原件或其重製物讓與他人,受讓人以其著作原件或其重製物公開展示者。」故乙推定未侵害甲之公開發表權。又本法第3條第1項第15款規定:「公開發表:指權利人以發行、播送、上映、口述、演出、展示或其他方法向公眾公開提示著作內容。」乙之公開展示,亦屬該著作已經公開發表,成為本法第46條以下之「已公開發表之著作」,在一定條件下,允許自由利用。

（二）伴隨著作公開展示之重製（§57Ⅱ）

1.美術著作或攝影著作原件或合法重製物所有權之**轉讓**，並非著作財產權之**轉讓**，美術著作或攝影著作之原件或合法重製物所有人對原件或合法重製物並無重製權，已如前述。惟依本條第1項原件或合法重製物所有人或經其同意之人既得公開展示其原件或合法重製物，而公開展示原件或合法重製物（如開畫展或攝影展）依慣例為公開展示之人，為向參觀人解說其著作，又通常會製作展覽簡介，將畫作或照片重製其中。如其重製行為仍須另得原著作財產權人之同意或授權，則所有人第1項之得公開展示原件或合法重製物之立法目的將落空。故為貫徹第1項之立法目的起見，本項乃規定：「前項公開展示之人，為向參觀人解說其著作，得於說明書內重製該著作。」

2.日本著作權法第47條規定：「公開展示美術著作或照片著作之原作品之人，於無害於第25條規定之權利的範圍內，得以解釋或介紹其著作於觀覽人為目的，以小冊子揭載其著作。」第25條規定：「著作人專有對美術的著作或未發行的攝影著作，以其原作品公開展示之權利。」依民國81年舊法行政院草案說明，本條係仿自日本著作權法第47條，則本項應擴張解釋，凡未侵害本法第27條著作財產權人之公開展示權者，均有本項之適用，俾使實務運作不致扞格窒礙。故在解釋上，凡：(1)得著作財產權人之公開展示之授權者；(2)未受讓重製權但受讓公開展示權者；(3)本條第1項著作原件或合法重製物之所有人；(4)得本條第1項著作原件或合法重製物所有人之同意者等之公開展示行為，均得以重製公開展示之著作。

3.依本項僅限於「為向參觀人解說著作，得於說明書內重製該著作」，故展覽者另印行畫冊或攝影集，須另得原著作財產權人之授權。如著作財產權人僅授權印畫冊贈送，則展覽者不得印畫冊販賣，否則有著作權法第91條第1項之刑事責任[67]。

67　台灣台中地檢署83年偵字第8898號起訴書謂：「劉櫸河係台灣省立美術館之館長，李錦煌係該館之員工消費合作社之理事主席，二人明知楊恩生於民國82年2月

4.依本項規定利用他人著作者，得散布該著作（§63Ⅲ）。依本條利用他人著作，應明示其出處（§64Ⅰ）。上開「明示出處」就著作人之姓名或名稱，除不具名著作或著作人不明者外，應以合理之方式為之（§64Ⅱ）。

十七、在戶外展示之美術或建築著作之利用

於街道、公園、建築物之外壁或其他向公眾開放之戶外場所長期展示之美術著作或建築著作，例如銅像、牆壁廣告圖案、公共建築物（如圖書館、美術館、博物館）前之雕塑或具有原創性格之建築著作，如台北新光大樓、世貿大樓、圓山飯店、火車站等，本係暴露人前，供人觀賞，依社會通念，應有較大容認他人利用之空間，故除非明顯有害於著作財產權人之利益之一定情形外，宜允一般人自由利用。否則電影公司拍電影、攝影家拍攝街景，均須一一經美術著作及建築著作之著作財產權人之授權，與社會一般通念不符，因此，本法乃在第58條規定：「於街道、公園、建築物之外壁或其他向公眾開放之戶外場所長期展示之美術著作或建築著作，除下列情形外，得以任何方法利用之：一、以建築方式重製建築物。二、

23日至同年3月20日期間，在台中市五權西路二號該館展覽之『楊恩生的鳥畫世界——台灣珍稀鳥類水彩畫展』所展出之四十四張水彩畫，係楊恩生享有著作權之美術著作，楊恩生本來不願出版畫冊，幾經折衝，始同意該館印製一千本『非賣品』之畫冊，約定只能贈送，不得販賣。詎劉檥河、李錦煌竟基於犯意之聯絡與行為之分擔，未經楊恩生授權，擅自予以重製加印二百本畫冊標價新臺幣（下同）五百五十元，並共同基於概括之犯意，陳列在該館員工消費合作社連續販賣給不特定人，嗣於上述個展當日，為楊恩生在員工消費合作社發現台灣省立美術館印售之《楊恩生的鳥畫世界》一書。經楊恩生通知該館停止銷售該畫冊以免侵害其著作權，惟該館至同年4月底仍繼續出售上述重製之《楊恩生的鳥畫世界》畫冊……。是綜上情節以觀，被告等加印上述畫冊，顯然未經告訴人楊恩生授權，且被告劉檥河、李錦煌係決定加印二百本畫冊之人，被告二人之罪證已甚為明確，其等之犯行堪予認定。」本件第一審時，因當事人和解而告訴人撤回告訴，因而確定。詳見拙文：「楊恩生的鳥畫世界」畫冊的著作權糾紛，載於出版流通，第四十六期（民國84年11月），第22-23頁。

以雕塑方式重製雕塑物。三、為於本條規定之場所長期展示目的所為之重製。四、專門以販賣美術著作重製物為目的所為之重製。」依第58條規定，原則上在戶外長期展示之美術或建築著作，一般人均得以任何方法加以利用，但有下列四種例外狀況：

（一）以建築方式重製建築物（§58①）

此即「模仿建築」，例如甲建造A建築著作，乙模仿甲之A建築著作另建建築物本身是。如乙將甲之著作重製建築模型或建築圖，解釋上應非本款範圍，應得自由利用。此外，如就建築著作，加以寫生或拍照、錄影，亦非本款範圍。

（二）以雕塑方式重製雕塑物（§58②）

本款限於雕塑方式重製雕塑物，例如將公園內銅像作成另一個銅像是。如就雕塑加以拍照或寫生、錄影並在電視上公開播送，則不屬於本款範圍。

（三）為於本條規定之場所長期展示目的所為之重製（§58③）

本款係第一、二種情形以外之概括規定，例如甲在A公園中有一雕塑，乙將甲之雕塑繪成美術畫而漆於某圖書館外壁。

（四）專門以販賣美術著作重製物為目的所為之重製（§58④）

本款限於專門以販賣美術著作重製物為目的所為之重製，例如在台北市立圖書館前，有一雕塑作品，甲將該雕塑作品加以拍照，而該照片係以該雕塑為主要對象，拍完該照片後，以該照片印於明信片中加以販賣，此為本款所不許；惟如非專門以販賣美術著作重製物為目的所為之重製，例如乙與女朋友丙在台北市立圖書館前之雕塑著作前合照，照片中係以乙與丙之交友戀愛為紀念之性質，其後乙在雜誌上寫與丙相戀之經過，並附上該照片，則該照片雖出現雕塑背景，但並非專門以販賣美術著作重製物為目的所為之重製，依本條之規定，為法律所許可。此外，本款限於販賣美

術著作重製物為目的所為之重製，販賣建築著作為目的所為之重製並不包含在內，故丁就中正紀念堂或火車站加以拍攝，而專門將上開照片重製，並販賣給外國遊客，因中正紀念堂及台北車站均屬於在戶外場所長期展示之建築著作，故甲之行為並未違法。又如戊係以製作旅遊書為主之出版社負責人，戊專門拍攝台灣各旅遊區之特殊建築，並將所有照片編成旅遊書附加文字，此時戊依本條規定，其利用行為亦屬合法。

十八、電腦程式著作之修改及重製

著作權法上著作人有兩種權利，一為著作人格權，一為著作財產權。著作人格權有：公開發表權、姓名表示權及禁止醜化權。著作財產權有：重製權、公開口述權、公開播送權、公開上映權、公開演出權、公開傳輸權、公開展示權、編輯權、改作權、散布權、出租權及輸入權。電腦程式著作重製物之所有人為配合機器使用之需要，往往需對程式加以修改。最常見之情形為修改專為某一機型設計的程式以適用於另一不同機型，以增加處理之效率和功能[68]。此種修改，如無特別規定，可能將侵害著作權人著作財產權中之改作權及著作人格權中之禁止醜化權[69]。為避免此種侵害，因此本法第59條乃規定：「合法電腦程式著作重製物之所有人得因配合其所使用機器之需要，修改其程式，或因備用存檔之需要重製其程式。但限於該所有人自行使用（Ⅰ）。」「前項所有人因滅失以外之事由，喪失原重製物之所有權者，除經著作財產權人同意外，應將其修改或重製之程式銷燬之（Ⅱ）。」茲析述其意義如下：

（一）本條有修改權之人為電腦程式著作重製物之所有人，此與美國著作權法第117條及日本著作權法第47條之2規定相同。因此，本條規定，有修改權之人，除非租賃契約中另有規定，不包含借用人及合法的承租人

---

68 加戶守行：著作權法逐條講義，第254頁。

69 詳拙文：著作權與電腦軟體保護之立法趨勢（下），軍法專刊，第三十一卷六期，第19頁以下。

在內。當然更不包含未經授權出租而出租的承租人及其他電腦程式在物權
上的無權占有人在內。

　　（二）修改程式之人限於所有人自己使用。例如A公司開發之程式，
B公司如合法購買A公司之該程式，其後B公司為自己使用目的而為程式之
增訂、變更，無須得A公司之同意。但如變更後之程式B公司將其提供給
顧客，或為提供B公司之顧客而修改其程式，B公司非得A公司之同意不
可，蓋如為提供B公司顧客目的而改變，或對其顧客提供經修正之程式，
無須得A公司之同意，則B公司即無須為基礎工程程式之開發投資及努
力，僅對A公司程式之改變加以投資努力，即有與A公司同等或更好之程
式（機能增加之部分）且可以較A公司更便宜之使用費即可流通於市場，
如此一來A公司辛苦開發投資反為B公司坐享其成，並不合理，故本項規
定修改之程式限於所有人（即修改人）自行使用[70]。

　　（三）本條第1項規定：「合法電腦程式著作重製物之所有人得因配
合其所使用機器之需要，修改其程式，……」其中所謂「其所使用機器」
係指電腦硬體設備而言，不包括電腦軟體程式在內，且該修改限於利用電
腦程式所須採行之必要步驟，且須在該電腦程式原設計目的之範疇內始得
修改，增加程式功能顯已逾越允許程式合法重製物所有人修改之立法意
旨，並將損及著作權人之利益。此外，為使電腦程式能在電腦硬體設備上
使用之必要，依法均可予以修改，至於所修改之程式為界面程式抑或應用
程式，則非所問[71]。

　　（四）電腦程式往往可能因機械故障或使用不當或其他原因而消除，
故有備用存檔之必要。但為備用存檔而重製程式，又可能侵害原著作權人
之重製權。因此，本條第1項又規定，電腦程式著作重製物之所有人因備
用存檔之需要得重製其程式，但限於該所有人自行使用，無須得原著作權
人同意。惟重製之程式不得借與或租與他人，或向公眾發售，此由第63條

70　コンピュータ・プログラムの法的保護。ジュスト，第850號（1985年12月1日），
　　第38頁。
71　參見內政部民國82年7月14日台(82)內著字第8217993號函。

第3項規定反面推之，可知依本條規定利用他人著作者，不得散布該著作。

（五）本條第2項規定：「前項所有人因滅失以外之事由，喪失原重製物之所有權者，除經著作財產權人同意外，應將其修改或重製之程式銷燬之。」係指依第1項由所有人重製或修改之電腦程式重製物或改作物，如所有人之原版重製物滅失（如毀損、破壞等），則原所有人仍得保有重製或修改之電腦程式，並使用之。惟如原購買之原版電腦程式已因買賣、互易、贈與等而轉讓所有權，如原來所有人仍保留依第1項而重製之重製物或改作之改作物，任令受讓之新所有人再行重製或改作，對著作財產權人未免不公，故此時原所有人因喪失所有權應將原依第1項重製或改作之重製物或改作物銷燬，如有違反，依本法第96條規定，科新臺幣5萬元以下罰金。其所以如此者，乃原所有人於重製或改作時係屬合法，而轉讓原版電腦程式之所有權，亦非法所不許，故無本法第91條及第92條之處罰問題。第96條所處罰者乃違反未即時銷燬之作為義務也。

（六）本法第87條規定：「有下列情形之一者，除本法另有規定外，視為侵害著作權或製版權：……五、明知係侵害電腦程式著作財產權之重製物而作為營業之使用者。」符合本條第1項而重製、改作之電腦程式，因非違法，故無第87條第5款之適用。惟依本條第2項應銷燬而未銷燬之電腦程式重製物，如有明知而作直接營利使用，仍得適用第87條第5款，依第93條第1項第2款或第2項處罰。

（七）茲有疑義者，本法第51條規定：「供個人或家庭為非營利之目的，在合理範圍內，得利用圖書館及非供公眾使用之機器重製已公開發表之著作。」符合第51條規定，而不符合第59條規定，得否依第51條規定主張免責。本書認為，第51條及第59條規定之要件不盡相同。本法第44條至第63條規定，各有其目的及功能，第51條規定無理由特別對電腦程式著作加以排除。故凡有第51條規定之情形，即使不符合第59條規定，仍得主張免責。

十九、移轉所有權之第一次銷售原則

本法第3條第1項第12款規定：「散布：指不問有償或無償，將著作之原件或重製物提供公眾交易或流通。」在外國不乏國家之著作權法，均規定著作權人專有散布權。所謂「散布權」，乃將著作的原作品或其複製品出借、出售、出租或以其他方法提供於一般公眾之權利。例如美國1976年著作權法第106條、南韓1987年著作權法第20條、德國1965年著作權法第17條是。依美國著作權法學者Melville B. Nimmer之見解，散布權原則上係重製權之補充權，目的在補充重製權之不足。蓋著作權為copyright，原則上為一種copying之權利（right），著作權內容中之每一項權利，或多或少與copying有關。例如重製權是一種直接之copying；公開口述權、公開播送權、公開演出權，係一種無形之copying；改作權是一種間接之copying；而散布權與 copying無關，它原始目的，係在防止或阻止盜版或竊盜物之流傳，故為重製權之附屬權，因此散布權行使之對象，係違法之複製品，而非合法之複製品。合法之複製品須用「第一次銷售原則」（德國稱「用盡說」）以限制散布權之範圍。蓋如著作財產權人專有散布權，而不以第一次銷售原則加以限制，則圖書館、舊書攤、下游零售書店、唱片行，均將變成非法行業，不僅物不能盡其用，貨亦不能暢其流[72]。故美國著作權法第109條第1項、1965年德國著作權法第17條第2項、1987年南韓著作權法第43條均有第一次銷售原則之規定[73]。我國著作權法於民國74年開始有出租權，於民國79年修法時特訂定出租權的第一次銷售原則（相當於本法§60），而本法於民國92年修正時，於第28條之1規定移轉所有權之散布權，於第29條規定出租權。為使散布權加以限制，以免所有人動輒得咎起見，本法乃於第59條之1規定移轉所有權之第一次銷售原則，而於第60條規定出租權之第一次銷售原則。

---

[72] See Melville B. Nimmer: Nimmer on Copyright, §8.12 (1992).

[73] 德國法第一次銷售原則，參見蔡明誠：「論智慧財產權之用盡原則」一文，政大法學評論，第四十一期（民國79年6月出版）。

依本法第59條之1規定：「在中華民國管轄區域內取得著作原件或其合法重製物所有權之人，得以移轉所有權之方式散布之。」茲析述如下：

（一）所謂「第一次銷售原則」（即「散布權耗盡原則」），係指著作財產權人（或其授權之人）將其著作原件或重製物之所有權移轉之同時，即喪失該著作之散布權。移轉繼受取得該著作原件或重製物之所有權人，基於物權，得自由管理、使用、處分或收益該著作原件或重製物[74]。第一次銷售原則在立法上，有以適用全世界者，有適用於國內者。本法係採後者之立法例，以因應本法第87條第4款之輸入權之立法。例如甲為著作財產權人，甲授權乙在台灣出版其書，乙將該書印成三千本交由總經銷丙在書店販售，不論丙將該書在台灣出售何人，甲不得再主張散布權。縱該書後來在舊書攤販售，甲都不能再干預。但如丁盜印甲之書籍，售與戊，戊之出售行為，甲得主張散布權受侵害。至於圖書館的出借，因為不屬於第28條之1的散布權的範圍，亦不屬於第29條之出租權，無侵害著作財產權人專有權利之問題，故無須適用第一次銷售原則。但如圖書館明知盜版書而出借，則適用本法第87條第6款「明知為侵害著作財產權之物而以移轉所有權或出租以外之方式散布者」視為侵害著作權，依第93條第2項決定是否處罰，並依本法第六章負民事責任。

（二）有關第一次銷售理論與輸入之關係如下[75]：

1.某著作重製物係由著作財產權人甲所製造，在中華民國管轄區域內販售，乙在中華民國管轄區域內購買該重製物後，成為物權所有人。嗣後乙將該重製物以移轉所有權之方式予以散布，例如出售予國內丙，或輸出國外販售予丁，即有本條之適用，此等散布行為均不需另行徵得著作財產權人甲之同意，不侵害著作財產權人甲之散布權，此時甲對該等重製物之散布權業因其移轉所有權之行為而耗盡。

2.承前例，國外之購買者丁嗣後將其自乙買得之重製物，再輸入中華民國管轄區域時（即所謂「回銷」）者，亦不必徵得著作財產權人甲之同

74　參見民國92年著作權法修正行政院草案說明第59條之1部分。

75　以下例子見註74之說明。

意，而無第87條第4款之適用。

3.如著作重製物係由著作財產權人甲在中華民國管轄區域內所製造，但未在中華民國管轄區域內販售，直接輸出國外在他國銷售散布，戊在他國合法購買該重製物後，成為物權所有人。嗣後戊欲將該重製物回銷至中華民國管轄區域內者，因該重製物並未取得甲同意在中華民國管轄區域內散布之授權，仍應徵得著作財產權人甲之同意始得輸入，否則即屬違反第87條第4款規定之行為，而其違反該款規定而輸入之物因非屬本條所稱之「合法重製物」，亦無本條之適用。

4.假設著作財產權人甲授權乙在中華民國管轄區域內製造其著作重製物，另在區域外例如馬來西亞，授權庚製造重製物。辛考量二國重製物價差，認有利益可圖，在馬國購買該重製物後，欲輸入中華民國管轄區域內販賣者，因庚在馬來西亞製造之重製物並未取得甲同意在中華民國管轄區域內散布之授權，故仍應徵得著作財產權人甲之同意，否則即屬違反第87條第4款規定之行為，而其違反該款規定而輸入之物因非屬「合法重製物」，並無本條之適用。

（三）本條所稱「中華民國管轄區域內」，係指台灣地區而言，不含大陸地區，故著作財產權人甲授權乙在台灣地區重製發行錄音著作，又授權丙在大陸地區重製發行該錄音著作，丁因丙所發行之錄音著作之重製品內容與乙相同，但價格較乙便宜，乃自大陸輸入該丙所發行之錄音著作之重製品而在台灣銷售，此時丁不得主張本條之第一次銷售原則，而構成第87條第4款之「未經著作財產權人同意而輸入著作原件或其重製物者。」而構成第87條第4款雖無刑事責任，但有民事責任。該輸入物仍屬侵害物，丁的另行銷售行為，仍應依第91條之1第1項規定處罰。

二十、出租之第一次銷售原則

本法第3條第1項第12款規定：「散布：指不問有償或無償，將著作之原件或重製物提供公眾交易或流通。」出租乃廣義散布的概念，有關在移轉所有權之第一次銷售原則，前已述之。本法於第60條規定：「著作原件

或其合法著作重製物之所有人，得出租該原件或重製物。但錄音及電腦程式著作，不適用之（Ⅰ）。」「附含於貨物、機器或設備之電腦程式著作重製物，隨同貨物、機器或設備合法出租且非該項出租之主要標的物者，不適用前項但書之規定（Ⅱ）。」茲析述如下：

（一）依本法規定，著作原件或其合法重製物之所有人，本得自由出借重製物，蓋本法第22條至第29條著作財產權專有權利中，屬於相當於外國立法上散布權部分，僅有移轉所有權之散布權（§28-1）及出租權（§29），而無「出借權」。故本條著作財產權限制規定中，無須規定合法著作重製物之所有人，得「出借」該重製物。因此，如甲寫一書為著作財產權人，甲將該書印一千本，圖書館A向書店B購一本重製物，圖書館A將該書借給任何人，均不違法，理由並非本條之規定，而係本法第22條至第29條並未規定出借權。

（二）本條係指如影片之著作財產權人A，將影片作成錄影帶，賣至錄影帶出租店B，不管B有無與A簽定出租授權契約，B出租給顧客C或另賣給其他出租店，均屬合法。蓋A賣錄影帶至出租店，B出租店擁有該錄影帶（合法重製物）之所有權，則A之出租權已經用盡，不能再對B及B的下游再主張出租權。同理，甲寫一本書，印一千本賣至B書店，小說出租店C向B購一本書即在小說出租店出租，亦屬合法。惟上述二例，均係指該錄影帶或小說均屬合法之重製物而言，如該小說或錄影帶因遺失、被竊、被盜版而流至出租店，出租店如知情而出租，則構成第92條第1項之以出租方法侵害他人之著作權罪。又如影片著作權人A未將錄影帶賣至出租店，而係與出租店簽定出租契約，而出租店未取得錄影帶所有權，此A之專有出租權並未用盡，仍得對出租店及其下游主張出租權。例如著作財產權人A，與出租店B簽定錄影帶出租契約，讓錄影帶之所有權仍由A保有，則B將該錄影帶出租給客戶，固係合法，此合法之權源，並非本條規定，而係本法第37條之授權契約，故除非授權契約另有規定，否則B將該錄影帶賣給另一出租店C（俗稱「流片」），B可能在刑法上有侵占罪及侵害著作財產權人之散布權問題，蓋本法第28條之1已規定著作人之專有移轉所有權之散布權，而如C另外出租給顧客，則C侵害A之出租權，C應

依第92條第1項規定處罰。

（三）本條錄音及電腦程式著作並無出租之第一次銷售原則的適用，故如A為電腦程式之著作財產權人，A將電腦程式賣給B，B如將電腦程式出租給C，則B亦屬第92條第1項擅自以出租方法侵害他人之著作財產權。

（四）依本條第1項規定，電腦程式著作之重製物不適用「出租之第一次銷售原則」之規定，亦即縱使著作原件或合法電腦程式著作重製物之所有人，亦不得出租該原件或重製物，但依本條第2項規定，如電腦程式著作之重製物係附含於貨物、機器或設備者，且隨同貨物、機器或設備合法出租，而電腦程式著作之重製物並非該項出租之主要標的物者，則亦適用本條第1項「出租之第一次銷售原則」之規定。例如，A公司為計程車出租公司，A公司旗下有一百輛計程車，A公司將一百輛計程車中之一輛租給甲作為出租計程車，由於出租計程車之計程車里程計費表上可能有電腦程式著作之重製物，而A公司出租該計程車給甲，主要係出租計程車而非出租該計程車之里程計費表，亦即非以出租計程車所附之里程計費表為主要之出租標的，因此A公司將計程車出租給甲作載客計程車使用，A公司依第60條第2項規定，縱使有出租到著作財產權人計程車里程計費表上之電腦程式著作，然而A公司之行為仍屬合法，而不適用第1項但書之規定。又例如，A公司製作一百台冷氣，而將冷氣賣至市面，B公司購買其中十台冷氣，專門作辦公室出租用，而將該冷氣租給丙使用，此時該冷氣中或附有若干電腦程式著作以控制冷氣之自動調節系統，然而B公司出租冷氣給丙，符合第60條第2項規定，亦即仍有第60條第1項本文「出租之第一次銷售原則」之適用，而無侵害冷氣內電腦程式著作之著作財產權。

二十一、時事問題論述之轉載或轉播

揭載於新聞紙、雜誌有關政治、經濟或社會上時事問題之論述，世界各國都有轉載或轉播之規定。伯恩公約第10條之2第1項、1965年德國著作權法第49條及第63條第3項、1970年日本著作權法第39條及1946年義大利

著作權法第65條，均有類似規定[76]。因此本法乃於第61條規定：「揭載於新聞紙、雜誌或網路上有關政治、經濟或社會上時事問題之論述，得由其他新聞紙、雜誌轉載或由廣播或電視公開播送，或於網路上公開傳輸。但經註明不許轉載、公開播送或公開傳輸者，不在此限。」茲析述其意義如下：

（一）伯恩公約（1971年巴黎條款）第10條之2第1項規定：「論議經濟、政治或宗教上時事問題」，本法則規定「政治、經濟或社會上時事問題」，並未規定「宗教」在內，惟不僅「宗教」亦包含於「社會」之領域[77]。任何時事問題，均與政治社會有關。因此，不問政治、外交、經濟、財政、社會、教育文化等，均屬於政治、經濟、社會之領域[78]。

（二）本條規定之「論述」，須執筆者有創造意思之表現，單純為傳達事實所作成之語文著作，依本法第9條第1項第4款，不得為著作權之標的，不包括在內。最典型者為報紙之「社論」或雜誌上之「卷頭言」。蓋此為代表報社或雜誌社對時事問題之意見，應廣為一般人周知，故除有明示禁止轉載外，得加以轉載[79]。惟揭載於新聞紙、雜誌或網路上時事問題之論述，報紙、雜誌得加以轉載，廣播機關（廣播、電視）亦得加以廣播，或網站於網路上公開傳輸，但廣播機關之論述，報紙、雜誌卻不得加以轉載[80]。

（三）本條規定之「論述」，不限於報紙之社論，解釋上雜誌之時事論文亦包括在內。但連載小說、文藝評論，或專門學術雜誌之論文，不包括在內。又在新聞雜誌上揭載之論述雖得加以轉載，但不得將其加以集結

76　參見民國81年舊法本條原行政院草案說明及拙著：著作權法修正條文相對草案，第84-86頁。

77　中川善之助、阿部浩二：著作權，第188頁。

78　加戶守行：著作權法逐條講義，第224頁；日本著作權法令研究會編：著作權關係法令實務提要，第619頁。

79　佐野文一郎、鈴木敏夫：改訂新著作權法問題，第244-245頁。

80　半川猛郎：著作權へのしるべ，第92頁。

而出書或發行[81]。又此所謂轉載、公開播送或公開傳輸，並無部分或全文轉載、公開播送或公開傳輸之限制，亦即部分或全文轉載、公開播送或公開傳輸均可[82]。

（四）揭載在新聞雜誌上之論述，如有禁止轉載之記載，不得轉載。此禁止轉載之記載，其文字之大小及位置，不影響其效力。在卷頭、卷尾記載時，得解為在該刊物中之記載有法律上效力[83]。又在報紙之開頭，或雜誌之卷末有概括禁止轉載之表示者，一般解釋為各個論述文章皆不得轉載[84]。

（五）依本條轉載他人著作，得以翻譯方法加以轉載、公開播送或公開傳輸，並得加以散布（§63Ⅰ、Ⅲ）。例如國內A報欲轉載美國B報之社論，如B報無禁止轉載之規定，則A報得就B報之社論加以翻譯，而在A報刊出並散布。

（六）依本條轉載他人著作，應明示其出處（§64Ⅰ）。上述明示出處，就著作人之姓名或名稱，除不具名著作或著作人不明者外，應以合理

81　內田晉：問答式入門著作權法，第239-242頁。內政部民國82年5月25日台(82)內著字第8209082號函謂：「……貴社剪報資料建立電腦資料庫，係提供訂戶可由顯示螢光幕讀取剪報、文件、影像、資料，亦可由印表機列印輸出，與上述條文（即本條）規定似有未合。」參見內政部編：內政法令解釋彙編（十四）——著作權類，第97-98頁。

82　參見內政部民國83年4月6日台(83)內著字第8306060號函。

83　大審明治37年4月21日刑二判、明治37年（れ）第496號判例。見第一法規出版社編：判例體系，無體財產法，第七冊，第4083頁。

84　內田晉：前揭書，第240頁。內政部民國81年11月20日台(81)內著字第8118804號函謂：「按揭載於新聞紙、雜誌有關政治、經濟或社會上時事問題之論述，如經註明不許轉載或公開播送者，依著作權法第61條但書規定，不得由其他新聞紙、雜誌轉載或由廣播或電視公開播送。但該條但書所訂『但經註明不許轉載或公開播送者，不在此限。』係指著作人附有權利之保留而言，此『禁止轉載或公開播送』之註明，凡在新聞紙或雜誌之首頁、卷末或其他顯著地位，有概括禁止轉載或公開播送之註明者，其註明之效力及於同一份新聞紙或雜誌內刊載之所有『政治、經濟或社會上時事問題之論述』，無須個別於每篇中皆註明始有效力。」參見內政部編：內政法令解釋彙編（十四）——著作權類，第97頁。

方式為之（§64II）。

二十二、政治或宗教上之公開演說等之利用

政治或宗教上之公開演說、裁判程序及中央或地方機關之公開陳述，本來即具有推動政策或教化人心之功能，應廣為流傳，故世界各國多有著作財產權限制之規定，例如1965年德國著作權法第48條、1970年日本著作權法第40條之規定是。故本法第62條乃規定：「政治或宗教上之公開演說、裁判程序及中央或地方機關之公開陳述，任何人得利用之。但專就特定人之演說或陳述，編輯成編輯著作者，應經著作財產權人之同意[85]。」茲析述其意義如下：

（一）本法稱「公開演說」，係指不特定人或特定之多數人得聽取之狀態（參見§3I④之定義）。本條所稱「政治或宗教上之公開演說」，例如選舉時之政見發表或布道大會中之布道演說是[86]。本條之「公開演說」係相對於「秘密演說」而言，凡不具有外部發表為前提，而具有內部秘密性質者，例如政黨內部小組對選舉策略之演說，不欲外面知悉者，一般人自不宜利用，否則不僅有著作財產權之侵害，亦有本法第15條公開發表權之侵害。如秘密演說而同時對外中繼播送，或特定俱樂部、扶輪社、獅子會等之演說，而允許媒體記者進入者，均解為公開之演說[87]。如其演說係屬政治或宗教上之演說，一般人得自由利用。惟如校園之政治討論會（teach-in），例如有關憲政改造、總統是否直選之討論會，或其他僅政治問題解說而非政治之主張，例如政治學教授公開為「中國宮廷政治」之演說，或在課堂上講授政治學，均非本條之政治上之公開演說[88]。

---

85 參見民國81年舊法本條行政院原草案說明。

86 參見民國81年舊法本條行政院原草案說明。

87 日本著作權法令研究會編：著作權關係法令實務提要，第621-622頁；加戶守行：著作權法逐條講義，第227頁。

88 參照加戶守行：著作權法逐條講義，第227-228頁；內田晉：入門著作權法，第244-245頁。

　　（二）本條稱「裁判程序之公開陳述」，例如在法院、檢察官、律師、原告、被告、證人、鑑定人、訴訟代理人、輔佐人等之公開陳述是。法院組織法第86條規定：「訴訟之辯論及裁判之宣示，應公開法庭行之。但有妨害國家安全、公共秩序或善良風俗之虞時，法院得決定不予公開。」依法院組織法第86條但書不公開調查及審理之案件，非本條之範圍。又刑事訴訟法第245條規定：「偵查，不公開之。」偵查程序固非裁判程序，亦因其不公開，故在偵查中之陳述，均非本條範圍。此外，法院組織法第88條規定：「審判長於法庭之開閉及審理訴訟，有指揮之權。」第89條規定：「法庭開庭時，審判長有維持秩序之權。」第90條規定：「法庭開庭時，應保持肅靜，不得有大聲交談、鼓掌、攝影、吸煙、飲食物品及其他類似之行為。非經審判長核准，並不得錄音。前項錄音辦法，由司法院定之。」法庭旁聽規則第7條規定：「旁聽人在法庭旁聽時，應保持肅靜，並不得有下列行為：⋯⋯二、向法庭攝影、錄影、錄音。但錄音經審判長核准者，不在此限。」本條僅係任何人利用裁判之公開陳述不侵害著作財產權人之著作財產權之規定，不影響審判長之訴訟指揮權及秩序維持權。又本條僅稱裁判程序之公開陳述，任何人得加以利用，故非裁判程序之公開陳述，例如鑑定人之書面鑑定報告，而未在法庭陳述，此書面報告不得依本條加以利用。惟如鑑定報告為判決書部分採用，此被採用部分，已為本法第9條第1項第1款之「公文」之一部分，不得為著作權之標的，任何人自得依第9條第1項第1款加以利用。同理，律師之答辯狀如非在法院公開陳述，亦與上述鑑定人之鑑定報告相同，除非判決書加以援用或採用，否則一般人不得加以利用。

　　（三）本條稱「中央或地方機關之公開陳述」，此「中央或地方機關」，其意義與第9條第1項第2款、第44條、第48條之1、第50條、第54條之「中央或地方機關」意義相同，茲不復贅。本條之「中央或地方機關之公開陳述」，係指「政治上之公開演說」以外之其他中央或地方機關之公開陳述，例如：國民大會、立法院、監察院、各地方議會民意代表之質詢及政府官員之答覆是。甚至在立法院或其他各級議會，由該民意機關所辦

之公聽會中學者專家、業者代表之證詞，均屬本條得自由利用之範圍[89]。

（四）本條稱「任何人得利用之」，係指任何人均得依本法第22條至第29條規定加以利用，例如重製、公開口述、公開播送、公開上映等，無論以出版、錄音、錄影方式發行、販賣均可[90]。惟本條之利用，不得歪曲演說者或陳述者之原意，致有損作者名譽，否則將侵害著作人之禁止醜化權（§17、66）。又本條之利用，包含得以翻譯方法加以利用，並得加以散布（§63Ⅰ、Ⅲ）。例如美國總統之競選演說，任何人均得翻譯加以出版。

（五）本條但書規定：「但專就特定人之演說或陳述，編輯成編輯著作者，應經著作財產權人之同意。」例如A出版社出版「四十年來立法委員質詢精選集」，選擇十位著名立法委員之質詢共三十篇加以出版，依本條規定，係屬合法。惟如B出版社出版立法委員甲質詢精選集，未經甲同意，依本條但書為不合法。至於如選二位立法委員之質詢加以編輯，係屬脫法行為，仍解為不合法[91]。

（六）依本條規定，利用他人著作，應明示其出處（§64Ⅰ）。上開明示出處，就著作人之姓名或名稱，除不具名著作或著作人不明者外，應以合理之方式為之（§64Ⅱ）。

89　參見民國81年舊法本條行政院原草案說明。

90　內政部民國83年12月5日台(83)內著字第8326485號函謂：「復依本法第62條規定：『政治或宗教上之公開演說、裁判程序及中央或地方機關之公開陳述，任何人得利用之。但專就特定人之演說或陳述，編輯成編輯著作者，應經著作財產權人之同意。』是前揭電視政見發表，原則上任何人均得利用之，應審酌一切情狀，尤應注意下列事項，以為判斷標準：『一、利用之目的及性質，包括係為商業目的或非營利教育目的。二、著作之性質。三、所利用之質量及其在整個著作所占之比例。四、利用結果對著作潛在市場與現在價值之影響。』上述函示中所稱電視政見發表原則上任何人均得利用之，惟利用時仍應注意本法第65條規定。」似與本條立法原意不符，依本條之立法原意，凡屬政治或宗教上之公開演說，除有本條但書者外，任何人均得加以利用，並無本法第65條適用之問題。

91　加戶守行：著作權法逐條講義，第228頁。

第二款 著作合理使用之一般條款

一、著作合理使用一般條款之理由

著作權係著作權法所賦予著作人保護其精神，智慧創作所得享有之私權，其目的在於保障私權及鼓勵創作，以促使社會之進步。然就社會整體而言，如過度保護著作權，將造成一般人利用之困難，而阻礙學術交流發展與知識之傳遞，有礙社會公益，殊非著作權法保護私人著作權利之本旨。故為謀社會公益與私權之調和，英美法有所謂合理使用（fair use）原則，只要他人基於正當理由使用著作，且斟酌其使用之目的、份量、對原著價值之影響及原著之性質等因素可認為未逾合理限度時，不構成著作權之侵害[92]。故本法第65條乃規定：「著作之合理使用，不構成著作財產權之侵害（Ⅰ）。」「著作之利用是否合於第四十四條至第六十三條所定之合理範圍或其他合理使用之情形，應審酌一切情狀，尤應注意下列事項，以為判斷之基準：一、利用之目的及性質，包括係為商業目的或非營利教育目的。二、著作之性質。三、所利用之質量及其在整個著作所占之比例。四、利用結果對著作潛在市場與現在價值之影響（Ⅱ）。」「著作權人團體與利用人團體就著作之合理使用範圍達成協議者，得為前項判斷之參考（Ⅲ）。」「前項協議過程中，得諮詢著作權專責機關之意見（Ⅳ）。」

二、第65條著作合理使用之一般條款之內容

（一）本條係仿美國著作權法第107條之合理使用（fair use）原則。而美國1976年將合理使用原則明文化，目的在於將司法實務之合理使用原則重述一遍，而非欲該原則予以改變、擴張或限縮[93]。故本法第65條第1

---

92 參見台灣台北地方法院81年度簡上字第423號判決，全文參見拙編：著作權裁判彙編（一），第499-528頁。

93 House Report, p. 66.

項之合理使用原則，不受本法第44條至第63條著作財產權特殊限制要件之拘束，易言之，本法第65條第1項規定乃係獨立之合理使用原則，此原則之內容需由實務之判決加以具體化，尤其英美法一、二百年來有關合理使用之原則在本條中得加以參照。

（二）本條第2項本文所稱「著作之利用是否合於第四十四條至第六十三條所定之合理範圍或其他合理使用之情形，應審酌一切情狀，尤應注意下列事項，以為判斷之基準」，係指本法第44條至第63條中，凡有「合理範圍」之文字者，應受本條第2項4項判斷基準之檢驗。而本法第44條至第63條中，有「合理範圍」之文字者，計有第44條（機關內部分之利用）、第45條（司法目的之利用）、第46條（教學目的之利用）、第47條（編製教科書目的之利用）、第50條（機關著作之利用）、第51條（為私人目的之利用）、第52條（引用）等七個條文，除了上述7條規定外，其餘規定均係自我滿足的豁免規定，與合理使用之檢驗基準無關，無須受到本條第2項4基準的檢驗。又依本項規定，未符本法第44條至第63條規定，而又符合一般合理使用規定者，亦得依本條規定主張合理使用而加以抗辯，以為免責。

（三）本條第2項第1款稱：「利用之目的及性質，包括係為商業目的或非營利教育目的。」例如利用他人著作於自己之創作中，此種「有生產力之使用」（productive use），較完全重製他人著作，利用人自己並無創作之「無生產力之使用」（unproductive use）容易主張合理使用[94]。又如被告如係為非營利性之教育目的、科學或歷史等學術目的，較商業目的容易成立合理使用[95]。又例如被利用人誹謗他人或有公平交易法第22條陳述

---

94 See Universal City Studios, Inc. v. Sony Corp. of America, 659 F. 2d 963 (9th Cir. 1981), revd, 464 US. 417 (1984).

95 See Sen. Rep., p. 64; See Triangle Publications, Inc. v. Knight-Ridder Newspapers, Inc., 626 F. 2d 1171 (5th Cir. 1980).另參見最高法院83年度台上字第5206號判決謂：「復按為報導、評論、教學、研究或其他正當目的之必要，在合理範圍內，得引用已公開發表之著作，固為著作權法第52條所規定，惟著作之利用是否屬於合理利用之範圍，依同法第65條規定：應審酌一切情狀，尤應注意（一）利用之目的及性

或散布足以損害他人營業信譽之不實情事，則被害人可在必要範圍內重製該著作，以便反駁[96]。

（四）本條第2款稱「著作之性質」（The nature of the Copy-righted work），係指「被利用著作之性質」。例如教科書和其他主要供應學校市場之著作，較以一般大眾為散布對象之著作，在教室內使用而重製時受到更多的限制[97]，故在教室使用時，一般之著作，較教科書容易成立合理使用；又如涉及事實性著作（factual work），較虛構或幻想之著作（works of fiction or fantasy）保護程度為低，故對於前者較易主張合理使用，對後者較不易主張合理使用[98]；再如涉及目錄、索引或其他編輯著作等依賴勤勉多於原創性之著作，比起較高創造性之著作，容易主張合理使用[99]是。

質，包括係為商業目的或非營利教育目的；（二）著作之性質；（三）所利用之質量及其在整個著作所占之比例；（四）利用結果對著作權人潛在市場與現在價值之影響。本件被告江偉碩係以文字報導國家安全局長宋心廉請辭獲准後，其繼任人選經李總統核定由國安局副局長殷宗文繼任之新聞及專欄，而翻拍重製上訴人所拍攝之殷宗文照片之攝影著作加以刊載，查中央日報為公開發行銷售之報紙，其於語文著作（新聞報導）中刊載他人之攝影著作，是否屬於合理利用之範圍，原判決並未依著作權法第65條所列之情形，詳加剖析論述，其判決理由亦嫌未備。」（引自拙編：著作權裁判彙編（二）上，第531頁以下）。另台灣高等法院86年度上易字第8335號判決謂：「被告黃彩華等人為編製附隨於前揭教育部審定之國民小學二年級上學期唱遊課本配合使用之教學錄音帶，而重製案內樂曲，交由康和公司製作，以非賣方式贈送供教師作為教學之用，既係基於非營利之教育目的，且該錄音帶中錄製之案內音樂，亦僅係作為背景音樂，所利用之資料即在整個錄音帶中所占之比例均甚微小，自屬在合理範圍內。依新修正著作權法第47條，准許編製經教育行政機關審定之教科書及附隨之教學用輔助用品者，得在合理範圍內重製他人著作，則本案尚不構成著作財產權之侵害。」上述前例係屬營利目的，較難構成合理使用；後者係屬非營利之教育目的，較可能構成著作之合理使用。

96　See House Report, p. 73.

97　See House Report, p. 64；同註94。

98　See Harper & Row Publishers, Inc. v. Nation Enterprises, 471 U. S. 539, 562 (1985).

99　See New York Times Co. v. Roxbury Data Interface, Inc., 434 F. Supp. 217 (D. N. J. 1977).

司法院第三十二期司法業務研究會第三則座談如下：

1.問題說明

　　著作物之結構、體系、章次、標題用語均與原著作物相同，惟其說明文句及內容敘述，係由作者自行撰述，且經作者於書中註明其結構體系，章次標題之援用出處者，是否仍屬於剽竊抄襲，而構成著作權之侵害？

2.研究意見

甲說（肯定說）：

　　著作物之結構、體系、章次，均為著作物之重要構成部分，且為著作物內容闡述之要領與基礎，為原作者創作智慧之重要架構，作者雖在書中註明其出處，然已逾越參證註釋及合理使用之範圍，應認屬剽竊原著作物，而構成著作權之侵害。

乙說（否定說）：

　　著作物之結構、體系、章次、標題雖屬著作物內容之一部，然其僅係著作物之抽象架構與理論名目，尚未涉及實質內涵，作者雖予援用，然係以自己之見解，敘述或解釋其內容，且於書上註明其出處，自與剽竊抄襲有別，尚難認已構成著作權之侵害。

丙說（折衷說）：

　　如二著作物所使用之結構體系、章次、標題係出自同一淵源（如某一法典、古籍、或在某學術領域中已周知或已被多次使用之理論原則、標題名目者）則作者援用原著作並註明其出處者，即不構成著作權之侵害，反之，如該著作物所使用之結構體系、章次標題為原著作人自行獨創而無明顯淵源可循者，作者如擅予援用，縱在書中註明其出處，亦屬逾越參證註釋及合理使用之限度，而構成對著作權之侵害。

3.研討結果：採乙說。

4.司法院刑事廳研究意見：同意研究結果[100]。

　　上述座談會本書傾向丙說。蓋著作之結構、體系、章次、標題，均涉

---

100 參見司法周刊雜誌社印行：刑事法律專題研究（六）（民國82年6月），第88-90頁。

及著作之內面表現形式，並非可一概自由援用。惟如結構、體系、章次、標題等使用量不大，則易成立合理使用。

（五）本條第3款稱：「所利用之質量及其在整個著作所占之比例。」例如利用人利用他人之著作如係全部著作之精華所在，較不易主張合理使用，如利用之著作為不重要之部分，較易主張合理使用。最高法院84年度台上字第419號判決謂：「所謂『合理範圍』內，除與利用之『量』有關外，尚須審究利用之『質』。巫維標獨創之例題及圖形，似為其書之精華所在，具有『質』之絕對重要性，黃新春將該等例題、圖形全數抄襲，得否主張為合理利用，饒有研求之餘地。」即明示斯旨。

（六）本條第4款所稱：「利用結果對著作潛在市場與現在價值之影響。」例如著作已絕版，一般使用人無法透過正當管道購得，較諸著作在市面上流通，容易主張合理使用是[101]。又例如美國前總統福特和 Harper & Row出版公司以及讀者文摘簽約出版其回憶錄。依該出版合約，出版人享有「於全書出版前授權刊載摘要內容之專屬權利，在出版界稱為『第一次連載權』」。出版人又將第一次連載專屬權賣給時代雜誌，約明預付1萬2,500元，刊登後再付1萬2,500元。就在時代雜誌預定刊登連載文章日之前幾個星期，Nation雜誌一位編輯竊得一份回憶錄原稿的複本，迅速撰寫了一篇新聞稿，其中含有完全取自原稿的事實，引用文和意譯。該文內容觸及福特任總統期間的若干事件，特別令人注意是關於前總統尼克森的辭職

---

[101] See Basic Books, Inc. v. Kinko's Graphics Corp., 758F. Supp. 1522, 1533 (S. D. N. Y. 1991). 另參見最高法院84年度台上字第5350號判決謂：「（一）依上訴人指稱各家政論雜誌社，如欲刊登（使用）該照片，均曾支付費用向上訴人購使用權，方能刊登，其提供系爭照片予張友驊刊載於所著《李登輝霸權危機》一書中，係因張友驊與上訴人淵源頗深，故於同意使用之初，就使用代價僅表示隨意即可，而張友驊亦承諾願以事後書籍發行量之一半代價給上訴人之情，倘屬實情，則上訴人所擁有系爭照片之攝影著作權之市場價值，能否謂無重大影響，不無疑義，實情若何？仍有待詳查審認明白，原審未就此究明，率認被告之行為對上訴人本身之潛在市場與現在價值難謂有重大影響，殊嫌速斷。」（引自拙編：著作權裁判彙編（二）下，第1664頁）。

和獲得赦免。Nation雜誌所登2,250字的文章中有300字是直接引自福特20萬字的回憶錄。由於讓別人給「搶先一步」，時代雜誌遂取消原定刊載計畫，依據合約不再支付餘款1萬2,500元。美國地區法院駁回Nation雜誌合理使用的主張，該院認為Nation基於營利之目的刊登「一份即將發表的著作的核心部分」，「致使時代雜誌與回憶錄出版人之間的合約流產，降低了著作權的價值」，所以判決出版人得請求1萬2,500元之損害賠償。第二巡迴上訴法院在陪審員正反意見勢均力敵之下撤銷了原審判決。鑑於系爭新聞報導在本質上有「重大之政治意義」，需要引用原稿才能具備真實性（可信度），而逐字抄襲原稿之比例又很小，上訴法院判定系爭刊載行為係合理使用應受到保護。最高法院撤銷了上訴法院的判決，表示Nation雜誌刊登之文章已經逾越合理使用和非法剽竊之間的分界線[102]。

　　（七）本條規定立法主要係仿自美國著作權法第107條。而美國著作權法對於合理使用僅有原則性的規範，因此美國國會對於何種情形方屬合理使用亦採由雙方團體共同協商的態度，使得合理使用的適用除應注意著作權法第107條之原則規定外，亦應斟酌雙方團體所為之協議。此種協議模式，在早期有所謂的「非營利教育機構課堂影印準則」，最近則有「合理使用會議」（CONFU, Conference on Fair Use）[103]。有鑑於合理使用原則在實務上判斷的困難，本法於民國92年修正時，乃於第3項規定：「著作權人團體與利用人團體就著作之合理使用範圍達成協議者，得為前項判斷之參考。」第4項規定：「前項協議過程中，得諮詢著作權專責機關之意見。」依此規定，在我國著作權團體與利用人團體間如有合理使用範圍之協議，此協議得為實務上認定合理使用基準的參考。

---

[102] Melville B. Nimmer & David Nimmer: Nimmer on Copyright, Vol. 3. § 13.05[A]5, pp. 13-102.6 (1992).

[103] 參見馮震宇：合理使用之研究期末報告（經濟部智慧局），第五章。

第三款 著作財產權限制與著作人格權之關係

本法第44條至第63條及第65條規定，均係有關限制著作財產權之規定，與著作人格權無關。故本法第66條乃規定：「第四十四條至第六十三條及第六十五條規定，對著作人之著作人格權不生影響。」茲析述其意義如下：

一、本法第15條第1項本文規定：「著作人就其著作享有公開發表之權利。」本法第44條至第63條之規定，均屬「著作財產權之限制」，並非「著作人格權之限制」，故第44條至第63條之規定，不影響著作人之著作人格權。查本法第44條至第63條之規定，雖多數針對「已公開發表之著作」而設，惟亦有少數未公開發表著作，亦得利用。例如本法第44條、第45條、第59條等。如上述未公開發表之著作因利用而公開發表，則係侵害著作人之公開發表權。例如甲與乙訴訟，乙之辯護人丙依刑事訴訟法第33條及本法第45條得檢閱影印卷宗，其中影印到甲之朋友丁寄給甲之信件，因該案新聞界正在追蹤報導，乙乃將該信交記者披露報導，此時乙侵害丁之公開發表權。

二、本法第16條第1項規定：「著作人於著作之原件或其重製物上或於著作公開發表時，有表示其本名、別名或不具名之權利。著作人就其著作所生之衍生著作，亦有相同之權利。」第64條規定：「依第四十四條至第四十七條、第四十八條之一至第五十條、第五十二條、第五十三條、第五十五條、第五十七條、第五十八條、第六十條至第六十三條規定利用他人著作者，應明示其出處。」「前項明示出處，就著作人之姓名或名稱，除不具名著作或著作人不明者外，應以合理之方式為之。」違反第64條著作人姓名之明示義務，亦有可能同時侵害著作人之姓名表示權。

三、本法第17條規定：「著作人享有禁止他人以歪曲、割裂、竄改或其他方法改變其著作之內容、形式或名目致損害其名譽之權利。」依本法第44條至第63條之利用，如有歪曲被利用著作之實質內容使著作人名譽受害者，亦可能侵害著作人之禁止醜化權。例如甲依本法第52條引用乙之著作，然甲引用之內容與乙原著作之內容實質不同致有損乙之名譽，如甲有

故意或過失，應負本法侵害著作人禁止醜化權之責任（§85）。

第四節　著作之強制授權——強制授權之限制

　　音樂具有極強的流通性與極高的使用頻率，故音樂之利用權，往往不宜獨占。外國著作權法立法例上，音樂著作之利用採法定授權制之國家，合法之音樂著作被錄於錄音著作而發行者，其他錄音著作之製作人雖未得著作財產權人之許諾，僅支付一定之使用報酬，即得就該音樂著作加以錄音，因而防止特定的錄音著作之製作人獨占音樂著作之錄音權。在未採法定授權制之國家，實際上音樂著作之錄音權，通常由錄音權之仲介機關集中管理，如支付所定之使用報酬，於所有錄音著作之製作人，均為平等使用之授權。我國著作權法對音樂著作之利用並未採法定授權制度，音樂著作權團體對所有錄音著作之製作人，又未為平等使用之授權，某一著作人之音樂著作往往專屬於某一錄音著作之製作人，以致造成特定的錄音著作之製作人長期獨占特定音樂著作之錄音權，此種現象對音樂流通與發展，有所妨礙。為改善此種對音樂著作之錄音權長期獨占之現象。故本法第69條乃規定：「錄有音樂著作之銷售用錄音著作發行滿六個月，欲利用該音樂著作錄製其他銷售用錄音著作者，經申請著作權專責機關許可強制授權，並給付使用報酬後，得利用該音樂著作，另行錄製（Ⅰ）。」「前項音樂著作強制授權許可、使用報酬之計算方式及其他應遵行事項之辦法，由主管機關定之（Ⅱ）。」依第69條規定析述其要件如下：

　　一、音樂著作之著作人依本法第22條第1項規定，專有重製其音樂之權利，依該重製之權利，依同法第3條第1項第5款規定，包括錄音，故欲利用音樂著作錄製成錄音著作，除該音樂之著作財產權已消滅，或其利用行為合於本法第44條至第65條所訂合理使用情形外，應經音樂著作財產權

人之同意或授權[104]。如未經音樂著作財產權人之同意或授權，亦須依本條規定為強制授權方可。本條強制授權之對象為音樂著作，而非錄音或視聽著作。音樂著作之著作權人，不問為外國人或中國人，其所創作亦不問為外國音樂或中國音樂，如已自行或供人錄製銷售用錄音著作，即與本條相當。惟此音樂著作係指受本法保護之音樂著作而言，故不受本法保護之音樂著作，縱使使用人願意付費，亦無法依本條規定申請音樂之強制授權[105]。本條之「音樂著作」，包括曲譜、歌詞及其他之音樂著作（著作權法第5條第1項各款著作內容例示§2②）。故依本條規定，不僅歌曲得為強制授權，歌詞亦得為強制授權，與舊法不同。本條以「銷售用錄音著作公開發行滿六個月」為要件，不包含製作視聽著作在內，與舊法不同[106]。本條之「公開發行」，不限於在國內發行，在國外發行亦包含在內[107]，與日本著作權法亦有不同。本條之「發行」，係指權利人散布能滿足公眾合理需要之重製物（§3Ⅰ⑭）。

　　二、依本條須錄有音樂著作之銷售用錄音著作公開發行滿六個月，方得申請強制授權。此六個月期間係乃保護原錄製者，蓋原錄製者錄製銷售用錄音著作，投資不少財力，宜有相當之獨占期間，此期間日本著作權法

---

[104] 參見內政部85年9月3日台(85)內著會發字第8515989號函及內政部民國87年4月15日台(87)內著會發字第8704438號函。

[105] 參見內政部民國87年3月13日台(87)內著字第8704024號函。

[106] 內政部民國85年9月18日台(85)內著會發字第8515421號函謂：「如非屬上述將音樂著作錄製創作銷售用錄音著作之情形，而僅係將現有之錄音著作或視聽著作予以收錄或銷售者，係屬重製錄音著作或視聽著作之行為，雖其重製時亦同時重製該錄音著作或視聽著作內所利用之音樂著作，惟此與著作權法第69條所訂欲利用音樂著作錄製其他銷售用錄音著作之情形有別，自無著作權法第69條之適用。」又內政部民國85年9月3日台(85)內著會發字第8515989號函謂：「經查　貴公司係欲於視聽著作《春花夢露》影片中利用該音樂著作，並非用於錄製創作音樂著作，與前揭著作權法第69條強制授權規定不符。」

[107] 內政部民國87年3月13日台(87)內著字第8704024號函謂：「著作權法第69條所規定之『錄有音樂著作之銷售用錄音著作發行滿六個月』其發行區域並不限於中華民國區域內。」

為三年，本法為六個月。

　　三、本條以欲利用該音樂著作錄製其他銷售用錄音著作為要件，如利用音樂著作錄製創作錄音著作，而該新創作之錄音著作非供銷售用，即無本條之適用[108]。

　　四、依本條規定，利用音樂之人，須符合「著作權專責機關許可強制授權」及「給付使用報酬」雙重條件後，方得使用音樂。單純僅符合條件之一而使用音樂，仍屬侵害著作權。依民國91年2月20日公布之「音樂著作強制授權申請許可及使用報酬辦法」（下稱「許可辦法」）第14條規定：「申請人未給付使用報酬者，不得利用音樂著作錄製銷售用錄音著作。」即此意旨。

　　五、本條最後稱「另行錄製」，乃另行錄製錄音著作之意，而不得另行錄製視聽著作。此由本條「欲利用該音樂著作錄製其他銷售用錄音著作者……」之文字，即可證明。而本條之「錄音著作」，係指包括任何藉機械或設備表現系列聲音而能附著於任何媒介物上之著作。但附隨於視聽著作之聲音不屬之（著作權法第五條第一項各款著作內容例示§Ⅱ⑧）。故如將歌曲儲存於IC卡，而此IC卡僅儲存詞曲而未儲存影像者，縱該IC卡可儲存數千首甚至一萬首，該IC卡亦具有錄音著作性質，得依本條規定申請音樂著作之強制授權。惟如該IC卡本身除儲存詞曲之聲音外，尚儲存影像，則該IC卡具有視聽著作之性質，不得依本條規定申請強制授權。惟如其中一顆IC儲存詞曲聲音而影像由其他IC或機器中儲存，而於螢幕上結合，則此單純儲存詞曲聲音之IC，仍具有錄音著作之性質，仍得依本條規定申請音樂著作之強制授權。目前坊間IC卡除儲存詞曲之聲音外，尚同時儲存字幕影像，此同一IC中同時儲存詞曲聲音及歌詞之字幕影像，應不符錄音著作之要件，而不得申請音樂著作之強制授權。欲申請音樂著作之強

---

108 參見內政部民國87年3月13日台(87)內著字第8704024號函謂：「依著作權法第69條之規定，欲申請強制授權者，必須是利用音樂著作錄製創作錄音著作，而該新創作之錄音著作則係供銷售之用。因之，若所欲錄製者非銷售用之錄音著作，則其無本條文之適用。」

制授權，須單純儲存詞曲之聲音，而不附含歌詞字幕影像，方屬錄音著作，而得申請錄音著作之強制授權。

本法第69條第2項規定：「前項音樂著作強制授權許可、使用報酬之計算方式及其他應遵行事項之辦法，由主管機關定之。」有關音樂著作強制授權，內政部於民國81年6月10日以台內著字第818121號令發布「音樂著作強制授權申請許可辦法」，共二十二條，該辦法於民國81年6月12日生效。惟為配合民國87年修正之新法，內政部乃於民國87年1月23日另發布「音樂著作強制授權申請許可及使用報酬辦法」。又經濟部又於民國91年2月20日以經濟部經智字第09104603141號令修正發布音樂著作強制授權申請許可及使用報酬辦法共十九條。

依第69條規定而利用他人著作，因係因強制授權而利用他人著作，因此不得將其錄音著作之重製物銷售至中華民國管轄區域外（§70）。此中華民國管轄區域，係指台灣地區，故因強制授權而利用他人著作，不得將其錄音著作之重製物銷售至大陸地區。此外，依第69條規定，取得強制授權之許可後，發現其申請有虛偽情事者，著作權專責機關應撤銷其許可。依第69條規定，取得強制授權之許可後，未依著作權專責機關許可之方式利用著作者，著作權專責機關應廢止其許可（§71）。

第六章　著作財產權之變動

第一節　著作財產權之轉讓與繼承

第一款　著作財產權之轉讓

一、著作財產權之移轉性

　　著作財產權之讓與，係指直接發生著作財產權移轉效果之準物權行為[1]。本法第36條第1項規定：「著作財產權得全部或部分讓與他人或與他人共有。」著作財產權具有移轉性。著作財產權之移轉性具有下列二種特徵[2]：第一為著作財產權得與著作人格權分離而為讓與，即著作財產權屬於原著作人時，著作財產權與著作人格權相結合，而如著作人將著作財產權獨立讓與，則著作財產權與著作人格權分屬於不同之人。第二為著作財產權之讓與具有可分性，即著作財產權人得將著作財產權分為重製權、公開口述權、公開播送權、公開上映權、公開演出權、公開傳輸權、公開展示權、改作權、編輯權、散布權、出租權、輸入權等，分別讓與不同之人，並得加以限制，讓與一地方之公開上映權及公開演出權，某一種語文

---

[1]　最高法院86年度台上字第1039號判決謂：「著作財產權之轉讓，係著作財產權主體變更的準物權契約，為處分行為之一種，著作權讓與契約應與其原因行為之債權契約相區別……而所謂著作財產權之讓與，應指直接發生著作財產權移轉效果之準物權行為，而非指僅得請求移轉著作財產權之債權債務行為。債權人如依負擔行為而僅取得債權，因其僅係特定人得向特定人請求特定行為之權利，並不具有得對抗一般第三人效力。」參見拙著編：著作權法判決決議、令函釋示、實務問題彙編，第907-908頁。

[2]　勝本正晃：日本著作權法，第69-70頁。

之翻譯權（改作權之一種）[3]。

二、著作原件之讓與與著作財產權之讓與

著作財產權與所有權不同，著作原件之讓與並非著作財產權之讓與。例如甲畫家將原畫賣與乙，乙僅有原畫之所有權，並無原畫之著作財產權，原畫之著作財產權，仍屬於甲所有。美國著作權法第202條規定：「著作權或著作權下之任何排他性權利，與具體表現該著作之任何實體物之所有權分離。任何實體物，包括該著作首次附著之重製物或錄製物之所有權移轉，其本身並不移轉具體表現於該實體物之有著作權著作之任何權利，非經契約約定，著作權或著作權下之任何排他性權利之移轉，亦不移轉任何實體物中之財產權。」（§202.Ownership of copyright as distinct from ownership of material object: Ownership of a copyright, or of any of the exclusive rights under a copyright, is distinct from ownership of any material object in which the work is embodied. Transfer of ownership of any material object, including the copy or phonorecord in which the work is first fixed, does not of itself convey any rights in the copyrighted work embodied in the object;

---

[3] 美國著作權法第201條(d)項規定：「一、著作權得經由讓與或基於法律規定，為全部或一部之移轉，並得以遺囑為遺贈，或依無遺囑繼承之有關法律移轉為個人財產。二、包含於著作權中之任何排他性權利，包括第106條所定各種權利之細分，均得依第1款規定移轉之，並得各別地被享有。任何特定排他性權利之權利人，於該權利範圍內，得依本法享有著作權人所受之全部保護及救濟。」（(1) The ownership of a copyright may be transferred in whole or in part by any means of conveyance or by operation of law, and may be bequeathed by will or pass as personal property by the applicable laws of intestate succession. (2)Any of the exclusive rights comprised in a copyright, including any subdivision of any of the rights specified by section 106, may be transferred as provided by clause (1)and owned separately. The owner of any particular exclusive right is entitled, to the extent of that right, to all of the protection and remedies accorded to the copyright owner by this title.）譯文參見內政部委託文魯彬先生編印：美國著作權法令及判決之研究，第99-100頁。

nor, in the absence of an agreement, does transfer of ownership of a copyright or of any exclusive rights under a copyright convey property rights in any material object.）[4]，美國著作權法對作品之所有權及著作權之區分，有明文規定。司法院24年院字第1366號解釋謂：「著作權法第3條既規定著作權得以轉讓，則著作人或其繼承人若將未取得著作權以前之著作物轉讓於他人，倘無其他意思表示，當然應視為該著作物上所可得之著作權亦已一併移轉。故同法第6條所定著作人亡故後發行著作物之人，不以著作人之繼承人為限。」本解釋謂著作物之轉讓視為著作物上之著作財產權亦已一併移轉，觀念上似有瑕疵。尤其民國74年著作權法修正後，本法已採創作主義，該解釋不宜再沿用。

三、著作財產權受讓人之權利

依本法第22條至第29條規定，著作人專有重製、公開口述、公開播送、公開上映、公開演出、公開傳輸、公開展示、改作、編輯、散布、出租、輸入之權利。上述著作財產權均由著作人專有。然而著作人僅係最原始享有著作財產權，如著作人將其著作財產權之支分權轉讓第三人，則著作人就該已轉讓之權利即不得再享有著作財產權。例如著作人甲將其重製權轉讓給乙，則甲僅專有公開口述、公開播送、公開上映、公開演出、公開傳輸、公開展示、改作、編輯、散布及出租權、輸入權，而不得再專有重製權利。此時，反而乙在甲轉讓之重製權範圍內，乙取得甲著作財產權中之重製權。此時甲原依第22條專有之重製權，由乙取得，如第三人侵害該著作之重製權，僅乙得主張，甲不得主張之。如丙欲重製該著作，僅得乙授權即可，無須得甲之授權。由於本法第22條至第29條均以「著作人」為本位，為期明確起見，故本法第36條第2項規定：「著作財產權之受讓人，在其受讓範圍內，取得著作財產權。」

4　譯文參見內政部委託文魯彬先生編印：前揭書，第100頁。此外，中共著作權法第18條規定，美術等作品原件所有權的移轉，不視為作品著作權的轉移，但美術作品原件的展覽權由原件所有人享有。

四、著作財產權讓與之範圍

　　著作財產權得自由分割而為讓與，此種讓與與所有權之處分情形本質上有所不同。在著作財產權之讓與，於具體之個案上究竟讓與若干權利，往往判定有困難。當然，著作財產權讓與範圍之認定，首先應依契約文義加以解釋。因著作財產權人與利用著作之人訂立契約，其契約內容往往係由利用著作之人事先擬定的附合契約，對利用著作之人十分有利。法律為充分保護著作人起見，故本法第36條第3項規定：「著作財產權讓與之範圍依當事人之約定；其約定不明之部分，推定為未讓與。」因此，例如報社公開小說徵文，其徵文辦法中約定：「稿件權利由報社享有」，此「權利」究竟為重製權而已抑或包含翻譯、改作等權利，如不能確定，則推定翻譯權、改作權等，由原著作人保留[5]。

第二款　著作財產權之繼承

一、繼承之一般原則

　　依本法第30條規定，著作財產權原則上存續於著作人之生存期間及其死亡後五十年。故著作財產權得為繼承，其繼承之原則依民法之規定（民法§1138～1225），亦即繼承因被繼承人死亡而開始（民法§1147），繼承之順序除配偶外，依下列順序定之：（一）直系血親卑親屬；（二）父母；（三）兄弟姊妹；（四）祖父母。又繼承可以加以拋棄或辦理限定繼承（民法§1154、1174以下）。依民法規定，繼承開始時，繼承人之有無

5　日本著作權法（平成九年〔西元1997年〕修正）第61條規定：「著作權得將其全部或一部轉讓之。讓與著作權之契約，依第27條及第28條規定之權利，如無特別約定為讓與之標的者，該權利推定由讓與人保留。」第27條規定：「著作人專有將其著作翻譯、編曲、變形、戲劇化、電影化或為其他改作之權利。」第28條：「第二次著作之原著作之著作人，關於該第二次著作之利用，專有與該第二次著作之著作人，所有本款規定權利之同種類之權利。」

不明者，由親屬會議於一個月內選定遺產管理人，並將繼承開始及選定遺產管理人之事由，向法院報明（民法§1177）。親屬會議於報明遺產管理人後，法院應依公示催告程序，定六個月以上之期限，公告繼承人，命於其期限內承認繼承（民法§1178Ⅰ），如於期限屆滿，無繼承人承認繼承時，其遺產於清償債權，並交付遺贈物後如有剩餘，歸屬國庫（民法§1185）。

二、著作權法之特別規定

（一）著作人死亡後無人繼承之情形

本法第42條規定：「著作財產權因存續期間屆滿而消滅。於存續期間內，有下列情形之一者，亦同：一、著作財產權人死亡，其著作財產權依法應歸屬國庫者。二、著作財產權人為法人，於其消滅後，其著作財產權依法應歸屬於地方自治團體者。」本條為民法繼承規定之例外。著作財產權人為自然人，其死亡無繼承人者，著作財產權並不歸屬國庫，而係著作財產權當然消滅，歸社會公有，任何人均得自由利用。蓋著作為文化之財產，應廣為社會一般人利用，國家對著作財產權之行使加以獨占，不如使其著作財產權消滅，由一般人自由利用著作，以促進文化之發展[6]。

又本法第40條之1第3項準用第40條第3項規定，著作財產權共有人中部分為自然人，於其死亡而其應有部分依法原歸屬於國庫，依本法第42條規定，此部分本來應屬於公共財產，然而依第40條之1第3項準用第40條第3項規定，該部分已規定由其他共有人依其應有部分比例分配，自應排除第42條規定之適用[7]。例如甲、乙、丙共有A著作，其應有部分各三分之一，其後甲死亡，無繼承人，亦無債權人及受遺贈人，依民法規定，甲三分之一之應有部分，本應歸屬於國庫，依本法第42條規定，該應有部分依法歸社會公有。然而依本法第40條之1第3項準用第40條第3項規定，該三

6　內田晉：問答式入門著作權法，第298頁。

7　參見民國81年本條修正時行政院原草案說明。

分之一之應有部分則歸屬於乙、丙二人共同承受，亦即乙有二分之一應有
部分，丙有二分之一應有部分。

（二）著作財產權人為法人，其消滅後著作財產權之歸屬

又法人並無死亡之問題，法人僅有解散清算之問題，如法人解散清算
後，其著作財產權如何歸屬？依民法規定，法人解散後，除法律另有規定
外，於清償債務後，其剩餘財產之歸屬，應依章程之規定或總會之決議。
即法律或章程另有規定或總會另有決議剩餘之財產歸自然人或其他法人
者，依法律或章程之規定或總會之決議（民法§44Ⅰ）。如法律、章程無
規定或總會無決議時，其剩餘之財產，歸屬於法人住所所在地之地方自治
團體（民法§44Ⅱ）。但本條有特別規定，著作財產權人為法人，於其消
滅後，其著作財產權依法應歸屬於地方自治團體者，其著作財產權消滅，
歸社會公有。本條規定係民法之特別規定，應優先適用。

又著作財產權之共有人中，有部分為法人，而該法人於其消滅後，其
著作財產權依法應歸屬於地方自治團體者，該法人原共有之應有部分，歸
屬於其他的著作財產權之共有人（參照著作權法§40Ⅲ、40-1Ⅲ），排除
本法第42條第2款之適用。

第二節　著作財產權之授權

一、授權之約定

著作財產權係指本法第22條至第29條之權利，包含重製權（§22）、
公開口述權（§23）、公開播送權（§24）、公開上映權（§25）、公
開演出權（§26）、公開傳輸權（§26-1）、公開展示權（§27）、改作
權（§28）、編輯權（§28）、散布權（§28-1）、出租權（§29）、輸
入權（§87④）。上述著作財產權本專屬著作財產權人所有，得自己行使
其權利，亦得轉讓他人或與他人共有（§36Ⅰ）。惟著作財產權人自己行

使其權利者極鮮，通常授權他人行使，以達著作流通散布之目的。利用人得著作財產權人授權利用其著作，其利用行為即屬合法行為，而非侵害行為，惟著作之著作財產權仍屬原著作財產權人所有。

二、授權之內容

本法第37條第1項規定：「著作財產權人得授權他人利用著作，其授權利用之地域、時間、內容、利用方法或其他事項，依當事人之約定；其約定不明之部分，推定為未授權。」茲將授權之內容分述如下：

(一) 地域：例如甲寫一本書，甲授權乙在台灣地區出版。

(二) 時間：例如A拍一部影片，A授權B在台灣地區發行錄影帶三年。

(三) 內容：例如甲寫一部小說，甲授權乙重製及改作。

(四) 利用方法：例如甲寫一部小說，甲授權乙印一千本書。

(五) 其他事項：例如甲寫一劇本，甲專屬授權乙改作。

三、授權之方式

民法第73條規定：「法律行為，不依法定方式者，無效。但法律另有規定者，不在此限。」第153條第1項規定：「當事人互相表示意思一致者，無論其為明示或默示，契約即為成立。」著作財產權人之授權，非屬民法第73條本文之法定要式行為，而係不要式行為，不問書面或口頭，明示或默示，均生授權之效力。惟單純之沉默，並非默示授權[8]。

8　最高法院21年上字第1598號判例謂：「默示之承諾，必依要約受領人之舉動，或其他情事足以間接推知其有承諾之意思者，始得認之，若單純之沉默，則除依交易上之慣例或特定人間之特別情事，足認為承諾者外，不得認為承諾。」同院29年上字第762號判例謂：「所謂默示之意思表示，係指依表意人之舉動或其他情事，足以間接推知其效果意思者而言，若單純之沉默，則除有特別情事，依社會觀念可認為一定意思表示者外，不得謂為默示之意思表示。」

四、專屬授權與非專屬授權

著作財產權之授權有專屬授權與非專屬授權二者（參見本法§37Ⅲ、Ⅳ）。非專屬授權，著作財產權得授權多人，不受限制。專屬授權，則係獨占之許諾，著作財產權人不得再就同一內容更授權第三人。本法第37條第4項規定：「專屬授權之被授權人在被授權範圍內，得以著作財產權人之地位行使權利，並得以自己名義為訴訟上之行為。著作財產權人在專屬授權範圍內，不得行使權利。」得專屬授權之人，得以著作財產權人之地位行使權利，不僅著作財產權人在為專屬授權之範圍內，自己不得行使權利，且專屬授權之被授權人並得對第三人侵害其專屬授權者主張權利，依法提出刑事告訴、自訴或提出民事訴訟。惟本法第37條第2項規定：「前項授權不因著作財產權人嗣後將其著作財產權讓與或再為授權而受影響。」故在解釋上，著作財產權人甲如先非專屬授權乙在台灣地區重製，其後又專屬授權丙在台灣地區重製，此時丙雖擁有甲之專屬授權，惟乙被非專屬授權在丙之先，因此丙不得對乙主張權利；反之，如甲先專屬授權乙，其後再專屬授權或非專屬授權丙，此時乙均得對丙主張權利，丙僅得向甲請求損害賠償。

五、次授權之禁止

民國74年舊著作權法第28條第1項規定：「下列各款情形，除本法另有規定外，未經著作權人同意或授權者，視為侵害著作權：一、用原著作名稱繼續著作者。二、選輯他人著作或錄原著作加以評註、索引、增補或附錄者。三、就他人著作之練習問題發行解答書者。四、重製他人之著作者。五、公開口述、公開播送、公開上映、公開演奏、公開展示或出租他人之著作者。六、用文字、圖解、圖畫、錄音、錄影、攝影或其他方法改作他人之著作者。七、就他人平面或立體圖形仿製、重製為立體或平面著作者。八、出版人出版著作權人之著作，未依約定辦理致損害著作權人之利益者。」民國75年修正發布之著作權法施行細則第23條規定：「本法第

二十八條第一項各款情形，經著作權人授權者，被授權者在授權範圍內對第三人之同意，視為著作權人之同意。」在民國81年以前之舊法時期，本法承認著作財產權之授權得為次授權。惟著作財產權之授權，本質上以著作財產權人與被授權人間之信賴關係為基礎[9]，無信賴關係之第三人往往無法充分有效利用著作人之著作，故民國81年著作權法第37條第2項規定：「前項被授權人非經著作財產權人同意，不得將其被授與之權利再授權第三人利用。」除非經著作財產權人同意，否則禁止次授權。例如甲授權乙重製著作，而未約定乙得轉授權丙重製，此時如乙轉授權丙重製，丙之重製行為無合法權源，係侵害甲重製權之行為。民國81年禁止次授權之規定，適用於專屬授權與非專屬授權二者，但專屬授權已具有物權性格，禁止次授權並不合理，故民國90年著作權法第37條第3項規定：「非專屬授權之被授權人非經著作財產權人同意，不得將其被授與之權利再授權第三人利用。」將次授權之禁止，限於非專屬授權，不包含專屬授權。民國92年本法修正時因之。然而有關授權之事項，為保持其既有法律關係之穩定性起見。本法第37條第5項規定：「第二項至前項規定，於中華民國九十年十一月十二日本法修正施行前所為之授權，不適用之。」即在民國90年11月12日本法修正施行以前之授權關係，完全依授權當時舊法之法律關係，而不適用審判時的法律規定。

六、非授權著作權集體管理團體之著作被侵害之免刑責規定

本法第37條第6項規定：「有下列情形之一者，不適用第七章規定。但屬於著作權集體管理團體管理之著作，不在此限：一、音樂著作經授權重製於電腦伴唱機者，利用人利用該電腦伴唱機公開演出該著作。二、將原播送之著作再公開播送。三、以擴音器或其他器材，將原播送之聲音或影像向公眾傳達。四、著作經授權重製於廣告後，由廣告播送人就該廣告

9　中川善之助、阿部浩二：改訂著作權，第268-269頁。

為公開播送或同步公開傳輸，向公眾傳達。」一般而言，未經授權而利用他人有著作權之著作，應經著作財產權之授權，否則將有民刑事責任。然而若干著作，在性質上經常性被利用，欲即時取得授權，事實上有所困難，且著作財產權人就該著作又未加入著作權集體管理團體管理，如果利用人利用該著作，即有刑事責任，則權利人往往利用刑事告訴手段使利用人必須支付龐大之費用，將使著作利用之正常秩序受到破壞，反而不利於文化之發展。為使此種畸形現象受到遏止，本法第37條第6項乃作上述規定。茲析述如下：

（一）音樂著作經授權重製於電腦伴唱機者，利用人利用該電腦伴唱機公開演出該著作：有關電腦伴唱機的授權實務，是音樂著作之著作權人甲先將音樂著作的重製權授權給電腦伴唱機的製造商乙製作電腦伴唱機，乙將該伴唱機賣給丙在KTV或其他公共場所公開演唱，丙對音樂著作之公開演出行為，須另得音樂著作之著作權人之授權。一般正規的授權情況是丙和音樂著作的著作權人簽約授權公開演出，然而有少數的音樂著作的著作權人不願加入音樂著作的著作權團體，卻以刑事告訴或自訴為手段，取得顯不相當的鉅額賠償金，為了避免這種不公平的現象持續，故民國90年著作權法修正時增加本法第37條第6項規定，以使KTV業者對公開演出未加入著作權仲介團體之權利人之音樂著作，僅負民事責任，而不負刑事責任。

（二）將原播送之著作再公開播送：本法第3條第1項第7款規定：「公開播送：指基於公眾直接收聽或收視為目的，以有線電、無線電或其他器材之廣播系統傳送訊息之方法，藉聲音或影像，向公眾傳達著作內容。由原播送人以外之人，以有線電、無線電或其他器材之廣播系統傳送訊息之方法，將原播送之聲音影像向公眾傳達者，亦屬之。」上述第7款前段為「第一次播送」或「原播送」，後段為「再播送」或「第二次播送」。例如甲為某A音樂之著作財產權人，電視公司乙將甲之音樂加以播送，此為本法第3條第1項第7款前段規定之「第一次播送」，而第四台丙就乙之播送，再轉播給客戶丁，則第四台之播送，為第3條第1項第7款後段之「再播送」。由於再播送者，對於播送之內容，無法事先預知，亦無

從事先取得著作財產權人之授權，如果甲未加入集體管理團體，對於丙之再播送其音樂，甲對丙僅得有民事請求權，不得依本法有關罰則規定，提起刑事訴訟。

（三）以擴音器或其他器材，將原播送之聲音或影像向公眾傳達：本法第3條第1項第9款規定：「公開演出：指以演技、舞蹈、歌唱、彈奏樂器或其他方法向現場之公眾傳達著作內容。以擴音器或其他器材，將原播送之聲音或影像向公眾傳達者，亦屬之。」上述第9款後段規定，即著作財產權人之「公開傳達權」，在本法屬於「公開演出權」之一種。承上例，如果客戶丁係百貨公司，在接收第四台的節目後，將甲之音樂，以大型的喇叭或大型電視牆在賣場播出，則百貨公司丁可能侵害甲之公開演出權，然而百貨公司丁無法預知第四台之節目可能有哪些音樂，無從事先一一取得著作財產權之授權。因此如果甲未加入集體管理團體，甲不得對丁主張第92條侵害公開演出權罪，僅有民事請求權。

（四）著作經授權重製於廣告後，由廣告播送人就該廣告為公開播送或同步公開傳輸，向公眾傳達：依國內廣告節目與電視公司之運作實務，廣告節目中可能含有音樂或其他著作，而廣告製作者製作廣告，一般僅取得音樂或其他著作（如錄音著作）重製之授權而未取得音樂或其他著作公開播送之授權。而電視公司之插播廣告，事實上事先不知廣告中含有哪些音樂，電視公司事先無從取得此等廣告之公開播送之授權。故此廣告中所含音樂、錄音等著作，該著作財產權如果未加入集體管理團體，則對公開播送、同步公開傳輸該音樂者，不得依著作權法第92條提出刑事告訴，僅有民事請求權。

第三節　著作財產權之設質

一、著作財產權設質之一般原則

以著作財產權為質權之標的，係屬權利質權，民法第900條已有規

定。著作財產權之設質，僅依設質契約即可成立。其契約無論明示或默示均可（民法§153I參照），且不以書面為必要[10]。

二、共同著作應有部分之設質

著作財產權之設質，本得依契約自由原則，由著作財產權人與質權人自由為之。惟共同著作等共有之著作財產權，各著作財產權人非經其他共有著作財產權人之同意，不得以其應有部分為他人設定質權。各著作財產權人無正當理由，不得拒絕同意（§40-1I）。又民法第903條規定：「為質權標的物之權利，非經質權人之同意，出質人不得以法律行為使其消滅或變更。」故以著作財產權設定質權，非經質權人同意，著作財產權人不得拋棄其著作財產權。如經拋棄，不發生拋棄效力。

三、設質後著作財產權之行使

依民法第901條規定：「權利質權，除本節有規定外，準用關於動產質權之規定。」第889條規定：「質權人得收取質物所生之孳息。但契約另有訂定者，不在此限。」第885條規定：「質權之設定，因移轉占有而生效力。質權人不得使出質人代自己占有質物。」權利質權本由質權人收取孳息及對權利準占有。惟依本法第39條規定：「以著作財產權為質權之標的物者，除設定時另有約定外，著作財產權人得行使其著作財產權。」係由著作財產權人收取法定孳息及為著作財產權之準占有[11]。本條所稱「行使其著作財產權」，係指由著作財產權人使用收益或授權他人使用[12]。例如甲為A著作之著作財產權人，甲向乙借款新臺幣100萬元，甲提

---

10 普通債權質以書面為必要，民法第904條規定：「以債權為標的物之質權，其設定應以書面為之。如債權有證書者，並應交付其證書於債權人。」

11 民法第966條第1項規定：「財產權不因物之占有而成立者，行使其財產權之人，為準占有人。」

12 內政部民國83年11月1日台(83)內著字第8323191號函謂：「一、著作權法第1條

供A著作給乙設質，則A著作仍由甲使用收益，或由甲授權第三人使用而收取法定孳息。而如債務屆清償期甲未清償，乙得就該著作財產權之賣得價金優先受清償。本條所稱「除設定時另有約定」，係指質權設定時，質權人及著作財產權人得作其他約定，例如約定著作財產權由雙方共同行使或質權人單獨行使，均無不可。此時應尊重雙方當事人之意思，而不加以強制。又不問雙方當事人在設定時有無特別約定，著作財產權人在著作財產權上固有之權能，例如禁止請求權[13]及損害賠償請求權[14]，此係著作財產權受侵害保全著作財產權之權能，而非著作財產權之行使行為。故縱然設定時特別約定著作財產權由質權人行使，著作財產權人仍得就第三人侵害其著作財產權，而獲有損害賠償之賠償金及不當得利之補償金[15]。

───────

後段規定：『本法未規定者，適用其他法律之規定。』是關於以著作財產權設定質權者，其質權權利範圍請參考民法質權等有關規定，合先敘明。二、依著作權法第22條至第29條規定，錄音著作著作人（或受讓著作財產權之著作財產權人）專有重製、公開播送權、改作權、編輯權及出租權，又上述權利縱經設定質權，緣質權與著作財產權有別，並不影響著作財產權人享有其著作財產權，是任何人（包括質權人）利用該著作且其利用行為涉及上述權利之行使者，除合於著作權法第44條至第65條著作財產權之限制（合理使用）規定外，如未徵得著作財產權人之同意或授權，即涉有違反著作權法的規定。三、復按著作權法第39條明定『以著作財產權為質之標的物者，除設定時另有約定外，著作財產權人得行使其著作財產權。』是依上述規定，出質人（即著作財產權人）與質權人得約定出質人之著作財產權不行使，惟若出質人未依約而行使其著作財產權者，亦屬有無違反私契約之問題，尚與著作權侵害無涉。」

13　著作權法第84條規定：「著作權人或製版權人對於侵害其權利者，得請求排除之，有侵害之虞者，得請求防止之。」

14　著作權法第88條第1項規定：「因故意或過失不法侵害他人之著作財產權或製版權者，負損害賠償責任。數人共同不法侵害者，連帶負賠償責任。」

15　日本著作權法令研究會，第834頁；加戶守行：著作權法逐條講義，第335頁。

第四節　著作財產權之消滅

一、概　說

　　著作財產權之消滅，係著作財產權本身排他的利用權客觀的失其存在之謂。權利脫離原主體而歸屬於他主體，並非權利之消滅，而僅為權利之變更。著作財產權之消滅，係排他利用權客體之著作財產權歸社會公有，任何人均可得自由利用。

二、著作財產權消滅之一般原因

　　著作財產權為財產權之一種，一般財產權（如物權）之消滅原因，有拋棄、標的物滅失、時效、標的物之徵收或沒收等[16]，於著作財產權是否適用？茲說明如下：

（一）拋　棄

　　著作財產權得全部或一部拋棄。著作財產權全部拋棄，則著作財產權全部消滅，著作財產權一部拋棄，例如拋棄翻譯權、公開口述權等，則著作財產權一部消滅，其他著作財產權之權能仍然存在。茲說明如下：

　　1.著作財產權之拋棄，須有明示之意思表示，著作財產權人對侵害其著作財產權之人並未訴追，非即著作財產權之拋棄[17]。作家或畫家將不滿意之原稿丟在垃圾桶，亦非著作財產權之拋棄，僅為該紙張所有權之拋棄，如他人撿拾該原稿加以發表，不得主張著作財產權之無主先占（民法§802參照），仍係侵害原著作人之著作財產權[18]。

　　2.著作財產權之拋棄，如僅損害著作財產權人本身，拋棄固係無妨。但如拋棄有妨害他人之權利，例如著作財產權上有質權或出版權之設定，

16　詳史尚寬：物權法論，第49-53頁；姚瑞光：民法物權論，第35-40頁。

17　山本桂一：著作權法，第135頁。

18　半田正夫：著作權法概說，第193頁。

須得質權人或出版人之同意，否則不得拋棄[19]。蓋民法第903條規定：
「為質權標的物之權利，非經質權人之同意，出質人不得以法律行為使其
消滅或變更。」著作財產權之拋棄為法律行為，非經質權人或出版人同
意，不得為之。

　　3.著作財產權固因拋棄而全部或一部客觀消滅。但如部分之著作財產
權人，拋棄其權利，對全部之著作財產權（始源的著作財產權）效力如
何？有謂僅該部分之著作財產權消滅，對一般社會並無獨立客觀的消滅，
全部著作財產權（始源的著作財產權）應再回復至原範圍[20]。有謂部分著
作財產權人如拋棄其權利，與在所有權上之用益物權消滅時不同，應解為
原著作財產權不回復其完全性，但設定之出版權（出版權授予）消滅時，
則為另一問題，即得回復原狀[21]。因本法對著作權之本質採二元說，著作
財產權之支分權，本可獨立分離行使及處分，本書從後說。反之，如始源
的著作財產權拋棄，第三人已獨立取得之部分著作財產權，仍然存在，不
受影響。

　　4.共有著作財產權，共有人中之一人拋棄其應有部分時，其應有部
分如何？有謂應有部分歸屬其他共有人者[22]，有謂其應有部分應屬於公有
者[23]。本法第40條第2項規定：「共同著作之著作人拋棄其應有部分者，

19　史尚寬：著作權法論，第56-57頁；同著者：物權法論，第50頁；勝本正晃：日本
　　著作權法，第219頁。
20　榛村專一：著作權法概論，第145-146頁；拙著：著作權之侵害與救濟，第61-62頁。
21　史尚寬：著作權法論，第56-57頁。
22　史尚寬：前揭書，第57頁；勝本正晃：前揭書，第219頁；城戶方彥：著作財產權
　　研究，第320頁。
23　錢國成：《民法判解研究》一書中謂：共有人之一人拋棄其應有部分或死亡而無
　　繼承人時，日本民法第255條規定其應有部分即歸屬於其他共有人。我國民法於此
　　未設規定。在民法未施行前之舊例，曾採與日本民法規定相同之意見，認為「共
　　有人中一人或數人之應有部分消滅者，他共有人之應有部分即因之擴充。」「共
　　有人中一人死亡，無繼承人者，其應有部分，分屬他共有人。」（前大理院3年上
　　字第1207號及8年上字第989號判例），此項見解，揆諸現行民法，似難謂為有據
　　（第71頁）。

其應有部分由其他共同著作人依其應有部分之比例分享之。」第40條之1
第3項規定：「前條第二項及第三項規定，於共有著作財產權準用之。」
此乃本法之特別規定，本書從前說。

（二）標的物滅失

著作財產權與物權不同，有形之著作物滅失，僅該著作之所有權消
滅，著作財產權並不消滅，故著作財產權不因標的物滅失而消滅。

（三）徵收或沒收

外國著作權法有公用徵收制度，本法尚未承認，故著作財產權無因徵
收而消滅情形。又著作如有依法禁止出售或散布之情形，其著作財產權是
否因而消滅？中共著作權法第4條規定：「依法禁止出版、傳播的作品，
不受本法保護。著作權人行使著作權，不得違反憲法和法律，不得損害公
共利益。」採否定說。我國實務見解認為猥褻物品著作權法不保護[24, 25]，

24　司法院第二十二期司法業務研究會有下述座談會（參見拙編：著作權裁判彙編
　　（一），第184-186頁）：
　　提案人：
　　台灣板橋地方法院　陳榮和
　　問題說明：
　　在美國著作之色情錄影帶，於我國有無著作權？
　　研究意見：
　　甲說：我國著作權法係採創作保護主義（新法第4條），是著作權只規範著作物是
　　　　　否有原創性，不問創作之品質如何，如創作品質、內容有問題，可藉由出
　　　　　版法或刑法之相關規定予以規範。在美著作之色情錄影帶，依1946年中美
　　　　　友好通商航海條約，既享有與我國國民同等之國民禮遇，則其著作依著作
　　　　　權法第4條（舊）之規定，除該另有規定外，其著作人於著作完成時即享有
　　　　　著作權，排除同法第17條（舊）外國人註冊主義之適用（行政院民國74年
　　　　　12月30日台(74)內24097號函參照）暨修正之新法第4條但書有關條約或協定
　　　　　另有約定，經立法院議決通過者，從其約定之規定，基於國際私法保障既
　　　　　得權之基本原則，該色情錄影帶在美既有著作權，於我國自仍應予保護。
　　乙說：著作權法之著作依該法（新）第3條第1款規定，係指屬於文學、科學、藝
　　　　　術或其他學術範圍之創作而言，色情錄影帶不屬之，且著作權之立法目的

亦採否定說。依日本實務上見解認為觸犯刑法的猥褻物品，加以重製、散

除在保障個人或法人智慧之著作，使著作物為大眾公正利用外，並重文化
之健全發展，故有礙社會秩序之維持或違背公共利益之著述，依憲法第23
條之立法精神，及著作權法第77條第4款之規定，自在不准申請著作權註冊
之列，美國著作之色情錄影帶既無由促進我國社會發展，且與我國著作權
之立法目的有違，基於既得權之保障仍須受公序良俗限制之原則，在我國
自不在保護之列。

研討結果：採乙說。

司法院刑事廳研究意見：

同意研究結果（本問題曾經台灣高等法院78年法律座談會刑事類第63號提案討
論，亦採同一見解）。

25 台灣台北地方法院士林分院檢察署民國81年7月份座談會內容如下（參見拙編：著
作權裁判彙編（一），第189-191頁）：

一、法律問題

某甲在美國地區取得色情錄影帶著作權（有合法授權書，且經認證），嗣在
台灣控訴某影視社陳列、出租未經合法授權盜錄該影帶圖利，該影視社負責
人是否構成著作權法第38條罪嫌？

二、討論意見：

甲說：構成。

對於美國著作物，本國採創作主義，不以登記為準，某甲既已取得該
影帶著作權，在台影視社自不得予以盜錄陳列出租圖利。且著作權法
第9條規定，不得為著作權標的，並不包括色情錄影帶，某甲自擁有該
影帶著作權。

乙說：不構成。

依憲法第22條規定，人民之權利，不妨害社會秩序公共利益者，均受
憲法之保障，某甲在美取得色情錄影帶著作權，在台係違反公序良
俗，依第23條規定，自得以法律限制之，故本國對該錄影帶如公然陳
列、出租，均以刑法第235條科罰，某甲在台灣對該影帶不得擁有著作
權，該影視社負責人自不構成著作權法罪，至於是否涉嫌刑法妨害風
化罪，係另一問題。

三、結論：多數採甲說。

四、台高檢署研究意見：

採乙說。（法律問題內之「第38條」係舊法條文，應改為「第91條第2項」）

五、法務部檢察司研究意見：

按著作權法上所稱「著作」，依同法第3條第1項第1款定義規定，係「指屬

布，固得加以處罰，惟刑法乃公法，與保護私權之著作權法無關，故猥褻物品即使依刑法加以處罰，仍然得享有著作權[26]，採肯定說。自著作權法理論上觀之，似宜採肯定說。

（四）時　效

私法上之時效有消滅時效與取得時效二種。有關著作財產權是否有消滅時效或取得時效之適用，凡此於本書第二章第二節第二款有關時效取得之部分已有詳述，茲不贅述。

三、著作財產權消滅之特殊原因

著作財產權之特殊消滅原因有二：（一）保護期間屆滿（§30～35）；（二）著作財產權人死亡其著作財產權依法應歸屬國庫，或著作財產權人為法人，於其消滅後其著作財產權依法應歸地方自治團體者（§42）。凡此於第五章第二節及本章第一節第二款已有詳述，茲不贅述。

於文學、科學、藝術或其他學術範圍之創作」而言。題示錄影帶，如經認定為猥褻物品，因其有違法律及公序良俗，並與著作權法立法目的相悖，即難謂係同法所稱著作，自不在同法保護之列（參見施文高著《國際著作權法制析論（上冊）》，第309頁、《台灣高等法院檢察署暨所屬各級法院檢察署七十八年度法律座談會彙編》第95-97頁所載第四十案法律問題）。同意台灣高等法院檢察署研究意見，以乙說為當。

六、發文字號：法務部檢察司法82檢二字第390號函復台高檢。

七、座談機關：士林分院地檢（民國81年7月份法律座談會）。

26　日本著作權法令研究會：著作權關係法令實務提要，第154頁。

第五節　著作財產權之其他變動

一、著作財產權之信託

　　信託行為即指委託人授予受託人超過經濟目的之權利，而許可其於經濟目的範圍內行使權利之法律行為。信託行為就外部關係而言，受託人固有行使超過委託人所授予之權利，就委託人與受託人之內部關係而言，受託人仍應受委託人所授予權利範圍之限制。信託關係係因信託人信賴受託人代其行使權利而成立，應認為委託人有隨時終止信託契約之權利（參見最高法院66年台再字第42號判例）。著作財產權得為信託之標的，因信託關係，信託人將著作財產權移轉給受託人，受託人依信託行為而為著作財產權之管理，受託人對於委託人，亦即實質上的著作財產權人，應為善良管理人之注意義務而處理信託事務。本法第81條第1項規定：「著作財產權人為行使權利、收受及分配使用報酬，經著作權專責機關之許可，得組成著作權集體管理團體。」此「著作權集體管理團體」與著作財產權人之關係，得依信託關係而發揮著作財產權仲介團體之功能。

二、著作財產權之強制執行

　　著作財產權亦屬財產權之一種，如債務人對債權人負有債務，債權人取得強制執行名義後，得對債務人之著作財產權為強制執行。惟本法第20條規定：「未公開發表之著作原件及其著作財產權，除作為買賣之標的或經本人允諾者外，不得作為強制執行之標的。」此主要在保障著作人之公開發表權。故如以債務人未發行之著作原件及其著作財產權作為強制執行之標的，則債務人或利害關係人得於強制執行程序終結前為聲請或聲明異議，以求撤銷查封（強制執行法§12）。但債務人就該強制執行之標的已為買賣之標的，或得債務人本人之允諾，則例外得為強制執行之標的。

第七章　製版權

第一節　製版權之意義

製版權即無著作財產權或著作財產權消滅之文字著述或美術著作，經製版人就文字著述整理印刷，或就美術著作原件以影印、印刷或類似方式重製首次發行，並依法登記者，所產生之權利（§79Ⅰ參照）。茲析述其意義如下：

一、本法第79條第1項所稱之「無著作財產權或著作財產權消滅」之分別，係在民國90年12月31日以前（即WTO世界貿易組織協定在中華民國管轄區域內生效日之前），在民國91年1月1日以後，就無此分別[1]。而在世界貿易組織協定在中華民國管轄區域內生效日之前，所謂「無著作財產權」，係指民國74年7月12日舊著作權法生效以前，著作已發行滿二十年而未經註冊者，此種著作為無著作財產權之著作[2]。至於上述所謂「著作財產權消滅」之著作，包含依本法第30條至第35條及第106條規定，在舊法時期曾因註冊享有著作財產權，而因著作財產權保護期間已消滅或其

1　參見本法第106條及第106條之1。

2　民國79年著作權法第50條之1第2項本文規定：「完成於中華民國74年7月10日本法修正施行前未經註冊取得著作權之著作，其發行未滿二十年者，於中華民國74年7月10日本法修正施行後，適用本法之規定。」反面解釋，凡民國54年7月11日以前著作已發行，而未於民國74年7月11日以前在內政部註冊之著作，均屬無著作權之著作，此已成為實務界之通說。最高法院83年台上字第517號判決及台灣高等法院檢察署83年議字第1992號處分書，即認定民國54年7月11日以前已通行而未於民國74年7月11日以前註冊之著作，為公共財產，參見拙文：「著作權法的大赦條款」，民國80年8月19日自立晚報二十版，收錄於拙著：著作權法漫談（二），第65-67頁；拙編：著作權裁判彙編（二），上冊，第1124頁及同書，下冊，第2992頁。收錄於拙著：錄影帶與著作權，第34頁以下。

他理由而著作財產權已消滅（例如著作財產權拋棄）之著作[3]。在民國91年1月1日以後，我國加入WTO，除第106條及第106條之1另有規定外，完全適用本法第30條至第35條規定，以定無著作財產權或著作財產權消滅之著作的範圍。

　　二、本法之製版權，僅有「文字著述之製版權」及「美術著作之製版權」二種，攝影著作或其他著作不包含在內[4]。就文字著述之製版權而言，係指「無著作財產權或著作財產權消滅之文字著述，經製版人就文字著述整理印刷，並依法登記者，製版人就其版面，專有以影印、印刷或類似方式重製之權利」，例如甲就司馬遷之史記重新整理排版，並申請製版權登記，乙不得就甲之製版版面加以照像翻印，但乙得就甲之製版版面，另行重新排版印刷。又乙就甲製版之史記公開口述，亦不侵害甲之製版權。蓋甲之製版權不含公開口述或版面攝影重製以外之其他權利也。就美術著作之製版權而言，係指「無著作財產權或著作財產權消滅之美術著作，經製版人就美術著作原件以影印、印刷或類似方式首次發行，並依法登記者，製版人就其版面，專有以影印、印刷或類似方式重製之權利」。上述所稱原件，係指著作首次附著之物（§3 I ⑯）。美術著作之製版權，例如甲為古代名書法家，乙珍藏甲之書法原件真跡，為恐影印發表，即為其他業者翻印圖利，故遲遲未發表，此時乙得就甲之原件真跡影印製版，依第79條登記製版權，乙擁有十年的專有製版權，他人不得以印刷或類似方式加以重製。文字製版權旨在鼓勵他人整理古籍；美術製版權，旨在鼓勵民間收藏之字畫、遺墨加以發行，以促進國家之文化發展。

3　參見民國54年舊著作權法施行細則第3條。

4　參見內政部民國84年3月28日台(84)內著會發字第8403972號函：「『無著作財產權或著作財產權消滅之中華民國人之文字著述或美術著作，經製版人就文字著述整理排印，或就美術著作原件影印首次發行，並依法登記者，製版人就其排印或影印之版面，專有以印刷或類似之方式重製之權利。』為著作權法第79條第1項所明定，明示可取得製版權者僅限於文字著述或美術著作，攝影著作無著作權法第79條之適用。」

第二節　製版權之內容

依本法第79條第1項規定：「無著作財產權或著作財產權消滅之文字著述或美術著作，經製版人就文字著述整理印刷，或就美術著作原件以影印、印刷或類似方式重製首次發行，並依法登記者，製版人就其版面，專有以影印、印刷或類似方式重製之權利。」故製版權以登記為要件，與著作權不同。著作權於著作完成時享有，無須履行任何形式（§10本文），惟製版權須登記方得享有。再者，製版權之權能，限於製版人就其版面專有以影印、印刷或類似方式重製之權利，故第三人並非就製版人之版面加以影印、印刷或類似方式重製，而係另就古文另外加以整理，縱其整理之結果與製版人所整理之出版品類似，仍非侵害製版權人之製版權。又製版人之專有權利並不包括本法第22條至第29條之權利，故第三人就製版人之版面，另行製作成CD-ROM或在電視上公開播送，並非侵害製版人之製版權[5]。

第三節　製版權之保護期間

製版人之權利自製版完成時起算十年（§79Ⅱ）。又此保護期間，以該期間屆滿當年之末日為期間之終止（§79Ⅲ）。故如甲於民國90年1月就無著作財產權或著作財產權消滅之文字著述加以整理、印刷，並依法登記完成製版權，其登記之期間為民國91年1月，則製版權自製版完成時起算，即自民國90年1月起算至民國100年12月31日止；而非自註冊完成時起算，即並非至民國101年1月或12月31日為止。

5　參見內政部民國82年7月28日台(82)內著字第8219161號函。

第四節　製版權之消滅

本法第80條規定：「第四十二條及第四十三條有關著作財產權消滅之規定、……於製版權準用之。」故：

（一）製版權因存續期間（十年）屆滿而消滅。於存續期間內，有下列情形之一者，亦同：

1.製版權人死亡，其製版權依法應歸屬國庫者。

2.製版權人為法人，於其消滅後，其製版權依法應歸屬於地方自治團體者（§80準用§42）。

（二）製版權消滅之製版物，任何人均得自由利用（§80準用§43）。由於製版權無「著作人格權」問題，故第43條「除本法另有規定外」之規定，無準用餘地。

第五節　製版權之限制

本法第80條規定：「第四十四條至第四十八條、第四十九條、第五十一條、第五十二條、第五十四條、第六十四條及第六十五條關於著作財產權限制之規定，於製版權準用之。」依上述規定準用之結果，即：

（一）中央或地方機關，因立法或行政目的所需，認有必要將他人製版物列為內部參考資料時，在合理範圍內，得以影印、印刷或類似方式重製他人之製版物。但依該製版物之種類、用途及其製版物之數量、方法，有害於製版權人之利益者，不在此限（§80準用§44）。

（二）專為司法程序使用之必要，在合理範圍內，得以影印、印刷或類似方式重製他人之製版物。但依該製版物之種類、用途及其製版物之數量、方法，有害於製版權人之利益者，不在此限（§80準用§45）。

（三）依法設立之各級學校及其擔任教學之人，為學校授課需要，在合理範圍內，得以影印、印刷或類似方式重製他人之製版物。但依該製版

物之種類、用途及其製版物之數量、方法，有害於製版權人之利益者，不在此限（§80準用§46）。由於製版權無著作人格權問題，不虞著作人格權中「公開發表權」之侵害，故第46條「已公開發表」之規定，無準用餘地。

（四）為編製依法令應經教育行政機關審定之教科用書或教育行政機關編製教科用書者，在合理範圍內，得以影印、印刷或類似方式重製他人之製版物（§80準用§47Ⅰ），由前述教科用書編製者編製附隨於該教科用書且專供教學之人教學用之輔助用品，亦得以影印、印刷或類似方法重製他人之製版物（§80準用§47Ⅱ）。由於製版權之權能不含公開播送權，故本法第47條第3項之公開播送，不在準用範圍。此外，由於製版權之權能僅限於以影印、印刷或類似方法重製之權利，而不包含改作或編輯，故改作或編輯不在準用範圍。又成立製版權者均為已經公開發表，故第80條亦不準用第47條第1項「已公開發表」之著作。

（五）供公眾使用之圖書館、博物館、歷史館、科學館、藝術館或其他文教機構，於下列情形之一，得就其收藏之製版物以影印、印刷或類似方式重製之：

1.應閱覽人供個人研究之要求，重製製版物之一部分或期刊或研討會論文集之單篇製版物，每人以一份為限。

2.基於保存資料之必要者。

3.就絕版或難以購得之製版物，應同性質機構之要求者（§80準用§48）。

（六）以廣播、攝影、錄影、新聞紙或其他方法為時事報導者，在報導之必要範圍內，得以影印、印刷或類似方式利用其報導過程中所接觸之製版物（§80準用§49）。

（七）供個人或家庭為非營利之目的，在合理範圍內，得利用圖書館及非供公眾使用之機器以影印、印刷或類似方式重製他人之製版物（§80準用§51）。

（八）為報導、評論、教學、研究或其他正當目的之必要，在合理範圍內，得引用他人之製版物（§80準用§53）。

（九）中央或地方機關、依法設立之各級學校或教育機構辦理之各種考試，得以影印、印刷或類似方式重製他人之製版物，供為試題之用。但他人之製版物如為試題者，不適用之（§80準用§54）。

（十）依第44條至第47條、第49條、第52條規定利用他人製版物者，應明示其出處。上述明示出處，就製版人之姓名或名稱，除不具名製版物或製版人不明者外，應以合理之方式為之（§80準用§64）。

（十一）製版物之合理使用不構成製版權之侵害。製版物之利用是否合於第44條至第63條規定或其他合理使用之情形，應審酌一切情狀，尤應注意下列事項，以為判斷之標準：

1.利用之目的及性質，包括係為商業目的或非營利教育目的。

2.製版物之性質。

3.所利用之質量及其在整個製版物所占之比例。

4.利用結果對製版物潛在市場與現在價值之影響（§80準用§65）。

第六節　製版權之登記對抗主義

製版權之發生是採登記主義，非經向主管機關登記，不得有製版權，已如前述。但製版權之移轉或信託，卻採登記對抗主義。本法第79條第4項規定：「製版權之讓與或信託，非經登記，不得對抗第三人。」第5項規定：「製版權登記、讓與登記、信託登記及其他應遵行事項之辦法，由主管機關定之。」製版權之登記對抗主義，主要是適用在雙重轉讓或信託時，以登記為公示要件，有轉讓登記者，可以對抗無轉讓登記者。例如甲有一文字製版權，曾在主管機關為製版權登記，甲將其製版權轉讓乙，未為轉讓登記，甲又將製版權轉讓丙，甲丙間有轉讓登記，此時丙得以其轉讓登記對抗乙。然而如上例，甲未將製版權轉讓丙，而丁翻印該文字版面，此時乙雖未有製版權之轉讓登記，但乙仍得以受讓人身分，對丙主張侵害，而提起訴訟。

第七節　製版權之侵害與救濟

一、製版權之侵害

（一）一般製版權之侵害

　　製版權並非著作權，製版人之製版權僅限於「就其版面專有以影印、印刷或類似方式重製之權利」，故如甲就某古書整理印刷擁有製版權，乙就甲製版物之版面加以翻印，乙侵害甲之製版權。

（二）擬制製版權之侵害

1.明知為侵害製版權之物而散布或意圖散布而公開陳列或持有者

　　依本法第87條第2款規定，明知為侵害製版權之物而散布或意圖散布而公開陳列或持有者，視為侵害製版權。例如甲有某書之製版權，乙翻印甲該書，丙明知而銷售該乙翻印之書，或意圖銷售而陳列書店之書架或收藏在書店的櫃內，有客人來就拿出來推銷，此時丙即為「明知為侵害製版權之物而散布或意圖散布而公開陳列或持有者」，視為侵害製版權。

2.輸入未經製版權人授權重製之製版物者

　　依本法第87條第3款規定，輸入未經製版權人授權重製之製版物者，視為侵害製版權。例如甲有某書之製版權，乙在新加坡翻印該書，新加坡因未有類似我國製版權之規定，故乙在新加坡之翻印行為並未違法。但如丙將乙翻印之書籍進口至台灣，則丙係「輸入未經製版權人授權重製之製版物」，視為侵害甲之製版權。

二、製版權侵害之救濟

（一）民事救濟

　　製版權侵害依本法規定，有下列民事救濟方法：

1.不作為請求權

製版權人對於侵害其權利者，得請求排除之，有侵害之虞者，得請求防止之（§84）。

2.損害賠償請求權

因故意或過失不法侵害他人之製版權者，負損害賠償責任。數人共同不法侵害者，連帶負賠償責任（§88Ⅰ）。因此，製版人對於侵害其製版權者，有損害賠償請求權。其損害賠償額，得依下列規定擇一請求：

(1)依民法第216條之規定請求。但被害人不能證明其損害時，得以其行使權利依通常情形可得預期之利益，減除被侵害後行使同一權利所得利益之差額，為其所受損害。

(2)請求侵害人因侵害行為所得之利益。但侵害人不能證明其成本或必要費用時，以其侵害行為所得之全部收入，為其所得利益（§88Ⅱ）。

依上述請求方法，如製版人不易證明其實際損害額，得請求法院依侵害情節，在新臺幣1萬元以上100萬元以下酌定賠償額。如損害行為屬故意且情節重大者，賠償額得增至新臺幣500萬元（§88Ⅲ）。

3.侵害物銷燬請求權

製版人依第84條之不作為請求權或第88條之損害賠償請求權為請求時，對於侵害行為作成之物或主要供侵害所用之物，得請求銷燬或為其他必要之處置（§88-1）。

4.判決書登報請求權

製版人對其製版權被侵害，製版人得請求由侵害人負擔費用，將判決書內容全部或一部登載新聞紙、雜誌（§89）。

（二）刑事救濟

在民國92年本法修正前，製版權被侵害，侵害人有刑事責任，但民國92年本法修正，已對製版權之侵害除罪化。本法第93條第3款本文規定，「以第87條第1款、第3款、第5款或第6款方法之一侵害他人之著作財產權者」，處二年以下有期徒刑、拘役，或科或併科新臺幣50萬元以下罰金。本法第87條第2款雖係完全針對製版權所為之規定，但第93條第3款規定完

全不包含第87條第2款，雖包含第87條第3款，而第87條第3款雖亦包含輸入未經製版權人授權重製之製版物，但第93條第3款，係對「侵害他人之著作財產權」所為之處罰規定，而不包含侵害製版權之處罰，依罪刑法定主義，擬制製版權之侵害，不適用第93條第3款之規定。

（三）行政救濟

製版權人對輸入或輸出侵害其製版權之物者，得申請海關先予查扣。其查扣之詳細規定，見本法第90條之1。

第八章　權利管理電子資訊及防盜措施

第一節　權利管理電子資訊

第一款　權利管理電子資訊之意義

　　本法第13條第1項規定：「在著作之原件或其已發行之重製物上，或將著作公開發表時，以通常之方法表示著作人之本名或眾所周知之別名者，推定為該著作之著作人。」第2項規定：「前項規定，於著作發行日期、地點及著作財產權人之推定，準用之。」此為有關著作之著作人及著作財產權人的權利的推定的規定。著作人或著作財產權人對於其著作之權利狀態，往往有所標示。所謂「權利管理電子資訊」，即指在數位環境下有關著作權利狀態的訊息，如著作財產權係由何人享有？由何人行使？受保護之期間至何時終止？有意價購著作財產權或獲得授權之人，應與何人聯繫洽商？凡此在電子環境下與著作權管理相關的訊息，稱之為權利管理電子資訊。本法第3條第1項第17款規定：「權利管理電子資訊：指於著作原件或其重製物，或於著作向公眾傳達時，所表示足以確認著作、著作名稱、著作人、著作財產權人或其授權之人及利用期間或條件之相關電子資訊；以數字、符號表示此類資訊者，亦屬之。」

　　在數位化網路環境中，著作權人於著作原件或其重製物，或於著作向公眾傳達時，所附關於權利管理電子資訊如未經著作權人授權而予以移除或變更，將使接觸該著作之人無從知悉正確之權利管理電子資訊，從而依該資訊正確利用該著作，對於著作權人權益之影響，遠甚於非電子權利管理資訊之移除或變更，故應特別確保其完整性不被侵害。查世界智慧財產權組織（WIPO）針對此一問題，在1996年通過的著作權條約（WIPO

Copyright Treaty, WCT）第12條及表演與錄音物條約（WIPO Performances and Phonograms Treaty, WPPT）第19條，均明文規定對於擅自竄改或移除權利管理電子資訊的行為，或將擅自竄改或移除權利管理電子資訊的著作物加以散布的行為，應予制止。許多國家亦陸續參照此二公約之標準，對權利管理電子資訊的訂定保護規定，本法乃於民國92年修正時，增訂第四章之一，明定權利管理電子資訊之保護。

第二款　權利管理電子資訊之保護之內容

一、有關權利管理電子資訊之移除或變更

本法第80條之1第1項規定：「著作權人所為之權利管理電子資訊，不得移除或變更。但有下列情形之一者，不在此限：一、因行為時之技術限制，非移除或變更著作權利管理電子資訊即不能合法利用該著作。二、錄製或傳輸系統轉換時，其轉換技術上必要之移除或變更。」著作權人在數位化網路環境中所為權利管理電子資訊，除有因行為時之技術限制，非移除或變更著作權利管理電子資訊即不能合法利用該著作，或錄製或傳輸系統轉換時，其轉換技術上必要之移除或變更之情形外，否則擅自移除或變更權利管理電子資訊，即屬違反本項規定，依本法第96條之1第1款規定，處一年以下有期徒刑、拘役，或科或併科新臺幣2萬元以上25萬元以下罰金。單純違反第80條之1有關權利管理電子資訊之移除或變更，除另有構成其他侵害著作權的行為外，否則不認為係侵害著作權人的著作財產權，僅得依第90條之3第1項規定，請求損害賠償，數人共同違反有關權利管理電子資訊之移除或變更之規定，則連帶賠償。此外，權利管理電子資訊之移除或變更之被害人，亦可準用第84條、第88條之1、第89條之1、第90條之1規定，有不作為請求權、對侵害物的必要處置請求權、申請海關查扣請求權（§90-3）。上開請求權之內容，詳見第九章。

二、明知移除或變更權利管理電子資訊而仍作利用

本法第80條之1第2項規定：「明知著作權利管理電子資訊，業經非法移除或變更者，不得散布或意圖散布而輸入或持有該著作原件或其重製物，亦不得公開播送、公開演出或公開傳輸。」此「明知」，係指直接故意而言。利用人明知著作權利管理電子資訊，業經非法移除或變更者，而仍散布或意圖散布而輸入或持有該著作原件或其重製物，或加以公開播送、公開演出或公開傳輸，違反本項規定，其責任與違反第80條之1第1項之責任相同，均依第96條之1第1款加以處罰，並依本法第90條之3規定，請求救濟。

第三款　違反權利管理電子資訊之保護規定與侵害著作權之競合

一、與著作人格權侵害之競合

本法第16條第1項規定：「著作人於著作之原件或其重製物上或於著作公開發表時，有表示其本名、別名或不具名之權利。著作人就其著作所生之衍生著作，亦有相同之權利。」著作人乃最原始之著作財產權人。在數位環境下，如利用人利用他人著作，對著作人之姓名予以變更或隱匿，可能違反權利管理電子資訊之保護，同時亦侵害著作人格權。違反第16規定，依本法第93條第1款規定處罰，而違反第80條之1規定，依第96條之1第1款處罰，此可能形成刑法第55條的想像競合犯，從一重處斷。第93條第1款之處罰為二年以下有期徒刑、拘役，或科或併科新臺幣50萬元以下罰金。第96條之1第1款之處罰為一年以下有期徒刑、拘役或科或併科新臺幣2萬元以上25萬元以下罰金。二者比較，以第93條第1款刑責較重。此外，侵害著作人格權，被害人仍得因著作人格權受侵害而依第84條及第85條之規定在民事上主張權利。而違反第80條之1規定，被害人得依第90條之3規定請求民事救濟。此二者亦屬請求權之競合，以著作人格權被侵害

之民事請求權,對被害人較有利。蓋著作人格權侵害之民事請求權,尚包含第85條之非財產上之損害賠償請求權。

二、與著作財產權侵害之競合

違反本法第80條之1有關權利管理電子資訊之保護規定,而同時侵害他人之著作財產權者,此時在刑事責任部分,可能產生競合問題。如移除或變更之目的是為重製,此時利用人同時侵害著作人之重製權,觸犯本法第91條及第96條之1第1款規定,依刑法第55條牽連犯之規定從一重加以處罰,在民事上,被害人亦得同時依第84條、第88條至第90條之1及第90條之3規定,主張權利。

第二節　防盜拷措施之保護

第一款　防盜拷措施之意義

防盜拷措施之保護,係民國93年本法修正時所新增。依本法第3條第1項第18款規定:「防盜拷措施:指著作權人所採取有效禁止或限制他人擅自進入或利用著作之設備、器材、零件、技術或其他科技方法。」茲析述其意義如下:

一、本款所指著作權人,解釋上應包含著作權人所授權之人(本法第37條)。例如著作人甲之小說,授權乙出版社出版電子書,乙就電子書有防盜拷措施,乙既是甲所授權出版之人,依立法目的解釋,乙自應有本法防盜拷措施之保護。

二、本款所謂防盜拷措施,必須屬積極、有效之措施,始足當之。如權利人本身消極並未採行任何防盜拷措施,或雖有採行一定措施,但該措施客觀上並無效果者,即非本款所稱之防盜拷措施。又所謂積極、有效之防盜拷措施,係指在該措施之正常應用上,即能產生保護之功能,例如:

採行某一防盜拷措施後，必須在著作財產權人之授權下，輸入一定之資訊或採行一定之程序，始能以人類之感官知覺某著作之內容，或利用該著作，藉此達到保護之目的[1]。

三、本款所謂「進入」（access），係指行為人直接對於著作內容產生收聽、收看等感官上效果之行為。一個措施係用以限制著作被他人進入，或限制他人於進入後以重製於硬碟或傳輸等方法進一步利用者，均屬本款之防盜拷措施。防盜拷措施應予適用之範圍，並不僅限於行為人進入著作後，破解防盜拷措施，進一步重製、公開傳輸等相關行為，亦包括單純「進入」著作之行為（例如看、聽著作內容，但並未重製在硬碟或傳輸他人）[2]。

四、本款所稱利用，係指本法第22條至第29條及第87條之利用之行為，亦即重製、公開口述、公開播送、公開上映、公開演出、公開傳輸、公開展示、編輯、改作、散布、出租、輸入等利用行為。故本款之防盜拷措施，禁止或限制他人擅自進入或利用，即已相當於外國「科技保護措施」（Technological Protection Measures）立法之「限制利用」（copy control）及「限制接觸」（access control）兩種形態。

第二款　防盜拷措施之保護之內容

一、防盜拷措施之規避

本法第10條本文規定：「著作人於著作完成時享有著作權。」著作人乃最原始之著作權人。著作權既依本法享有著作權，在科技如此發達，盜拷技術日新月異之今天，如其額外再採取防盜拷措施保護其著作者，則除既有著作權保護外，將再有額外之保護。故本法第80條之2第1項規定：

---

[1] 參見經濟部智慧局：民國93年9月1日修正公布著作權法部分條文對照及說明其中第3條部分之說明。

[2] 同註1。

「著作權人所採取禁止或限制他人擅自進入著作之防盜拷措施，未經合法授權不得予以破解、破壞或以其他方法規避之。」茲析述如下：

（一）此所謂之破解、破壞或以其他方法規避，包括將已鎖碼（encrypt）者予以解碼（decrypt）、將已混波（scramble）者予以解波（descramble），或於網際網路上，破解權利人所採行之註冊制度及其他使原來有效之防盜拷措施歸於無效之規避行為[3]。

（二）本項規定僅禁止對於著作權人所採取禁止或限制他人擅自「進入著作」之防盜拷措施（access controls）之破解、破壞或以其他方法規避。至於破解、破壞或以其他方法規避著作權人所採取禁止或限制他人進入著作以後之進一步「利用著作」（例如重製、公開傳輸等著作權法所明定之利用行為）之防盜拷措施（copy controls）行為，則不在本項適用範圍，其規避後如有進一步之利用著作行為，應視其有無合理使用或是否構成侵害著作權而定其法律效果[4]。

（三）違反本項防盜拷措施之規避行為，並非本法第22條至第29條之著作利用行為，亦非第87條之擬制侵害行為，故非屬侵害著作權之行為，但本法第90條之3規定：「違反第八十條之一或第八十條之二規定，致著作權人受損害者，負賠償責任。數人共同違反者，負連帶賠償責任（Ⅰ）。」「第八十四條、第八十八條之一、第八十九條之一及第九十條之一規定，於違反第八十條之一或第八十條之二規定者，準用之（Ⅱ）。」故違反本項規定，權利人得請求損害賠償。數人共同違反本項規定者，負連帶賠償責任。又本法有關不作為請求權（§84）、對侵害物的必要處置請求權（§88-1），請求權的特別消滅時效（§89-1）、申請海關查扣請求權（§90-1），均有適用。

（四）本法第96條之1第2款，僅對違反第80條之2第2項規定加以處罰，對違反本項規定者，無處罰之明文，依刑法第1條罪刑法定主義之規

3　參見經濟部智慧局：民國93年9月1日修正公布著作權法部分條文對照及說明其中第80條之2條部分之說明。

4　同註3。

定，違反本項規定，僅有民事責任，而無刑責。但如違反本項規定，同時構成刑法其他條文之規定者（如刑法§358），或有進一步對著作加以利用，另構成違反著作權法者，則不在此限。此時自得另依刑法或本法之罰則加以處罰。

二、規避防盜拷措施之設備之禁止

本法既對防盜拷措有所保護，然而一般人對規避防盜拷措施的技術並未精通。真正促使防盜拷措施大行其道者，係有人提供規避防盜拷措施之設備及技術。為使防盜拷措施充份有效，有必要立法禁止他人提供規避防盜拷措施之設備及技術。因此，本法第80條之2第2項乃規定：「破解、破壞或規避防盜拷措施之設備、器材、零件、技術或資訊，未經合法授權不得製造、輸入、提供公眾使用或為公眾提供服務。」故製造、輸入、販賣具防盜拷措施的解碼器、解碼程式，或設服務處專為人破解、破壞或規避防盜拷措施者，均違反本項規定。

違反本項規定，與違反80條之2第1項之防盜拷措施之規避相同，並非本法第22條至第29條之著作利用行為，亦非第87條之擬制侵害行為，故非屬侵害著作權之行為，但依本法第90條之3規定，有民事責任，其責任如本款一、（三）部分所述。

依本法第96條之1規定：「有下列情形之一者，處一年以下有期徒刑、拘役，或科或併科新臺幣二萬元以上二十五萬元以下罰金：……二、違反第八十條之二第二項規定者。」故破解、破壞或規避防盜拷措施之設備、器材、零件、技術或資訊，未經合法授權而製造、輸入、提供公眾使用或為公眾提供服務，依第96條之1第2款規定處罰之。

三、防盜拷措施保護規定的例外

本法第1條本文規定：「為保障著作人著作權益，調和社會公共利益，促進國家文化發展，特制定本法。」著作權法訂定之目的，係在促進

國家文化發展。而欲促進國家文化發展，不僅在保護著作權人之著作權，亦須調和社會公共利益。此所以本法除於第15條至第17條及第22條至第29條規定著作權人之專有權利之外，亦對各種著作財產權作限制規定之理由，此在本書第一章第五節已有詳述。

本法對防盜拷措施之保護，係在防止著作人之著作，被未經允許而利用，此係以著作權以外之其他方法間接保護著作人之著作。然而著作人之著作保護過度，亦將有害社會資訊的流通，間接對國家文化發展不利，尤其涉及社會公益所作之利用，如果因防盜拷措施之保護而受影響，此亦非本法立法本意。故本法對防盜拷措施之保護，亦設有例外之規定。本法在第80條之2規定，下列情形不適用上述防盜拷措施之保護規定（§80-2 Ⅲ）：

（一）為維護國家安全者。

（二）中央或地方機關所為者。

（三）檔案保存機構、教育機構或供公眾使用之圖書館，為評估是否取得資料所為者。

（四）為保護未成年人者。

（五）為保護個人資料者。

（六）為電腦或網路進行安全測試者。

（七）為進行加密研究者。

（八）為進行還原工程者。

（九）為依第44條至第63條及第65條規定利用他人著作者。

（十）其他經主管機關所定情形。

上述十種規定之詳細內容，由主管機關定之，並定期檢討之（§80-2 Ⅳ）。

第三款　防盜拷措施之保護與刑法第358條之比較

刑法第358條規定：「無故輸入他人帳號密碼、破解使用電腦之保護措施或利用電腦系統之漏洞，而入侵他人之電腦或其相關設備者，處三年

以下有期徒刑、拘役或科或併科三十萬元以下罰金。」此項規定與本法第80條之2防盜拷措施之保護規定十分類似。然刑法第358條，與本法第80條之2規定，仍有若干不同[5]：

　　一、刑法第358條規定僅適用於「狹義之電腦犯罪」，即專指以電腦或網路為攻擊對象之犯罪。不適用於廣義之電腦犯罪，亦不及於進入與電腦或其相關設備無關之媒介、設備。例如電子書或光碟有防盜拷措施，或有線電視有鎖碼頻道，第三人擅自破解、破壞、規避而進入，可能違反本法第80條之2之防盜拷措施之規定，但無法以刑法第358條規定繩之。

　　二、刑法第358條立法之目的在「確保電腦系統之安全性」，與著作權法中規範防盜拷措施機制係在間接保護著作權之目的無關。故製造、輸入、販賣破解防盜拷措施之器材、零件等行為，原則上無法直接以刑法第358條拘束之，但得以本法第80條之2規定保護之。

　　三、著作權法第80條之2係針對著作權人所採取有效禁止或限制他人擅自進入或利用著作所為之防盜拷措施而設，刑法第358條則處罰入侵「他人」電腦或其他相關設備，電腦系統之所有人與使用人並非該條所稱之「他人」。

　　本法第80條之2規定與刑法第358條規定，雖在要件上有異，但同時違反之情形，亦非無有。違反本法第80條之2第1項規定者，原則上無刑責，故違反本法第80條之2第1項規定，且同時構成刑法第358條規定者，在刑事責任上，逕行適用刑法第358條即可。但違反本法第80條之2第2項規定，依第96條之1第2款規定，處一年以下有期徒刑、拘役，或科或併科新臺幣2萬元以上25萬元以下罰金。故違反刑法第358條規定，同時違反本法第80條之2第2項規定者（例如為人作破解電腦密碼入侵之技術服務），此時，可能構成刑法第55條之想像競合犯，依刑度較重之刑法第358條規定處罰之。

5　參見參見經濟部智慧局：民國93年9月1日修正公布著作權法部分條文對照及說明其中第3條部分之說明。

第九章　著作權侵害之救濟

第一節　權利侵害之態樣

一、著作人格權之侵害

著作人格權之侵害有「一般著作人格權之侵害」及「擬制著作人格權之侵害」二種。

（一）一般著作人格權之侵害

著作人格權之侵害即公開發表權、姓名表示權及禁止醜化權之侵害。著作人格權不得轉讓或繼承，著作人之著作人格權於著作人死亡始消滅，但著作人死亡後之人格利益由國家以公益之規定加以保護。著作人死亡後著作人格權有被侵害者，在民事上著作人的一定親族得依著作權法第86條規定加以救濟。茲分述如下：

1.公開發表權之侵害

所謂公開發表權，即著作人就其著作享有公開發表之權利（§15 I 前段）。公開發表權之侵害，例如甲有一著作交由A出版社出版，惟約定A出版社須於甲退休後方得出版該著作。惟A出版社以該著作均為乙公務機關之內幕，如搶先發表，將有市場之利益，A乃違反甲之約定而出版，致甲被乙公務機關以洩密為由移送法辦，此即A侵害甲之公開發表權。

2.姓名表示權之侵害

所謂姓名表示權，即著作人於著作之原件或其重製物上或於著作公開發表時，有表示其本名、別名或不具名之權利（§16 I 前段）。著作人就其著作所生之衍生著作，亦有相同之權利（§16 I 後段）。姓名表示權之侵害，例如甲將其著作授權乙出版，乙未經甲之同意，以更有名望之教授丙為著作人名義加以出版，此時乙侵害甲之姓名表示權。又如A出版社得

國外英文著作之著作財產權人B出版社之授權,而將B出版社之英文著作翻成中文,A出版社僅掛譯者甲之名字,而並未掛原文著作人乙之姓名,此時A出版社侵害原文著作之著作人乙之姓名表示權。

3.禁止醜化權之侵害

所謂禁止醜化權,即著作人享有禁止他人以歪曲、割裂、竄改或其他方法改變其著作之內容、形式或名目致損害其名譽之權利(§17)。禁止醜化權之侵害,例如:甲投稿A報社,支持核四之興建,A報社將甲之文章刊登,惟結論修改為反對核四之興建。此時A報社侵害甲之禁止醜化權。蓋此時甲投稿報社之立論,其結論被修改,與其平時之立論不同,必遭周遭親友恥笑,客觀上即足以影響甲之名譽。

(二)擬制著作人格權之侵害

本法第87條第1項第1款規定,「以侵害著作人名譽之方法利用其著作者」,視為侵害著作人格權。例如:購買他人之藝術品裸體畫作為脫衣舞劇場之看板使用;將文雅之文藝作品收錄在商業基礎之廣告宣傳文件中出版;高度藝術價值之美術品故意當作一文不名之粗俗物品的包裝紙;在極莊嚴的宗教音樂以喜劇之音樂調子來伴奏,使人無法感受宗教之莊嚴氣氛等,即視為著作人格權之侵害[1]。

二、著作財產權之侵害

(一)一般著作財產權之侵害

一般著作財產權之侵害分成下列三種:

1.未經授權之利用

未經著作財產權人之同意或授權而利用著作財產權人之著作財產權者,即屬侵害著作財產權人之著作財產權,但有著作財產權限制(§44~

---

[1] 加戶守行:著作權法逐條講義(改訂新版),第565-566頁。

65）、強制授權（§69）之情形，則無須著作財產權人之同意或授權。即使利用他人著作，亦屬有正當權源。茲將一般著作財產權之侵害之態樣說明如下：

(1)重製權之侵害

著作人原則上專有重製其著作之權利（§22Ⅰ）。所謂重製權之侵害，例如乙未經著作財產權人甲之授權而擅自翻印或抄襲甲之書籍。

(2)公開口述權之侵害

著作人專有公開口述其語文著作之權利（§23）。公開口述權之侵害，例如：乙未得著作財產權人甲之授權，而將甲之演講稿加以公開演講，乙即屬侵害甲之公開口述權。

(3)公開播送權之侵害

著作人專有公開播送其著作之權利（§24）。公開播送權之侵害，例如：乙未得音樂著作財產權人甲之授權，而在電台公開播送甲之音樂。

(4)公開上映權之侵害

著作人專有公開上映其視聽著作之權利（§25）。公開上映權之侵害，例如：乙未得視聽著作財產權人甲之授權，而將甲之視聽著作在MTV公開上映。

(5)公開演出權之侵害

著作人原則上專有公開演出其語文、音樂或戲劇、舞蹈著作之權利（§26Ⅰ）。公開演出權之侵害，例如：乙未得音樂著作財產權人甲之授權，而將甲之歌曲在歌廳或夜總會公開演唱。

(6)公開傳輸權之侵害

著作人原則上專有公開傳輸其著作之權利（§26-1Ⅰ）。公開傳輸權之侵害，例如乙未得著作財產權人甲之授權，而將甲之著作上載於網際網路上供人存取。

(7)公開展示權之侵害

著作人專有公開展示其未發行之美術著作或攝影著作之權利（§27）。公開展示權之侵害，例如：甲有未發行之美術著作之著作財產權，乙未得甲之同意，將甲寄藏在乙處之美術著作在美術館開畫展。

(8)改作權之侵害

著作人專有將其著作改作成衍生著作之權利（§28本文）。改作權之侵害，例如：甲有某英文著作之著作權，乙未得甲之同意，將甲之英文著作翻譯成中文，乙侵害甲之改作權。

(9)編輯權之侵害

著作人專有將其著作編輯成編輯著作之權利（§28本文）。編輯權之侵害，例如：副刊編輯乙未經文章著作財產權人甲之授權，而將甲於網路上張貼之文章下載並於副刊上刊登發行，此時乙侵害甲之編輯權。

(10)散布權之侵害

著作人原則上專有以移轉所有權之方式，散布其著作之權利（§28-1 I）。散布權之侵害，例如甲失竊一批書，乙為小偷丙銷售此書，此時乙除了有可能觸犯贓物罪外，乙亦侵害著作人之散布權。

(11)出租權之侵害

著作人原則上專有出租其著作之權利（§29）。出租權之侵害，例如：甲為A視聽著作之著作財產權人，甲將A視聽著作出租給乙出租店出租（未移轉所有權），乙出租店將該視聽著作出借給丙出租店出租，此時丙侵害甲之出租權。

2.授權範圍外著作之利用

著作財產權人得授權他人利用著作，其授權利用之地域、時間、內容、利用方法或其他事項，依當事人之約定，其約定不明之部分推定為未授權（§37 I）。上述被授權人如所得之授權為非專屬授權，則非得著作財產權人之同意，不得將其被授予之權利再授權第三人利用（§37III）。著作之利用逾越授權範圍外，例如：甲授權乙出版甲之文字著作，乙另外將甲之文字著作在電台上公開播送，此公開播送之行為即屬逾越授權範圍外之著作之利用，侵害甲語文著作之著作財產權。又如甲非專屬授權乙出版A著作，乙經營不善，又將A著作另轉由丙出版，此時丙侵害甲之重製權。

3.著作之不當利用

錄有音樂著作之銷售用錄音著作發行滿六個月，欲利用該音樂著作

錄製其他銷售用錄音著作者，得申請著作權專責機關許可強制授權，而利用該音樂著作，另行錄製錄音著作（§69Ⅰ）。而申請強制授權如未給付或提存使用報酬而錄製錄音著作，此時該錄製行為即屬擅自重製音樂著作之著作財產權人之著作權。又如乙如果申請許可強制授權並給付使用報酬後，將該取得強制授權之許可，轉讓丙錄製該音樂著作，此時丙亦屬不當利用甲之音樂著作，亦屬侵害甲之音樂著作之著作財產權。

（二）擬制著作財產權之侵害

依本法第87條第1項規定，有下列情形之一者，視為侵害著作財產權人之著作財產權：

1.輸入未經著作財產權人授權重製之重製物者（§87Ⅰ③）

依本款規定，凡輸入未經著作財產權人授權重製之重製物，即有本款之適用。故設若甲為著作財產權人，其國籍為A國，甲之著作在我國受保護，國內乙自B國輸入丙擅自重製之著作，乙違反本款規定。縱然B國與A國或B國與我國均無著作權互惠關係，只要A國與我國有著作權之互惠關係，其適用本款規定，亦不受影響。惟若A國與我國無著作權之互惠關係，甲之著作權在我國不受保護，則不問B國與我國是否有互惠，乙之輸入行為無本款之適用，蓋甲在我國既無著作財產權，自無輸入權可言。

2.未經著作財產權人同意而輸入著作原件或國外合法重製物者（§87Ⅰ④）

依本款規定，凡未經著作財產權人同意而輸入著作原件或國外合法重製物，均視為侵害著作財產權。因此，未經著作財產權人同意而輸入合法正版之著作原件或重製物，適用本款視為侵害著作權。故美國LD著作財產權人A將其產品在美國銷售，B為美國零售商，台灣C自B進口美國正版LD，不問A在台灣有無總代理，C均構成本款規定。A均有權主張C侵害其輸入權。故本款規定不僅禁止平行輸入而已，更進一步承認A有專有輸

入權，即在A於台灣未有總代理之情形下，A仍得禁止C輸入[2]。又本款規定之「輸入」，以國與國間之輸入型態為典型，惟有無包含大陸地區人民著作自大陸地區進入台灣地區在內？實務採肯定說。法務部民國82年6月14日法律字第11828號函謂：「……二、關於大陸地區人民著作自大陸地區進入台灣地區，是否屬於著作權法第87條第4款（以下簡稱本款）所稱之『輸入』，本部認為宜採肯定之見解，其理由如下：（一）本款係為執行中、美雙方於民國78年7月13日草簽之『北美事務協調委員會與美國在台協會著作權保護協定』，而賦予著作財產權人專屬輸入權之規定（參見民國82年4月21日立法院內政委員會第二屆第一會期第一次會議紀錄，貴部吳部長就『著作權法部分條文修正草案』之說明，載立法院公報第82卷第26期第565頁、第566頁）；按諸上開協定第14條第1項及第1條第2項規定，解釋上本款所稱『輸入』之區域似應限於『中華民國管轄區域』，本案自不宜作不同解釋。（二）本款規定既係為賦予著作財產權人之專屬輸入權而設，而台灣地區與大陸地區又分屬不同之關稅領域（參見『台灣地區與大陸地區人民關係條例』§40規定），且懲治走私條例第12條亦規定自大陸地區私運物品進入台灣地區，以私運物品進口論處，則本款所稱之『輸入』，解釋上似宜包括大陸地區之著作原件或其重製物進入台灣地區之情形在內，始符合其保障著作財產權人專屬輸入之意旨；此與大陸地區人民之著作應以本國人受我著作權法之保護一事，兩者並無衝突[3]。」本書從之。惟有下列例外規定，不侵害著作財產權人之輸入權（§87-1）：

2　詳下列拙文：
　　一、貿易報復問題的省思，民國82年4月17日，聯合晚報二版。
　　二、知識衰退，經濟就要衰退——評立法院審議著作權法及協定，民國82年4月22日，工商時報二版。
　　三、談立法院通過著作權法修正及協定保留條款，民國82年4月23日，自立晚報三版。
　　四、知識戒嚴下的對策，民國82年4月26日，中國時報三十版。
　　五、三○一報復化解了嗎？民國82年5月3日，聯合晚報二版。
3　拙編：著作權裁判彙編（一），第837-838頁。

(1)為供中央或地方機關之利用而輸入。但為供學校或其他教育機構之利用而輸入或非以保存資料之目的而輸入視聽著作原件或其重製物者，不在此限（§87-1Ⅰ①）。

(2)為供非營利之學術、教育或宗教機構保存資料之目的而輸入視聽著作原件或一定數量重製物，或為其圖書館借閱或保存資料之目的而輸入視聽著作以外之其他著作原件或一定數量重製物，並應依第48條規定利用之（§87-1Ⅰ②）。依據民國82年4月24日內政部以台(82)內著第8284870號公告之「著作權法第87條之1第1項第2款及第3款之一定數量」第2項規定，為供非營利之學術、教育或宗教機構保存資料之目的，而輸入視聽著作重製物者，以一份為限；為供非營利之學術、教育或宗教機構之圖書館借閱或保存資料之目的，而輸入視聽著作以外之其他著作重製物者，以五份以下為限。

(3)為供輸入者個人非散布之利用或屬入境人員行李之一部分而輸入著作原件或一定數量重製物者（§87-1Ⅰ③）。依據內政部公告「著作權法第87條之1第1項第2款及第3款之一定數量」第2項規定，為供輸入者個人非散布之利用，而輸入著作重製物者，每次以每一著作以一份為限；屬入境人員行李之一部分而輸入著作重製物者，每次每一著作以一份為限。

(4)中央或地方政府機關、非營利機構或團體、依法立案之各級學校，為專供視覺障礙者、學習障礙者、聽覺障礙者或其他感知著作有困難之障礙者使用之目的，得輸入以翻譯、點字、錄音、數位轉換、口述影像、附加手語或其他方式重製之著作重製物，並應依第53條規定利用之（§87-1④）。

(5)附含於貨物、機器或設備之著作原件或其重製物，隨同貨物、機器或設備之合法輸入而輸入者，該著作原件或其重製物於使用或操作貨物、機器或設備時不得重製（§87-1Ⅰ⑤）。

(6)附屬於貨物、機器或設備之說明書或操作手冊隨同貨物、機器或設備之合法輸入而輸入者。但以說明書或操作手冊為主要輸入者，不在此限（§87-1Ⅰ⑥）。

3.以侵害電腦程式著作財產權之重製物,作為營業之使用者(§87Ⅰ⑤)

本法第22條至第29條並未規定著作財產權人專有「使用權」。依民法第765條規定:「所有人於法令限制之範圍內,得自由使用、收益、處分其所有物,並排除他人之干涉。」使用權係所有權之權能,而非著作財產權之權能。故如甲為著作財產權人,乙盜版甲之著作而售與丙,丙知情售與丁,丁知情買入而使用,僅乙、丙違法,丁並未違法。惟如丁購買盜版電腦程式著作,而作為營業使用,例如丁購買盜版紫微斗數算命程式而公開在百貨公司為人算命牟利,或公司購買盜版客戶管理軟體而為公司經營目的之使用,依本款視為侵害著作權。茲有疑義者,即本法第3條第1項第5款及第22條規定,已承認電腦之暫時性重製,以侵害電腦程式著作財產權之重製物,而仍作為營業之使用者,一般已侵害著作財產權人之重製權,故本款規定,適用上十分有限。

4.明知為侵害著作財產權之物而以移轉所有權或出租以外之方式散布者,或明知為侵害著作財產權之物意圖散布而公開陳列或持有者(§87Ⅰ⑥)

本法第28條之1規定,僅承認著作人專有以移轉所有權方式之散布權,對非以移轉所有權方式之散布行為,例如贈與等,非著作人之專有權利所及,如利用人非以移轉所有權方式散布非法侵害物,則對著作人損害甚大,故本款規定「明知為侵害著作財產權之物而以移轉所有權或出租以外之方式散布者」,視為侵害著作權。例如圖書館明知盜版圖書而購買,進而出借不特定人,此時圖書館之出借行為,即視為侵害著作權。又為杜絕盜版者之行銷管道,對於尚未達到侵害散布權階段之行為,例如書店明知侵害他人改作權之書而仍進貨陳列書架尚未賣出,或中盤商進貨該侵害改作權之書而放置倉庫準備批發,此時均尚未侵害著作財產權人之散布權,但有遏止之必要,本款乃將此行為視為侵害著作權。

5.未經著作財產權人同意或授權,意圖供公眾透過網路公開傳輸或重製他人著作,侵害著作財產權,對公眾提供可公開傳輸或重製著作之電腦程式或其他技術,而受有利益者(§87Ⅰ⑦)

此係民國96年7月著作權法修正時所增,目的係為解決P2P的網路問題

而設。其立法理由為：「部分不肖網路平台業者，以免費提供電腦下載程式為號召，並藉口收取手續與網路維修費等營利行為，在網路上直接媒合下載與上傳著作權人之文字與影音著作，卻不願支付權利金給著作權人，嚴重侵害著作權人之合法權益，及故意陷付費良善下載者於民、刑法之追溯恐懼中，上述行為至為不當，有必要明確修法來規範不肖平台業者的行為[4]。」

　　本款之非難行為為「提供行為」。至於技術提供者對於使用者之後續著作權侵害行為，在民事上是否成立「共同不法侵害」、「造意」或「幫助」；刑事上是否另成立「共犯」、「教唆犯」或「幫助犯」，另行判斷。技術提供者必須是出於供他人侵害著作財產權之意圖，提供技術，始屬本款所規範之範圍。又意圖係行為人內心主觀之狀態，難以判斷，有必要加以補充解釋，故規定如行為人客觀上採取廣告或其他積極措施，教唆、誘使、煽惑公眾利用該技術侵害著作財產權時，即為具備「供公眾透過網路公開傳輸或重製他人著作，侵害著作財產權」之意圖（§87II）[5]。因此，倘提供軟體或技術之人並非意圖供網友為違法侵權利用者，例如Hinet Xuite、my web、MSN Messenger、PChome Online新聞台、拍賣、Skype、Seednet Orb、網上碟、Yahoo！奇摩即時通、部落格、家族、相簿等軟體或技術，原則上均非本款範圍[6]。

6.明知他人公開播送或公開傳輸之著作侵害著作財產權，意圖供公眾透過網路接觸該等著作，在一定情形下而受有利益者（§87I⑧）

　　近年來出現各式新興之數位侵權型態，提供民眾便捷管道至網站收視非法影音內容，例如：部分機上盒透過內建或預設的電腦程式，專門提供使用者可連結至侵權網站，收視非法影音內容；或是於網路平臺上架可連結非法影音內容的APP應用程式，提供民眾透過平板電腦、手機等裝置

4　參見經濟部智慧局網站（http://www.tipo.gov.tw/copyright/copyright_news/copyright_
　　changelaw.asp），96年著作權法修正通過條文，有關修正理由部分。

5　同註1。

6　同上，有關新聞稿部分。

下載後，進一步瀏覽非法影音內容。此類機上盒或APP應用程式業者常以明示或暗示使用者可影音看到飽、終身免費、不必再付有線電視月租費等廣告文字號召，誘使或煽惑使用者利用該電腦程式連結至侵權網站，並收取廣告費、月租費或銷售利益之行為，已嚴重損害著作財產權人之合法權益，進而影響影音產業與相關內容產業之健全發展，應視同惡性重大之侵權行為而予以約束規範。

基此，民國108年5月即增訂著作權法第87條第1項第第8款規定：「明知他人公開播送或公開傳輸之著作侵害著作財產權，意圖供公眾透過網路接觸該等著作，有下列情形之一而受有利益者：（一）提供公眾使用匯集該等著作網路位址之電腦程式。（二）指導、協助或預設路徑供公眾使用前目之電腦程式。（三）製造、輸入或銷售載有第一目之電腦程式之設備或器材。」上述之行為人，採取廣告或其他積極措施，教唆、誘使、煽惑、說服公眾利用者，為具備該款之意圖（§87II）。

上述規定，即在規範電腦程式提供者之法律責任，非難行為係其提供行為。對於明知他人公開播送或公開傳輸之著作內容侵害著作財產權，意圖供公眾透過網路接觸該等著作，對公眾提供匯集該等著作網路位址的電腦程式（例如可連結非法影音內容的APP）而受有利益者，視為侵害著作權行為。該提供者必須是出於供他人透過網路接觸侵害著作財產權內容之意圖，提供電腦程式，始屬本款規範之範圍；又受有利益者係指經濟上利益。至於直接在網路提供侵害著作財產權內容供公眾瀏覽之人，其法律責任另依其他著作權法規定予以判斷，非第87條第1項第8款所規範之範疇。

上述第1目規定提供公眾使用匯集該等著作網路位址之電腦程式，例如：將具有匯集侵害著作財產權著作網路位址之電腦程式上架於網路平臺或網站供公眾使用。第2目規定指導、協助或預設路徑供公眾使用前目之電腦程式，例如：製造或銷售之機上盒雖未內建匯集侵害著作財產權著作之網路位址的電腦程式，但有指導或協助公眾安裝上述的電腦程式；製造或銷售之機上盒預設路徑供公眾自行使用該電腦程式。第3目規定製造、輸入或銷售載有第1目之電腦程式之設備或器材，例如：製造、輸入或銷售內建有匯集侵害著作財產權著作網路位址之電腦程式，其設備或器材，

均屬之。另本款所稱之電腦程式不及於該匯集侵害著作財產權著作網路位址之網站或網頁。又機上盒未內建、未預設程式連結或未指導使用者安裝可連結非法影音內容的電腦程式，基於科技中立，非屬本款適用之範圍。

第二節　著作財產權侵害爭端之非訟解決

一、和　解

和解有「民法上之和解」與「訴訟上之和解」二種。所謂「民法上之和解」即當事人約定互相讓步，以終止爭執或防止爭執發生之契約。「民法上之和解」有使當事人所拋棄之權利消滅及使當事人取得和解契約所定明權利之效力（民法§737）。著作權侵害，權利人及侵害人得依民法上之和解達成協議，消除爭端。另「訴訟上之和解」，即當事人於訴訟繫屬中，在受訴法院、受命法官或受託法官前約定互相讓步以終止爭執或防止爭執發生，並以終結訴訟為目的之合意。訴訟上之和解與確定判決有同一之效力（民事訴訟法§380Ⅰ）。

二、仲　裁

凡有關現在或將來之爭議，當事人得訂立仲裁協議，約定由仲裁人一人或單數之數人成立仲裁庭仲裁之（仲裁法§1Ⅰ）。故有關著作權的爭議，亦得約定以仲裁解決紛爭。惟約定應付仲裁之協議，非關於一定之法律關係，及由該法律關係所生之爭議而為者，不生效力（仲裁法§2）。又仲裁人之判斷，雖無國家公權力之參與，其判斷對於當事人之間，與法院之確定判決，有同一之效力（仲裁法§37Ⅰ）。

三、調　解

一般調解有起訴前之調解（民事訴訟法§403）及依鄉鎮市調解條例

所成立之調解。民事訴訟法上之調解，即法院依當事人之聲請，於起訴前就有爭議之民事案件，勸諭雙方互相讓步，以終止爭執，而避免訴訟之程序。調解成立者與確定判決有同一之效力（民事訴訟法§416Ⅰ）。而鄉鎮市調解條例上之調解，係由鄉鎮市公所所設置之調解委員會，就當事人之爭議所為訴外終止爭執之合議。調解經法院核定後，當事人就該事件不得再行起訴、告訴或自訴。又經法院核定之民事調解與民事確定判決有同一之效力。經法院核定之刑事調解以給付金錢或其他代替物或有價證券之一定數量為標的者，其調解書具有執行名義（鄉鎮市調解條例§24）。另本法亦有調解之規定，茲分述如下：

（一）著作權審議及調解委員會之組織

本法第83條規定：「前條著作權審議及調解委員會之組織規程及有關爭議之調解辦法，由主管機關擬訂，報請行政院核定後發布之。」依民國93年3月31日經智字第09304602820號修正公告「經濟部智慧財產局著作權審議及調解委員會組織規程」規定，經濟部智慧財產局設著作權審議及調解委員會，辦理著作權法第82條規定事項（組織規程§2）。著作權審議及調解委員會置主任委員一人，由經濟部智慧局局長兼任；委員二十一人至二十九人，任期二年，由局長聘派有關機關代表、學者、專家及經濟部智慧局業務有關人員兼任之（組織規程§3）。著作權審議及調解委員會會議由主任委員召集並為會議主席，主任委員因故不能出席時，由主任委員指定委員一人為主席（組織規程§5）。該委員會辦理審議事項，應由全體委員二分之一以上之出席，出席委員二分之一以上之同意，始得決議。可否同數時，由主席裁決之。本會辦理諮詢事項，應由全體委員三分之一以上之出席，出席委員三分之二以上之同意，始得決議。該委員會辦理調解事項，應依著作權爭議調解辦法規定為之（組織規程§6）。

（二）著作權審議及調解委員會之組織之職掌

本法第82條規定：「著作權專責機關應設置著作權審議及調解委員會，辦理下列事項：一、第四十七條第四項規定使用報酬率之審議。二、

著作權集體管理團體與利用人間，對使用報酬爭議之調解。三、著作權或製版權爭議之調解。四、其他有關著作權審議及調解之諮詢（Ⅰ）。」「前項第三款所定爭議之調解，其涉及刑事者，以告訴乃論罪之案件為限（Ⅲ）。」依第82條第1項第2款及第3款規定，著作權爭議，亦可依「著作權爭議調解辦法」，由經濟部智慧財產局著作權審議及調解委員會依事件之性質或著作之類別指定委員一人至三人調解之。

（三）調解之程序

民國93年4月14日經濟部以經智字第09300532893號修正發布「著作權爭議調解辦法」，依該辦法規定，當事人申請調解時，應以書面為之（辦法§4）。主管機關受理調解之申請後，應將調解申請書繕本送達他造當事人，並通知於限期內為是否接受調解之表示，逾期不為表示者，視為拒絕調解（辦法§6）。當事人申請調解經他造當事人接受者，主管機關應提交經濟部智慧財產局著作權審議及調解委員會調解（辦法§7）。調解委員應詢明當事人兩造之意見，對當事人為適當之勸導，並就實際情況及爭議重點加以調解（辦法§12）。調解成立時，主管機關應作成調解書（辦法§13）。著作權專責機關應於調解成立後七日內，將調解書送請管轄法院審核（§82-1Ⅰ）。該項調解書，法院應儘速審核，除有違反法令、公序良俗或不能強制執行者外，應由法官簽名並蓋法院印信，除抽存一份外，發還著作權專責機關送達當事人（§82-1Ⅱ）。法院未予核定之事件，應將其理由通知著作權專責機關（§82-1Ⅲ）。

（四）調解之效力

1.一事不再理

調解經法院核定後，當事人就該事件不得再行起訴、告訴或自訴（§82-2Ⅰ）。

2.視為撤回

民事事件已繫屬於法院，在判決確定前，調解成立，並經法院核定者，視為於調解成立時撤回起訴（§82-3Ⅰ）。刑事事件於偵查中或第一

審法院辯論終結前，調解成立，經法院核定，並經當事人同意撤回者，視為於調解成立時撤回告訴或自訴（§82-3Ⅱ）。

3.執行名義

本法經法院核定之民事調解，與民事確定判決有同一之效力；經法院核定之刑事調解，以給付金錢或其他代替物或有價證券之一定數量為標的者，其調解書具有執行名義（§82-2Ⅱ）。

（五）調解之撤銷

民事調解經法院核定後，有無效或得撤銷之原因者，當事人得向原核定法院提起宣告調解無效或撤銷調解之訴。但該訴訟，當事人應於法院核定之調解書送達後三十日內提起之（§82-4）。

第三節　著作權侵害之民事救濟

第一款　概　說

本法第六章「權利侵害之救濟」（§84～90-3），係著作權或製版權侵害之民事上之特別規定。該章未規定者，依本法第1條後段，「本法未規定者，適用其他法律之規定」，應適用民法之一般規定。例如民法第28條法人之侵權行為責任、第188條之僱用人責任、第185條第2項造意人及幫助人之責任、公司法第23條公司負責人之侵權行為責任是[7]。

---

[7] 民法第28條規定：「法人對於其董事或其他有代表權之人因執行職務所加於他人之損害，與該行為人連帶負賠償之責任。」民法第188條規定：「受僱人因執行職務，不法侵害他人之權利者，由僱用人與行為人連帶負損害賠償責任。但選任受僱人及監督其職務之執行，已盡相當之注意或縱加以相當之注意而仍不免發生損害者，僱用人不負賠償責任（Ⅰ）。」「如被害人依前項但書之規定，不能受損害賠償時，法院因其聲請，得斟酌僱用人與被害人之經濟狀況，令僱用人為全部或一部之損害賠償（Ⅱ）。」「僱用人賠償損害時，對於為侵權行為之受僱人，

　　就「著作權侵害」而言，「著作權」分著作人格權及著作財產權（§3 I ③）。著作人格權侵害者，即未經著作人同意，而有侵害著作人本法第15條第1項（公開發表權）、第16條第1項（姓名表示權）或第17條（禁止醜化權）之權利之行為。易言之，即未經著作人同意，擅自公開發表著作人尚未公開發表之著作；未經著作人同意，擅自於著作人之著作原件或其重製物或於著作公開發表時，更改著作人之本名、筆名或擅自具名；未經著作人同意，擅自更改著作之內容、形式及名目，致損害著作人之名譽。惟有本法規定之例外情事，例如第15條第2項至第4項、第16條第2項至第4項者，則不視為侵害。此外，有本法第87條第1款之行為，視為侵害著作人格權。至於著作財產權侵害者，即未得著作財產權人之同意或授權，而利用著作中本法第22條至第29條之權利之行為，然有本法第44條至第65條之著作財產權限制規定，或係第69條之強制授權者，亦非侵害。此外，有本法第87條第1項第3款至第6款之行為，而無本法著作財產權限制或強制授權情形者，視為侵害著作財產權。侵害製版權者，即未經製版權人同意，擅自以影印、印刷或類似方式重製製版權人已向主管機關登記製版權之版面之行為。有第87條第1項第2款至第3款視為侵害製版權之行為亦屬侵害製版權，但有第80條準用著作財產權限制之規定者，例外不侵害製版權。又違反第80條之1權利管理電子資訊及第80條之2防盜拷措施之規定，則準用本章損害賠償之規定。

　　本章之權利侵害，不以行為人之故意或過失為要件，縱行為人善意無過失，亦屬權利侵害，得適用第84條規定，權利人得行使第84條之禁止請求權。惟如行為人無過失者，不得依第85條、第88條至第90條為請求。行為人無故意者，無須負擔第91條至第99條之責任。凡此於後詳述。

有求償權（Ⅲ）。」民法第185條第2項規定：「造意人及幫助人，視為共同行為人。」公司法第23條第2項規定：「公司負責人對於公司業務之執行，如有違反法令致他人受有損害時，對他人應與公司負連帶賠償之責。」

第二款　不作為請求權

　　第84條規定：「著作權人或製版權人對於侵害其權利者，得請求排除之，有侵害之虞者，得請求防止之。」此即「侵害禁止請求權」。其中請求排除其侵害，係「妨害除去請求權」；有侵害之虞者，請求防止之，係「防止侵害請求權」。對絕對權侵害之救濟方法，除損害賠償之外，尚有妨害除去請求權及防止侵害請求權。著作權及製版權為絕對權，不僅對侵害其著作權或製版權之行為有損害賠償請求權，對於現行權利之侵害有妨害除去請求權；對於將來權利有受侵害之虞者，有防止侵害請求權。著作權或製版權就此而言，與所有權（民法§767）及人格權（民法§18Ⅰ），並無不同。侵害禁止請求權，以現行發生侵害行為或將來有發生侵害之虞為要件，因此須侵害人現正為重製、公開口述、公開播送、公開上映、公開演出、公開傳輸、公開展示、編輯、改作、散布、出租、輸入等行為或從事於此種準備行為。主張妨害除去請求權者，須就其侵害行為負舉證責任（民事訴訟法§277）。主張防止侵害請求權者，須以有侵害之虞為要件，易言之，即須證明著作權在客觀上處於危險狀態，隨時有可能受到侵害。至於請求如何禁止侵害行為，應於訴訟中具體主張之[8]。

　　第84條規定：「著作權人或製版權人對於侵害其權利者，得請求排除之，有侵害之虞者，得請求防止之。」條文雖規定「對於侵害其權利者，得請求……」惟非直接對侵害人請求，而係權利人向法院提起本項禁止請求之訴訟，法院得依據本項規定判令侵害人停止侵害或防止侵害。惟民事訴訟一般皆訴訟程序冗長，非數日或數月可判決確定，故依第84條請求，如欲儘速處理，通常需同時利用假處分程序（民事訴訟法§532以下）[9]。

8　榛村專一：著作權法概論，第224-225頁。
9　參見半田正夫、紋谷暢男：著作權のノウハウ（新裝第四版），第263-264頁。日本早期著名案例，如三浦環之蝴蝶夫人事件（昭和15年〔西元1938年〕4月30日）及中部觀光間接強制事件（名古屋高等法院昭和35年〔西元1958年〕4月27日判決），均先請求法院為假處分。

　　第84條之「著作權人」，包含著作人（著作人格權之擁有人）及著作財產權人。另如著作財產權之一部轉讓，其受讓人亦屬該條之著作權人。本法第86條規定：「著作人死亡後，除其遺囑另有指定外，下列之人，依順序對於違反第十八條或有違反之虞者，得依第八十四條及前條第二項規定，請求救濟：一、配偶。二、子女。三、父母。四、孫子女。五、兄弟姊妹。六、祖父母。」故著作人死亡後，著作人生前之人格利益受侵害，第86條之人亦為請求權人。又共同著作之各著作權人對其著作權受侵害，亦得單獨依第84條規定請求救濟。因其他關係成立之共有著作財產權或製版權之各個權利人（如一部受讓、繼承等），依同一法理，亦不待其他權利人同意，得單獨依第84條規定向加害人行使禁止請求權。

第三款　損害賠償及慰撫金請求權

一、著作人格權之侵害

　　本法第85條第1項規定：「侵害著作人格權者，負損害賠償責任。雖非財產上之損害，被害人亦得請求賠償相當之金額。」本條規定著作人之著作人格權受侵害，有財產上之損害賠償請求權及非財產上之損害賠償請求權二種。就財產上損害賠償請求權而言，例如甲出版乙之著作，乙欲以筆名發表，甲以乙之本名發表，事實上乙之筆名較有名氣[10]，該書之出版在銷售上即有落差，此差額所產生版稅之落差為乙之財產上損害。又如丙寫A小說，交丁出版發行，丁為促進銷路，擅加甚多煽情文字，丙適為某私立明星學校老師，致丙因此被戊解僱，丙減少薪水收入亦為丙之財產上之損害是。就非財產上之損害而言，例如上例丙之小說被丁擅加甚多煽情文字，致丙之丈夫、親友及讀者對丙不諒解，使丙因名譽損害蒙受精神痛苦，丙自得請求非財產上之損害賠償。第85條第1項後段規定：「雖非財

10　例如柏楊筆名較其本名郭衣洞知名度高。

產上之損害，被害人亦得請求賠償相當之金額。」此所謂「相當」，應斟酌實際加害情形與其著作人格權影響是否重大及被害人之身分地位與加害人經濟情況等關係，由法院酌定之[11]。

　　第85條第1項之損害賠償請求權，解釋上不及於無過失責任，與第84條規定不同。第85條第1項之損害賠償請求權，須由著作人舉證證明加害人有故意過失、著作人權利被侵害及加害人之侵害行為與被害人之損害間有相當因果關係（民事訴訟法§277）[12]。

11　參見下列四例：
　　（一）最高法院47年台上字第1221號判例：「名譽被侵害者，關於非財產上之損害，加害人雖亦負賠償責任，但以相當之金額為限，民法第195條第1項定有明文。所謂相當，自應以實際加害情形與其名譽影響是否重大，及被害者之身分地位與加害人經濟狀況等關係定之。」
　　（二）最高法院51年台上字第223號判例：「慰藉金之賠償須以人格權遭遇侵害，使精神上受有痛苦為必要，其核給之標準與財產上損害之計算不同，然非不可斟酌雙方身分資力與加害程度，及其他各種情形核定相當之數額。原審對於被上訴人所受之名譽損害有如何痛苦情事，並未究明，若僅以上訴人之誣告為賠償依據，則案經判處上訴人罪刑，是非明白，被上訴人似亦無甚痛苦之可言，且原判決何以增加賠償慰藉金之數額，亦未說明其理由，遽命上訴人再賠償五千元，自有未合。」
　　（四）最高法院47年台上字第1416號判決：「賠償慰藉金固為廣義賠償之性質，究與賠償物質有形之損害不同，故其損害非如物質有形損害之有價額可以計算，究竟如何始認為相當，自得由法院斟酌各種情形定數額。」
　　（五）最高法院48年台上字第1982號判決：「非財產上損害之慰撫金，固非如財產損失之有價額可以計算，但仍應以被害人精神上所受之苦痛為準據。因此就被害人精神上所受無形之苦痛判給慰藉金，應審酌被害人地位、家況及加害人之地位，俾資為審判之依據。」
12　參見下列三例：
　　（一）最高法院19年上字第38號判例：「以侵害行為為原因，請求回復原狀或賠償損害者，應就其權利被侵害之事實負立證之責。」
　　（二）最高法院19年上字第363號判例：「關於侵權行為賠償損害之請求權，以受有實際損害為成立要件，若絕無損害亦即無賠償之可言。」
　　（三）最高法院48年台上字第481號判例：「損害賠償之債，以損害之發生及有責任原因之事實，並二者之間，有相當因果關係為成立要件。故原告所主

二、著作財產權之侵害

（一）一般侵害之損害賠償（§88 I）

第88條第1項前段規定：「因故意或過失不法侵害他人之著作財產權或製版權者，負損害賠償責任。」此即一般單獨侵害之損害賠償請求權。此損害賠償請求權，應依民法侵權行為之一般原則[13]。茲分述如下：

1.要　件

損害賠償請求權之成立，須具備下列五種必要條件：(1)須對於著作財產權人之排他的權能，即著作之重製、公開口述、公開播送、公開上映、公開演出、公開傳輸、公開展示、編輯、改作、散布、出租、輸入等權能及製版權有侵害之行為（包含第87條之視為侵害行為）；(2)須其行為具有違法性；(3)須其行為人具有故意過失；(4)須因其行為而發生損害；(5)須侵害人具備責任能力。分述如下：

(1)須有侵害行為

著作財產權人之排他權能之侵害，必須非基於著作財產權人之意思而為著作之利用；如經著作財產權人之允許或承諾，不構成著作財產權之侵害。又著作排他權能之侵害，無須著作全部不斷的利用，即其一部利用，亦成立侵害。如著作財產權期間屆滿之著作、不受保護外國人之著作（§4）、不得為著作權標的之著作（§9）之利用，不構成著作財產權之侵害。此外，非著作權法上著作財產權之法定權利（如§22～29、87）之侵害，亦非著作財產權之侵害[14]。

張損害賠償之債，如不合於此項成立要件者，即難謂有損害賠償請求權存在。」

13　半田正夫：著作權法概說，第305頁。民國53年舊著作權法第27條規定：「著作權之侵害，經著作權人提起訴訟時，除依本法處罰外，被害人所受之損失，應由侵害人賠償。」最高法院73年度台上字第4541號判決認為著作權法第27條之規定，係依侵權行為請求損害賠償。

14　最高法院55年台上字第2053號判例謂：「民法第184條第1項前段規定，以權利之侵害為侵權行為要件之一，故有謂非侵害既存法律體系所明認之權利，不構成侵

(2)須侵害有違法性

侵害著作權，其侵害行為必須具有違法性，如有著作財產權限制行使之情形，即有阻卻違法事由，其行為無須負賠償責任。例如本法第44條至第65條之情形是。又有第69條之強制授權之利用行為，亦可主張阻卻違法。此外，如有一般侵權行為之阻卻違法事由，亦得阻卻違法[15]，茲不贅述。

(3)侵害人須有故意或過失

故意者，即行為人對於構成侵權行為之事實，明知並有意使其發生；或預見其發生而其發生並不違背其本意之謂。過失者，乃行為人雖非故意，但按其情節應注意並能注意而不注意，或對於構成侵權行為之事實，雖預見其發生，而確信其不發生之謂[16]。侵害著作財產權之損害賠償請求權，須以故意或過失為要件，其故意者，須有下列認識：①著作之同一性的認識；②對於著作之著作人之權利的認識；③對於重製、公開口述、公開上映、公開播送、公開演出、公開傳輸、公開展示、編輯、改作、散布、出租或視為侵害（§87）等行為之認識。對於其行為產生如何之結

權行為。」

15 城戶芳彥：著作權法研究，第372-373頁。

16 鄭玉波：民法債編總論，第161-162頁；孫森焱：民法債編總論，第179頁；刑法第13條及第14條。最高法院19年上字第2746號判例謂：「因過失不法侵害他人之權利者，固應負損害賠償責任。但過失之有無，應以是否怠於善良管理人之注意為斷者，苟非怠於此種注意，即不得謂之有過失。」同院42年台上字第865號判例謂：「因過失不法侵害他人致死者，固應負民法第192條、第194條所定之損害賠償責任，惟過失為注意之欠缺，民法上所謂過失，以其欠缺注意之程度為標準，可分為抽象的過失、具體的過失，及重大過失三種。應盡善良管理人之注意（即依交易上一般觀念，認為有相當知識經驗及誠意之人應盡之注意）而欠缺者，為抽象的過失，應與處理自己事務為同一注意而欠缺者，為具體的過失；顯然欠缺普通人之注意者，為重大過失。故過失之有無，抽象的過失，則以是否欠缺應盡善良管理人之注意定之，具體的過失，則以是否欠缺應與處理自己事務為同一之注意定之，重大過失，則以是否顯然欠缺普通人之注意定之，苟非欠缺其注意，即不得謂之有過失。」

果，無認識之必要。其過失者，並不絕對的要求達到一般交易的注意程度，而應從行為人在生活上或職業上之地位相對加以判定[17]。又一般侵權行為，請求賠償之權利人應就加害人故意或過失負舉證責任。著作財產權侵害故意或過失之舉證責任亦然[18]。而若行為人無故意或過失，則無本條之賠償責任[19]。

(4)須因侵害人之行為而發生損害

損害賠償以填補損害為目的。因此，如侵害行為著作財產權人完全不生損害，則無賠償責任之可言[20]。又上述損害須因侵害行為而生，即侵害與損害之間，須有相當因果關係存在[21]。至於損害賠償之證明及數額，詳後述。

17　榛村專一：著作權法概論，第228頁。

18　城戶芳彥：前揭書，第372頁；民事訴訟法第277條規定：「當事人主張有利於己之事實者，就其事實有舉證之責任。」

19　最高法院49年台上字第2323號判例謂：「侵權行為所發生之損害賠償請求權，以有故意或過失不法侵害他人權利為其成立要件，若其行為並無故意或過失，即無賠償之可言，第三人所有之財產，如有足以信其屬債務人所有之正當理由，則請求查封之債權人，尚不得謂之有過失。」

20　最高法院19年上字第363號判例謂：「關於侵權行為賠償損害之請求權，以有實際損害為成立要件，若絕無損害亦無賠償之可言。」最高法院48年台上字第680號判例謂：「關於侵權行為賠償損害之請求權，以實際上受有損害為成立要件。故侵權行為賠償損害之訴訟，法院認原告有賠償損害之請求權存在，及命被告賠償損害之判決，如未於判決理由項下，記載原告受有實際上如何損害之意見者，即屬民事訴訟法第466條第6款所謂判決不備理由。」

21　最高法院48年台上字第481號判例謂：「損害賠償之債，以有損害之發生及有責任原因之事實，並二者之間，有相當因果關係為成立要件。故原告所主張損害賠償之債，如不合於此項成立要件者，即難謂有損害賠償請求權存在。」最高法院80年台上字第1773號判決謂：「按損害賠償之債，以有損害之發生及有責任原因之事實，並二者之間，有相當因果關係為成立要件。所謂相當因果關係，謂無此行為，雖必不生此種損害，有此行為，通常即足生此種損害者，為有相當因果關係；如無此行為，必不生此種損害，有此行為，通常亦不生此種損害者，即為無相當因果關係。」

(5)須有責任能力人之侵害

無行為能力人或限制行為能力人不法侵害他人權利者，如行為時有識別能力，與法定代理人連帶負賠償責任；如行為時無識別能力，由法定代理人單獨負賠償責任。法定代理人如證明監督並未疏懈，或縱加以相當之監督，而仍不免發生損害者，不負賠償責任。但被害人如因此不能受有賠償時，得請求法院斟酌行為人及其法定代理人與被害人之經濟情況，令行為人或其法定代理人為全部或一部之損害賠償（民法§187）。

2.賠償責任人

損害賠償之責任人為侵害著作財產權之人。所謂侵害著作財產權之人，即無權源而為著作財產權之支分權上各種權利內容行為之人[22]。個別或總括的委託受僱人、輔助人或其他之人為重製等行為之實行之人，亦為行為人。行為人如屬單一，則單獨負責，行為人如屬數人，則連帶負責（本條Ⅰ後段）。又數行為人共同不法侵害著作權者，不以有意思連絡為必要，行為之關連共同，亦應連帶負責[23]。故在共同侵害著作財產權之情形，民事責任與刑事責任有所不同。例如在重製他人著作之情形，其印刷人在刑事方面須有故意始負責任；在民事方面，印刷人僅有過失，亦可能連帶負賠償責任。

3.賠償請求權人

損害賠償之請求權人為著作財產權人。如著作財產權之支分權有轉讓

22　中川善之助、阿部浩二：著作權，第303-305頁。

23　司法院民國66年6月1日(66)院台參字第0578號令例變字第一號謂：「民事上之共同侵權行為（狹義的共同侵權行為，即共同加害行為，以下同），與刑事上共同正犯，並不完全相同，共同侵權行為人間不以有意思連絡為必要，數人因過失不法侵害他人之權利，苟各行為人之過失行為均為其所生損害之共同原因，即所謂行為關連共同，亦足成立共同侵權行為。」另最高法院66年台上字第2115號判例謂：「數人因共同過失不法侵害他人之權利者，依法應負連帶賠償責任，苟各行為人之過失均為其所生損害之共同原因，即所謂行為關連共同，亦足成立共同侵權行為。本件加害人某甲之過失責任，縱較加害人某乙為輕，然對於被害人之賠償，則應與某乙負連帶責任，原判決僅按十分之三給付尚有未合。」

或專屬授權而該支分權受侵害者，以受讓人或專屬被授權人為請求權人。例如甲為A著作之著作財產權人，乙為A著作之出版權之受讓人，A著作被丙盜版販賣，甲雖為A著作之著作財產權人，對A著作已無出版權，丙之侵害出版權，係侵害乙之出版權，而非甲之出版權，故此時僅乙之權利受侵害，甲之權利未受侵害。在專屬授權亦然。甲為B視聽著作之著作財產權人，甲將B著作之台灣地區公開播送權專屬授權乙三年，如B著作在三年內被丙違法公開播送，則僅乙得向丙請求損害賠償，甲不得向丙請求損害賠償。蓋乙取得甲之公開播送三年之授權，甲在此三年內不得在台灣公開播送[24]，故丙之違法公開播送，甲無著作財產權之損害。

4.損害賠償之方法

依本法第1條後段規定：「本法未規定者，適用其他法律之規定。」依民法規定，損害賠償原則上應回復他方損害發生前之原狀（民法§213），但下列二種情形應以金錢賠償：(1)應回復原狀，如經定相當期限催告後，逾期不為回復時，債權人得請求以金錢賠償其損害（民法§214）；(2)不能回復原狀或回復原狀顯有重大困難者，應以金錢賠償其損害（民法§215）。惟侵害著作財產權，多為不能回復原狀或回復原狀顯有重大困難之情形，例如甲違法公開播送乙有著作權之歌曲，甲顯然難以回復未公開播送之原狀，自應金錢賠償，本法第88條第2項、第3項亦多為金錢賠償之情形。

5.損害賠償請求權之時效

侵害著作財產權之損害賠償請求權之時效，自請求權人知有損害及賠償義務人時起，二年間不行使而消滅，自有侵權行為時起，逾十年不行使而消滅（民法§197Ⅰ、著作權法§89-1）。此所謂「知有損害」，即知悉受有何項損害而言，至對於損害額，則無認識之必要，故以後損害額變更而於請求權消滅時效之進行並無影響[25]。又同一行為構成違反著作權法

---

24 中共著作權實施條例第35條規定：「取得某項專有使用權的使用者，有權排除著作權人在內的一切他人以同樣的方式使用作品。」可供參考。

25 最高法院49年台上字第2652號判例謂：「民法第197條所謂知有損害，即知受有何

犯罪，關於侵害著作權損害賠償之時效，應以實際知悉行為人之日起算，不一定以刑事有罪判決確定為準[26]。

6.損害賠償與不當得利請求權

民法第179條規定：「無法律上之原因而受利益，致他人受損害者，應返還其利益；雖有法律上之原因，而其後已不存在者，亦同。」本法雖無不當得利請求權之規定，惟著作財產權人不依第88條請求，而依民法第179條向侵權人請求不當得利，只要符合民法第179條不當得利之規定，亦無不可（§1後段）[27]。侵權行為損害賠償請求權之時效依民法第197條第1項規定，自請求權人知有損害及賠償義務人時起二年，自有侵權行為時起十年。而不當得利請求權之時效，則為十五年[28]。

（二）損害賠償計算之特別規定（§88Ⅱ）

本法第88條第3項規定：「前項損害賠償，被害人得依下列規定擇一請求：一、依民法第二百十六條之規定請求。但被害人不能證明其損害時，得以其行使權利依通常情形可得預期之利益，減除被侵害後行使同一

項損害而言，至對於損害額則無認識之必要，故以後損害額變更而於請求權消滅時效之進行並無影響。」另最高法院72年台上字第1428號判例謂：「民法第197條第1項規定：『因侵權行為所生之損害賠償請求權，自請求權人知有損害及賠償義務人時起，二年間不行使而消滅』。所謂知有損害及賠償義務人之知，係指明知而言。如當事人間就知之時間有所爭執，應由賠償義務人就請求權人知悉在前之事實，負舉證責任。」

26　最高法院72年台上字第738號判例謂：「關於侵權行為損害賠償請求權之消滅時效，應以請求權人實際知悉損害及賠償義務人時起算，非以知悉賠償義務人因侵權行為所構成之犯罪行為經檢察官起訴，或法院判決有罪為準。」另最高法院民國61年12月6日61年度第四次民事庭庭長會議決議(四)亦同旨趣。

27　最高法院56年台上字第3064號判例謂：「不當得利返還請求權與損害賠償請求權，法律上之性質雖有未同，但二者訴訟上所據之事實如屬同一，則原告起訴時雖係基於侵權行為之法律關係，然在訴訟進行中於他造為時效之抗辯後，亦不妨再基於不當得利之請求權而為主張。」

28　最高法院29年台上字第1615號判例謂：「民法第197條第2項之不當得利返還請求權，依同法第125條之規定，因十五年間不行使而消滅。」

權利所得利益之差額,為其所受損害。二、請求侵害人因侵害行為所得之利益。但侵害人不能證明其成本或必要費用時,以其侵害行為所得之全部收入,為其所得利益。」依此特別規定,被害人得依下列規定擇一請求:

1.依民法第216條之規定請求

民法第216條規定:「損害賠償,除法律另有規定或契約另有訂定外,應以填補債權人所受損害及所失利益為限。」故損害賠償以填補債權人「所受損害」及「所失利益」為一般範圍。分述如下:

(1)所受損害

即積極的損害,乃既存之法益,因著作財產權之侵害,以致減少之謂。

(2)所失利益

即消極的損害,乃如無著作財產權之侵害,勢能取得之利益,因侵害而喪失之謂。依通常情形,或依已定之計畫、設備或其他特別情事,可得預期之利益,視為所失利益(民法§216Ⅱ)[29]。上述情形,如「被害人不能證明其損害時,得以其行使權利依通常情形可得預期之利益,

---

[29] 參考下列二例:

（一）最高法院48年台上字第1934號判例:「民法第216條第1項所謂所受損害,即現存財產因損害事實之發生而被減少,屬於積極的損害。所謂所失利益,即新財產之取得,因損害事實之發生而受妨害,屬於消極的損害。本件被上訴人以上訴人承攬之工程違約未予完成,應另行標建,須多支付如其聲明之酬金,並非謂房屋如已完成可獲轉售之預期利益,因上訴人違約而受損失,是其請求賠償者,顯屬一種積極損害,而非消極損害。」

（二）最高法院52年台上字第2139號判例:「損害賠償,除法律另有規定或契約另有訂定外,不僅須填補債權人所失利益(即消極損害),並須填補債權人所受損害(即積極損害),民法第216條規定甚明。本件兩造訂立之調解契約,雖載有自44年6月1日起至遷讓交還日止,按月賠償上訴人損害金新臺幣一千七百九十一元六角之約定,但此所謂損害金,似係指相當於租金之損害,即消極損害而言,若果上訴人曾與訴外人某公司約定,交付同一廠房土地之期限,因被上訴人履行遲延致未交付,而須對某公司支付系爭款項時,則屬於積極之損害,不能謂已包括於上開調解契約範圍之內,上訴人不得另行請求。」

減除被侵害後行使同一權利所得利益之差額，為其所受損害（§88Ⅱ①但書）。」例如甲為著作財產權人，甲出版A書，本來一年有新臺幣100萬元版稅，其後被乙盜版，乙之盜版期間內甲之版稅下降為每年僅新臺幣60萬元，則新臺幣40萬元部分為甲之損害，甲得向乙請求賠償是[30]。台灣高等法院85年度上字第410號判決謂：「……上訴人因將其所著，而與其前與被上訴人所有著作權之『PHOTOSHOP BIBLE』乙書內容諸多雷同之『PHOTOSHOP BIBLE 3』乙書，交由龍溪公司出版，侵害被上訴人共有之著作權，對被上訴人自應負民法第216條之損害賠償責任。查龍溪公司就『PHOTOSHOP BIBLE 3』乙書，交由訴外人沈氏藝術印刷股份有限公司印刷，計出版三千本，有該公司業務代表陳文成提出之估價單在卷可按，依被上訴人之計算，兩造所共有之『PHOTOSHOP BIBLE』乙書銷售情況甚佳，該書總共出版9,327冊，迄民國84年11月為止，銷售達9,155冊，尚有存貨26冊，上訴人對被上訴人所主張該書之總收益達260萬6,329元，每本平均收益為289元乙節，並不爭執，則如上訴人不將『PHOTOSHOP BIBLE 3』乙書，交由龍溪公司出版3,000冊，而由被上訴人繼續出版，以該書之銷售情況甚佳而觀，被上訴人當可預期出清上開26冊之存貨，且再銷售3,000冊（上訴人將『PHOTOSHOP BIBLE 3』交由龍溪公司出版之冊數），是被上訴人之所受（未能出清存貨之）損害為7,514元〔計算式289×26＝7514」，其（未能再出版3,000冊之）所失利益為86萬7,000元〔計算式289×3000＝867000〕，合計87萬4,514元。〕

2.請求侵害人因侵害行為所得之利益

即損害賠償之數額，得以侵害人所得之利益視為被害人所受之損害。按著作權侵害訴訟，一般多先由被害人提出告訴或自訴，然後於刑事程序

30　最高法院74年台上字第1844號判決謂：「查上訴人呂豐民在原審曾主張系爭著作自出版以來，佳評如潮，銷售量在增加中，其銷售成長率一年增加百分之二十，準此計算，伊之獲益應達一百四十一萬一千九百二十元，自屬一種重要防禦方法，原審摒棄不採，又未說明不採之理由，自有未合。」判決全文見拙著：著作權法逐條釋義（民國75年9月版），第501-504頁。

中再提起附帶民事訴訟[31]。蓋刑事附帶民事程序，縱經法院裁定移送民事庭，亦免納裁判費（刑事訴訟法§504Ⅱ）。惟依最高法院60年台上字第633號判例謂：「因犯罪而受損害之人，於刑事訴訟程序固得附帶提起民事訴訟，對於被告請求回復其損害，但其請求回復之損害，以被訴犯罪事實所生之損害為限，否則縱令得依其他事由，提起民事訴訟，亦不得於刑事訴訟程序附帶為此請求。」故不當得利不得依附帶民事訴訟程序請求。第88條第2項第2款既明定侵害人之利益為被害人之損害，故以侵害人之利益作為被害人之損害，係損害賠償計算之方法之一，得依刑事附帶民事訴訟程序提起之[32]。第88條第2項第2款但書規定：「侵害人不能證明其成本或必要費用時，以其侵害行為所得之全部收入，為其所得利益。」例如甲為A書著作財產權人，乙盜版A書，僅知乙盜版本每本定價新臺幣100元，共印1萬本，則甲得向乙請求新臺幣100萬元。如乙主張自己每本批售60元，印刷及人事成本每本為30元，其中獲利不過新臺幣30萬元，則成本部分須由乙來證明，此乃舉證責任之倒置。最高法院86年度台上字第1258號判決謂：「上訴人既依據著作權法第88條第2項第2款之規定，作為損害賠償金額計算之基礎，則上訴人就被上訴人有無以有償方式出讓前開著作物，共獲有若干利益，自應負舉證之責。查依上訴人另所提出之出貨單所載，被上訴人出售二十一世紀辭典DOS版光碟片一片，得款3,990元。又二十一世紀辭典總編輯即訴外人吳仲卿於另案即原審84年度訴字第61號民事事件中所提出之發票二件、出售單三件，上載被上訴人出售二十一世紀

31　刑事訴訟法第487條規定：「因犯罪而受損害之人，於刑事訴訟程序得附帶提起民事訴訟，對於被告及依民法負賠償責任之人，請求回復其損害。」第488條規定：「提起附帶民事訴訟，應於刑事訴訟起訴後第二審辯論終結前為之。但在第一審辯論終結後提起上訴前，不得提起。」

32　最高法院56年度台上字第3421號判決謂：「上訴人蒲秀媚出版之輔導叢書，係將被上訴人編印之試題詳解抄襲剪貼影印而成，即係侵害被上訴人所有之著作物。因被上訴人輔導叢書之銷售，即比例減少其試題詳解之銷路，上訴人所得之利益，即為被上訴人所受損失，應由該上訴人負賠償責任。」參照正中書局印行：中華民國裁判類編民事法，第九冊，第1026頁。

辭典，分別得款990元、3,738元、1,490元、1,490元、990元，此業據原審調閱前開案卷查明屬實。則被上訴人因出售二十一世紀辭典共得款12,688元。上訴人主張被上訴人製作二十一世紀辭典之成本為其出售價款之七成，其利益則為其出售二十一世紀辭典光碟片之三成，而被上訴人又未依著作權法第88條第2項第2款但書之規定，舉證證明其成本及必要費用之總額，自應以上訴人之主張為可採。依上訴人主張之方式，計算得被上訴人因重製及出售二十一世紀辭典所得之利益共為3,806元。上訴人另主張被上訴人授權詮腦電子股份有限公司（下稱詮腦公司）及大亨資訊有限公司（下稱大亨公司）重製二十一世紀辭典，分別自詮腦公司、大亨公司取得權利金331萬5,386元、250萬元一節，業經詮腦公司於原審83年度上訴字第7049號刑事案件中證明明確，並有大亨公司委任律師所具存證信函一件可憑，則被上訴人授權他人重製部分之所得利益，合計為581萬5,386元，加上上開3,806元，則被上訴人因前開重製上訴人之著作物行為，侵害上訴人之著作財產權，共獲得利益581萬9,192元。[33]」可為參考。

（三）民法上損害賠償範圍特殊規定之適用

依民法規定，損害賠償有下列特殊原則，在著作權法上亦有適用（§1後段）：

1.過失相抵

損害之發生或擴大，被害人與有過失者，法院得減輕賠償金額或免除之。重大之損害原因，為債務人所不及知，而被害人不預促其注意或怠於避免或減少損害者，為與有過失（民法§217）。

2.損益相抵

著作權人因同一賠償原因事實，受有利益時，應將所受利益，由所受損害中扣除，以定賠償範圍。此除學說及判例均加以承認[34]外，民國88年

---

33 參見「資訊法務透析」民國86年8月，第B-1頁以下。

34 最高法院27年滬上字第73號判例謂：「損害賠償，除法律另有規定或契約另有訂定外，應以填補債權人所受損害及所失利益為限，為民法第216條第1項所明定。

4月21日修正公布之民法增訂第216條之1已明定：「基於同一原因事實受有損害並受有利益者，其請求之賠償金額，應扣除所受之利益。」

3.義務人生計關係之酌減

損害非因故意或重大過失所致者，如其賠償致賠償義務人之生計有重大影響時，法院得減輕其賠償金額（民法§218）。

（四）法定賠償（§88Ⅲ）

本法第88條第3項規定：「依前項規定，如被害人不易證明其實際損害額，得請求法院依侵害情節，在新臺幣一萬元以上一百萬元以下酌定賠償額。如損害行為屬故意且情節重大者，賠償額得增至新臺幣五百萬元。」茲析述其意義如下：

1.民國74年舊著作權法第33條第2項之法定賠償與本法第88條第3項不同。民國74年舊著作權法第33條第1項規定之賠償額如低於法定賠償額，以法定賠償額為準。第88條第3項係第88條第2項之實際損害額不易證明，方有第3項法定賠償之適用。如第2項之損害額易於證明，縱然其證明之結果低於第3項之賠償額，仍以第2項之損害額為準，無本項「法定賠償」之適用。

2.依民法之原則，損害賠償之數額不易證明，應由法院依其調查所得斟酌判斷。最高法院18年上字第2746號判例謂：「怠於業務上應盡之注意，致損害他人權利者，應負賠償責任。至賠償金之數額，自應視其實際所受損害之程度以定其標準，如實際確已受有損害，而其數額不能為確切之證明者，法院自可依其調查所得，斟酌情形為之判斷。」最高法院21年上字第972號判例謂：「當事人已證明受有損害，而不能證明其損害之數

故同一事實，一方使債權人受有損害，一方又使債權人受有利益者，應於所受之損害內，扣抵所受之利益，必其損益相抵之結果尚有損害，始應由債務人負賠償責任。」何孝元：損害賠償之研究，第44頁以下；王伯琦：民法債篇總論，第146頁以下；鄭玉波：民法債篇總論，第253頁以下；孫森焱：民法債篇總論，第330頁以下。

額時，法院應斟酌損害之原因及其他一切情事，依自由心證定其數額，不得以其數額未能證明即駁回其請求。」因之，民國89年2月9日修正公布之民事訴訟法增訂第222條第2項規定：「當事人已證明受有損害而不能證明其數額或證明顯有重大困難者，法院應審酌一切情況，依所得心證定其數額。」惟因法院之斟酌，宜有一定之上下限，較不易漫無標準，本項爰採美國著作權法第504條規定之精神，規定一定上下限之法定賠償額（statutory damages）[35]。故美國著作權法第504條規定之實務運作，足為本項解釋之參考。

3.本項之法定賠償，須「由法院之裁量與正義感主導，在上下限之範圍內為決定[36]」。而法院在法定賠償上下額度內之決定，得斟酌「與侵權行為有關聯被告所減少之開支及獲得之利益、原告因被告之行為而喪失之收入、侵權人之心理狀態——故意、明知或善意[37]」。在決定法定損害賠償以前針對事實基礎進行調查時，無須進行與認定實際損害及被告利益時所進行相同之聽審程序，惟就系爭問題仍應給予被告某種聽審的機會或者充分的陳述機會，俾予法官有足夠之基礎以作成裁判[38]。

4.本項規定之法定賠償，如被告同時侵害原告數個不同著作，原告對被告之數個侵權行為一起起訴，此時本項之法定賠償額，以一個新臺幣1萬元至100萬元計算，或數個新臺幣1萬元至100萬元計算？依立法原意以數個為妥[39]。蓋上述情形如仍以一個法定賠償計算，則將導致原告分數訴

---

35 參見本條立法之說明。

36 L. A. Westermann Co. V. Dispatch Printing Co., 249 U.S. 100, pp. 106-107 (1919); Harris V. Emus Records Corp., 734 F. 2d 1329 (9th Cir. 1984) (Treatise cited); D. C. Commics Inc. V. Mini Gift Shop, 912 F. 2d 29, 34 (2d Cir. 1990).

37 Boz Scaggs Music V. KND Corp., 491 F. Supp. 908 (D. Conn. 1980). See Blendingwell Music, Inc. V. Moor-Law, Inc., 612 F. Supp. 474, 486 (D. Del. 1985).

38 Morley Music Co. V. Dick Stacey's Plaza Motel, Inc., 222 U. S. P. Q. 751 (lst Cir. 1983); Video Views, Inc. V. Studio 21, Ltd., 925 F. 2d 1010 (7th Cir), cert. denied, 112 S. Ct. 181 (1991).

39 Melville B. Nimmer & David Nimmer: Nimmer on Copyright, pp. 14-56.1 to 14-57 (1992).

個別請求,以達數個法定賠償目的,未免於訴訟不經濟,浪費司法資源。惟如被告抄襲原告同一書籍不同之十個段落,則以一個法定賠償額計算。以金庸作品集為例,金庸作品集共有十五部36冊。如甲盜版金庸作品集之《鹿鼎記》(一部五冊),盜版印行之數量不明,著作財產權人無法以第88條第2項計算金額,此時著作財產權人得依本項規定請求一個法定賠償額,即新臺幣1萬元以上100萬元以下,而非五個法定賠償額。如著作財產權人能證明甲共印3,000部《鹿鼎記》,則著作財產權人向甲依第88條第2項計算賠償額,而非依本項請求三千個法定賠償額。如果甲盜版全套金庸作品集十五部共36冊,其盜版印行數量不明,則著作財產權人得向甲請求十五個法定賠償額,即新臺幣15萬元以上,1,500萬元以下,由法院酌定賠償額,而非三十六個法定賠償額。

5.此外,如被告侵害原告A書各種不同版本之著作權,原告向被告請求法定賠償,得否依版本數加倍?本書採否定說。例如甲抄襲乙之《經濟學原理》一書,既抄1990年版,又抄1992年改訂版及1995年最新版之內容,如甲僅就抄襲各版本成立一書,則乙僅能請求一個法定賠償額。惟如甲寫一本小說,乙獲甲之授權將甲之小說之著作權改編成劇本並拍成電影,如丙抄襲該電影,則丙同時侵害甲之小說及乙之劇本與電影之衍生著作權,此時甲、乙得同時或個別各向丙請求一個法定賠償額,亦即丙須共賠償兩個法定賠償額之賠償[40]。

6.茲有疑義者,如甲在報上刊登二天廣告,侵害乙之語文著述之著作權,此時乙向甲請求一個法定賠償額或兩個法定賠償額?一般而言,如每次刊登被認為係連同首次刊登在內的單一整體運作之一部分(a part of integrated single operation together with the original publication),如同活頁書的替換頁一般,則各次的刊登可能被視為單一侵權的各個部分,原告僅能請求一個法定賠償額。反之,如後面之刊登,係「一個獨立而有別於前次的計畫,涉及將著作與廣告素材作一個新而獨立的安排,並且

---

40 Ibid. pp. 14-57 to 14-58.

其印刷係基於一獨立而不同於前次的訂單，與以前任何一次的刊登或印刷均無關連」（a separate and distinct setup involving a new and independent arrangement of copy and advertising matter and a printing based on a separate and distinct order in each case, unrelated to the order for any preceding edition or printing），則後面之刊登係一個獨立的「侵權」行為[41]。此時，前面之刊登與後面之刊登，原告各得請求一個法定賠償額。

7.當二人以上共同對單一著作權成立單一侵權時，須連帶負侵權責任（§88Ⅰ後段），此時如僅有單一侵權訴訟，原告僅能請求單一的法定賠償，由所有侵權人連帶負擔。如每一被告僅須對多數侵權其中之一個侵權負責，則每一被告分別適用一項法定賠償。例如在某一訴訟中，甲、乙、丙三人各經營一家電影院，三人均未經授權公開上映原告之電影片，三人在該訴訟中均被訴侵害該電影之公開上映權，如甲、乙、丙三人相互間無任何關係，三人之間即無連帶責任，則每一侵權人均負一個法定賠償額。再假設丁未經授權將原告之電影片散布給甲、乙、丙三人，雖然甲、乙、丙之間無連帶責任，但丁和甲、乙、丙三人各須負連帶責任。在此情形下，本案共適用三項法定賠償，丁對每一項法定賠償均須連帶負擔，惟丁之行為並不會產生第四項法定賠償[42]。

第四款　不當得利返還請求權

有關侵害著作權之民事救濟，除損害賠償請求權及慰撫金請求權之外，尚有不當得利返還請求權。此不當得利返還請求權，本法雖無明文規定，惟依本法第1條後段規定，本法未規定者，依其他法律之規定。則依民法規定，如侵害他人著作權，侵害者受有利益，致被害人受損害，被害人亦得向侵害人請求返還利益（民法§179）。依本法第85條及第88條之損害賠償及慰撫金請求權，其消滅時效自請求權人知有損害及賠償義務人

---

41 Ibid. pp. 14-62 to 14-65.

42 Ibid. pp. 14-70 to 14-71.

時起二年間不行使而消滅，自有侵權行為時起逾十年者亦同（§89-1）。惟依民法第179條之不當得利返還請求權，其請求權時效為自請求權可行時起算十五年，其消滅時效較損害賠償請求權及慰撫金請求權為長。故如損害賠償請求權及慰撫金請求權時效已經完成者，仍得依不當得利返還請求權請求不當得利之返還。

第五款　回復原狀請求權

本法第85條第2項規定：「侵害著作人格權者，被害人並得請求表示著作人之姓名或名稱、更正內容或為其他回復名譽之適當處分。」此即著作人格權之「回復原狀請求權」。此所謂「得請求表示著作人之姓名或名稱」，例如：乙出版甲之著作，乙未以甲掛名著作人，而另以丙掛名著作人，甲得請求法院判令乙應以甲掛名著作人是。至於甲掛名著作人，應以筆名或本名為之，應斟酌甲之意思，以符第85條之立法精神。另如丁出版戊之著作，丁擅在戊之著作上更改內容，此時戊得請求丁「更正內容」，以回復原來戊交給丁時之著作內容原狀。又第85條第2項之其他回復名譽之適當處分，例如以侵害人之費用在報紙上刊登澄清啟事或道歉啟事是。至於何種處分為適當，宜由法院斟酌情形決定之[43]。

又此著作人格權之回復原狀請求權，在著作人死亡後，亦得由本法第86條之順序，請求救濟。此順序為：一、配偶；二、子女；三、父母；四、孫子女；五、兄弟姊妹；六、祖父母。

---

[43] 最高法院56年度台上字第1464號判決謂：「民法第195條第1項後段，雖規定名譽被侵害者得請求為回復名譽之適當處分，惟因法律並未具體規定各種不同之處分方法，故究竟如何處分始為適當，法院自應斟酌被侵害之情形，予以決定。」參見台大政大判例研究委員會編：中華民國裁判類編（正中書局，民國65年），第九冊，第722-723頁。

第六款　判決書登報請求權

本法第89條規定：「被害人得請求由侵害人負擔費用，將判決書內容全部或一部登載新聞紙、雜誌。」本條規定之意旨析述如下：

一、本條係民事請求權之規定，應以給付之訴請求之，與第99條係刑事規定不同，故本條之判決書，係指民事判決書而言，而不包含刑事判決書在內。刑事判決書之登報，應依第99條規定為之。

二、本條固得以獨立之民事訴訟為之，或與禁止請求權（§84）、損害賠償請求權（§85、88）一併請求，在訴之聲明中主張之。惟一般實務慣例，被害人請求民事救濟，多在刑事附帶民事訴訟程序中主張之，再由法院合議庭裁定移送民事庭，以節省裁判費[44]。在刑事附帶民事訴訟程序中，原告訴之聲明得否援引本條規定，將民事判決書內容全部或一部登載新聞紙、雜誌？查刑事訴訟法第487條第1項規定：「因犯罪而受損害之人，於刑事訴訟程序得附帶提起民事訴訟，對於被告及依民法負賠償責任之人，請求回復其損害。」最高法院60年台上字第633號判例謂：「因犯罪而受損害之人，於刑事訴訟程序固得附帶提起民事訴訟，對於被告請求回復其損害，但其請求回復之損害，以被訴犯罪事實所生之損害為限，否則縱令得依其他事由，提起民事訴訟，亦不得於刑事訴訟程序附帶為此請求。」本條判決書之公布，係有別於本法第88條請求損害賠償之獨立民事救濟方法，非屬於刑事訴訟法第487條第1項之「回復其損害」，自不得在刑事附帶民事訴訟程序中主張之。

三、本條之「判決書」係指第一審之判決書或判決確定之全部判決書？如第一審訴之聲明中原告依本條規定而聲明，其訴之聲明及第一審判決所稱之「判決書」，解釋上應指全部判決確定之判決書而言。否則如第一審判決原告勝訴，其判決主文所載被告應將判決書內容登報之判決書係

44　刑事訴訟法第504條第1項規定：「法院認附帶民事訴訟確係繁雜，非經長久時日不能終結其審判者，得以合議裁定移送該法院之民事庭；其因不足法定人數不能合議者，由院長裁定之。」第2項規定：「前項移送案件，免納裁判費。」

指第一審判決書而言，豈非原告在第二審尚須為訴之追加？又如原告在第二審又勝訴，第二審判決主文所載之判決書登報又僅指第二審判決書而言，原告在第三審無從為訴之追加，豈非第三審判決書事實上無法公布？故依訴訟經濟及立法原意，解釋上原告在第一審訴之聲明主張被告應將判決書內容全部或一部登載新聞紙、雜誌，此「判決書」係指判決確定之全部判決書而言。當然，原告如另有指定，依原告之指定，自不待言。

　　四、實務上原告依本條請求，多會指定報紙、雜誌之種類、版面及字體大小，此時宜注意未來是否有執行可能性問題。例如原告指定版面為中國時報第一版某號字體將判決書全部登載，如法院果真如原告所聲明而為判決，然判決書從第一審至終審全文共計十餘萬字，第一版無從容納，在執行上恐有困難。又如原告請求由被告負擔費用，將判決書全部內容在特定十份報紙及二十份雜誌上刊登，法院是否應予允許？在解釋上法院有斟酌權利，如允許一種報紙或雜誌公布判決書，即無違法，無須全部允許。

第七款　共有著作權之侵害

一、著作人格權之侵害

　　本法第90條規定：「共同著作之各著作權人，對於侵害其著作權者，得各依本章之規定，請求救濟，並得按其應有部分，請求損害賠償（Ⅰ）。」「前項規定，於因其他關係成立之共有著作財產權或製版權之共有人準用之（Ⅱ）。」惟依本法第3條第1項第3款規定，著作人格權包含在「著作權」之範圍內，故共同著作著作人格權之侵害，得直接援引本條規定加以救濟。茲說明如下：

（一）不作為請求權

　　著作人格權受侵害或有受侵害之虞時，不問侵害人有無責任能力，或有無故意或過失，只須具備客觀的不法，即得請求排除其侵害或防止其侵害之發生（§84）。共同著作之著作人格權之行使，固須全體著作人合意

行之[45]。但共同著作之著作人格權之不作為請求權，解釋上應屬於權利的保存行為，無須全體合意。著作人之一人得單獨起訴請求，無須全體著作人一同起訴。

（二）損害賠償請求權

本法第85條第1項規定：「侵害著作人格權者，負損害賠償責任。雖非財產上之損害，被害人亦得請求賠償相當之金額。」第2項規定：「前項侵害，被害人並得請求表示著作人之姓名或名稱、更正內容或為其他回復名譽之適當處分。」所謂回復名譽之適當處分，例如登報道歉及停止著作物之發行是。共同著作之著作人格權受侵害，請求損害賠償、慰撫金或回復名譽之適當處分等，應由各著作人共同行使或單獨行使？理論上應解為如受侵害者為不可分之著作人格權，例如將著作改竄或全部著作人姓名均加以隱匿、變更，則無論請求損害賠償、慰撫金或回復名譽之適當處分，均應得全體著作人之同意。蓋共同著作，係屬著作人共同之創作，以文字著述為例，如共同著作之著作人有三人，則此三人之人格，在其著作中混然融合，著作人內蘊之自由、名譽、聲望或其他精神的利益受侵害請求損害賠償、慰撫金、名譽回復之適當處分等，如任由著作人個別行使，易生問題。例如甲、乙、丙三人之著作同一性保持權受侵害，因此而損及甲、乙、丙三人之名譽權。如甲、乙、丙三人得個別行使請求權，則甲欲請求慰撫金20萬，乙欲請求50萬，丙欲請求100萬，法院判決將造成困擾。又如請求回復名譽之適當處分，甲主張登報道歉，乙主張禁止發行，丙主張著作內容更正。又甲、乙、丙三人均主張登報道歉，但道歉內容各異，則將產生判決不一致之情形。因此，共同著作之著作人格權受侵害，對侵害人之損害賠償、慰撫金、名譽回復等請求權，原則須經全體合意，本條無適用之餘地。但如被侵害人僅共同著作人之一人（例如三著作人，其中一人之著作姓名被隱匿、改變），則該受侵害人一人請求即可，無須

---

45 本法第19條第1項規定：「共同著作之著作人格權，非經著作人全體同意，不得行使之。各著作人無正當理由者，不得拒絕同意。」

全體[46]。蓋第90條第1項雖規定：「共同著作之各著作權人，對於侵害其著作權者，得各依本章之規定，請求救濟，並得按其應有部分，請求損害賠償。」但僅著作財產權有應有部分問題，著作人格權無應有部分問題，故共同著作之一人，其著作人格權受侵害，著作人請求損害賠償，不適用該條規定，由各著作人按其受侵害情形請求損害賠償。

二、著作財產權之侵害

（一）不作為請求權

依本法第84條規定：「著作權人或製版權人對於侵害其權利者，得請求排除之，有侵害之虞者，得請求防止之。」此即「不作為請求權」。

依民法第821條規定：「各共有人對於第三人，得就共有物之全部，為本於所有權之請求。但回復共有物之請求，僅得為共有人全體之利益為之。」本條所謂「本於所有權之請求」，係指民法第767條之物權的請求權而言。故在物權上對於無權占有或侵奪共有物者請求返還共有物之訴，對於妨害共有權者請求除去妨害之訴，對於有妨害共有權之虞者請求防止侵害之訴，皆得由共有人單獨提起[47]。在共有著作財產權受侵害之不

46　加戶守行：著作權法逐條釋義（平成6年〔西元1994年〕版），第587-590頁。
47　參見下列二例：
　（一）司法院28年院字第1950號解釋：「為訴訟標的之權利，非數人共同不得行使者，固須數人共同起訴，原告之適格始無欠缺。惟民法第821條規定，各共有人對於第三人得就共有物之全部為本於所有權之請求，此項請求權，既非必須由共有人全體共同行使，則以此為標的之訴訟，自無由共有人全體共同提起之必要。所謂本於所有權之請求權，係指民法第767條所規定之物權的請求權而言，故對於無權占有或侵奪共有物者請求返還共有物之訴，對於妨害共有權者請求除去妨害之訴，對於有妨害共有權之虞者請求防止妨害之訴，皆得由各共有人單獨提起。惟請求返還共有物之訴，依民法第821條但書之規定，應求為命被告向共有人全體返還共有物之判決，不得請求僅向自己返還。」
　（二）最高法院28年上字第2361號判例：「依民法第821條之規定，各共有人對於

作為請求權亦然。共有著作財產權受侵害，各著作財產權人均得請求排除其侵害；有侵害之虞者，各著作財產權人均得請求防止之。第90條第1項規定：「共同著作之各著作權人，對於侵害其著作權者，得各依本章之規定，請求救濟，並得按其應有部分，請求損害賠償。」依此解釋，著作財產權受侵害，各著作財產權人均得單獨行使不作為請求權，且其請求權行使之結果，效力不及於未行使請求權之其他共有著作財產權人。例如甲、乙就A書共有著作財產權，其後A書被丙盜印，甲請法院為禁止丙將A書發行之判決，其他共有人乙仍得請求法院將盜印書籍燒燬（排除侵害）。惟如甲、乙請求將盜印書籍燒燬後，乙再為其他請求，此時法院得以標的物不存在無訴訟利益，而予以駁回。

（二）損害賠償請求權

本法第88條第1項規定：「因故意或過失不法侵害他人之著作財產權或製版權者，負損害賠償責任。數人共同不法侵害者，連帶負賠償責任。」此即著作財產權人之損害賠償請求權。在所有權之共有受侵害產生之債權的請求權，例如共有物因侵權行為而滅失、毀損之損害賠償請求權，雖非民法第821條規定之範圍，但應以金錢賠償損害時（參照民法§196、215），其請求權為可分債權，各共有人得按其應有部分請求賠償[48]。至於應以回復原狀之方法賠償損害，其給付如為不可分，依民法第

第三人，得就共有物之全部，為本於所有權之請求，此項請求權既非必須由共有人全體共同行使，則以此為標的之訴訟，自無由共有人全體共同提起之必要，所謂本於所有權之請求權，係指民法第767條所規定之物權的請求權而言，故對於無權占有或侵奪共有物者，請求返還共有物之訴，得由共有人中之一人單獨提起，惟依民法第821條但書之規定，應求為命被告向共有人全體返還共有之判決而已。」

48 參見下列二例：

（一）司法院28年院字第1950號解釋：「至債權的請求權，例如共有物因侵權行為而滅失、毀損之損害賠償請求權，固不在民法第821條規定之列，惟應以金錢賠償損害時（參照民法第196條、第215條），其請求權為可分債權，各共有人僅得按其應有部分請求賠償，即使應以回復原狀之方法賠償

293條第1項規定，各共有人得為共有人全體請求向其全體為給付[49]。因此，共有物受侵害，以債權的請求權為標的之訴訟，無論給付是否可分，各共有人均得單獨提起[50]。在共有著作財產權受侵害，向侵害人請求損害賠償之情形，亦同。此請求權依其為可分債權或不可分債權，有不同效果。如係可分債權，共有著作財產權人之一人，得單獨請求自己所受之損害；如係不可分債權，共有著作財產權人之一人，固得單獨起訴，但不得請求侵害人對自己單獨賠償。著作財產權與所有權不同，著作物之滅失，並非著作財產權之損害。著作財產權能受不法利用，著作財產權人僅請求除去侵害或防止侵害即可，無須回復原狀。因此，共有著作財產權受侵害之損害賠償請求權，解為可分債權為妥[51]。故共有著作財產權受侵害，並非固有必要共同訴訟，須以共有人全體為原告。依第90條第1項規定：「共同著作之各著作權人，對於侵害其著作權者，得各依本章之規

損害，而其給付不可分者，依民法第293條第1項之規定，各共有人亦得為共有人全體請求向其全體為給付。故以債權的請求權為訴訟標的之訴訟，無論給付是否可分，各共有人均得單獨提起。以上係就與第三人之關係言之，若共有人中之一人逾其應有部分，行使所有權時，他共有人得對之行使物權的或債權的請求權，並得單獨對之提起以此項請求權為標的之訴，尤不待言。」

（二）最高法院69年度台上字第4134號判決：「系爭農作物縱係上訴人與其夫共同種植，但為被上訴人催工毀去後，上訴人請求以金錢賠償其損害時，既屬可分之債，依民法第271條之規定，上訴人之請求，在其平均分受之範圍，亦非法所不許。」見最高法院法律叢書編輯委員會編：最高法院民刑事裁判選輯，第一卷第四期，第147-149頁。

49 民法第293條第1項規定：「給付不可分者，各債權人僅得為債權人全體請求給付，債務人亦僅得向債權人全體為給付。」最高法院32年上字第6292號判例：「不可分債權依民法第293條第1項之規定，不必債權人全體共同請求給付，但各債權人僅得為債權人全體請求給付，故債權人中之一人提起給付之訴時，其原告之適格雖無欠缺，而該債權人請求債務人向自己為給付，而非請求債務人向債權人全體為給付者，仍不能認為有理由。」

50 參見司法院28年院字第1950號解釋。

51 加戶守行：著作權法逐條釋義（平成6年〔西元1994年〕版），第586頁。

定，請求救濟，並得按其應有部分，請求損害賠償。」此賠償損害，僅限於按自己之應有部分而請求，如就全體著作財產權之損害為請求，仍應全體為之。又此按自己應有部分而為請求，其應有部分係按共同創作之貢獻程度或共有人之約定，如應有部分不明，推定為均等（§40 I、民法§817 II）。此外，依本法第88條第3項請求新臺幣1萬元以上100萬元以下之法定賠償，亦應按應有部分而請求。例如甲、乙共有A書之著作財產權，其應有部分各二分之一，該書被丙盜印，則甲得單獨向丙請求新臺幣5,000元以上50萬元以下之法定賠償是。

（三）不當得利請求權

本法第88條及本條規定，均屬侵害著作權損害賠償之規定，著作權法本身對受害人向加害人請求不當得利，並未規定。依本法第1條後段規定：「本法未規定者，適用其他法律之規定。」侵害著作財產權，被害人除向加害人請求侵權行為損害賠償，尚可請求不當得利（參照民法§179、197），兩種請求權併存，由著作財產權人擇一行使，如一種請求權之行使已達目的，其他請求權即行消滅[52]。共有著作財產權受侵害，被害人之一解釋上亦可向加害人請求不當得利[53]。但此不當得利請求權應類推適用本條規定，按各共有人之應有部分而為請求[54]。

（四）判決書之公布

無體財產權為權利人關於精神智能方面之權利，對於無體財產權加以侵害者，往往對權利人之名譽、聲望及信用等有所損害。因此，無體財產權之訴訟，權利人往往要求判決之內容公布。第90條第1項規定：「共

---

52 王伯琦：民法債篇總論（正中書局，民國45年），第108-109頁；孫森焱：民法債編總論（著者發行，民國68年），第141頁。

53 齊藤博：概說著作權法（1994年版），第317-318頁。

54 加戶守行：前揭書，第587頁；拙著：著作權之侵害與救濟（著者發行，民國68年），第110頁、第113頁之註4。

同著作之各著作權人，對於侵害其著作權者，得各依本章之規定，請求救濟，並得按其應有部分，請求損害賠償。」共有著作財產權受侵害，共有人之一人得不俟其他共有著作財產權人之同意而為訴訟，解釋上共有人之一人亦得單獨請求判決書全部或一部登報公告，其費用由侵害人負擔，無須得其他共有人之同意。

第八款　網路服務提供者之民事免責事由

一、立法之緣由

　　網路科技之發展，固然有利於著作更廣泛的利用，但網路重製與傳輸技術的便捷，亦易造成侵權行為的發生。此類侵害行為不僅件數繁多，且極具擴散特性，著作權人實難對侵害使用者一一進行法律訴追，嚴重衝擊著作權及製版權之保護。另就網路服務提供者而言，各類侵權行為皆係透過其提供之服務，方能遂行，各類網路服務提供者亦常面對被告侵權之訴訟風險，凡此皆不利網路產業之發展。

　　為解決前述問題，民國98年著作權法修法，乃參考美、日、南韓、歐盟作法，於網路環境中賦予網路服務提供者「責任避風港」，一方面使著作權人或製版權人得以依法要求網路服務提供者移除網路流通之侵權資料，而另一方面網路服務提供者亦可依法針對使用者涉有侵害著作權及製版權之行為，主張不負損害賠償責任。著作權人、製版權人與網路服務提供者共同合作，減少網路侵權行為，落實著作權保護，並減少爭訟，確保網路服務提供者經營之法律安定性。

二、網路服務提供者之意義

　　本法於第六章「權利侵害之救濟」之後，另增訂第六章之一「網路服務提供者之民事免責事由」。此「網路服務提供者」，共分四種（§3 I ⑲）：

（一）連線服務提供者：即透過所控制或營運之系統或網路，以有線或無線方式，提供資訊傳輸、發送、接收，或於前開過程中之中介及短暫儲存之服務者（第19款第1目）。包括所有網路運作之基礎服務，例如透過網路所為之資訊傳輸（transmitting）、發送（routing）、連線（providing connections）或過程中之中介（intermediate）包括所有網路運作之基礎服務，例如透過網路所為之資訊傳輸（transmitting）、發送（routing）、連線（providing connections）或過程中之中介（intermediate）及短暫（transient）儲存等服務。例如提供撥接上網服務之中華電信Hinet、Sonet及Seednet。

（二）快速存取服務提供者：即應使用者之要求傳輸資訊後，透過所控制或營運之系統或網路，將該資訊為中介及暫時儲存，以供其後要求傳輸該資訊之使用者加速進入該資訊之服務者（第19款第2目）。易言之，即指藉由系統或網路進行資料之中介（intermediate）及暫時（temporary）儲存服務者。例如為加速服務者之資訊獲取，於連線服務中提供中介或暫時儲存資訊服務之中華電信Hinet、So-net及Seednet。

（三）資訊儲存服務提供者：即透過所控制或營運之系統或網路，應使用者之要求提供資訊儲存之服務者（第19款第3目）。易言之，即指依使用者之指示進行資訊儲存者。例如提供部落格、網路拍賣等服務之Yahoo奇摩、PChome及露天拍賣等。

（四）搜尋服務提供者：即提供使用者有關網路資訊之索引、參考或連結之搜尋或連結之服務者（第19款第4目）。易言之，即指因使用資訊搜尋工具，包括目錄、指引、參考、指標或超連結等，提供或將使用者連結到其所搜尋之網站。如提供搜尋服務之Google、百度等搜尋引擎。

針對目前企業建置資訊系統機房所面臨之許多問題，如：機房所在大樓安全性、空間擴充、電力不足、維運人力、頻寬限制等等問題，所應運而生之IDC（Internet Data Center，又稱主機代管）服務，則非屬本法上述四種網路服務提供者，非本法規範對象。

三、網路服務提供者免賠償責任之要件

依本法第85條及第88條規定，侵害他人之著作人格權或著作財產權者，應負賠償責任。而依本法第90條之10之規定，特別規定，有下列情形之一者，網路服務提供者對涉有侵權之使用者，不負賠償責任：

（一）依第90條之6至第90條之8之規定，移除或使他人無法進入該涉有侵權之內容或相關資訊（§90-10①）：上述所謂「依第90條之6至第90條之8之規定」，即以下所述之「得進入避風港條款之網路服務提供者」，在符合以下所述「各網路服務提供者民事免責之要件」之情形而言。由於網路服務提供者不負侵權與否之判斷責任，只要通知文件內容形式上齊備，應立即移除或使他人無法進入該涉嫌侵權內容，除可不負著作權或製版權侵害賠償責任外，縱令事後證明該被移除之內容並不構成侵權，網路服務提供者，亦無須對使用者負民事賠償責任。

（二）知悉使用者所為涉有侵權情事後，善意移除或使他人無法進入該涉有侵權之內容或相關資訊（§90-10②）：此係指網路服務提供者於著作權人或製版權人正式通知以外之其他管道知悉侵權情事者。例如係由第三人檢舉或由著作權人或製版權人不合實施辦法規定格式之通知或對明顯涉及侵權之情事主動知悉時，如網路服務提供者主動移除或使他人無法進入該涉有侵權之內容或相關資訊時，自無須為使用人之侵權行為對著作權人或製版權人負損害賠償責任。然網路服務提供者是否須對該使用者負違反契約之民事責任？依上述規定網路服務提供者於此等情況，只要網路服務提供者係基於善意而移除該涉有侵害之內容或相關資訊，縱令事後證明該被移除之內容並不構成侵權，對該被移除內容之使用者，亦不負賠償責任。因此，所稱「善意」，係指網路服務提供者對該涉有侵權之內容並未構成侵權之情事不知情，縱其有過失者，亦無須負責，以鼓勵網路服務提供者於主動知悉侵權活動時，採取適當之措施，以維護著作權人或製版權人之正當權益。又本款之規定並非課予網路服務提供者對其所控制或營運之系統或網路上所有活動負有監督及判斷是否構成侵權之義務。

四、得進入避風港條款之網路服務提供者

上述所述之四種網路服務提供者，欲進入通知、取下即可避免民事侵害行為的避風港，須網路服務提供者，符合下列前提要件（§90-4Ⅰ）：

（一）以契約、電子傳輸、自動偵測系統或其他方式，告知使用者其著作權或製版權保護措施，並確實履行該保護措施（§90-4Ⅰ①）。上述「以契約方式為之」，例如訂定使用者約款，載明使用者應避免侵害他人著作權或製版權，及使用者如涉有侵害他人著作權或製版權時，網路服務提供者得為之處置，並將此等約款納入各種網路服務相關契約中。上述「以電子傳輸方式為之」，例如網路服務提供者在使用者上傳或分享資訊時，跳出視窗提醒上傳或分享之使用者，必須取得合法授權，始得利用該服務等訊息，提醒使用者避免侵害他人著作權或製版權。上述「以自動偵測系統為之」，包含自動或半自動之偵測或過濾侵害著作權或製版權內容之技術。上述「以其他方式為之」，例如設置專人處理著作權或製版權侵害之檢舉事宜，並在具體個案中積極協助釐清是否涉有侵權之爭議。

（二）以契約、電子傳輸、自動偵測系統或其他方式，告知使用者若有三次涉有侵權情事，應終止全部或部分服務之約定（§90-4Ⅰ②）。連線服務提供者於接獲著作權人或製版權人就其使用者所為涉有侵權行為之通知後，將該通知以電子郵件轉送該使用者，視為符合上述規定（§90-4Ⅱ）。為鼓勵連線服務提供者協助防制網路上之侵權行為，特別是網路交換軟體之侵權（例如：透過P2P軟體下載或分享受本法保護之檔案），本條第2項規定連線服務提供者於接獲著作權人或製版權人通知涉有侵權行為之情事後，將該通知以電子郵件轉送給該IP位址使用者，即屬確實履行本條第1項第1款之著作權或製版權保護措施。又此規定並非課予連線服務提供者「轉送」之義務，縱連線服務提供者未配合轉送，如有其他確實履行著作權或製版權保護措施之情事者，仍得適用第90條之4第1項第1款之規定。

（三）公告接收通知文件之聯繫窗口資訊（§90-4Ⅰ③）：此係為便利著作權人或製版權人提出通知，或使用者提出回復通知，以加速處理時

效。

（四）執行通用辨識或保護技術措施（§90-4 I ④）。所謂「執行通用辨識或保護技術措施」，即著作權人或製版權人已提供為保護著作權或製版權之通用辨識或保護技術措施，經主管機關核可者，網路服務提供者應配合執行（§90III）。

五、各網路服務提供者民事免責之要件

（一）連線服務提供者之免責：有下列情形者，連線服務提供者對其使用者侵害他人著作權或製版權之行為，不負賠償責任（§90-5）：

1.所傳輸資訊係由使用者所發動或請求。

2.資訊傳輸、發送、連結或儲存，係經由自動化技術予以執行，且連線服務提供者未就傳輸之資訊為任何篩選或修改。

（二）快速存取服務提供者之免責：有下列情形者，快速存取服務提供者對其使用者侵害他人著作權或製版權之行為，不負賠償責任（§90-6）：

1.未改變存取之資訊。

2.於資訊提供者就該自動存取之原始資訊為修改、刪除或阻斷時，透過自動化技術為相同之處理。

3.經著作權人或製版權人通知其使用者涉有侵權行為後，立即移除或使他人無法進入該涉有侵權內容或相關資訊。

（三）資訊儲存服務提供者之免責：有下列情形者，資訊儲存服務提供者對其使用者侵害他人著作權或製版權之行為，不負賠償責任（§90-7）：

1.對使用者涉有侵權行為不知情。

2.未直接自使用者之侵權行為獲有財產上利益：所謂「未直接自使用者之侵權行為獲有財產上利益」，係指網路服務提供者之獲益與使用者之侵權行為間，不具有相當因果關係。例如在網拍之情形，雖對使用者收取費用，該等費用之收取係使用者使用其服務之對價，不論使用者係從事販

買合法或非法商品,均一律收取者,尚難認其係「直接」自侵權行為獲有財產上利益。又例如網路服務提供者之廣告收益,如其提供之所有服務中,侵權活動所占之比率甚微時,亦難認該廣告收益係屬「直接」自使用者侵權行為所獲之財產上利益;反之,若其提供之所有服務中,侵權活動所占之比率甚高時,該廣告收益即可能構成「直接」自使用者侵權行為獲有財產上利益。又「財產上利益」,指金錢或得以金錢計算之利益,廣告收益及會員入會費等,均屬之。

3.經著作權人或製版權人通知其使用者涉有侵權行為後,立即移除或使他人無法進入該涉有侵權內容或相關資訊。其程序如下:

(1)轉送檢舉通知:資訊儲存服務提供者於被通知後,應將上述處理情形,依其與使用者約定之聯絡方式或使用者留存之聯絡資訊,轉送該涉有侵權之使用者。但依其提供服務之性質無法通知者,不在此限(§90-9Ⅰ)。

(2)無侵害之回復:上述被通知之使用者認其無侵權情事者,得檢具回復通知文件,要求資訊儲存服務提供者回復其被移除或使他人無法進入之內容或相關資訊(§90-9Ⅱ)。

(3)接受回復通知後之轉送:資訊儲存服務提供者於接獲上述之回復通知後,應立即將回復通知文件轉送著作權人或製版權人(§90-9Ⅲ)。

(4)著作權人之訴訟義務:著作權人或製版權人於接獲資訊儲存服務提供者上述通知之次日起十個工作日內,向資訊儲存服務提供者提出已對該使用者訴訟之證明者,資訊儲存服務提供者不負回復之義務(§90-9Ⅳ)。

(5)資訊儲存服務提供者之回復義務:著作權人或製版權人未依上述規定提出訴訟之證明,資訊儲存服務提供者至遲應於轉送回復通知之次日起十四個工作日內,回復被移除或使他人無法進入之內容或相關資訊。但無法回復者,應事先告知使用者,或提供其他適當方式供使用者回復(§90-9Ⅴ)。

(四)搜尋服務提供者之免責:有下列情形者,搜尋服務提供者對其使用者侵害他人著作權或製版權之行為,不負賠償責任(§90-8):

1.對所搜尋或連結之資訊涉有侵權不知情。

2.未直接自使用者之侵權行為獲有財產上利益。

3.經著作權人或製版權人通知其使用者涉有侵權行為後,立即移除或使他人無法進入該涉有侵權內容或相關資訊。

六、提出不實通知或回復通知之賠償責任

因故意或過失,向網路服務提供者提出不實通知或回復通知,致使用者、著作權人、製版權人或網路服務提供者受有損害者,負損害賠償責任(§90-11)。由於網路服務提供者不負侵權與否之判斷責任,只要著作權人或製版權人之通知文件或使用者之回復通知文件內容形式上齊備,應移除或使他人無法進入該涉嫌侵權內容或予以回復。因此,任何人如提出不實通知或回復通知,致他人因網路服務提供者依規定移除或回復涉有侵權內容或相關資訊,而受有損害者,依民法第184條第1項前段規定,該等提出不實通知或回復通知之行為人,即應向因而受有損害之他方(包括:使用者、著作權人、製版權人或網路服務提供者),負損害賠償責任。亦即,損害賠償責任之有無,仍應回歸民法規定加以論斷。

第四節 著作權侵害之刑事救濟

一、種類及內容

(一)擅自重製他人著作罪

1.一般擅自重製他人著作罪:擅自以重製之方法侵害他人之著作財產權者,處三年以下有期徒刑、拘役,或科或併科新臺幣75萬元以下罰金。(§91 I)。所謂「以重製之方法侵害他人之著作財產權」,係指無權源而以重製之方法侵害他人之著作財產權而言。例如:未經他人授權,而抄襲他人著作,或拷貝他人電腦程式等均是。上述「重製」包含「實質類

似」的概念。惟如何判斷實質類似？所謂「實質類似」，必須類似屬於實質的而非輕微的（slight）或無關重要的（trivial）。但所謂實質類似，並非須逐字相同（literally identical）。是否實質類似，僅符合以下二者之一即可：一為「眾多非字面之類似」（comprehensive nonliteral similarity），二是「片斷字面之類似」（fragmented literal similarity）。在判斷兩作品是否實質類似，法院有極多案例係以原告作品的錯誤是否在被告的作品上亦發生為基準。如原告作品的一般錯誤（common errors）在被告作品上出現，法院會認為此為剽竊極強的證據（the strongest evidence of piracy），而認定原則上成立抄襲。此時被告應提出可以犯同樣錯誤之滿意解釋，方能避免成立抄襲，此等解釋包含該錯誤係實務慣例上容易觸犯者，或者該錯誤係抄自別的來源等[55]。由此可見，依本法規定，非營利目的而擅自重製他人之著作，亦構成本罪。例如甲著有「金剛經釋義」一書，乙未經甲之同意，擅印1,000冊，分送佛教信徒，則乙構成本罪。非營利之重製他人著作，雖可能構成犯罪，但重製他人著作僅供個人參考或合理使用者，不構成著作權侵害（§91Ⅳ）。

2.意圖銷售或出租擅自重製他人著作罪：意圖銷售或出租而擅自以重製之方法侵害他人之著作財產權者，處六月以上五年以下有期徒刑，得併科新臺幣20萬元以上200萬元以下罰金（§91Ⅱ）。例如甲抄襲乙之著作，交出版公司出版，此時甲構成本罪，如果出版公司負責人丙知情而出版，則丙與甲成立共犯關係。又意圖銷售或出租以重製於光碟之方式侵害他人著作者，其不法獲利高，成本亦低，致著作財產權人損失亦較為嚴重，故本法規定，處六月以上五年以下有期徒刑，得併科新臺幣50萬元以上500萬元以下罰金（§91Ⅲ）。例如甲把乙之電腦程式燒成大補貼販賣，則甲就燒錄行為構成本罪。

3.民國111年5月4日總統公布修正著作權法，將本法第91條第3項予以刪除，原第4項移列第3項。其理由為：「（一）按原第三項規定加重光碟刑責，係因應過去以實體物為主之盜版問題，包括過去我國光碟年產製

55　Melville B. Nimmer & David Nimmer: Nimmer on Copyright Vol. 3, §13.03 (1992).

造量占全球八成，以及夜市、夾報販賣盜版光碟猖獗等問題，惟我國自九十一年推動『貫徹保護智慧財產權行動計畫』（每三年為一期），建立智慧財產權執法架構，包括警政署（含保智大隊）、海關、高等法院檢察署、司法院、經濟部國際貿易局、光碟聯合查核小組、智慧財產局及教育部等相關機關，加強教育宣導及查緝。此外，因近年網路科技之發展，我國著作權侵權案件類型已有顯著改變，少見重製大量盜版光碟販售等嚴重侵害著作財產權人權益之營利性盜版光碟工廠案件，反而多數屬非法下載、少量網拍等案件，此類案件多屬非營利或不具商業規模。因此，以光碟形式侵權應無須特別規定，回歸一般侵權規定處罰即可，又國際立法例亦無特別針對光碟為不同之處理，爰刪除本項。（二）次按為因應跨太平洋夥伴全面進步協定（Comprehensive and Progressive Agreement for Trans-Pacific Partnership, CPTPP）第十八‧七七條規定，修正條文第一百條將犯第九十一條第二項意圖銷售或出租而重製及意圖營利犯第九十一條之一第二項明知係侵害著作財產權之重製物而散布等罪業改列為非告訴乃論之罪，其適用客體之侵權重製物限定係數位格式，亦已包含CD及DVD等光碟重製物，併予敘明。」然而此項修正，雖然經總統公布，但正式生效日期，須由行政院另外公布，可能等待台灣加入CPTPP才會正式實施。

（二）移轉所有權之散布罪

1.侵害散布權罪：擅自以移轉所有權之方法散布著作原件或其重製物而侵害他人之著作財產權者，處三年以下有期徒刑、拘役，或科或併科新臺幣五十萬元以下罰金（§91-1Ⅰ）。例如甲侵占乙之正版書籍，未經乙之同意而對外公開販賣，此時甲除構成刑法侵占罪之外，亦構成本罪。本罪主要係針對正版著作無散布權而加以散布所作之處罰。如散布盜版物，則依第91條之1第2項處罰之。又本項之罪，須以移轉所有權之散布為要件，非移轉所有權之散布，例如圖書館之出借盜版書，乃本法第87條第1項第6款之問題，依第93條第3款加以處罰，不適用本項移轉所有權之散布罪。

2.散布重製物罪：明知係侵害著作財產權之重製物而散布或意圖散布

而公開陳列或持有者，處三年以下有期徒刑，得併科新臺幣7萬元以上75萬元以下罰金（§91-1 II）。例如出版社負責人甲翻印乙之書，販賣給知情之書店丙，丙對外販賣或在架上陳列，則丙構成本罪。犯本項散布重製物罪，其重製物為光碟者，處六月以上三年以下有期徒刑，得併科新臺幣20萬元以上200萬元以下罰金（§91-1 III）。但違反第87條第1項第4款有關真品輸入權之規定，雖輸入之物品為光碟，不依本項處罰（§91-1 III但），此種行為本法第93條又別無處罰之規定，故單純違反第87條第1項第4款規定，依罪刑法定主義，僅有民事責任，而無刑責。又犯本條第2項、第3項散布重製物之罪，而重製物為光碟者經供出其物品來源，因而破獲者，得減輕其刑（§91-1 IV）。

3.民國111年5月4日總統公布修正著作權法，將第91條之1第3項刪除，原來第4項移列為第3項，惟該規定雖經公布，但尚未生效，生效日期，由行政院另訂之，理由與前面第91條第3項之刪除相同。

（三）侵害其他著作財產權罪

本法第92條規定：「擅自以公開口述、公開播送、公開上映、公開演出、公開傳輸、公開展示、改作、編輯、出租之方法侵害他人之著作財產權者，處三年以下有期徒刑、拘役、或科或併科新臺幣75萬元以下罰金。」本法第22條至第29條規定著作人專有重製權（§22）、公開口述權（§23）、公開播送權（§24）、公開上映權（§25）、公開演出權（§26）、公開傳輸權（§26-1）、公開展示權（§27）、改作權（§28）、編輯權（§28）、散布權（§28-1）、出租權（§29）等。而侵害重製權之處罰規定於第91條，侵害散布權之處罰規定於第91條之1。侵害其他權利之處罰規定於本條。至於單純違反第87條第1項第4款侵害真品輸入權，則未有處罰之規定，已如前述。

（四）侵害著作人格權罪

侵害本法第15條至第17條規定之著作人格權者，處二年以下有期徒刑、拘役、或科或併科新臺幣50萬元以下罰金（§93①）。所謂侵害第15

條至第17條規定之著作人格權，即侵害第15條之公開發表權、第16條之姓名表示權、第17條之禁止醜化權。侵害其一即構成第93條之罪，無須全部。至於違反本法第87條第1項第1款，擬制侵害著作人格權，則依本法第93條第3款規定處罰之。

（五）輸出強制授權之重製物罪

　　錄有音樂著作之銷售用錄音著作發行滿六個月，欲利用該音樂著作錄製其他銷售用錄音著作者，經申請著作權專責機關許可強制授權，並給付使用報酬後，得利用該音樂著作，另行錄製（§69Ⅰ）。依上開規定，利用音樂著作者，不得將其錄音著作之重製物銷售至中華民國管轄區域外（§70），如有違反者，處二年以下有期徒刑、拘役、或科或併科新臺幣50萬元以下罰金（§93②）。蓋音樂著作之強制授權，其強制之效力均僅及於為強制授權之機關管轄之領域內有效，如輸出國外，自應有處罰規定。

（六）擬制侵害著作權罪

　　本法第87條第1項規定：「有下列情形之一者，除本法另有規定外，視為侵害著作權或製版權：一、以侵害著作人名譽之方法利用其著作者。二、明知為侵害製版權之物而散布或意圖散布而公開陳列或持有者。三、輸入未經著作財產權人或製版權人授權重製之重製物或製版物者。四、未經著作財產權人同意而輸入著作原件或其重製物者。五、以侵害電腦程式著作財產權之重製物作為營業之使用者。六、明知為侵害著作財產權之物而以移轉所有權或出租以外之方式散布者，或明知為侵害著作財產權之物意圖散布而公開陳列或持有者。」而本法第93條第3款規定，以第87條第1項第1款、第3款、第5款或第6款方法之一侵害他人之著作權者，處二年以下有期徒刑、拘役、或科或併科新臺幣50萬元以下罰金。此所以未規定第87條第1項第2款，乃因第87條第1項第2款為侵害製版權之製版物之散布，而非侵害著作權之侵害物之散布，而本法於民國92年修正時已對侵害製版權除罪化，因而散布製版物亦不應予以處罰。又本法第93條但書規定：

「但第九十一條之一第二項及第三項規定情形，不在此限。」此係因本法第91條之1第2項規定：「明知係侵害著作財產權之重製物而散布或意圖散布而公開陳列或持有者，處三年以下有期徒刑，得併科新臺幣七萬元以上七十五萬元以下罰金。」此與本法第87條第1項第6款規定：「明知為侵害著作財產權之物而以移轉所有權或出租以外之方式散布者，或明知為侵害著作財產權之物，意圖散布而公開陳列或持有者」，在要件上有所重疊。為適用明確起見，乃有第93條第3款但書之規定。即因第91條之1刑度較重，在行為同時有第87條第1項第6款及第91條之1第2項、第3項情形者，逕行適用第91條之第2項、第3項規定，不再適用第93條第3款之規定。

（七）對公眾提供可供傳輸或重製著作之電腦程式或其他技術罪

本法第87條第1項第7款規定：「有下列情形之一者，除本法另有規定外，視為侵害著作權或製版權：七、未經著作財產權人同意或授權，意圖供公眾透過網路公開傳輸或重製他人著作，侵害著作財產權，對公眾提供可公開傳輸或重製著作之電腦程式或其他技術，而受有利益者。」同條第2項規定，上述第7款之行為人，採取廣告或其他積極措施，教唆、誘使、煽惑、說服公眾利用電腦程式或其他技術侵害著作財產權者，為具備該款之意圖。違反第87條第1項第7款規定者，處二年以下有期徒刑、拘役，或科或併科新臺幣50萬元以下罰金（§93IV）。

（八）意圖供公眾透過網路接觸侵權著作而提供電腦程式著作罪

本法第87條第1項第8款規定：「有下列情形之一者，除本法另有規定外，視為侵害著作權或製版權：八、明知他人公開播送或公開傳輸之著作侵害著作財產權，意圖供公眾透過網路接觸該等著作，有下列情形之一而受有利益者：（一）提供公眾使用匯集該等著作網路位址之電腦程式。（二）指導、協助或預設路徑供公眾使用前目之電腦程式。（三）製造、輸入或銷售載有第一目之電腦程式之設備或器材。」同條第2項規定，上述第8款之行為人，採取廣告或其他積極措施，教唆、誘使、煽惑、說服公眾利用電腦程式或其他技術侵害著作財產權者，為具備該款之意圖。違

反第87條第1項第8款規定者，處二年以下有期徒刑、拘役，或科或併科新臺幣50萬元以下罰金（§93IV）。

（九）逾越翻譯權過渡條款罪

本法第112條第1項規定：「中華民國八十一年六月十日本法修正施行前，翻譯受中華民國八十一年六月十日修正施行前本法保護之外國人著作，如未經其著作權人同意者，於中華民國八十一年六月十日本法修正施行後，除合於第四十四條至第六十五條規定者外，不得再重製。」第2項規定：「前項翻譯之重製物，於中華民國八十一年六月十日本法修正施行滿二年後，不得再行銷售。」違反本法第112條規定，處一年以下有期徒刑、拘役或科或併科新臺幣2萬元以上25萬元以下罰金（§95）。本法第112條規定，一般俗稱「六一二條款」，故違反該條之罪亦稱「違反六一二條款罪」。

（十）電腦程式重製物未銷燬罪

本法第59條第1項規定：「合法電腦程式著作重製物之所有人得因配合其所使用機器之需要，修改其程式，或因備用存檔之需要重製其程式。但限於該所有人自行使用。」第2項規定：「前項所有人因滅失以外之事由，喪失原重製物之所有權者，除經著作財產權人同意外，應將其修改或重製之程式銷燬之。」違反第59條第2項規定者，科新臺幣5萬元以下罰金（§96）。依本法第59條第1項修改或複製程式，其修改物或複製物為合法物，本條僅在處罰未依第59條第2項銷燬之行為。本條係「純正不作為犯」之規定，處罰應銷燬而未銷燬之行為[56]。

（十一）欠缺註明出處罪

本法第64條第1項規定：「依第四十四條至第四十七條、第四十八條之一至第五十條、第五十二條、第五十三條、第五十五條、第五十七條、

56　詳見拙著：著作權法逐條釋義第二冊，第59條第2項之解釋。

第五十八條、第六十條至第六十三條規定利用他人著作者，應明示其出處。」第2項規定：「前項明示出處，就著作人之姓名或名稱，除不具名著作或著作人不明者外，應以合理之方式為之。」違反該條規定者，科新臺幣5萬元以下罰金（§96）。

（十二）移除或變更權利管理電子資訊罪

著作權人所為之權利管理電子資訊，不得移除或變更（§80-1本文），違反者，處一年以下有期徒刑、拘役或科或併科新臺幣2萬元以上25萬元以下罰金（§96-1Ⅰ）。

（十三）擅自製造規避防盜拷措施之設備罪

破解、破壞或規避防盜拷措施之設備、器材、零件、技術或資訊，未經合法授權不得製造、輸入、提供公眾使用或為公眾提供服務（§80-2Ⅱ）。違反者，除有第80條之2第3項的例外情形外，處一年以下有期徒刑、拘役或科或併科新臺幣2萬元以上25萬元以下罰金（§96-1Ⅱ）

二、告訴權

（一）告訴乃論與非告訴乃論

違反著作權法之罪，原則上須待被害人告訴（§100本文），方得加以追訴，即所謂「告訴乃論」之罪。告訴乃論之罪，未經告訴，而檢察官起訴者，法院應依刑事訴訟法第303條第3款規定諭知不受理。惟依第100條但書規定，下列二種情形為例外，採非告訴乃論罪：1.犯第91條第3項之意圖銷售或出租而以重製於光碟之方法侵害他人之重製權者；2.犯第91條之1第3項之散布光碟罪。

（二）告訴權人

告訴權人原則上為被害人（刑訴§232），但被害人的法定代理人或配偶，亦得獨立告訴。被害人已死亡者，得由其配偶、直系血親、三親等

內之旁系血親、二親等內之姻親或家長、家屬告訴，但不得與被害人明示之意思相反（刑訴§233）。被害人之法定代理人為被告，或該法定代理人之配偶或四親等內之血親、三親等內之姻親或家長、家屬為被告者，被害人之直系血親、三親等內之旁系血親、二親等內之姻親或家長、家屬得獨立告訴（刑訴§235）。告訴乃論之罪，無得為告訴之人或得為告訴之人不能行使告訴權者，該管檢察官得依利害關係人之聲請或依職權指定代行告訴人（刑訴§236 I）。

（三）告訴期間

告訴乃論之罪，其告訴應自得為告訴之人知悉犯人之時起，於六個月內為之（刑訴§237 I）。茲所謂「知悉」，係指確知犯人之犯罪行為而言。如初意疑其有此犯行，而未得確實證據，及發現確實證據，始行告訴，則不得以告訴人前此之遲疑，未經申告，遂謂告訴為逾越法定期間[57]。又在連續犯由最初之行為知悉犯人之時起，雖已逾六個月，而自知悉其最後之行為時起，尚未逾六個月者，仍得行使告訴權[58]。此外，告訴乃論之罪，得為告訴之人有數人，其一人遲誤期間者，其效力不及於他人（刑訴§237 II）。例如甲、乙合著一書，丙盜印該書，甲自知悉丙盜印之時起已逾六個月，乙自知悉丙盜印之時起尚未逾六個月，此時乙仍得提出告訴是。

（四）告訴之撤回

告訴乃論之罪，告訴人於第一審辯論終結前，得撤回其告訴。撤回告訴之人，不得再行告訴（刑訴§238）。告訴乃論之罪對於共犯之一人告訴或撤回告訴者，其效力及於其他共犯（刑訴§239）。依本法規定，法人之代表人、法人或自然人之代理人、受雇人或其他從業人員，因執行業務，犯第91條至第93條、第95條至第96條之1之罪者，除依各該條規定處

---

57 最高法院28年上字第919號判例。
58 最高法院25年上字第6994號判例。

罰其行為人外，對該法人或自然人亦科各該條之罰金。對前項行為人、法人或自然人之一方告訴或撤回告訴者，其效力及於他方（§101）。

（五）著作之專屬被授權人之告訴權

在民國92年7月9日本法修正公布前，在實務上承認著作財產權之授權利用，其專屬授權之被授權人於其被授權之權利受侵害時，得以自己之名義提出告訴。蓋專屬授權之被授權人係屬著作財產權之準占有人，其被授權之權利受侵害，亦屬被害人，得以自己之名義提出告訴（參見最高法院86年度台非字第64號及第208號判決）。本法第37條第4項規定：「專屬授權之被授權人在被授權範圍內，得以著作財產權人之地位行使權利，並得以自己名義為訴訟上之行為。著作財產權人在專屬授權範圍內，不得行使權利。」此已明文確認專屬被授權人之告訴權，在專屬授權之範圍內，反而原著作人不能告訴。

（六）共有著作權人之告訴權

本法第90條規定：「共同著作之各著作權人，對於侵害其著作權者，得各依本章之規定，請求救濟，並得按其應有部分，請求損害賠償。前項規定，於因其他關係成立之共有著作財產權或製版權之共有人準用之。」此係有關提起民事訴訟之規定。在刑事訴訟，共同著作之著作權受侵害，不論係著作人格權受侵害抑或著作財產權受侵害，著作人之其中一人均得不俟其他著作人同意，而提出告訴，在著作財產權之共有情形亦然[59]。

---

[59] 參見下列數例：

(1)司法院24年院字第1350號解釋：「告訴人有數人時，其告訴本得各別行使。」

(2)最高法院26年上字第2336號判例：「各共有人對於共有物既可享受所有權，如其共有物因他人犯罪受有侵害，各共有人即不能謂非直接被害之人，當然得提起自訴。」

(3)最高法院30年上字第8號判例：「因犯罪對於共有權利有侵害時，無論該權利為公同共有或分別共有，其共有人中之一人，均不得謂非犯罪之被害人，自得提起自訴。」

（七）未經認許之外國法人之告訴權

　　民法總則施行法第11條規定：「外國法人，除依法律規定外，不認許其成立。」第12條規定：「經認許之外國法人，於法令限制內，與同種類之中國法人有同一之權利能力（Ⅰ）。」「前項外國法人，其服從中國法律之義務，與中國法人同（Ⅱ）。」原公司法第371條規定：「外國公司非在其本國設立登記營業者，不得申請認許（Ⅰ）。」「非經認許，並辦理分公司登記者，不得在中華民國境內營業（Ⅱ）。」外國法人未經認許，雖可視為民事訴訟法第40條第3項之非法人團體，提起民事訴訟[60]，但卻不得提出告訴或自訴[61]。惟我國與美國訂有中美友好通商條約，依該條約第3條第2款規定：「在締約此方之領土內依照依法組成之官廳所施行之有關法律規章所創設或組織之法人及團體，應認為締約該方之法人及團體，且無論在締約彼方領土內，有無常設機構、分事務所或代理處，概應在該領土內，承認其法律地位。」依此規定，美國未經認許之公司在我國得否提出告訴或自訴，實務上乃生爭執[62]。為解決此一問題，本法第

60　最高法院50年台上字第1898號判例謂：「未經認許其成立之外國法人，雖不能認其為法人，然仍不失為非法人團體，苟該非法人團體設有代表人或管理人者，依民事訴訟法第40條第3項規定，自有當事人能力。至其在台灣是否設有事務所或營業所，則非所問。」

61　司法院20年院字第533號解釋：「刑事訴訟法第3條所稱自訴人以自然人或法人為限，未經依法註冊之外國公司，既未取得法人資格，其以公司名義委任代理人提起自訴者，應不受理。」

62　行政院民國67年12月5日台(67)內字第10916號復內政部：關於未辦理認許登記之外國法人委由華商代理申請著作權註冊，關於其權利能力，依左列原則認定之：
　(1)民事方面：
　　①外國法人經認許成立，即具有權利能力及當事人能力。
　　②外國法人未經認許成立，但其本國與我國訂有關於承認法人地位之條約時，依條約之規定，具有權利能力及當事人能力。
　　③外國法人未經認許成立，且其本國未與我國訂有關於承認法人地位之條約者，其仍不失為設有代表人或管理人之非法人團體。得參照最高法院50年台上字第2719號判例辦理。

102條乃規定，未經認許之外國法人，對於第91條至第93條、第95條至第96條之1之罪，得為告訴或提起自訴。依此規定，凡未經認許之外國法人雖為非法人團體，對於本法第91條至第93條、第95條至第96條之1之罪，均得為告訴或提起自訴。惟第102條僅規定「未經認許之外國法人」，而未規定本國之非法人得為告訴或提起自訴。查刑事訴訟法第232條規定：「犯罪之被害人，得為告訴。」第319條第1項規定：「犯罪之被害人得提起自訴，但無行為能力，或限制行為能力或死亡者，得由其法定代理人、直系血親或配偶為之。」得為告訴或提起自訴者，以「人」為限，包含自然人或法人在內。故本國之商號、非法人團體，均不得對違反著作權法之罪為告訴或提出自訴[63]。在舊法時期實務見解即已如此[64]，本法亦當如此解釋。

----

(2)刑事方面：

①外國法人如已經認許成立即具有法人地位，得提起自訴。

②外國法人未經認許成立，但其本國與我國訂有關於承認法人地位之條約時，若條約泛稱「承認法律地位」，則其是否得提起自訴，參照司法院院字第533號解釋：「未經依法註冊之外國公司既未取得法人資格，其以公司名義委任代理人提起自訴者，應不受理」，而對依條約承認其法律地位者未予除外，當不無疑義。惟此應屬司法院斟酌釋明之範圍。

③外國法人未經認許成立而其本國未與我國訂有此類條約者，其既未取得法人資格，而以法人名義委任代理人提起自訴，以刑事訴訟法與民事訴訟法之規定不一，應屬司法院院字第533號解釋之適用範圍。

63 參見下列三例：

(1)最高法院27年上字第1191號判例：「刑事訴訟法第311條規定自訴須犯罪之被害人而有行為能力者，始得提起。非法人之團體無所謂行為能力，則該團體縱設有董事等代表或管理之人，亦不得由其提起自訴。」

(2)最高法院27年上字第1410號判例：「非法人之商店並非具有法律上之人格，其財產如被侵害，不得以商店之名義提起自訴。」

(3)最高法院39年上字第73號判例：「未依法登記之法人，其代表人或管理人不得以非法人之團體名義提起自訴。」

64 參見法務部司法官訓練所司法實務研究會第25期第5號座談（法務部公報第70期）：

(1)法律問題：

本國非法人團體，依著作權法第11條之規定，就某著作取得著作權，某甲擅自

（八）有關非告訴乃論罪之修正

民國111年5月4日總統公布修正著作權法第100條，規定：「本章之罪，須告訴乃論。但有下列情形之一，就有償提供著作全部原樣利用，致著作財產權人受有新臺幣一百萬元以上之損害者，不在此限：一、犯第九十一條第二項之罪，其重製物為數位格式。二、意圖營利犯第九十一條之一第二項明知係侵害著作財產權之重製物而散布之罪，其散布之重製物為數位格式。三、犯第九十二條擅自以公開傳輸之方法侵害他人之著作財產權之罪。」其理由為：

1.按跨太平洋夥伴全面進步協定第18.77條第1項規定具商業規模之著作權盜版行為（copyright piracy）須科以刑事責任；第18.77條第2項規定，輸入及輸出盜版物亦須科以刑事責任，跨太平洋夥伴全面進步協定第十八章註128則同意締約方得以對具商業規模之散布盜版物行為科以刑責之方式作為履行本項規定。另跨太平洋夥伴全面進步協定第18.77條第6項第g款則要求各締約國應賦予權責機關得依職權採取法律行動（legal action）之權限，無待相對人或權利人之正式請求。

2.復依跨太平洋夥伴全面進步協定第十八章註135之說明，締約方得

重製時，該非法人團體能否以其團體名義提出告訴或自訴？

(2)提案人研究意見：

　甲說：依司法院第533號解釋：「未經依法註冊之外國公司既未取得法人資格，其以公司名義委任代理人提起自訴者，應不受理」之精神及刑事訴訟法學者之見解，非法人團體並無當事人能力，自不得提出告訴或自訴，應認非法人團體告訴不合法，或自訴不受理。

　乙說：著作權法第11條既准許非法人團體取得著作權，自己承認其實體法上之權利能力，而應承認訴訟法上之當事人能力，且若認其不得提出告訴或自訴，比較未經認許之外國法人依著作權法第17條第3項得為告訴或自訴觀之，亦顯不公平，故應認其告訴或自訴合法。

　初步結論：擬採甲說。

(3)研究結論：理論上以乙說較佳，但實務上仍採甲說。

(4)法務部檢察司研究意見：同意研究結論（實務見解參照最高法院39年台上字第73號判例）。

限制當權利人於市場利用著作、表演或錄音物之能力受到衝擊性影響時，始有非告訴乃論之適用；又日本為因應跨太平洋夥伴全面進步協定已完成著作權法修正，檢視其修法內容，除非法重製（piracy）盜版行為外，更考量數位環境之實體盜版式微，網路侵權情形日益嚴重，已造成權利人行使權利之衝擊，將數位及網路侵權（如將侵權影音檔案放上Pirate Bay網頁）之行為納入非告訴乃論之適用範圍，日本並參採上述跨太平洋夥伴全面進步協定第十八章註135之規定，對於非告訴乃論設有許多要件限制，例如限於「原樣重製」之利用，及對市場上有償流通著作之利用行為始有適用，且檢察官在偵辦時要考量侵權情節才能提起公訴。

3.參考日本因應跨太平洋夥伴全面進步協定上開條文與註解之修法中，對適用非告訴乃論者限定利用型態為著作之「原樣重製」，且侵害對象為著作財產權人有償提供之著作，並且有不當損害著作財產權人可得利益之情形，因此，非告訴乃論罪之門檻亦宜以權利人受有重大損害為構成要件，以減輕非重大侵害行為遭受國家公權力相繩之疑慮，並同時與權利人市場利益之維護達成平衡。又參考民事訴訟法第427條（適用民事簡易程序一定金額）、第466條（不得上訴第三審之金額）及本法第88條第2項及第3項規定，爰於但書增訂非告訴乃論之罪須係有償提供著作全部原樣利用致著作財產權人受有一定損害之情形；並酌定著作財產權人受有損害之認定基準（新臺幣100萬元以上之損害額）。

4.為因應數位科技發展造成網路盜版之情形，並考量跨太平洋夥伴全面進步協定上開規定及註解之意旨，有必要將數位環境下對著作權人造成重大損害之侵權行為納入非告訴乃論之罪，爰將犯第91條第2項意圖銷售或出租而重製之罪、意圖營利犯第91條之1第2項明知係侵害著作財產權之重製物而散布之罪（指以移轉所有權之方式散布），其重製物為數位格式者（如CD、DVD、音樂或影音檔案等），該等重製物因具有易於重製且散布快速之特性，爰於第1款及第2款列為非告訴乃論罪。此外，並參考日本立法例，於第3款增訂第92條侵害公開傳輸權之罪亦為非告訴乃論罪，以期有效嚇阻數位環境下侵害著作權行為之發生。另原條文但書「犯第九十一條第三項及第九十一條之一第三項之罪」之文字，配合各該條項之

刪除，予以刪除。

上述民國111年5月4日之修正，雖經總統公布，但尚未生效，生效日期，由行政院另訂之。可能等台灣加入CPTPP方會公布生效日。

三、兩罰規定

本法第101條規定：「法人之代表人、法人或自然人之代理人、受雇人或其他從業人員，因執行業務，犯第九十一條至第九十三條、第九十五條至第九十六條之一之罪者，除依各該條規定處罰其行為人外，對該法人或自然人亦科各該條之罰金（Ｉ）。」「對前項行為人、法人或自然人之一方告訴或撤回告訴者，其效力及於他方（Ⅱ）。」本條之行為人為：（一）法人之代表人；（二）法人之代理人；（三）法人之受雇人；（四）法人之其他從業人員；（五）自然人之代理人；（六）自然人之受雇人；（七）自然人之其他從業人員。以上諸人，因執行職務，犯本法第91條至第93條、第95條至第96條之1之罪者，除依各該條處罰實際行為人外，對該法人或自然人，亦科以各該條之罰金刑。例如A公司之代表人甲，因執行職務，擅自重製B公司之錄音帶，甲依本法第91條第2項「意圖銷售或出租擅自重製他人著作罪」，處六月以上五年以下有期徒刑，得併科新臺幣20萬元以上200萬元以下罰金。A公司科新臺幣20萬元以上200萬元以下罰金是。又如出版社甲（自然人）僱用之編輯乙（受僱人），因執行職務，擅自改作他人之著作，乙依第92條「侵害其他著作財產權罪」，處三年以下有期徒刑、拘役，或科或併科新臺幣75萬元以下罰金。甲則依第101條適用之結果，科新臺幣75萬元以下罰金。惟此僅限於甲不知情，如甲知情而有共同正犯或教唆犯之關係，則甲亦適用第92條「侵害其他著作財產權罪」，處三年以下有期徒刑、拘役，或科或併科新臺幣75萬元以下罰金，亦即直接適用刑法第28條或第29條共同正犯或教唆犯處罰，而無本條適用之問題[65]。

---

65 加戶守行：著作權法逐條講義（平成6年〔西元1994年〕改訂新版），第625頁。

四、罰金之酌量加重

刑法第58條規定：「科罰金時，除依前條規定外，並應審酌犯人之資力及因犯罪所得之利益。如所得之利益超過罰金最多額時，得於所得利益之範圍內酌量加重。」由於惡性侵害著作財產權，往往有龐大的利益，故本法規定，依本章科罰金時，應審酌犯人之資力及犯罪所得之利益。如所得之利益超過罰金最多額時，得於所得利益之範圍內酌量加重（§96-2）。

五、沒收及沒入之特別規定

查刑法第38條規定：「違禁物，不問屬於犯罪行為人與否，沒收之（Ⅰ）。」「供犯罪所用、犯罪預備之物或犯罪所生之物，屬於犯罪行為人者，得沒收之。但有特別規定者，依其規定（Ⅱ）。」「前項之物屬於犯罪行為人以外之自然人、法人或非法人團體，而無正當理由提供或取得者，得沒收之。但有特別規定者，依其規定（Ⅲ）。」「前二項之沒收，於全部或一部不能沒收或不宜執行沒收時，追徵其價額（Ⅳ）。」本法為加強對盜版光碟的取締，乃於第98條規定：「犯第九十一條第三項及第九十一條之一第三項之罪，其供犯罪所用、犯罪預備之物或犯罪所生之物，不問屬於犯罪行為人與否，得沒收之。」第91條第3項即以重製於光碟之方法犯意圖銷售或出租擅自重製他人著作罪，第91條之1第3項即散布光碟重製物罪。又社會秩序維護法第23條規定：「沒入，與其他處罰併宣告之。但有下列各款情形之一者，得單獨宣告沒入：一、免除其他處罰者。二、行為人逃逸者。三、查禁物。」

在實務上常見司法警察機關於取締著作權侵害犯罪行為時，行為人逃逸而無從確認，致所查獲供犯罪所用或因犯罪所得之物，無從隨同犯罪案件移送，僅得以無主物處理，經公告一段期間無人認領後始歸入國庫，其程序曠日費時，徒增社會成本，本法乃於第98條之1規定：「犯第九十一條第三項或第九十一條之一第三項之罪，其行為人逃逸而無從確認者，供

犯罪所用或因犯罪所得之物,司法警察機關得逕為沒入(Ⅰ)。」「前項沒入之物,除沒入款項繳交國庫外,銷燬之。其銷燬或沒入款項之處理程序,準用社會秩序維護法相關規定辦理(Ⅱ)。」俾便警察機關對行為人逃逸而無從確認之盜版光碟進行處理。

民國111年5月4日總統公布修正著作權法,刪除著作權法第98條及第98條之1有關沒收的規定,此係為因應民國111年5月4日修正著作權法刪除第91條第3項及第91條之1第3項規定而設。然而此刪除規定,尚未實施,須由行政院另訂實施日期。

六、判決書之公布

本法第99條規定:「犯第九十一條至第九十三條、第九十五條之罪者,因被害人或其他有告訴權人之聲請,得令將判決書全部或一部登報,其費用由被告負擔。」本條係有關刑事判決書登報之規定,且限於犯第91條至第93條、第95條之罪,方有適用。犯第96條及第96條之1之罪不包含在內。有關民事判決書登報之規定,應依第89條以民事訴訟解決之,與第99條無關。

七、侵害之取締

司法警察官或司法警察對侵害他人之著作權或製版權,經告訴、告發者,得依法扣押其侵害物,並移送偵辦(§103)。上述所稱「依法扣押其侵害物」係指依刑事訴訟法之程序,除有刑事訴訟法第131條之1規定之特別情事外,須有搜索票方可。

第五節　著作權侵害之行政救濟

一、海關之查扣

　　著作權人或製版權人對於輸入或輸出侵害其著作權或製版權之物者，得申請海關先予查扣（§90-1Ⅰ）。前項申請應以書面為之，並釋明侵害之事實，及提供相當於海關核估該進口貨物完稅價格或出口貨物離岸價格之保證金，作為被查扣人因查扣所受損害之賠償擔保（§90-1Ⅱ）。其餘扣押程序參見第90條之1第3項至第13項及民國94年1月27日所發布之「海關查扣著作權或製版權侵害物實施辦法」之規定[66]。

二、對網路事業之限期改正或命停業、歇業

　　本法第97條之1規定：「事業以公開傳輸之方法，犯第九十一條、第九十二條及第九十三條第四款之罪，經法院判決有罪者，應即停止其行為；如不停止，且經主管機關邀集專家學者及相關業者認定侵害情節重大，嚴重影響著作財產權人權益者，主管機關應限期一個月內改正，屆期不改正者，得命令停業或勒令歇業。」本條之立法目的，係在解決P2P的網路著作權侵害問題而設，蓋法院經判決確定，往往曠日廢時，故規定此種情形，如果第一審判決有罪，不待確定，「經主管機關邀集專家學者及相關業者認定侵害情節重大，嚴重影響著作財產權人權益」，即可透過行政程序加以救濟。而其救濟方法為「限期一個月內改正，屆期不改正者，得命令停業或勒令歇業」。

---

[66] 海關查扣著作權或製版權侵害物實施辦法於民國87年6月8日內政部以台(87)內著字第8704665號及財政部以台財關字第870378351號公告，另在民國94年1月27日經濟部以經智字第09304609880號及財政部以台財關字第09305506800號令修正發布。

附錄一　參考書目

一、中文部分

（一）台灣出版著作權法著作

1.秦瑞玠：著作權律釋義。上海商務印書館，民國元年7月。

2.史尚寬：著作權法論。中央文物供應社，民國43年6月。

3.鄭澤光：文化事業關係法令之實用。中國內政社，民國49年5月。

4.呂基弘：著作人格權之研究。著者發行，民國61年12月初版，民國72年2月改訂版。

5.施文高：著作權法概論。台灣商務印書館，民國64年1月。

6.楊崇森：著作權之保護。正中書局，民國66年4月。

7.蕭雄淋：著作權之侵害與救濟。著者發行，民國68年9月。

8.施文高：著作權法制原論。著者發行，民國70年4月。

9.蕭雄淋：著作權法之理論與實務。著者發行，民國70年6月。

10.張靜：著作權法評析。水牛出版社，民國72年4月。

11.陳怡勝：電腦軟體在法律上之保障。中興大學法律研究所碩士論文，民國72年6月。

12.楊崇森：著作權法論叢。華欣文化事業中心，民國72年11月。

13.鄭中人：電腦法律探討。第三波文化事業公司，民國72年12月。

14.聯廣公司（譯）：日本著作權法。台視文化公司，民國73年9月。

15.財團法人資訊工業策進會編：日本電腦軟體法律保護資料彙編，民國74年1月。

16.施文高：國際著作權法制析論。著者發行，民國74年6月。

17.張靜、徐玉蘭合著：著作權法犯罪之司法實務專題研究。台灣台北地方法院檢察署，民國74年6月。

18.林奇芬：從傳播科技發展看我國著作權問題。政治大學新聞研究所碩士論文，民國74年6月。

19.林勇奮：音樂著作權管理團體之研究。中興大學法律研究所碩士論文，民國74年12月。

20.呂基弘：著作權標的之研究。著者發行，民國75年1月。

21. 資訊工業策進會市場情報中心：中華民國74年資訊月電腦法律巡迴演講資料彙編。民國75年2月。

22. 資訊工業策進會：電腦著作權實務暨外銷法規研討會演講資料彙編。經濟部工業局，民國75年3月。

23. 賀德芬：著作權法論文集。著者發行，民國75年4月。

24. 立法院圖書館編印：智慧財產權。立法報章資料專輯，第二輯，民國75年5月。

25. 台北市電腦商業同業公會：電腦程式著作權侵害認定基準建議案。民國75年5月。

26. 詹耀文：建築師之著作權之研究。台北市建築師公會，民國75年6月。

27. 蕭雄淋：著作權法逐條釋義。著者發行，民國75年9月（修正再版）。

28. 劉江彬：資訊法論。著者發行，民國75年10月。

29. 資訊工業策進會：美國法律對電腦科技智慧財產權之保護。經濟部工業局，民國75年10月。

30. 資訊工業策進會：美國關於電腦法律問題的政策趨勢。經濟部工業局，民國75年11月。

31. 資訊工業策進會：保護電腦軟體智慧財產權之研究。經濟部工業局，民國76年1月。

32. 黃國鐘：胡適著作與世紀之爭。海國法律事務所，民國76年3月。

33. 呂榮海、陳家駿：從出版現場瞭解——著作權‧出版權。蔚理法律出版社，民國76年5月。

34. 陳櫻琴：認識智慧財產權。經濟日報社，民國76年5月。

35. 呂榮海、陳家駿：電腦軟體著作權。蔚理法律出版社，民國76年8月。

36. 蕭雄淋：日本電腦程式暨半導體晶片法令彙篇（譯）。資訊工業策進會，民國76年9月。

37. 張靜：新著作權法釋論。中華徵信所，民國77年1月。

38. 陳東海：我國著作權保護政策演變之探討——從註冊主義到創作主義的過程分析。政治大學公共行政研究所碩士論文，民國77年1月。

39. 行政院經濟建設委員會健全經社法規工作小組：1987年韓國著作權法。民國77年3月。

40. 甘龍強：電影著作權。蔚理法律出版社，民國77年4月。

41. 丁茜蓉：我國音樂著作權保護問題之研究。政治大學三民主義研究所碩士論文，民國77年6月。

42. 行政院經濟建設委員會健全經社法規工作小組：西德著作權法。民國77年6月。

43.蘇世賢：我國著作權政策的結構性分析（一九四九～一九八八）。中興大學公共政策研究所碩士論文，民國77年7月。

44.蕭雄淋：錄影帶與著作權法。著者發行，民國77年12月。

45.洪麗玲：半導體晶片之法律保護。蔚理法律出版社，民國78年3月。

46.行政院研究發展考核委員會：著作權法之立法檢討。民國78年8月。

47.蕭雄淋：著作權法研究（一）。著者發行，民國78年9月（增訂再版）。

48.蕭雄淋：中美著作權談判專輯。著者發行，民國78年9月（增訂再版）。

49.內政部法規委員會：內政法令解釋彙編著作權類。民國78年12月。

50.內政部：認識著作權。民國79年1月。

51.蕭雄淋：著作權法修正條文相對草案。內政部，民國79年3月。

52.國家安全會議國家建設研究委員會：我國現行著作權法修訂之研究。民國79年6月。

53.內政部：各國著作權法令彙編。民國79年6月。

54.陳家駿：從高科技與法律層面探討──電腦智慧財產權法。蔚理法律出版社，民國79年7月。

55.蕭雄淋：日本著作權相關法令中譯本（譯）。內政部，民國80年2月。

56.立法院內政委員會：著作權法修正案參考資料──學者專家意見。民國80年5月。

57.蕭雄淋：翻譯權強制授權之研究。內政部，民國80年6月。

58.蕭雄淋：音樂著作強制授權之研究。內政部，民國80年11月。

59.中華民國全國工業總會保護智慧財產權委員會：談平行輸入。民國80年11月。

60.財團法人資訊工業策進委員會、國防管理學院等：中華民國八十一年『智慧財產權』學術研討會手冊。

61.蕭雄淋、紀振清（合譯）：有線電視與著作權。著者發行，民國81年1月。

62.蕭雄淋：著作權法漫談（一）。著作發行，民國81年3月初版二刷。

63.國立中央圖書館：著作權法論著選目。民國81年5月。

64.徐宏昇：資訊法律評論。資訊傳真出版社，民國81年5月。

65.徐宏昇：高科技與智慧財產權。資訊傳真出版社，民國81年5月。

66.邱彰：了解大陸智慧財產權。華視文化公司，民國81年5月。

67.行政院大陸委員會：大陸工作法規彙編。民國81年6月。

68.謝銘洋等五人：著作權法解讀。月旦出版社有限公司，民國81年7月。

69.經濟日報社：新著作權法與你。民國81年8月。

70.內政部：認識著作權。民國81年9月（民國87年10月二版）。

71.陳家駿等七人：著作權契約範例。月旦出版社有限公司，民國81年9月。

72.呂榮海等三人：最新著作權法實用。蔚理法律出版社有限公司，民國81年9月（修訂版）

73.理律法律事務所：智慧新憲章──著作權與現代生活。天下文化出版股份有限公司，民國81年9月。

74.國立中央圖書館：著作權法與圖書館經營。民國81年10月。

75.曾濟群：著作權法與圖書館經營。國立中央圖書館，民國81年10月。

76.立法院秘書處：著作權法修正案（上）（下）。立法院秘書處，民國82年2月。

77.內政部：認識著作權，第二冊，民國82年3月（民國87年10月二版）。

78.蕭雄淋：著作權法漫談（二）。著者發行，民國82年4月初版。

79.施文高：比較著作權法制。著者發行，民國82年4月。

80.陳家駿：電腦程式著作權專題研究。內政部著作權委員會，民國82年5月。

81.內政部：各國著作權法令彙編（續編一），民國82年6月。

82.財團法人資訊工業策進會：智慧財產權判決彙編（一）。民國82年6月。

83.中華民國著作權人協會：著作權法座談紀要彙編。民國82年6月。

84.謝銘洋等五人：著作權契約範例。月旦出版社有限公司，民國82年7月。

85.行政院國家科學委員會：保護智慧財產權系列講習會演講資料輯（一）。民國82年7月。

86.行政院國家科學委員會：保護智慧財產權系列講習會演講資料輯（二）。民國82年7月。

87.行政院國家科學委員會：保護智慧財產權系列講習會演講資料輯（三）。民國82年9月。

88.莊勝榮：著作權法實用。書泉出版社，民國82年9月。

89.林內特・歐文：著作權銷售指南。月旦出版社股份有限公司。民國82年11月。

90.香港法律改革委員會：版權法律的改革研究報告書。民國82年11月。

91.許惠祐、梁美芬、鄭松宇：海峽兩岸知識產權法比較研究論文集。廣角鏡出版社有限公司，民國83年1月。

92.林志峰：EDI法律導讀。群彥圖書股份有限公司，民國83年4月。

93.張簡永祥：圖書出版業與著作權法互動關係之研究。成功大學碩士論文，民國83年6月。

94.葉文博：著作權集體管理及其立法之研究。東海大學碩士論文，民國83年6月。

95.永田真理著、蕭雄淋譯：天下文章一大抄。著者發行，民國83年7月。

96.蕭雄淋：著作權裁判彙編（一）。內政部，民國83年7月。

97.行政院大陸委員會：兩岸著作權答問。行政院大陸委員會，民國83年8月。

98.蕭雄淋：著作權法漫談（三）。華儒達出版社，民國83年9月。

99.賀德芬：文化創新與商業契機。月旦出版社股份有限公司。民國83年10月。

100.羅明通等五人合著：電腦法（上）。群彥圖書股份有限公司，民國83年11月。

101.羅明通等五人合著：電腦法（下）。群彥圖書股份有限公司，民國83年11月。

102.內政部：認識著作權（第三冊）。內政部，83年12月（民國87年10月二版）。

103.財團法人資訊工業策進會：多媒體法律指南。財團法人資訊工業策進會，民國84年2月。

104.蕭雄淋：著作權法漫談精選。月旦出版社股份有限公司。民國84年5月。

105.謝銘洋：智慧財產權之制度與實務（二）。翰蘆圖書出版有限公司，民國84年5月。

106.謝銘洋：智慧財產權之基礎理論（一）。翰蘆圖書出版有限公司，民國84年7月。

107.行政院大陸委員會：世界貿易組織協定（WTO）與智慧財產權有關之協定（TRIPS）與兩岸著作權保護。民國84年7月。

108.行政院大陸委員會：兩岸交流著作權相關契約範例。行政院大陸委員會，民國84年8月。

109.文魯彬：國際著作權法令暨判決之研究　壹、美國著作權法令暨判決之研究——法令篇。內政部，民國85年3月。

110.文魯彬：國際著作權法令暨判決之研究　壹、美國著作權法令暨判決之研究——判決(1)篇。內政部，民國85年3月。

111.文魯彬：國際著作權法令暨判決之研究　壹、美國著作權法令暨判決之研究——判決(2)篇。內政部，民國85年3月。

112.丁懋松：國際著作權法令暨判決之研究　貳、英國、香港著作權法令判之之研究。內政部，民國85年4月。

113.丁懋松：國際著作權法令暨判決之研究　參、日本著作權法令暨判決之研究——法令篇。內政部，民國85年4月。

114.陳清秀：國際著作權法令暨判決之研究　參、日本著作權法令暨判決之研究——判決(1)篇。內政部，民國85年4月。

115.陳清秀：國際著作權法令暨判決之研究　參、日本著作權法令暨判決之研究——判決(2)篇。內政部，民國85年4月。

116.蔡明誠：國際著作權法令暨判決之研究　肆、德國著作權法令暨判決之研究。內政部，民國85年4月。

117.王泰銓：國際著作權法令暨判決之研究　伍、法國著作權法令暨判決之研究。內政部，民國85年4月。

118.蔡英文：國際著作權法令暨判決之研究　陸、歐盟著作權法令暨判決之研究。內政部，民國85年4月。

119.葉茂林：資訊法律。書泉出版社發行，民國85年5月。

120.嚴裕欽：著作財產權之限制——以美國著作權法合理使用為中心。國立政治大學法律學研究所碩士論文，民國85年6月。

121.黃怡騰：著作權法——合理使用原則之研究。國立政治大學法律律研究所博士論文，民國85年6月。

122.信孚法律事務所：著作權面對高科技發展之應用配合。內政部，民國85年6月15日。

123.羅明通：著作權法令彙篇。台英國際商務法律事務所，民國86年2月。

124.羅明通：著作權法論。台英國際商務法律事務所，民國86年6月。

125.陳端宜：視聽著作之研究，台灣大學法律研究所碩士論文，民國86年6月。

126.藍嘉祥：表演人權利之研究。台灣大學法律研究所碩士論文，民國86年6月。

127.黃莉玲：美術著作之研究。台灣大學法律研究所碩士論文，民國86年6月。

128.蕭雄淋：教育目的之重製與公開播送使用報酬率訂定研擬工作報告。內政部，民國86年6月。

129.資策會科技法律中心：著作權面對高科技發展之因應配合（第二年）報告，民國86年12月。

130.內政部著作權委員會：新舊著作權法條文對照及說明，民國87年2月。

131.內政部著作權委員會：世界智慧財產權組織，民國87年。

132.羅明通：著作權法論。台英國際商務法律事務所，1998年8月。

（二）大陸出版著作權法著作

1.邵延丰譯：日本著作權法。國家版權局。

2.陳錦誠、張光珠譯：美國版權法。國家版權局。

3.羅洪、黃貞譯：法國著作權法。國家版權局。

4.許超譯：聯邦德國著作權法。國家版權局。

5.劉波林等譯：意大利版權法。國家版權局。

6.沈仁幹：國際版權手冊。四川人民出版社，1984年12月。

7.富榮武、李喦：知識產權法淺說（專利商標版權）。遼寧科學技術出版社，1985年12
　月。

8.鄭成思：知識產權法通論。法律出版社，1986年4月。

9.鄭成思：版權國際公約概論。中國展望出版社，1986年11月。

10.李奇譯：國際著作權公約。南開大學出版社，1987年5月。

11.吳漢東、閔鋒：知識產權法概論。中國政法大學出版社，1987年6月。

12.聶天貺：知識產權法教程。重慶大學出版社，1987年10月。

13.鄭成思：計算機、軟件與數據的法律保護。法律出版社，1987年12月。

14.唐廣良譯：聯合王國一九八八年版權，外觀設計與專利法。國家版權局。

15.段瑞林：知識產權法概論。光明日報出版社，1988年8月。

16.王業康：簡明編輯出版詞典。中國展望出版社，1988年9月。

17.徐東海、唐匯西：版權知識一百問。中國廣播電視出版社，1988年11月。

18.陳克武、劉次邦：知識產權。陝西科學技術出版社，1989年1月。

19.陳美章、王福新：知識產權基礎教程。教育科學出版社，1989年5月。

20.沈仁幹：談版權。吉林人民出版社，1989年6月。

21.陳家駿、呂榮海：作者、出版者如何保護自己的權益。中國華僑出版公司，1989年6
　月。

22.甘龍強：電影著作權。中國電影出版社，1990年2月。

23.鄭成思：版權法。中國人民大學出版社，1990年3月。

24.鄭成思：知識產權與技術轉讓法教學大綱與學習輔導。法律出版社，1990年5月。

25.半田正夫、紋谷暢男，魏啟學譯：著作權法五十講。法律出版社，1990年7月。

26.宋杰、陶春明：著作權法知識手冊。法律出版社，1990年7月。

27.鄭成思：著名版權案例評析。專利文獻出版社，1990年9月。

28.高凌瀚、焦廣田、許超、姜芳杰譯：歐洲七國學者論著作權客體和主體。陝西師範大學
　　出版社，1990年9月。

29.林國民、謝紹江、李華文：中華人民共和國著作權法講義。濟南出版社，1990年11月。

30.胡康生：著作權釋義。北京師範學院出版社，1990年11月。

31.江偉珊、連先譯：世界各國版權法概論。中國政法大學出版社，1990年12月。

32.李華文：中華人民共和國著作權法講話。山東人民出版社，1990年12月。

33.北京人民政府版權處：著作權工作法律常識。北京燕山出版社，1990年12月。

34.北京市人民政府版權處編：著作權工作法律常識。北京燕山出版社，1990年12月。

35.朱明遠：簡明著作權詞典。學林出版社，1990年12月。

36.王向東、馬學良：著作權知識問答。黃河出版社，1991年1月。

37.魏啟學譯：著作權法五十講。法律出版社，1991年1月。

38.沈仁幹、高凌翰：中華人民共和國著作權法講話。法律出版社，1991年1月。

39.全國人大常會法制工作委員會民法室：中華人民共和國著作權法知識問答。法律出版
　　社，1991年1月。

40.新聞出版署圖書管理司：圖書出版管理手冊。遼寧大學出版社，1991年2月。

41.江平、沈仁幹：中華人民共和國著作權法講析。中國國際廣播出版社，1991年2月。

42.蕭峋、江流：著作權法入門和著作權糾紛事例分析。中國電影出版社，1991年4月。

43.翟一我、陳昭寬：版權講座——國際版權縱橫談。東方出版社，1991年6月。

44.最高人民法院著作權法培訓班：著作權法講座。法律出版社，1991年6月。

45.河山、蕭水：著作權法概要。人民出版社，1991年6月。

46.武學斌：著作權法概要。安徽教育出版社，1991年7月。

47.李凡、盧丹譯：版權實用指南。遼寧人民出版社，1991年8月。

48.徐東海、唐匯西：著作權法實用指南。山西人民出版社，1991年8月。

49.張佩霖：通過案例學版權。北京工業大學出版社，1991年10月。

50.任彥、梅慎實、余國光：著作權與著作權法。學林出版社，1991年11月。

51.楊東旭：知識產權實用手冊。經濟日報出版社，1991年12月。

52.大衛・福斯特、萊內特・歐文：國際出版與版權知識。外文出版社，1992年。

53.吳漢東：知識產權法律知識手冊。湖北人民出版社，1992年3月。

54.周林：美術家著作權保護。北京工業大學出版社，1992年4月。

55.溫旭、王立華：共有知識產權。北京大學出版社，1992年4月。

56.張書義主編：廣播電影電視專業法、相關法普法讀本。法律出版社，1992年5月。

57.白有忠：知識產權法手冊。人民出版社，1992年6月。

58.鄭成思：版權公約、版權保護與版權貿易。中國人民大學出版社，1992年7月。

59.中國版權研究會編：全國著作權理論與實踐研討會。湖北教育出版社，1992年8月。

60.史文清、梅慎實：著作權諸問題研究。復旦大學出版社，1992年9月。

61.國務院研究室財金貿易局：保護知識產權法律實用手冊。經濟管理出版社，1993年4月。

62.李振東：知識產權法教程。機械工業出版社，1993年6月。

63.沈閱成等著：台灣知識產權法與大眾傳播法。中國廣播電視出版社，1993年6月。

64.劉劍文、張里安：現代中國知識產權法。中國政法大學出版社，1993年8月。

65.中國版權研究會：'93中國版權研究學術年會。西北大學出版社，1993年12月。

66.北京專利事務所：專利・商標・著作權法案例精析。中國政法大學出版社，1994年2月。

67.夏叔華：知識產權法理論與實務。法律出版社，1994年2月。

68.江建名：著作權法導論。中國科學技術大學出版社，1994年3月。

69.鄭成思：版權國際慣例。貴州人民出版社，1994年5月。

70.北京市高級人民法院知識產權審判庭：知識產權訴訟法律手冊。中國政法大學出版社，1994年6月。

71.鄭成思：知識產權協議。學日出版社，1994年8月。

72.謝啟林、王宏成、李文章：中國知識產權實用手冊（海外版）。香港貿易發展局，1994年11月。

73.杜學亮：著作權研究文獻目錄彙編。中國政法大學出版社，1995年3月。

74.中國版權研究會：版權研究文選。商務印書館出版，1995年4月。

75.倫納德D杜博夫：藝術法概要。中國社會科學出版社，1995年4月。

76.鄭成思主編：知識產權保護實務全書。中國言實出版社，1995年11月。

77.沈仁幹、鍾穎科：版權法概論。遼寧教育出版社，1995年12月。

78.國家版權局辦公室編：中國著作權實用全書。遼寧人民出版社，1996年1月。

79.潘國雄：軟件與版權。香港三聯書店，1996年6月。

80.劉波林、許超、孫建紅：實用著作權知識問答（第二版）。中國水利水電出版社，1996年8月。

81.沈仁幹主編：著作權實用大全。廣西人民出版社，1996年10月。

82.吳漢東：著作權合理使用制度研究。中國政法大學出版社，1996年10月。

83.知識產權法律實務指南編寫組：知識產權法律實務指南。最高人民法院人民法院出版社，1997年1月。

84.韋之：著作權法原理。北京大學出版社，1998年4月。

85.吳漢東等：西方諸國著作權制度研究。中國政法大學出版社，1998年12月。

86.周林、李明山：中國版權史研究文獻。中國方正出版社，1999年11月。

二、日文著作權法專書（按發行先後順序）

1.荒木虎太郎：著作權法要論。至誠堂，大正4年。

2.榛村專一：著作權法概論。嚴松堂，昭和8年。

3.勝本正晃：日本著作權法。嚴松堂，昭和15年。

4.城戶芳彥：著作權法研究。新興音樂出版社，昭和18年。

5.戒能通孝：著作權。日本評論社，昭和25年。

6.勝本正晃：現代文化と著作權。雄潭社，昭和31年。

7.法貴次郎：著作權法改正の根本問題。東海大學出版會，昭和39年。

8.文部省：著作權制度審議會資料集（第一～六冊）。昭和40年。

9.文部省：著作權制度審議會答申暨說明書。昭和41年。

10.久久湊伸一譯：著作權法の理論。中央大學出版部，昭和42年。

11.伊藤信男：著作權事件と著作權判例。文部省，昭和43年。

12.國立國會圖書館調查立法考查局：著作權法改正の諸問題。昭和45年。

13.半田正夫：著作權法の研究。一粒社，昭和46年。

14.中川善之助・兼子一：特許・商標・著作權。青林書院新社，昭和47年。

15.山本桂一：著作權法。有斐閣，昭和48年增補版。

16.勝本正晃：民法・著作權法上の諸問題。創文社，昭和49年。

17.伊從寬：主要國の再販制度とその規則。國際商業研究所，昭和49年。

18.米川猛郎：著作權へのしるべ。日本圖書館協會，昭和51年。

19.鈴木敏夫：著作權。サイマル出版會，昭和51年。

20.鈴木敏夫：實學・著作權。サイマル出版會，1976年。

21.半田正夫：著作權。教育社，昭和54年。

22.黑川德太郎譯：ベルヌ條約逐條解說。著作權資料協會，昭和54年。

23.佐野文一郎、鈴木敏夫：改訂著作權法問答。出版開發社，昭和54年。

24.內田晉：問答式入門著作權法。新日本法規出版社，昭和54年。

25.中川善之助・阿部浩二：著作權。第一法規出版社，昭和55年改訂版。

26.倉田喜弘：著作權史話。千人社，昭和55年。

27.齊藤博：概說著作權法。一粒社，昭和55年。

28.半田正夫：著作權法の現代的課題。一粒社，昭和55年。

29.著作權判例研究會：最新著作權關係判例集。ぢようせい，昭和55年。

30.大家重夫：ニッポン著作權物語。出版開發社，昭和56年。

31.半田正夫、紋谷暢男：著作權のノウハウ。有斐閣，昭和57年。

32.著作權資料協會：著作權事典。出版ニュ――ス社，昭和60年改訂版。

33.阿部浩二：著作權とその周邊。日本評論社，1985年。

34.植松宏嘉：プログラム著作權Q&A。太平印刷社，昭和61年。

35.中山信弘：ソフトウェアの法的保護。有斐閣，昭和61年。

36.板倉聖宣：模倣と創造。說社，1987年。

37.池原季雄、齊藤博、半田正夫：著作權判例百選，有斐閣，1987年。

38.秋吉稔弘：著作權關係事件の研究。判例時報社，昭和62年。

39.松井茂記：「マス・メディアと」入門。弘文堂，昭和63年。

40.紋谷暢男、板東久美子、作花文雄：プログラム著作權とは何か，1988年。

41.鹽野宏：放送法制の課題。有斐閣，1989年。

42.山敬士：コンピュータ・著作權法。日本評論社，1989年。

43.宮田昇：翻譯出版の實務。日本エディタ――スク――ル出版部，1989年11月（2000年

6月第三版）。

44.土井輝生：キャラクター・マーチャンダイヅング。同文館，平成元年。

45.土井輝生：トレ──ド・ツ──クレット法。同文館出版株式會社，平成元年。

46.宮澤溥明：著作權と鄰接權。第一書房，1990年。

47.日本音樂著作權協會：日本音樂著作權史（上）。講談社，平成2年。

48.日本音樂著作權協會：日本音樂著作權史（下）。講談社，平成2年。

49.デイビッド・A・ワインスティン：アメリカ著作權法。社團法人商事法務研究會，平成2年。

50.芳原信：ソフトウェア著作權早わかり。日本經濟新聞社，平成2年。

51.半田正夫：改訂著作權法概說。一粒社，平成2年第五版。

52.尾中普子、久久湊伸一、千野直邦、清水幸雄：著作權法。學陽書房，平成2年全訂版。

53.阿部浩二：著作權とその周邊。日本評論社，平成2年新裝四版。

54.文化廳：最新版著作權法ハンドブック。著作權資料協會，平成3年。

55.加戶守行：著作權法逐條講義。著作權資料協會，平成3年新版。

56.中山信弘：1990年代・米國著作權法詳解（上）。大學圖書，1991年。

57.石本美由紀：編年・著作權文獻目錄。日本音樂著作權協會，1991年。

58.藤原宏高・平出晉一：プログラマのための最新著作權法入門。技術評論社，平成3年。

59.播磨良承：Q&A著作權入門。世界思想社，1991年。

60.中山信弘：1990年代・米國著作權法詳解（下）。大學圖書，1992年。

61.金井重彥：著作權の基礎知識。ぎょうせい，平成4年。

62.久保利英明、內田晴康：著作權ビジネス最前線。中央經濟社，平成4年。

63.谷又三郎：ソフトウェア──と著作權法。講談社，1993年。

64.ドナルド・S・パスマン：音樂ビジネス成功の條件。リットーミューヅック，1993年。

65.半田正夫：民法と著作權法の諸問題。法學書院，1993年。

66.豐豐雄：著作權の取り方・生かし方。實業之日本社，1993年。

67.宮澤溥明：音樂著作權の歷史。第一書房，1993年。

68.中山信弘：ソフトウェアの法的保護。有斐閣，1993年。

69.豐田きいち：編集者の著作權基礎知識。日本エディタ——スク——ル出版部，1994年。

70.齊藤博、半田正夫：著作權判例百選（第二版），有斐閣，1994年。

71.文化廳文化部著作權課內著作權法令研究會：著作權關係法令實務提要。平成6年。

72.知的所有權實務編集會議：商品化權。三樹書局，平成6年。

73.加戶守行：著作權法逐條講義。著作權情報センタ——，平成6年。

74.半田正夫：著作權法概說（第七版）。一粒社，平成6年。

75.宮田昇：新・翻譯出版事情。日本エディタ——スク——ル出版部，1995年。

76.北村行夫：判例から學ぶ著作權。太田出版社，1996年6月。

77.宮澤溥明：著作權の誕生。太田出版社，1998年11月。

78.谷井精之助、豐田きいち、北村行夫、原田文夫、宮田昇：クリエ——タ——・編集者のための引用ハンドブンク。太田出版社，1998年12月。

79.宮田昇：翻譯權の戰後史，みすず書房，1999年2月。

80.大家重夫：タイプフェイスの法的保護と著作權。或文堂，平成12年。

三、英文著作權法專書（按發行先後順序）

1.Eaton S. Drone: Drone on Copyright, (1879).

2.Augustine Birrell: Seven Lectures on the Law and History of Copyright in Books, (1899).

3.William Briggs: International Copyright, (1906).

4.Arthur Fisher: Studies on Copyright, (1963).

5.Howard Walls: The Copyright Handbook for Fine and Applied Arts, (1963).

6.Lyman Ray Patterson: Copyright in Historical Perspective, (1968).

7.Arpad Bogsch: The Law of Copyright under the Universal Convention, (1970).

8.Allen Kent & Harold Lancour: Copyright, Current Viewpoints on History, Laws, Legislation, (1972).

9.Benjamin Kaplan: Cases on Copyright, (1974).

10.Walter E. Hurst: Music/Record Business Law, (1974).

11.Donald F. Johnston: Copyright Handbook, (1978).

12.Philip Wittenberg: The Protection of Literary Property, (1978).

13.Eugen Ulmer: Intellectual Property Rights and the Conflict of Laws, (1978).

14.Leon E. Seltzer: Exemptions and Fair Use in Copyright, (1978).

15.World Intellectual Property Organization: Guide to the Berne Convention, (1978).

16.Alan Latman: The Copyright Law, (1979).

17.Harry G. Henn: Copyright Primer, (1979).

18.Serge L. Levitsky: Copyright, Defamation, and Privacy in Soviet Civil Law, (1979).

19.E. P. Skone James & J. F. Mummery & J.Rayner James: Copinger and Skone James on Copyright, (1980).

20.Jon A. Baumgarten: Computer Software, (1982).

21.Unesco: Copyright Law and Treaties of the World, (1983).

22.Herman Cohen Jehoram: Cable Television Media and Copyright Law Aspects, (1983).

23.Frederic William Neitzke: A Software Law Primer, (1984).

24.William S. Strong: The Copyright Book, (1984).

25.Ralph S. Brown & Robert C. Denicola: Cases on Copyright,Unfair Competition and Other Topics, (1985).

26.G. Gervaise Davis: Software Protection, (1985).

27.Robert J. Bernstein: Current Developments in Copyright Law 1986, (1985).

28.Alan Latman & Robert Gorman & Jane C. Ginsburg: Copyright for the Eighties, (1985).

29.Gavin Mcfarlane: Copyright through the Cases, (1986).

30.J. A. L. Sterling & M. C. L. Carpenter: Copyright Law in the United Kingdom, (1986).

31.Michael D Pendleton: Intellectual Property Law in the People's Republic of China, (1986).

32.Stanley Rothenberg: Copyright and Public Performance of Music, (1987).

33.Charles W. Vlcek: Copyright Policy Development, (1987).

34.Jahn Shelton Lawrence: Fair Use and Free Inquiry, (1989).

35.Paul Goldstein: Copyright, (1989).

36.Gerald Dworkin and Richard Taylor: Blackstone's Guide to the Copyright, Designs and Patents Act 1988, (1989).

37.Michael D Pendleton: Pendleton on the Law of Intellectual and Industrial Property in Hong Kong, (1989).

38.Stephen M. Stewart: International Copyright and Neighbouring Rights, (1989).

39.Bernd Ruster: Federal Republic of Germany, Austria Switzerland, (1991).

40.W. R. Cornish: World Intellectual Property Guidebook, United Kingdom, (1991).

41.Karen McCabe: Copyright Law, (1991).

42.Melville B. Nimmer: Nimmer on Copyright, (1992) (1998).

43.Donald S.Chisum & Michael A.Jacobs: World Intellectual Property Guidebook, United States, (1992).

44.Paul Goldstein: Copyright's Highway, (1994).

45.Graham P. Cornish: Copyright, Interpreting the law for libraries, archives and information services, (1994).

46.Brian Bandey: International Copyright in Computer Program Technology, (1996).

47.Richard Arnold: Performer's Rights, (1997).

附錄二　著作權法

1. 民國17年5月14日國民政府第212號令制定公布全文40條。
2. 民國33年4月27日國民政府瑜文字第251號訓令修正公布全文37條。
3. 民國38年1月13日總統令修正公布第30、31、32、33、34條條文。
4. 民國53年7月10日總統令增訂第22、31、32、36、41條條文；原第22～29條遞改為第23～30條，原30～32條遞改為第33～35條，原第33～36條遞改為第37～40條，原第37條遞改為第42條；並修正第25、26、33、35、37～40條條文。
5. 民國74年7月10日總統（74）華總（一）義字第3318號令修正公布全文52條。
6. 民國79年1月24日總統（79）華總（一）義字第0427號令增訂公布第50-1條條文；並修正公布第3、28、39條條文。
7. 民國81年6月10日總統（81）華總（一）義字第2805號令修正公布全文117條。
8. 民國81年7月6日總統（81）華統（一）義字第3285號令修正公布第53條條文。
9. 民國82年4月24日總統（82）華總（一）義字第1841號令修正公布第87條，並增訂第87-1條條文。
10. 民國87年1月21日總統（87）華總（一）義字第870002640號令修正公布全文117條；本法自公布日施行。但第106條之1至第106條之3規定，自世界貿易組織協定在中華民國管轄區域內生效日起施行。
11. 民國90年11月12日總統（90）華總一義字第9000219510號令修正公布第2、34、37、71、81、82、90-1條條文。
12. 民國92年7月9日總統華總一義字第09200122700號令修正公布第2、3、7-1、22、24、26、29、37、49、50、53、56、56-1、60、61、63、65、69、79、82、87、88、91～95、98、100～102、105、106、106-2、106-3、111、113、115-1、115-2、117條條文；並增訂第26-1、28-1、59-1、第四章之一章名、80-1、82-1～82-4、90-3、91-1、96-1、96-2、98-1條條文。
13. 民國93年9月1日總統華總一義字第09300158591號令修正公布第3、22、26、82、87、90-1、90-3、91、91-1、92、93、96-1條條文及第四章之一章名；並增訂第80-2條條文。
14. 民國95年5月30日總統華總一義字第09500075761號令刪除第94條條文；並修正98、99至102條及117條條文。
15. 民國96年7月11日總統華總一義字第09600088051號令增訂著作權法第97-1；並修正第87條及第93條條文。
16. 民國98年5月13日總統華總一義字第09800116331號修正著作權法第3條，增訂著作權法第六章之一章名，及增訂著作權法第90條之4至第90條之12。
17. 民國99年2月10日總統華總一義字第09900029991號公布修正著作權法第37條、第5章章名、第81條及第82條條文，同日以華總一義字第09900030001號修正公布著作權法第53條。
18. 中華民國103年1月22日總統華總一義字第10300009931號令修正公布第53、65、80-2、87、87-1 條條文。
19. 中華民國105年11月30日總統華總一義字第10500146961號令修正公布第98條條文。
20. 中華民國108年5月1日總統華總一經字第10800043331號令修正公布第87、93條條文。

21.中華民國111年5月4日總統華總一經字第11100037471號令修正公布第91、91-1、100、117條條文；刪除第98、98-1條條文；施行日期，由行政院定之。
22.中華民國111年6月15日總統華總一經字第11100049761號令修正公布第46、47、48條條文；增訂第46-1條條文。

第一章　總　則

第 1 條　（立法目的及適用範圍）
　　　　　為保障著作人著作權益，調和社會公共利益，促進國家文化發展，特制定本法。本法未規定者，適用其他法律之規定。

第 2 條　（主管機關）
　　　　　本法主管機關為經濟部。
　　　　　著作權業務，由經濟部指定專責機關辦理。

第 3 條　（名詞定義）
　　　　　本法用詞定義如下：
　　　　　一、著作：指屬於文學、科學、藝術或其他學術範圍之創作。
　　　　　二、著作人：指創作著作之人。
　　　　　三、著作權：指因著作完成所生之著作人格權及著作財產權。
　　　　　四、公眾：指不特定人或特定之多數人。但家庭及其正常社交之多數人，不在此限。
　　　　　五、重製：指以印刷、複印、錄音、錄影、攝影、筆錄或其他方法直接、間接、永久或暫時之重複製作。於劇本、音樂著作或其他類似著作演出或播送時予以錄音或錄影；或依建築設計圖或建築模型建造建築物者，亦屬之。
　　　　　六、公開口述：指以言詞或其他方法向公眾傳達著作內容。
　　　　　七、公開播送：指基於公眾直接收聽或收視為目的，以有線電、無線電或其他器材之廣播系統傳送訊息之方法，藉聲音或影像，向公眾傳達著作內容。由原播送人以外之人，以有線電、無線電或其他器材之廣播系統傳送訊息之方法，將原播送之聲音或影像向公眾傳達者，亦屬之。
　　　　　八、公開上映：指以單一或多數視聽機或其他傳送影像之方法於同一時間向現場或現場以外一定場所之公眾傳達著作內容。
　　　　　九、公開演出：指以演技、舞蹈、歌唱、彈奏樂器或其他方法向現場之公眾傳達著作內容。以擴音器或其他器材，將原播送之聲音或影像向公眾傳達者，亦屬之。
　　　　　十、公開傳輸：指以有線電、無線電之網路或其他通訊方法，藉聲音或影像向公眾提供或傳達著作內容，包括使公眾得於其各自選定之時間或地點，以上述方法接收著作內容。
　　　　　十一、改作：指以翻譯、編曲、改寫、拍攝影片或其他方法就原著作另為創作。
　　　　　十二、散布：指不問有償或無償，將著作之原件或重製物提供公眾交易或流通。

十三、公開展示：指向公眾展示著作內容。

十四、發行：指權利人散布能滿足公眾合理需要之重製物。

十五、公開發表：指權利人以發行、播送、上映、口述、演出、展示或其他方法向公眾公開提示著作內容。

十六、原件：指著作首次附著之物。

十七、權利管理電子資訊：指於著作原件或其重製物，或於著作向公眾傳達時，所表示足以確認著作、著作名稱、著作人、著作財產權人或其授權之人及利用期間或條件之相關電子資訊；以數字、符號表示此類資訊者，亦屬之。

十八、防盜拷措施：指著作權人所採取有效禁止或限制他人擅自進入或利用著作之設備、器材、零件、技術或其他科技方法。

十九、網路服務提供者，指提供下列服務者：

（一）連線服務提供者：透過所控制或營運之系統或網路，以有線或無線方式，提供資訊傳輸、發送、接收，或於前開過程中之中介及短暫儲存之服務者。

（二）快速存取服務提供者：應使用者之要求傳輸資訊後，透過所控制或營運之系統或網路，將該資訊為中介及暫時儲存，以供其後要求傳輸該資訊之使用者加速進入該資訊之服務者。

（三）資訊儲存服務提供者：透過所控制或營運之系統或網路，應使用者之要求提供資訊儲存之服務者。

（四）搜尋服務提供者：提供使用者有關網路資訊之索引、參考或連結之搜尋或連結之服務者。

前項第八款所稱之現場或現場以外一定場所，包含電影院、俱樂部、錄影帶或碟影片播映場所、旅館房間、供公眾使用之交通工具或其他供不特定人進出之場所。

第 4 條　（外國人著作權之取得）

外國人之著作合於下列情形之一者，得依本法享有著作權。但條約或協定另有約定，經立法院議決通過者，從其約定：

一、於中華民國管轄區域內首次發行，或於中華民國管轄區域外首次發行後三十日內在中華民國管轄區域內發行者。但以該外國人之本國，對中華民國人之著作，在相同之情形下，亦予保護且經查證屬實者為限。

二、依條約、協定或其本國法令、慣例，中華民國人之著作得在該國享有著作權者。

第二章　著　作

第 5 條　（著作之種類）

本法所稱著作，例示如下：

一、語文著作。

二、音樂著作。

三、戲劇、舞蹈著作。

四、美術著作。

　　　　　五、攝影著作。
　　　　　六、圖形著作。
　　　　　七、視聽著作。
　　　　　八、錄音著作。
　　　　　九、建築著作。
　　　　　十、電腦程式著作。
　　　　　前項各款著作例示內容，由主管機關訂定之。

第 6 條　　（衍生著作之保護）
　　　　　就原著作改作之創作為衍生著作，以獨立之著作保護之。
　　　　　衍生著作之保護，對原著作之著作權不生影響。

第 7 條　　（編輯著作之保護）
　　　　　就資料之選擇及編排具有創作性者為編緝著作，以獨立之著作保護之。
　　　　　編輯著作之保護，對其所收編著作之著作權不生影響。

第7-1條　　（表演之保護）
　　　　　表演人對既有著作或民俗創作之表演，以獨立之著作保護之。
　　　　　表演之保護，對原著作之著作權不生影響。

第 8 條　　（共同著作之意義）
　　　　　二人以上共同完成之著作，其各人之創作，不能分離利用者，為共同著作。

第 9 條　　（著作權標的之限制）
　　　　　下列各款不得為著作權之標的：
　　　　　一、憲法、法律、命令或公文。
　　　　　二、中央或地方機關就前款著作作成之翻譯物或編輯物。
　　　　　三、標語及通用之符號、名詞、公式、數表、表格、簿冊或時曆。
　　　　　四、單純為傳達事實之新聞報導所作成之語文著作。
　　　　　五、依法令舉行之各類考試試題及其備用試題。
　　　　　前項第一款所稱公文，包括公務員於職務上草擬之文告、講稿、新聞稿及其他
　　　　　文書。

第三章　著作人及著作權

第一節　通　　則

第 10 條　　（著作權之取得）
　　　　　著作人於著作完成時享有著作權。但本法另有規定者，從其規定。

第10-1條　　（著作權之表達）
　　　　　依本法取得之著作權，其保護僅及於該著作之表達，而不及於其所表達之思
　　　　　想、程序、製程、系統、操作方法、概念、原理、發現。

第二節　著作人

第 11 條　（受雇人之著作權歸屬）
受雇人於職務上完成之著作，以該受雇人為著作人。但契約約定以雇用人為著作人者，從其約定。
依前項規定，以受雇人為著作人者，其著作財產權歸雇用人享有。但契約約定其著作財產權歸受雇人享有者，從其約定。
前二項所稱受雇人，包括公務員。

第 12 條　（出資人及受聘人之著作權歸屬）
出資聘請他人完成之著作，除前條情形外，以該受聘人為著作人。但契約約定以出資人為著作人者，從其約定。
依前項規定，以受聘人為著作人者，其著作財產權依契約約定歸受聘人或出資人享有。未約定著作財產權之歸屬者，其著作財產權歸受聘人享有。
依前項規定著作財產權歸受聘人享有者，出資人得利用該著作。

第 13 條　（著作人之推定）
在著作之原件或其已發行之重製物上，或將著作公開發表時，以通常之方法表示著作人之本名或眾所周知之別名者，推定為該著作之著作人。
前項規定，於著作發行日期、地點及著作財產權人之推定，準用之。

第 14 條　（刪除）

第三節　著作人格權

第 15 條　（公開發表著作權）
著作人就其著作享有公開發表之權利。但公務員，依第十一條及第十二條規定為著作人，而著作財產權歸該公務員隸屬之法人享有者，不適用之。
有下列情形之一者，推定著作人同意公開發表其著作：
一、著作人將其尚未公開發表著作之著作財產權讓與他人或授權他人利用時，因著作財產權之行使或利用而公開發表者。
二、著作人將其尚未公開發表之美術著作或攝影著作之著作原件或其重製物讓與他人，受讓人以其著作原件或其重製物公開展示者。
三、依學位授予法撰寫之碩士、博士論文，著作人已取得學位者。
依第十一條第二項及第十二條第二項規定，由雇用人或出資人自始取得尚未公開發表著作之著作財產權者，因其著作財產權之讓與、行使或利用而公開發表者，視為著作人同意公開發表其著作。
前項規定，於第十二條第三項準用之。

第 16 條　（著作人格權之行使）
著作人於著作之原件或其重製物上或於著作公開發表時，有表示其本名、別名或不具名之權利。著作人就其著作所生之衍生著作，亦有相同之權利。
前條第一項但書規定，於前項準用之。
利用著作之人，得使用自己之封面設計，並加冠設計人或主編之姓名或名稱。但著作人有特別表示或違反社會使用慣例者，不在此限。
依著作利用之目的及方法，於著作人之利益無損害之虞，且不違反社會使用慣例者，得省略著作人之姓名或名稱。

第 17 條　（著作人之權利）

著作人享有禁止他人以歪曲、割裂、竄改或其他方法改變其著作之內容、形式或名目致損害其名譽之權利。

第 18 條　（著作人格權之存續）

著作人死亡或消滅者，關於其著作人格權之保護，視同生存或存續，任何人不得侵害。但依利用行為之性質及程度、社會之變動或其他情事可認為不違反該著作人之意思者，不構成侵害。

第 19 條　（共同著作之著作人格權）

共同著作之著作人格權，非經著作人全體同意，不得行使之。各著作人無正當理由者，不得拒絕同意。

共同著作之著作人，得於著作人中選定代表人行使著作人格權。

對於前項代表人之代表權所加限制，不得對抗善意第三人。

第 20 條　（著作不得作為強制執行之標的）

未公開發表之著作原件及其著作財產權，除作為買賣之標的或經本人允諾者外，不得作為強制執行之標的。

第 21 條　（著作人格權專屬於著作人本身）

著作人格權專屬於著作人本身，不得讓與或繼承。

第四節　著作財產權

第一款　著作財產權之種類

第 22 條　（著作人自行重製權）

著作人除本法另有規定外，專有重製其著作之權利。

表演人專有以錄音、錄影或攝影重製其表演之權利。

前二項規定，於專為網路合法中繼性傳輸，或合法使用著作，屬技術操作過程中必要之過渡性、附帶性而不具獨立經濟意義之暫時性重製，不適用之。但電腦程式著作，不在此限。

前項網路合法中繼性傳輸之暫時性重製情形，包括網路瀏覽、快速存取或其他為達成傳輸功能之電腦或機械本身技術上所不可避免之現象。

第 23 條　（著作人之公開口述權）

著作人專有公開口述其語文著作之權利。

第 24 條　（著作人之公開播送權）

著作人除本法另有規定外，專有公開播送其著作之權利。

表演人就其經重製或公開播送後之表演，再公開播送者，不適用前項規定。

第 25 條　（著作人之公開上映權）

著作人專有公開上映其視聽著作之權利。

第 26 條　（著作人之公開演出權）

著作人除本法另有規定外，專有公開演出其語文、音樂或戲劇、舞蹈著作之權利。

表演人專有以擴音器或其他器材公開演出其表演之權利。但將表演重製後或公開播送後再以擴音器或其他器材公開演出者，不在此限。

錄音著作經公開演出者，著作人得請求公開演出之人支付使用報酬。

第26-1條　（著作人之公開傳輸權）

著作人除本法另有規定外，專有公開傳輸其著作之權利。

表演人就其經重製於錄音著作之表演，專有公開傳輸之權利。

第 27 條　（著作人之公開展示權）

著作人專有公開展示其未發行之美術著作或攝影著作之權利。

第 28 條　（著作人之改作成編輯著作權）

著作人專有將其著作改作成衍生著作或編輯成編輯著作之權利。但表演不適用之。

第28-1條　（著作人以移轉所有權方式散布著作權）

著作人除本法另有規定外，專有以移轉所有權之方式，散布其著作之權利。

表演人就其經重製於錄音著作之表演，專有以移轉所有權之方式散布之權利。

第 29 條　（著作人之出租著作權）

著作人除本法另有規定外，專有出租其著作之權利。

表演人就其經重製於錄音著作之表演，專有出租之權利。

第29-1條　（著作財產權之雇用人或出資人其專有權利）

依第十一條第二項或第十二條第二項規定取得著作財產權之雇用人或出資人，專有第二十二條至第二十九條規定之權利。

第二款　著作財產權之存續期間

第 30 條　（著作財產權之存續期間）

著作財產權，除本法另有規定外，存續於著作人之生存期間及其死亡後五十年。

著作於著作人死亡後四十年至五十年間首次公開發表者，著作財產權之期間，自公開發表時起存續十年。

第 31 條　（共同著作之著作財產權存續期間）

共同著作之著作財產權，存續至最後死亡之著作人死亡後五十年。

第 32 條　（別名著作或不具名著作之著作財產權存續期間）

別名著作或不具名著作之著作財產權，存續至著作公開發表後五十年。但可證明其著作人死亡已逾五十年者，其著作財產權消滅。

前項規定，於著作人之別名為眾所周知者，不適用之。

第 33 條　（法人為著作人之著作財產權存續期間）

法人為著作人之著作，其著作財產權存續至其著作公開發表後五十年。但著作在創作完成時起算五十年內未公開發表者，其著作財產權存續至創作完成時起五十年。

第 34 條　（攝影、視聽、錄音及表演之著作財產權存續期間）
　　　　　攝影、視聽、錄音及表演之著作財產權存續至著作公開發表後五十年。
　　　　　前條但書規定，於前項準用之。

第 35 條　（著作財產權存續期間之計算方式）
　　　　　第三十條至第三十四條所定存續期間，以該期間屆滿當年之末日為期間之終
　　　　　止。
　　　　　繼續或逐次公開發表之著作，依公開發表日計算著作財產權存續期間時，如各
　　　　　次公開發表能獨立成一著作者，著作財產權存續期間自各別公開發表日起算。
　　　　　如各次公開發表不能獨立成一著作者，以能獨立成一著作時之公開發表日起
　　　　　算。
　　　　　前項情形，如繼續部分未於前次公開發表日後三年內公開發表者，其著作財產
　　　　　權存續期間自前次公開發表日起算。

第三款　著作財產權之讓與、行使及消滅

第 36 條　（著作財產權之讓與）
　　　　　著作財產權得全部或部分讓與他人或與他人共有。
　　　　　著作財產權之受讓人，在其受讓範圍內，取得著作財產權。
　　　　　著作財產權讓與之範圍依當事人之約定；其約定不明之部分，推定為未讓與。

第 37 條　（著作財產權人授權之利用）
　　　　　著作財產權人得授權他人利用著作，其授權利用之地域、時間、內容、利用方
　　　　　法或其他事項，依當事人之約定；其約定不明之部分，推定為未授權。
　　　　　前項授權不因著作財產權人嗣後將其著作財產權讓與或再為授權而受影響。
　　　　　非專屬授權之被授權人非經著作財產權人同意，不得將其被授與之權利再授權
　　　　　第三人利用。
　　　　　專屬授權之被授權人在被授權範圍內，得以著作財產權人之地位行使權利，並
　　　　　得以自己名義為訴訟上之行為。著作財產權人在專屬授權範圍內，不得行使權
　　　　　利。
　　　　　第二項至前項規定，於中華民國九十年十一月十二日本法修正施行前所為之授
　　　　　權，不適用之。
　　　　　有下列情形之一者，不適用第七章規定。但屬於著作權集體管理團體管理之著
　　　　　作，不在此限：
　　　　　一、音樂著作經授權重製於電腦伴唱機者，利用人利用該電腦伴唱機公開演出
　　　　　　　該著作。
　　　　　二、將原播送之著作再公開播送。
　　　　　三、以擴音器或其他器材，將原播送之聲音或影像向公眾傳達。
　　　　　四、著作經授權重製於廣告後，由廣告播送人就該廣告為公開播送或同步公開
　　　　　　　傳輸，向公眾傳達。

第 38 條　（刪除）

第 39 條　（以著作財產權為質權之標的物不影響其行使）
　　　　　以著作財產權為質權之標的物者，除設定時另有約定外，著作財產權人得行使
　　　　　其著作財產權。

第 40 條　（共同著作人之著作財產權約定）

共同著作各著作人之應有部分，依共同著作人間之約定定之；無約定者，依各著作人參與創作之程度定之。各著作人參與創作之程度不明時，推定為均等。

共同著作之著作人拋棄其應有部分者，其應有部分由其他共同著作人依其應有部分之比例分享之。

前項規定，於共同著作之著作人死亡無繼承人或消滅後無承受人者，準用之。

第40-1條　（共有著作財產權之行使）

共有之著作財產權，非經著作財產權人全體同意，不得行使之；各著作財產權人非經其他共有著作財產權人之同意，不得以其應有部分讓與他人或為他人設定質權。各著作財產權人，無正當理由者，不得拒絕同意。

共有著作財產權人，得於著作財產權人中選定代表人行使著作財產權。對於代表人之代表權所加限制，不得對抗善意第三人。

前條第二項及第三項規定，於共有著作財產權準用之。

第 41 條　（授與刊載或公開播送一次之權利不影響著作人之其他權利）

著作財產權人投稿於新聞紙、雜誌或授權公開播送著作者，除另有約定外，推定僅授與刊載或公開播送一次之權利，對著作財產權人之其他權利不生影響。

第 42 條　（著作財產權存續期間之消滅）

著作財產權因存續期間屆滿而消滅。於存續期間內，有下列情形之一者，亦同：

一、著作財產權人死亡，其著作財產權依法應歸屬國庫者。

二、著作財產權人為法人，於其消滅後，其著作財產權依法應歸屬於地方自治團體者。

第 43 條　（著作財產權消滅之著作得自由利用）

著作財產權消滅之著作，除本法另有規定外，任何人均得自由利用。

第四款　著作財產權之限制

第 44 條　（中央或地方機關得重製他人著作之條件）

中央或地方機關，因立法或行政目的所需，認有必要將他人著作列為內部參考資料時，在合理範圍內，得重製他人之著作。但依該著作之種類、用途及其重製物之數量、方法，有害於著作財產權人之利益者，不在此限。

第 45 條　（為司法程序得重製他人著作之條件）

專為司法程序使用之必要，在合理範圍內，得重製他人之著作。

前條但書規定，於前項情形準用之。

第 46 條　（為學校授課得重製他人著作之條件）

依法設立之各級學校及其擔任教學之人，為學校授課目的之必要範圍內，得重製、公開演出或公開上映已公開發表之著作。

前項情形，經採取合理技術措施防止未有學校學籍或未經選課之人接收者，得公開播送或公開傳輸已公開發表之著作。

第四十四條但書規定，於前二項情形準用之。

第46-1條 （非營利遠距教學之法定授權）

依法設立之各級學校或教育機構及其擔任教學之人，為教育目的之必要範圍內，得公開播送或公開傳輸已公開發表之著作。但有營利行為者，不適用之。

前項情形，除符合前條第二項規定外，利用人應將利用情形通知著作財產權人並支付適當之使用報酬。

第 47 條 （為教育目的得公開播送或轉載他人著作之條件）

為編製依法規應經審定或編定之教科用書，編製者得重製、改作或編輯已公開發表之著作，並得公開傳輸該教科用書。

前項規定，除公開傳輸外，於該教科用書編製者編製附隨於該教科用書且專供教學之人教學用之輔助用品，準用之。

前二項情形，利用人應將利用情形通知著作財產權人並支付使用報酬；其使用報酬率，由主管機關定之。

第 48 條 （文教機構得重製他人著作之條件）

供公眾使用之圖書館、博物館、歷史館、科學館、藝術館、檔案館或其他典藏機構，於下列情形之一，得就其收藏之著作重製之：

一、應閱覽人供個人研究之要求，重製已公開發表著作之一部分，或期刊或已公開發表之研討會論文集之單篇著作，每人以一份為限。但不得以數位重製物提供之。

二、基於避免遺失、毀損或其儲存形式無通用技術可資讀取，且無法於市場以合理管道取得而有保存資料之必要者。

三、就絕版或難以購得之著作，應同性質機構之要求者。

四、數位館藏合法授權期間還原著作之需要者。

國家圖書館為促進國家文化發展之目的，得以數位方式重製下列著作：

一、為避免原館藏滅失、損傷或污損，替代原館藏提供館內閱覽之館藏著作。但市場已有數位形式提供者，不適用之。

二、中央或地方機關或行政法人於網路上向公眾提供之資料。

依第一項第二款至第四款及前項第一款規定重製之著作，符合下列各款規定，或依前項第二款規定重製之著作，符合第二款規定者，得於館內公開傳輸提供閱覽：

一、同一著作同一時間提供館內使用者閱覽之數量，未超過該機構現有該著作之館藏數量。

二、提供館內閱覽之電腦或其他顯示設備，未提供使用者進行重製、傳輸。

國家圖書館依第二項第一款規定重製之著作，除前項規定情形外，不得作其他目的之利用。

第48-1條 （政府機關或教育機構得重製之著作摘要）

中央或地方機關、依法設立之教育機構或供公眾使用之圖書館，得重製下列已公開發表之著作所附之摘要：

一、依學位授予法撰寫之碩士、博士論文，著作人已取得學位者。

二、刊載於期刊中之學術論文。

三、已公開發表之研討會論文集或研究報告。

第 49 條 （報導得利用他人著作之條件）

以廣播、攝影、錄影、新聞紙、網路或其他方法為時事報導者，在報導之必要

範圍內,得利用其報導過程中所接觸之著作。

第 50 條 （政府機關或公法人著作之重製或播送）
以中央或地方機關或公法人之名義公開發表之著作,在合理範圍內,得重製、公開播送或公開傳輸。

第51條 （非為營利得重製他人著作之條件）
供個人或家庭為非營利之目的,在合理範圍內,得利用圖書館及非供公眾使用之機器重製已公開發表之著作。

第 52 條 （得引用他人著作之條件）
為報導、評論、教學、研究或其他正當目的之必要,在合理範圍內,得引用已公開發表之著作。

第 53 條 （得為盲人重製及錄音他人著作之條件）
中央或地方政府機關、非營利機構或團體、依法立案之各級學校,為專供視覺障礙者、學習障礙者、聽覺障礙者或其他感知著作有困難之障礙者使用之目的,得以翻譯、點字、錄音、數位轉換、口述影像、附加手語或其他方式利用已公開發表之著作。
前項所定障礙者或其代理人為供該障礙者個人非營利使用,準用前項規定。
依前二項規定製作之著作重製物,得於前二項所定障礙者、中央或地方政府機關、非營利機構或團體、依法立案之各級學校間散布或公開傳輸。

第 54 條 （為試題之用得重製他人著作之條件）
中央或地方機關、依法設立之各級學校或教育機構辦理之各種考試,得重製已公開發表之著作,供為試題之用。但已公開發表之著作如為試題者,不適用之。

第 55 條 （非營利性表演活動得利用他人著作之條件）
非以營利為目的,未對觀眾或聽眾直接或間接收取任何費用,且未對表演人支付報酬者,得於活動中公開口述、公開播送、公開上映或公開演出他人已公開發表之著作。

第 56 條 （廣播電視得錄製他人著作之條件）
廣播或電視,為公開播送之目的,得以自己之設備錄音或錄影該著作。但以其公開播送業經著作財產權人之授權或合於本法規定者為限。
前項錄製物除經著作權專責機關核准保存於指定之處所外,應於錄音或錄影後六個月內銷燬之。

第56-1條 （無線電視臺著作不得變更其形式或內容）
為加強收視效能,得以依法令設立之社區共同天線同時轉播依法設立無線電視臺播送之著作,不得變更其形式或內容。

第 57 條 （美術攝影著作之展示及重製）
美術著作或攝影著作原件或合法重製物之所有人或經其同意之人,得公開展示該著作原件或合法重製物。
前項公開展示之人,為向參觀人解說著作,得於說明書內重製該著作。

第 58 條 （長期展示之美術著作或建築著作之利用）
　　　　於街道、公園、建築物之外壁或其他向公眾開放之戶外場所長期展示之美術著
　　　　作或建築著作，除下列情形外，得以任何方法利用之：
　　　　一、以建築方式重製建築物。
　　　　二、以雕塑方式重製雕塑物。
　　　　三、為於本條規定之場所長期展示目的所為之重製。
　　　　四、專門以販賣美術著作重製物為目的所為之重製。

第 59 條 （合法電腦程式著作之修改或重製）
　　　　合法電腦程式著作重製物之所有人得因配合其所使用機器之需要，修改其程
　　　　式，或因備用存檔之需要重製其程式。但限於該所有人自行使用。
　　　　前項所有人因滅失以外之事由，喪失原重製物之所有權者，除經著作財產權人
　　　　同意外，應將其修改或重製之程式銷燬之。

第59-1條 （所有權人以移轉所有權方式散布所有權）
　　　　在中華民國管轄區域內取得著作原件或其合法重製物所有權之人，得以移轉所
　　　　有權之方式散布之。

第 60 條 （合法著作重製物之出租）
　　　　著作原件或其合法著作重製物之所有人，得出租該原件或重製物。但錄音及電
　　　　腦程式著作，不適用之。
　　　　附含於貨物、機器或設備之電腦程式著作重製物，隨同貨物、機器或設備合法
　　　　出租且非該項出租之主要標的物者，不適用前項但書之規定。

第 61 條 （媒體時論之轉載或播送）
　　　　揭載於新聞紙、雜誌或網路上有關政治、經濟或社會上時事問題之論述，得由
　　　　其他新聞紙、雜誌轉載或由廣播或電視公開播送，或於網路上公開傳輸。但經
　　　　註明不許轉載、公開播送或公開傳輸者，不在此限。

第 62 條 （公開演說及公開陳述之利用）
　　　　政治或宗教上之公開演說、裁判程序及中央或地方機關之公開陳述，任何人得
　　　　利用之。但專就特定人之演說或陳述，編輯成編輯著作者，應經著作財產權人
　　　　之同意。

第 63 條 （依法利用他人著作者得翻譯該著作）
　　　　依第四十四條、第四十五條、第四十八條第一款、第四十八條之一至第五十
　　　　條、第五十二條至第五十五條、第六十一條及第六十二條規定得利用他人著作
　　　　者，得翻譯該著作。
　　　　依第四十六條及第五十一條規定得利用他人著作者，得改作該著作。
　　　　依第四十六條至第五十條、第五十二條至第五十四條、第五十七條第二項、第
　　　　五十八條、第六十一條及第六十二條規定利用他人著作者，得散布該著作。

第 64 條 （依法利用他人著作者應明示出處）
　　　　依第四十四條至第四十七條、第四十八條之一至第五十條、第五十二條、第
　　　　五十三條、第五十五條、第五十七條、第五十八條、第六十條至第六十三條規
　　　　定利用他人著作者，應明示其出處。
　　　　前項明示出處，就著作人之姓名或名稱，除不具名著作或著作人不明者外，應

以合理之方式為之。

第 65 條　（合法利用他人著作之判準）

著作之合理使用，不構成著作財產權之侵害。

著作之利用是否合於第四十四條至第六十三條所定之合理範圍或其他合理使用之情形，應審酌一切情狀，尤應注意下列事項，以為判斷之基準：

一、利用之目的及性質，包括係為商業目的或非營利教育目的。

二、著作之性質。

三、所利用之質量及其在整個著作所占之比例。

四、利用結果對著作潛在市場與現在價值之影響。

著作權人團體與利用人團體就著作之合理使用範圍達成協議者，得為前項判斷之參考。

前項協議過程中，得諮詢著作權專責機關之意見。

第 66 條　（著作人格權不受他人利用之影響）

第四十四條至第六十三條及第六十五條規定，對著作人之著作人格權不生影響。

第五款　著作利用之強制授權

第 67 條　（刪除）

第 68 條　（刪除）

第 69 條　（音樂著作利用之強制授權）

錄有音樂著作之銷售用錄音著作發行滿六個月，欲利用該音樂著作錄製其他銷售用錄音著作者，經申請著作權專責機關許可強制授權，並給付使用報酬後，得利用該音樂著作，另行錄製。

前項音樂著作強制授權許可、使用報酬之計算方式及其他應遵行事項之辦法，由主管機關定之。

第 70 條　（強制授權利用之著作銷售區域限制）

依前條規定利用音樂著作者，不得將其錄音著作之重製物銷售至中華民國管轄區域外。

第 71 條　（強制授權許可之撤銷）

依第六十九條規定，取得強制授權之許可後，發現其申請有虛偽情事者，著作權專責機關應撤銷其許可。

依第六十九條規定，取得強制授權之許可後，未依著作權專責機關許可之方式利用著作者，著作權專責機關應廢止其許可。

第 72 條　（刪除）

第 73 條　（刪除）

第 74 條　（刪除）

第 75 條　（刪除）

第 76 條　（刪除）

第 77 條　（刪除）

第 78 條　（刪除）

第四章　製版權

第 79 條　（製版權）
　　　　　無著作財產權或著作財產權消滅之文字著述或美術著作，經製版人就文字著述整理印刷，或就美術著作原件以影印、印刷或類似方式重製首次發行，並依法登記者，製版人就其版面，專有以影印、印刷或類似方式重製之權利。
　　　　　製版人之權利，自製版完成時起算存續十年。
　　　　　前項保護期間，以該期間屆滿當年之末日，為期間之終止。
　　　　　製版權之讓與或信託，非經登記，不得對抗第三人。
　　　　　製版權登記、讓與登記、信託登記及其他應遵行事項之辦法，由主管機關定之。

第 80 條　（製版權準用之規定）
　　　　　第四十二條及第四十三條有關著作財產權消滅之規定、第四十四條至第四十八條、第四十九條、第五十一條、第五十二條、第五十四條、第六十四條及第六十五條關於著作財產權限制之規定，於製版權準用之。

第四章之一　權利管理電子資訊及防盜拷措施

第80-1條　（設備器材、零件及技術製造輸入之禁止及例外）
　　　　　著作權人所為之權利管理電子資訊，不得移除或變更。但有下列情形之一者，不在此限：
　　　　　一、因行為時之技術限制，非移除或變更著作權利管理電子資訊即不能合法利用該著作。
　　　　　二、錄製或傳輸系統轉換時，其轉換技術上必要之移除或變更。
　　　　　明知著作權利管理電子資訊，業經非法移除或變更者，不得散布或意圖散布而輸入或持有該著作原件或其重製物，亦不得公開播送、公開演出或公開傳輸。

第80-2條　（破解、破壞或規避防盜拷措施之設備器材或技術等，未經合法授權不得製造輸入之除外情形）
　　　　　著作權人所採取禁止或限制他人擅自進入著作之防盜拷措施，未經合法授權不得予以破解、破壞或以其他方法規避之。
　　　　　破解、破壞或規避防盜拷措施之設備、器材、零件、技術或資訊，未經合法授權不得製造、輸入、提供公眾使用或為公眾提供服務。
　　　　　前二項規定，於下列情形不適用之：
　　　　　一、為維護國家安全者。

二、中央或地方機關所為者。

三、檔案保存機構、教育機構或供公眾使用之圖書館，為評估是否取得資料所為者。

四、為保護未成年人者。

五、為保護個人資料者。

六、為電腦或網路進行安全測試者。

七、為進行加密研究者。

八、為進行還原工程者。

九、為依第四十四條至第六十三條及第六十五條規定利用他人著作者。

十、其他經主管機關所定情形。

前項各款之內容，由主管機關定之，並定期檢討。

第五章　著作權集體管理團體與著作權審議及調解委員會

第 81 條　（著作權集體管理團體）

著作財產權人為行使權利、收受及分配使用報酬，經著作權專責機關之許可，得組成著作權集體管理團體。

專屬授權之被授權人，亦得加入著作權集體管理團體。

第一項團體之許可設立、組織、職權及其監督、輔導，另以法律定之。

第 82 條　（著作權審議及調解委員會）

著作權專責機關應設置著作權審議及調解委員會，辦理下列事項：

一、第四十七條第四項規定使用報酬率之審議。

二、著作權集體管理團體與利用人間，對使用報酬爭議之調解。

三、著作權或製版權爭議之調解。

四、其他有關著作權審議及調解之諮詢。

前項第三款所定爭議之調解，其涉及刑事者，以告訴乃論罪之案件為限。

第82-1條　（調解書送請管轄法院審核）

著作權專責機關應於調解成立後七日內，將調解書送請管轄法院審核。

前項調解書，法院應盡速審核，除有違反法令、公序良俗或不能強制執行者外，應由法官簽名並蓋法院印信，除抽存一份外，發還著作權專責機關送達當事人。

法院未予核定之事件，應將其理由通知著作權專責機關。

第82-2條　（法院核定調解）

調解經法院核定後，當事人就該事件不得再行起訴、告訴或自訴。

前項經法院核定之民事調解，與民事確定判決有同一之效力；經法院核定之刑事調解，以給付金錢或其他代替物或有價證券之一定數量為標的者，其調解書具有執行名義。

第82-3條　（撤回起訴）

民事事件已繫屬於法院，在判決確定前，調解成立，並經法院核定者，視為於調解成立時撤回起訴。

刑事事件於偵查中或第一審法院辯論終結前,調解成立,經法院核定,並經當事人同意撤回者,視為於調解成立時撤回告訴或自訴。

第82-4條 (宣告調解無效或撤銷調解之訴)
民事調解經法院核定後,有無效或得撤銷之原因者,當事人得向原核定法院提起宣告調解無效或撤銷調解之訴。
前項訴訟,當事人應於法院核定之調解書送達後三十日內提起之。

第 83 條 (著作權審議及調解委員會組織規程及調解辦法)
前條著作權審議及調解委員會之組織規程及有關爭議之調解辦法,由主管機關擬訂,報請行政院核定後發布之。

第六章　權利侵害之救濟

第 84 條 (權利侵害之救濟)
著作權人或製版權人對於侵害其權利者,得請求排除之,有侵害之虞者,得請求防止之。

第 85 條 (侵害著作人格權之民事責任)
侵害著作人格權者,負損害賠償責任。雖非財產上之損害,被害人亦得請求賠償相當之金額。
前項侵害,被害人並得請求表示著作人之姓名或名稱、更正內容或為其他回復名譽之適當處分。

第 86 條 (著作人死亡後得請求救濟著作人格權遭侵害者之先後次序)
著作人死亡後,除其遺囑另有指定外,下列之人,依順序對於違反第十八條或有違反之虞者,得依第八十四條及前條第二項規定,請求救濟:
一、配偶。
二、子女。
三、父母。
四、孫子女。
五、兄弟姊妹。
六、祖父母。

第 87 條 (視為侵害著作權或製版權)
有下列情形之一者,除本法另有規定外,視為侵害著作權或製版權:
一、以侵害著作人名譽之方法利用其著作者。
二、明知為侵害製版權之物而散布或意圖散布而公開陳列或持有者。
三、輸入未經著作財產權人或製版權人授權重製之重製物或製版物者。
四、未經著作財產權人同意而輸入著作原件或其國外合法重製物者。
五、以侵害電腦程式著作財產權之重製物作為營業之使用者。
六、明知為侵害著作財產權之物而以移轉所有權或出租以外之方式散布者,或明知為侵害著作財產權之物,意圖散布而公開陳列或持有者。
七、未經著作財產權人同意或授權,意圖供公眾透過網路公開傳輸或重製他人

著作，侵害著作財產權，對公眾提供可公開傳輸或重製著作之電腦程式或其他技術，而受有利益者。

八、明知他人公開播送或公開傳輸之著作侵害著作財產權，意圖供公眾透過網路接觸該等著作，有下列情形之一而受有利益者：

　（一）提供公眾使用匯集該等著作網路位址之電腦程式。

　（二）指導、協助或預設路徑供公眾使用前目之電腦程式。

　（三）製造、輸入或銷售載有第一目之電腦程式之設備或器材。

前項第七款、第八款之行為人，採取廣告或其他積極措施，教唆、誘使、煽惑、說服公眾利用者，為具備該款之意圖。

第87-1條　（為特定原因而輸入不視為侵害之情形）

有下列情形之一者，前條第四款之規定，不適用之：

一、為供中央或地方機關之利用而輸入。但為供學校或其他教育機構之利用而輸入或非以保存資料之目的而輸入視聽著作原件或其重製物者，不在此限。

二、為供非營利之學術、教育或宗教機構保存資料之目的而輸入視聽著作原件或一定數量重製物，或為其圖書館借閱或保存資料之目的而輸入視聽著作以外之其他著作原件或一定數量重製物，並應依第四十八條規定利用之。

三、為供輸入者個人非散布之利用或屬入境人員行李之一部分而輸入著作原件或一定數量重製物者。

四、中央或地方政府機關、非營利機構或團體、依法立案之各級學校，為專供視覺障礙者、學習障礙者、聽覺障礙者或其他感知著作有困難之障礙者使用之目的，得輸入以翻譯、點字、錄音、數位轉換、口述影像、附加手語或其他方式重製之著作重製物，並應依第五十三條規定利用之。

五、附含於貨物、機器或設備之著作原件或其重製物，隨同貨物、機器或設備之合法輸入而輸入者，該著作原件或其重製物於使用或操作貨物、機器或設備時不得重製。

六、附屬於貨物、機器或設備之說明書或操作手冊隨同貨物、機器或設備之合法輸入而輸入者。但以說明書或操作手冊為主要輸入者，不在此限。

前項第二款及第三款之一定數量，由主管機關另定之。

第88條　（不法侵害著作財產權或製版權之民事責任）

因故意或過失不法侵害他人之著作財產權或製版權者，負損害賠償責任。數人共同不法侵害者，連帶負賠償責任。

前項損害賠償，被害人得依下列規定擇一請求：

一、依民法第二百十六條之規定請求。但被害人不能證明其損害時，得以其行使權利依通常情形可得預期之利益，減除被侵害後行使同一權利所得利益之差額，為其所受損害。

二、請求侵害人因侵害行為所得之利益。但侵害人不能證明其成本或必要費用時，以其侵害行為所得之全部收入，為其所得利益。

依前項規定，如被害人不易證明其實際損害額，得請求法院依侵害情節，在新臺幣一萬元以上一百萬元以下酌定賠償額。如損害行為屬故意且情節重大者，賠償額得增至新臺幣五百萬元。

第88-1條　（侵害所用之物之銷燬）

依第八十四條或前條第一項請求時，對於侵害行為作成之物或主要供侵害所用之物，得請求銷燬或為其他必要之處置。

第 89 條　（被害人得請求侵害人負擔刊載判決書之費用）

被害人得請求由侵害人負擔費用，將判決書內容全部或一部登載新聞紙、雜誌。

第89-1條　（損害賠償請求權之期限）

第八十五條及第八十八條之損害賠償請求權，自請求權人知有損害及賠償義務人時起，二年間不行使而消滅。自有侵權行為時起，逾十年者亦同。

第 90 條　（共同著作之權利救濟）

共同著作之各著作權人，對於侵害其著作權者，得各依本章之規定，請求救濟，並得按其應有部分，請求損害賠償。

前項規定，於因其他關係成立之共有著作財產權或製版權之共有人準用之。

第90-1條　（海關查扣）

著作權人或製版權人對輸入或輸出侵害其著作權或製版權之物者，得申請海關先予查扣。

前項申請應以書面為之，並釋明侵害之事實，及提供相當於海關核估該進口貨物完稅價格或出口貨物離岸價格之保證金，作為被查扣人因查扣所受損害之賠償擔保。

海關受理查扣之申請，應即通知申請人。如認符合前項規定而實施查扣時，應以書面通知申請人及被查扣人。

申請人或被查扣人，得向海關申請檢視被查扣之物。

查扣之物，經申請人取得法院民事確定判決，屬侵害著作權或製版權者，由海關予以沒入。沒入物之貨櫃延滯費、倉租、裝卸費等有關費用暨處理銷毀費用應由被查扣人負擔。

前項處理銷毀所需費用，經海關限期通知繳納而不繳納者，依法移送強制執行。

有下列情形之一者，除由海關廢止查扣依有關進出口貨物通關規定辦理外，申請人並應賠償被查扣人因查扣所受損害：

一、查扣之物經法院確定判決，不屬侵害著作權或製版權之物者。

二、海關於通知申請人受理查扣之日起十二日內，未被告知就查扣物為侵害物之訴訟已提起者。

三、申請人申請廢止查扣者。

前項第二款規定之期限，海關得視需要延長十二日。

有下列情形之一者，海關應依申請人之申請返還保證金：

一、申請人取得勝訴之確定判決或與被查扣人達成和解，已無繼續提供保證金之必要者。

二、廢止查扣後，申請人證明已定二十日以上之期間，催告被查扣人行使權利而未行使者。

三、被查扣人同意返還者。

被查扣人就第二項之保證金與質權人有同一之權利。

海關於執行職務時，發現進出口貨物外觀顯有侵害著作權之嫌者，得於一個工作日內通知權利人並通知進出口人提供授權資料。權利人接獲通知後對於空運

出口貨物應於四小時內，空運進口及海運進出口貨物應於一個工作日內至海關協助認定。權利人不明或無法通知，或權利人未於通知期限內至海關協助認定，或經權利人認定係爭標的物未侵權者，若無違反其他通關規定，海關應即放行。

經認定疑似侵權之貨物，海關應採行暫不放行措施。

海關採行暫不放行措施後，權利人於三個工作日內，未依第一項至第十項向海關申請查扣，或未採行保護權利之民、刑事訴訟程序，若無違反其他通關規定，海關應即予放行。

第90-2條　（查扣物相關事項實施辦法）
前條之實施辦法，由主管機關會同財政部定之。

第90-3條　（賠償責任）
違反第八十條之一或第八十條之二規定，致著作權人受損害者，負賠償責任。數人共同違反者，負連帶賠償責任。

第八十四條、第八十八條之一、第八十九條之一及第九十條之一規定，於違反第八十條之一或第八十條之二規定者，準用之。

第六章之一　　網路服務提供者之民事免責事由

第90-4條　（網路服務提供者適用民事免責事由之共通要件）
符合下列規定之網路服務提供者，適用第九十條之五至第九十條之八之規定：
一、以契約、電子傳輸、自動偵測系統或其他方式，告知使用者其著作權或製版權保護措施，並確實履行該保護措施。
二、以契約、電子傳輸、自動偵測系統或其他方式，告知使用者若有三次涉有侵權情事，應終止全部或部分服務。
三、公告接收通知文件之聯繫窗口資訊。
四、執行第三項之通用辨識或保護技術措施。
連線服務提供者於接獲著作權人或製版權人就其使用者所為涉有侵權行為之通知後，將該通知以電子郵件轉送該使用者，視為符合前項第一款規定。
著作權人或製版權人已提供為保護著作權或製版權之通用辨識或保護技術措施，經主管機關核可者，網路服務提供者應配合執行之。

第90-5條　（連線服務提供者對使用者侵權行為不負賠償責任之情形）
有下列情形者，連線服務提供者對其使用者侵害他人著作權或製版權之行為，不負賠償責任：
一、所傳輸資訊，係由使用者所發動或請求。
二、資訊傳輸、發送、連結或儲存，係經由自動化技術予以執行，且連線服務提供者未就傳輸之資訊為任何篩選或修改。

第90-6條　（快速存取服務提供者對使用者侵權行為不負賠償責任之情形）
有下列情形者，快速存取服務提供者對其使用者侵害他人著作權或製版權之行為，不負賠償責任：
一、未改變存取之資訊。

二、於資訊提供者就該自動存取之原始資訊為修改、刪除或阻斷時,透過自動化技術為相同之處理。

三、經著作權人或製版權人通知其使用者涉有侵權行為後,立即移除或使他人無法進入該涉有侵權之內容或相關資訊。

第90-7條　(資訊儲存服務提供者對使用者侵權行為不負賠償責任之情形)

有下列情形者,資訊儲存服務提供者對其使用者侵害他人著作權或製版權之行為,不負賠償責任:

一、對使用者涉有侵權行為不知情。

二、未直接自使用者之侵權行為獲有財產上利益。

三、經著作權人或製版權人通知其使用者涉有侵權行為後,立即移除或使他人無法進入該涉有侵權之內容或相關資訊。

第90-8條　(搜尋服務提供者對使用者侵權行為不負賠償責任之情形)

有下列情形者,搜尋服務提供者對其使用者侵害他人著作權或製版權之行為,不負賠償責任:

一、對所搜尋或連結之資訊涉有侵權不知情。

二、未直接自使用者之侵權行為獲有財產上利益。

三、經著作權人或製版權人通知其使用者涉有侵權行為後,立即移除或使他人無法進入該涉有侵權之內容或相關資訊。

第90-9條　(提供資訊儲存服務執行回復措施時應遵守事項)

資訊儲存服務提供者應將第九十條之七第三款處理情形,依其與使用者約定之聯絡方式或使用者留存之聯絡資訊,轉送該涉有侵權之使用者。但依其提供服務之性質無法通知者,不在此限。

前項之使用者認其無侵權情事者,得檢具回復通知文件,要求資訊儲存服務提供者回復其被移除或使他人無法進入之內容或相關資訊。

資訊儲存服務提供者於接獲前項之回復通知後,應立即將回復通知文件轉送著作權人或製版權人。

著作權人或製版權人於接獲資訊儲存服務提供者前項通知之次日起十個工作日內,向資訊儲存服務提供者提出已對該使用者訴訟之證明者,資訊儲存服務提供者不負回復之義務。

著作權人或製版權人未依前項規定提出訴訟之證明,資訊儲存服務提供者至遲應於轉送回復通知之次日起十四個工作日內,回復被移除或使他人無法進入之內容或相關資訊。但無法回復者,應事先告知使用者,或提供其他適當方式供使用者回復。

第90-10條　(依規定移除涉嫌侵權之資訊對使用者不負賠償責任)

有下列情形之一者,網路服務提供者對涉有侵權之使用者,不負賠償責任:

一、依第九十條之六至第九十條之八之規定,移除或使他人無法進入該涉有侵權之內容或相關資訊。

二、知悉使用者所為涉有侵權情事後,善意移除或使他人無法進入該涉有侵權之內容或相關資訊。

第90-11條　(不實通知或回復通知致他人受損害者應負損害賠償責任)

因故意或過失,向網路服務提供者提出不實通知或回復通知,致使用者、著作

權人、製版權人或網路服務提供者受有損害者，負損害賠償責任。

第90-12條　（各項執行細節授權主管機關訂定）
　　　　第九十條之四聯繫窗口之公告、第九十條之六至第九十條之九之通知、回復通
　　　　知內容、應記載事項、補正及其他應遵行事項之辦法，由主管機關定之。

第七章　罰　則

第 91 條　（重製他人著作之處罰）
　　　　擅自以重製之方法侵害他人之著作財產權者，處三年以下有期徒刑、拘役，或
　　　　科或併科新臺幣七十五萬元以下罰金。
　　　　意圖銷售或出租而擅自以重製之方法侵害他人之著作財產權者，處六月以上五
　　　　年以下有期徒刑，得併科新臺幣二十萬元以上二百萬元以下罰金。
　　　　著作僅供個人參考或合理使用者，不構成著作權侵害。

第91-1條　（處罰）
　　　　擅自以移轉所有權之方法散布著作原件或其重製物而侵害他人之著作財產權
　　　　者，處三年以下有期徒刑、拘役，或科或併科新臺幣五十萬元以下罰金。
　　　　明知係侵害著作財產權之重製物而散布或意圖散布而公開陳列或持有者，處三
　　　　年以下有期徒刑，得併科新臺幣七萬元以上七十五萬元以下罰金。
　　　　犯前項之罪，經供出其物品來源，因而破獲者，得減輕其刑。

第 92 條　（公開侵害著作財產權之處罰）
　　　　擅自以公開口述、公開播送、公開上映、公開演出、公開傳輸、公開展示、改
　　　　作、編輯、出租之方法侵害他人之著作財產權者，處三年以下有期徒刑、拘
　　　　役，或科或併科新臺幣七十五萬元以下罰金。

第 93 條　（侵害著作人格權、著作權及違反強制授權利用之處罰）
　　　　有下列情形之一者，處二年以下有期徒刑、拘役，或科或併科新臺幣五十萬元
　　　　以下罰金：
　　　　一、侵害第十五條至第十七條規定之著作人格權者。
　　　　二、違反第七十條規定者。
　　　　三、以第八十七條第一項第一款、第三款、第五款或第六款方法之一侵害他人
　　　　　　之著作權者。但第九十一條之一第二項及第三項規定情形，不在此限。
　　　　四、違反第八十七條第一項第七款或第八款規定者。

第 94 條　（刪除）

第 95 條　（侵害著作人格權及製版權之處罰）
　　　　違反第一百十二條規定者，處一年以下有期徒刑、拘役或科或併科新臺幣二萬
　　　　元以上二十五萬元以下罰金。

第 96 條　（未銷毀修改或重製程式及未明示他人著作出處之處罰）
　　　　違反第五十九條第二項或第六十四條規定者，科新臺幣五萬元以下罰金。

第96-1條　（處罰）
　　有下列情形之一者，處一年以下有期徒刑、拘役或科或併科新臺幣二萬元以上二十五萬元以下罰金：
　　一、違反第八十條之一規定者。
　　二、違反第八十條之二第二項規定者。

第96-2條　（酌量加重罰金）
　　依本章科罰金時，應審酌犯人之資力及犯罪所得之利益。如所得之利益超過罰金最多額時，得於所得利益之範圍內酌量加重。

第 97 條　（刪除）

第97-1條　（主管機關對網路事業之處分）
　　事業以公開傳輸之方法，犯第九十一條、第九十二條及第九十三條第四款之罪，經法院判決有罪者，應即停止其行為；如不停止，且經主管機關邀集專家學者及相關業者認定侵害情節重大，嚴重影響著作財產權人權益者，主管機關應限期一個月內改正，屆期不改正者，得命令停業或勒令歇業。

第 98 條　（刪除）

第98-1條　（刪除）

第 99 條　（被告負判決書登報之費用）
　　犯第九十一條至第九十三條、第九十五條之罪者，因被害人或其他有告訴權人之聲請，得令將判決書全部或一部登報，其費用由被告負擔。

第 100 條　（告訴乃論罪及例外）
　　本章之罪，須告訴乃論。但有下列情形之一，就有償提供著作全部原樣利用，致著作財產權人受有新臺幣一百萬元以上之損害者，不在此限：
　　一、犯第九十一條第二項之罪，其重製物為數位格式。
　　二、意圖營利犯第九十一條之一第二項明知係侵害著作財產權之重製物而散布之罪，其散布之重製物為數位格式。
　　三、犯第九十二條擅自以公開傳輸之方法侵害他人之著作財產權之罪。

第 101 條　（執行業務者侵害他人著作權時之處罰）
　　法人之代表人、法人或自然人之代理人、受雇人或其他從業人員，因執行業務，犯第九十一條至第九十三條、第九十五條至第九十六條之一之罪者，除依各該條規定處罰其行為人外，對該法人或自然人亦科各該條之罰金。
　　對前項行為人、法人或自然人之一方告訴或撤回告訴者，其效力及於他方。

第 102 條　（外國法人之訴訟資格）
　　未經認許之外國法人，對於第九十一條至第九十三條、第九十五條至第九十六條之一之罪，得為告訴或提起自訴。

第 103 條　（司法警察之扣押權、移送權）
　　司法警察官或司法警察對侵害他人之著作權或製版權，經告訴、告發者，得依法扣押其侵害物，並移送偵辦。

第 104 條　（刪除）

第八章　附　則

第 105 條　（規費）

依本法申請強制授權、製版權登記、製版權讓與登記、製版權信託登記、調解、查閱製版權登記或請求發給謄本者，應繳納規費。

前項收費基準，由主管機關定之。

第 106 條　（本法修正前之著作適用之法律）

著作完成於中華民國八十一年六月十日本法修正施行前，且合於中華民國八十七年一月二十一日修正施行前本法第一百零六條至第一百零九條規定之一者，除本章另有規定外，適用本法。

著作完成於中華民國八十一年六月十日本法修正施行後者，適用本法。

第106-1條　（著作財產權期間）

著作完成於世界貿易組織協定在中華民國管轄區域內生效日之前，未依歷次本法規定取得著作權而依本法所定著作財產權期間計算仍在存續中者，除本章另有規定外，適用本法。但外國人著作在其源流國保護期間已屆滿者，不適用之。

前項但書所稱源流國依西元一九七一年保護文學與藝術著作之伯恩公約第五條規定決定之。

第106-2條　（著作財產權之利用）

依前條規定受保護之著作，其利用人於世界貿易組織協定在中華民國管轄區域內生效日之前，已著手利用該著作或為利用該著作已進行重大投資者，除本章另有規定外，自該生效日起二年內，得繼續利用，不適用第六章及第七章規定。

自中華民國九十二年六月六日本法修正施行起，利用人依前項規定利用著作者，除出租或出借之情形外，應對被利用著作之著作財產權人支付該著作一般經自由磋商所應支付合理之使用報酬。

依前條規定受保護之著作，利用人未經授權所完成之重製物，自本法修正公布一年後，不得再行銷售。但仍得出租或出借。

利用依前條規定受保護之著作另行創作之著作重製物，不適用前項規定，但除合於第四十四條至第六十五條規定外，應對被利用著作之著作財產權人支付該著作一般經自由磋商所應支付合理之使用報酬。

第106-3條　（衍生著作之使用報酬）

於世界貿易組織協定在中華民國管轄區域內生效日之前，就第一百零六條之一著作改作完成之衍生著作，且受歷次本法保護者，於該生效日以後，得繼續利用，不適用第六章及第七章規定。

自中華民國九十二年六月六日本法修正施行起，利用人依前項規定利用著作者，應對原著作之著作財產權人支付該著作一般經自由磋商所應支付合理之使用報酬。

前二項規定，對衍生著作之保護，不生影響。

第 107 條　（刪除）

第 108 條　（刪除）

第 109 條　（刪除）

第 110 條　（第13條不適用於本法修正施行前完成註冊之著作）
第十三條規定，於中華民國八十一年六月十日本法修正施行前已完成註冊之著作，不適用之。

第 111 條　（第11條及第12條不適用於本法修正施行前取得著作權者）
有下列情形之一者，第十一條及第十二條規定，不適用之：
一、依中華民國八十一年六月十日修正施行前本法第十條及第十一條規定取得著作權者。
二、依中華民國八十七年一月二十一日修正施行前本法第十一條及第十二條規定取得著作權者。

第 112 條　（翻譯外國人著作之重製及銷售限制）
中華民國八十一年六月十日本法修正施行前，翻譯受中華民國八十一年六月十日修正施行前本法保護之外國人著作，如未經其著作權人同意者，於中華民國八十一年六月十日本法修正施行後，除合於第四十四條至第六十五條規定者外，不得再重製。
前項翻譯之重製物，於中華民國八十一年六月十日本法修正施行滿二年後，不得再行銷售。

第 113 條　（本法修正施行前享有之製版權適用本法）
自中華民國九十二年六月六日本法修正施行前取得之製版權，依本法所定權利期間計算仍在存續中者，適用本法規定。

第 114 條　（刪除）

第 115 條　（經行政院核准之協議視同協定）
本國與外國之團體或機構互訂保護著作權之協議，經行政院核准者，視為第四條所稱協定。

第115-1條　（註冊簿或登記簿之提供閱覽）
製版權登記簿、註冊簿或製版物樣本，應提供民眾閱覽抄錄。
中華民國八十七年一月二十一日本法修正施行前之著作權註冊簿、登記簿或著作樣本，得提供民眾閱覽抄錄。

第115-2條　（專業法庭之設立或指定專人辦理）
法院為處理著作權訴訟案件，得設立專業法庭或指定專人辦理。
著作權訴訟案件，法院應以判決書正本一份送著作權專責機關。

第 116 條　（刪除）

第 117 條　（施行日）

本法除中華民國八十七年一月二十一日修正公布之第一百零六條之一至第一百零六條之三規定，自世界貿易組織協定在中華民國管轄區域內生效日起施行，九十五年五月三十日修正公布條文，自九十五年七月一日施行，及一百十一年四月十五日修正之條文，其施行日期由行政院定之外，自公布日施行。

附錄三　名詞索引

國家圖書館出版品預行編目資料

著作權法論／蕭雄淋著.--十版.--臺北市：五南圖書出版股份有限公司，2024.09
面；公分

ISBN 978-626-393-728-4（平裝）

1.CST: 著作權法 2.CST: 論述分析

588.34   113012810

1U63

著作權法論

作　　者 ― 蕭雄淋(390)
企劃主編 ― 劉靜芬
責任編輯 ― 呂伊真
文字校對 ― 楊婷竹
封面設計 ― 封怡彤
出 版 者 ― 五南圖書出版股份有限公司
發 行 人 ― 楊榮川
總 經 理 ― 楊士清
總 編 輯 ― 楊秀麗
地　　址：106台北市大安區和平東路二段339號4樓
電　　話：(02)2705-5066
網　　址：https://www.wunan.com.tw
電子郵件：wunan@wunan.com.tw
劃撥帳號：01068953
戶　　名：五南圖書出版股份有限公司
法律顧問　林勝安律師
出版日期　2001年 3 月初版一刷
　　　　　2003年10月二版一刷（共二刷）
　　　　　2005年11月三版一刷（共二刷）
　　　　　2007年 4 月四版一刷
　　　　　2007年11月五版一刷（共二刷）
　　　　　2009年10月六版一刷
　　　　　2010年 8 月七版一刷（共四刷）
　　　　　2015年 2 月八版一刷（共四刷）
　　　　　2021年 8 月九版一刷（共三刷）
　　　　　2024年 9 月十版一刷
定　　價　新臺幣520元

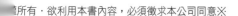

經典永恆・名著常在

五十週年的獻禮 —— 經典名著文庫

五南，五十年了，半個世紀，人生旅程的一大半，走過來了。

思索著，邁向百年的未來歷程，能為知識界、文化學術界作些什麼？

在速食文化的生態下，有什麼值得讓人雋永品味的？

歷代經典・當今名著，經過時間的洗禮，千錘百鍊，流傳至今，光芒耀人；

不僅使我們能領悟前人的智慧，同時也增深加廣我們思考的深度與視野。

我們決心投入巨資，有計畫的系統梳選，成立「經典名著文庫」，

希望收入古今中外思想性的、充滿睿智與獨見的經典、名著。

這是一項理想性的、永續性的巨大出版工程。

不在意讀者的眾寡，只考慮它的學術價值，力求完整展現先哲思想的軌跡；

為知識界開啟一片智慧之窗，營造一座百花綻放的世界文明公園，

任君遨遊、取菁吸蜜、嘉惠學子！